W0363453

COMPACT
WÖRTERBUCH

Grammatik Deutsch

COMPACT WÖRTERBUCH

Grammatik Deutsch

Frank Bülow · Michael Schmidt

Compact Verlag

© 1994 Compact Verlag München
Redaktion: Sabine Adler
Umschlaggestaltung: Inga Koch
Printed in Germany
ISBN: 3-8174-7103-3
7171032

Vorwort

Um sich mit anderen Menschen zu verständigen und von ihnen verstanden zu werden, ist die Kenntnis des Regelwerkes einer Sprache, also der Grammatik, unerläßlich.

Das Handbuch Deutsch Grammatik erklärt eingehend und leicht verständlich den Aufbau der deutschen Sprache. Es behandelt ausführlich den richtigen Gebrauch von Wörtern, Sätzen und der Zeichensetzung. Darüber hinaus informiert es umfassend und zuverlässig über die verschiedenen Textarten, die im Alltag immer wieder verwendet werden. Alle wichtigen Regeln der deutschen Sprache werden erläutert und anhand von zahlreichen Beispielen aus dem täglichen Leben veranschaulicht.

Mit Hilfe von speziell konzipierten Übungen am Ende des Bandes kann der Benutzer sein Wissen überprüfen und vertiefen.

Durch ihre übersichtliche und anwenderfreundliche Gliederung ermöglicht diese Grammatik dem Benutzer in jeder Situation – ob in der Schule, im Beruf oder privat – eine verläßliche Antwort auf seine Fragen zu finden.

Inhaltsverzeichnis

Benutzerhinweise

Das Buch ist gegliedert nach den fünf wesentlichen Bereichen der deutschen Grammatik, wobei sich der Umfang der einzelnen Kapitel nach der jeweiligen Wichtigkeit für die praktische Anwendung richtet.

Um dem Benutzer das Verständnis zu erleichtern, wurden durchgängig die deutschen Fachausdrücke beibehalten; die lateinischen Entsprechungen finden sich jedoch in Klammern gesetzt immer dann, wenn der Fachbegriff erklärt wird oder zum ersten Mal in einem Kapitel erscheint. Dies ermöglicht dem Leser, sich an die fremdsprachliche Bezeichnung zu gewöhnen, ohne daß er – beim gezielten Nachschlagen etwa – in seinem Verständnis beeinträchtigt wird.

Beispiel: *Die äußere Form des Hauptwortes (Nomens) weist als grammatische Merkmale ein bestimtes Geschlecht (Genus), eine bestimmte Zahl (Numerus) sowie einen bestimmten Fall (Kasus) auf.*

Eine Ausnahme stellen die Übungen dar. Hier werden die lateinischen Bezeichnungen als bekannt vorausgesetzt. Sie stehen in der Aufgabenstellung also an erster Stelle, die deutschen Fachausdrücke in Klammern dahinter.

Beispiel: *Übungen zum Attribut:*
Verwenden Sie das Attribut (Beifügung) im Genitiv (2. Fall), falls es möglich ist.

Nach jeder wichtigen grammatikalischen Aussage oder Regel folgen Beispiele, die die Anwendung verdeutlichen.

Beispiel: *Die Befehlsform eines Zeitwortes macht deutlich, daß die bezeichnete Handlung als Aufforderung oder Befehl gedacht ist. Diese Aussageweise gibt es nur in der Gegenwartsform (Präsens) in der 2. Person Einzahl (Singular) oder Mehrzahl (Plural).*

● Beispiel: *Paß auf, was du machst!*
Paßt auf, was ihr macht!

Dem Benutzer, der das Buch nicht durcharbeiten möchte, sondern Antworten auf spezielle grammatische Fragen sucht, stehen zwei Wege zum gezielten Nachschlagen zur Verfügung:

So dient das ausführliche Inhaltsverzeichnis, das auch die grammatischen Zusammenhänge widerspiegelt, zum Auffinden grammatischer Vorgänge.

Beispiel: *Die Beugung des Hauptwortes (Deklination)*

Ein Register am Ende des Buches ermöglicht den schnellen Zugang zu wichtigen Fachbegriffen.

Beispiel: *Substantiv, S. 16, 17*

Auf Abkürzungen wurde größtenteils verzichtet; die wenigen verwendeten sind im folgenden aufgeführt:

Akk.	Akkusativ
bzw.	beziehungsweise
Dat.	Dativ
d.h.	das heißt
Gen.	Genitiv
Nom.	Nominativ
ugs.	umgangssprachlich
usw.	und so weiter
vergl.	vergleiche
z.B.	zum Beispiel

Der Laut

Der Laut

Jedes Wort unserer Sprache setzt sich zusammen aus **Lauten** (in der gesprochenen Form) und **Buchstaben** (in der geschriebenen Form). Dies wird deutlich, wenn man ein Wort buchstabiert:

(weh) - (oh) - (err) - (teh) = WORT

Das deutsche **Alphabet,** also unsere Schrift, hat 26 Buchstaben; hinzu kommen drei Zeichen für **Umlaute.**

A a	:	(ah)	J j	:	(jott)	S s, ß	:	(ess, esszett)
B b	:	(beh)	K k	:	(kah)	T t	:	(teh)
C c	:	(zeh)	L l	:	(ell)	U u	:	(uh)
D d	:	(deh)	M m	:	(emm)	V v	:	(fau)
E e	:	(eh)	N n	:	(enn)	W w	:	(weh)
F f	:	(eff)	O o	:	(oh)	X x	:	(icks)
G g	:	(geh)	P p	:	(peh)	Y y	:	(üppsilon)
H h	:	(hah)	Q q	:	(kuh)	Z z	:	(zett)
I i	:	(ih)	R r	:	(err)			
Ä a	:	(äh)	Ö ö	:	(öh)	Ü ü	:	(üh)

Laute und Buchstaben stehen zueinander in Beziehung, stimmen jedoch in ihrer Zahl nicht überein. So gibt es weit mehr Laute als Buchstaben (62 - 75, je nach Zählweise).

Die Einteilung der Laute

Nach der Art ihrer Tonbildung teilt man die Laute ein in **Selbstlaute (Vokale)** und **Mitlaute (Konsonanten).**

Die Selbstlaute (Vokale)

Sie werden erzeugt ohne Zuhilfenahme eines anderen Lautes und sind ausnahmslos stimmhaft. Zu den Selbstlauten zählen:

- die eigentlichen Selbstlaute
  a / e / i / o / u
- die Umlaute
  ä / ö / ü
- und die Doppellaute (Diphthonge)
  ei / ai / au / eu / äu

Alle eigentlichen Selbstlaute sowie die Umlaute kommen sowohl in kurzer wie langer Form vor.

	kurz	lang
a	Hand, Kanne, Wald	fahren, Lage, Saal
e	essen, Hecke, Welt	mehr, Rede, Schnee
i	ich, immer, Stille	ihr, viel
o	Pfosten, Sonne	Lohn, rot, Zoo
u	bunt, Kunst, unter	Flur, genug, Uhr
ä	ändern, Geäst	allmählich, Nähe, säen
ö	könenn, östlich	schön, verwöhnen
ü	Gürtel, küssen	Blüte, trüb, üben

Die Mitlaute (Konsonanten)

Mitlaute sind Laute, bei denen der Atemstrom eingeengt oder unterbrochen wird. Für die Einteilung ist es entscheidend, in welcher Weise und an welcher Stelle der Luftstrom bei der Lautbildung (Artikulation) eingeengt oder unterbrochen wird.
So teilt man die Mitlaute entweder nach dem Ort ihrer Bildung (Artikulationsstelle) oder der Art ihrer Bildung (Artikulationsart) ein. Sie können nur mit Hilfe eines Selbstlautes (Vokals) gebildet werden und sind teils stimmhaft (weich gesprochen), teils stimmlos (hart gesprochen).
In den nachfolgenden Tabellen werden die Mitlaute (Konsonaten) der Einfachheit halber durch Buchstaben wiedergegeben. Da sich Laute und Buchstaben aber nicht immer eindeutig entsprechen, werden jeweils Beispiele angeführt.

Einteilung nach dem Ort der Lautbildung (Artikulationsstelle)

	stimmhaft (weich)		stimmlos (hart)	
Lippenlaute	b	Bad	p	Puder
	m	Milch	-	
Lippenzahnlaute	w	Wasser	f	fahren

	stimmhaft (weich)		stimmlos (hart)	
Zahnlaute	d	Dach	t	Tafel
	l	Lippe	-	
	n	Natur	-	
	s	Wesen	ss	fassen
	g(sch)	Gendarm	sch	Schüssel
Gaumenlaute	g	Geld	k	Kabel
	j	Jahr	-	
	ng	lang	-	
	r	rund	-	
	-		ch	acht
Kehlkopflaut	-		h	helfen

Einteilung nach der Art der Lautbildung (Artikulationsart)

Verschlußlaute	b	Besen	p	Panik
	d	dann	t	teuer
	g	Gabe	k	kurz
Reibelaute	w	wollen	f	Familie
	s	Rasen	ss	Flüsse
	g(sch)	Genie	sch	Schale
	j	Jubel	ch	Tracht
Hauchlaut	-		h	Hals
Nasenlaute	m	Meer	-	
	n	Nebel	-	
	ng	Hang	-	
Fließlaut	-		l	Lob
	-		r	Rat

a) Verschlußlaute: Hier wird der Luftstrom unterbrochen, z. B. durch Zusammenpressen der Lippen; zur Bildung des Lautes wird der Verschluß dann so gelöst, daß die gestaute Luft entweder weich oder explosionsartig frei wird. Ist die Lösung des Verschlusses sanft, so entstehen die stimmhaften (weich gesprochenen) Verschlußlaute **b / d / g.**

● Beispiele: *Bad, Donner, Gans*

Ist die Lösung des Verschlusses plötzlich, entstehen die stimmlosen (hart gesprochenen) Verschlußlaute **p / t / k.**

● Beispiele: *parken, Tisch, Kante*

b) **Reibelaute:** Der Luftstrom wird hier eingeengt, z. B. durch die oberen Schneidezähne und die Unterlippe oder durch Ober- und Unterlippe. Wird der Luftstrom sanft durch die Enge gedrückt, entstehen stimmhafte (weich gesprochene) Reibelaute wie **w / s / j.**

● Beispiele: *Wunsch, lesen, Jahr*

Wird der Luftstrom mit kräftigem Druck durch die verengte Stelle gepreßt, entstehen stimmlose (hart gesprochene) Reibelaute wie **f / sch / ch.**

● Beispiele: *Faß, vermissen, Schuhe, Fracht*

c) **Hauchlaut:** Hier gibt es nur den Laut **h.** Er wird erzeugt durch Beeinflussung des Luftstroms im Kehlkopf und kann nur vor einem Selbstlaut (Vokal) gesprochen werden.

d) **Nasenlaute:** Zur Bildung der Nasenlaute wird der Mundraum verschlossen, indem man z. B. die Zunge an den Vordergaumen legt, während der Luftstrom durch die Nase entweicht. Nasenlaute sind **m / n / ng.**

● Beispiele: *Kamm, Kanne, Rang*

e) **Fließlaute:** Zu den Fließlauten gehören die Laute **l** und **r.** Bei der Bildung des Lautes l wird die Zunge gegen das obere Zahnfleisch gedrückt, so daß die Luft seitlich am Zungenrand entweichen kann.

● Beispiel: *Ball*

Der Laut **r** wird gebildet, indem ein Hindernis im Luftstrom zum Schwingen gebracht wird. Hier gibt es zwei Möglichkeiten, nämlich entweder wird der Laut mit Hilfe der Zungenspitze (Zungenspitzen-r) oder mit dem Gaumenzäpfchen (Zäpfchen-r) gebildet.

● Beispiel: *Rast*

Hinweis:

1. Die stimmhaften (weichen) Laute **b / d / g / s** werden stimmlos (hart) gesprochen, wenn sie am Silbenende stehen (Auslautverhärtung).
2. Der mit dem Buchstaben „ch" bezeichnete Laut wird weiter vorne im Mund gebildet, wenn er auf einen hellen Vokal folgt *(ich, Recht, weich, leuchten, Fächer, Tücher)* und weiter hinten gesprochen, wenn er nach einem dunklen Vokal kommt *(flach, Docht, Sucht, Bauch).*

Die Silbe

Laute treten nur äußerst selten isoliert (z. B. als Ausrufe wie „ah“ oder „oh“) auf, sondern sind zumeist Bestandteile eines Lautstroms (Kontinuum). Untersucht man diesen Lautstrom genauer, so stellt man fest, daß das Material dieses Lautstroms zwar Selbstlaute (Vokale) und Mitlaute (Konsonanten) sind, diese aber wiederum gewisse Grundbausteine bilden, nämlich Silben. Die Silbe ist also gewissermaßen der Grundbaustein des sprachlichen Lautstroms, wobei der Kern jeweils von einem Selbstlaut gebildet wird. In der deutschen Sprache besonders beliebt ist die folgende Bauform: msm (Mitlaut / Selbstlaut / Mitlaut).

● Beispiel: *rein*

Es gibt jedoch zahlreiche Kombinationen von s (ei) bis mmmsmm (Strand).
Gewöhnlich wird in der deutschen Sprache die **erste** Silbe betont, wenn sie „Stammsilbe“ ist, d. h. zum Grundwort gehört und nicht etwa eine Vorsilbe wie „be-“, „er-“, „ver-“ etc. darstellt. Ausnahmen bilden hier Wörter und Wortbildungselemente, die aus einer Fremdsprache übernommen wurden und ihre Betonung aus der Ausgangssprache beibehalten haben.

● Beispiele: *Polizei, Benzin*

Für Eigennamen und vielsilbig gebaute Wörter gelten zum Teil besondere Regeln, so daß man sich über ihre Aussprache am besten in einem Wörterbuch informiert.

Das Wort

Das **Wort** ist eine selbständige sprachliche Einheit mit einem Bedeutungsinhalt, eine Vokabel, die man in einem Wörterbuch nachschlagen kann. Die deutsche Sprache besitzt nach den letzten Zählungen etwa 420.000 Wörter. Dieser Wortschatz, den natürlich niemand vollständig beherrscht, vergrößert sich ständig durch Neubildungen, z.B. technische Ausdrücke, aber auch durch Modewörter sowie Übernahme aus Fremdsprachen. Jedes Wort hat eine feste lautliche Gestalt (Aussprache) sowie eine schriftliche Form (Schreibweise).
Da man, um einen Gedanken, einen Eindruck oder ein Erlebnis auszudrücken, mit einem einzelnen Wort meist nicht auskommt, verwendet man dazu eine ganze Wortfolge. Eine solche in sich geschlossene Wortfolge nennt man **Satz.**
In einem Satz haben die einzelnen Wörter über ihre inhaltliche Bedeutung hinaus noch unterschiedliche „grammatikalische" Aufgaben. Nach diesen grammatikalischen Aufgaben läßt sich der Wortschatz einteilen in verschiedene Wortarten.

Die Wortarten

Wichtig für den Satz sind vor allem drei Wortarten, die in der Hauptsache zur Bedeutung des Satzes beitragen, und die demgemäß auch in fast jedem vollständigen Satz verwendet werden: Hauptwörter (Nomina), Zeitwörter (Verben), Eigenschaftswörter (Adjektive).
Eine weitere Gruppe von Wortarten wird dem Hauptwort (Nomen) als Begleiter oder als Vertreter zugeordnet: Fürwörter (Pronomen), Geschlechtswörter (Artikel), Zahlwörter (Numeralien).
Ferner gibt es eine größere Gruppe von Wortarten, die Beziehungen zwischen den einzelnen Wörtern oder Wortgruppen in einem Satz ausdrückt und so Satzteile oder ganze Sätze miteinander verbindet: Verhältniswörter (Präpositionen), Bindewörter (Konjunktionen), Umstandswörter (Adverbien).
Schließlich bleibt noch die Wortart, die dazu dient, Empfindungen des Sprechers auszudrücken: Empfindungswörter (Interjektionen). Die beiden letztgenannten Gruppen haben die Eigenschaft gemeinsam, daß sie nicht gebeugt (flektiert) werden können, und werden daher häufig zusammengefaßt und mit dem lateinischen Begriff „Partikeln" (Teilchen) bezeichnet.

Übersicht:

Wörter, die man verändern / beugen kann (flektierbare Wortarten)		
Wortart	Beispiele Grundform	Formbeispiele
Hauptwort (Nomen / Substantiv)	Haus	Häuser / des Hauses
Geschlechtswort (Artikel)	der / eine	des / einem
Zeitwort (Verb)	singen	singst / sang
Eigenschaftswort (Adjektiv)	schön	schöner / schönste
Fürwort (Pronomen)	du / wer / sich	dir / wessen / mich
Zahlwort (Numerale)	zwei	zweier

Wörter, die man nicht verändern / beugen kann (unflektierbare Wortarten)	
Wortart	Beispiele
Umstandswort (Adverb)	hierher / gestern / vergebens
Verhältniswort (Präposition)	in / auf / an
Bindewort (Konjunktion)	und / oder / weil
Empfindungswort (Interjektion)	aua / oh / hurra

Das Hauptwort (Nomen / Substantiv)

Das Hauptwort (Namenwort / Dingwort) dient zur Bezeichnung von:
- Lebewesen: *Evelyn, Vater, Politiker, Tiger, Maus*
- Pflanzen: *Baum, Strauch, Kaktus*
- Stoffen: *Sand, Wasser, Holz*

- Dingen: *Tisch, Auto, Ball*
- und Gedachtem (Abstrakta): *Freiheit, Liebe, Monat*

Die äußere Form des Hauptwortes (Nomens) weist als grammatische Merkmale ein bestimmtes **Geschlecht (Genus)**, eine bestimmte **Zahl (Numerus)** sowie einen bestimmten **Fall (Kasus)** auf.
Während bei einem Hauptwort (Nomen) das grammatische Geschlecht stets unverändert bleibt, hängen Zahl (Numerus) und Fall (Kasus) vom jeweiligen Gebrauch des Hauptwortes ab.

Das grammatische Geschlecht (Genus)

Jedes Hauptwort hat ein festes grammatisches Geschlecht, das heißt, es ist entweder männlichen Geschlechts (Maskulinum), weiblichen Geschlechts (Femininum) oder sächlich (Neutrum). Das grammatische Geschlecht eines Hauptwortes stimmt oft nicht mit dem natürlichen Geschlecht des bezeichneten Wesens oder Dinges überein: So ist z.B. das grammatische Geschlecht des Hauptwortes „das Mädchen" sächlich (Neutrum), das natürliche Geschlecht eines Mädchens dagegen weiblich.

Dem Hauptwort selbst sieht man sein jeweiliges grammatisches Geschlecht nicht an. Um dies herauszufinden, muß man sich an die Form des Geschlechtswortes, des Fürwortes oder der Eigenschaftswörter halten, die das betreffende Hauptwort begleiten: z.B. „**das** Auto", „**ein** neuer Hut", „**ihre** Frisur". Hierbei gilt zu beachten, daß man den Geschlechtswörtern (Artikeln), den Fürwörtern (Pronomen) und den Eigenschaftswörtern (Adjektiven) in der Mehrzahl (Plural) ihr Geschlecht nicht mehr ansieht. Man muß also bei der Bestimmung des Geschlechtes eines Hauptwortes immer von seiner Form in der Einzahl (Singular) ausgehen

● Beispiele:	*die neuen Länder*	→	*das neue Land*	= sächlich (Neutrum)
	die grünen Hecken	→	*die grüne Hecke*	= weiblich (Femininum)
	die hohen Türme	→	*der hohe Turm*	= männlich (Maskulinum)

Hinweise: 1. Manche Hauptwörter (Nomina) haben bei gleichem Wortlaut mehrere Bedeutungen. Viele dieser Wörter unterscheiden die verschiedenen Bedeutungen durch unterschiedliches Geschlecht:

● Beispiele: *die Mark* (Währungseinheit) - *das Mark* (Knochenmark)
die Band (Musikkapelle) - *das Band* (Stoffstreifen)
- *der Band* (Buch)

2. Einige Hauptwörter können in mehr als einem grammatischen Geschlecht verwendet werden: z.B. der / das Virus.
Man spricht in solchen Fällen von einem „schwankenden Geschlecht".

● Beispiele:

der / das Meter	*der / das Joghurt*	*der / das Liter*
der / das Zepter	*der / das Lasso*	*der / das Radar*
der / das Katheder	*der / das Gelee*	*der / das Bonbon*
der / das Viadukt	*der / die Spachtel*	*der / die Quader*

Die grammatische Zahl (Numerus)

Durch die Zahl (Numerus) eines Hauptwortes (Nomens) wird angegeben, ob das bezeichnete Wesen oder Ding nur einmal oder mehrere Male vorkommt, also ob das Wort in der **Einzahl (Singular)** oder in der **Mehrzahl (Plural)** steht.
Wie beim Geschlecht (Genus) bestimmt auch die Zahl des Hauptwortes die Form der begleitenden Geschlechtswörter (Artikel), Fürwörter (Pronomen) und Eigenschaftswörter (Adjektive). Die Zahl eines Hauptwortes ist also an der Form dieser Wörter erkennbar.

● Beispiele: *der schöne Tag / die schönen Tage*
ihr Kleid / ihre Kleider

Darüberhinaus kann sich aber auch die Form des Hauptwortes ändern, wenn man es in die Mehrzahl setzt. Folgende Formveränderungen sind möglich:

- Endung: + -e / -n / -en / -er / -s

● Beispiele: *Tisch → Tische, Karte → Karten, Bank → Banken,*
Kind → Kinder , Radio → Radios

- Umlaut: a → ä / o → ö / u → ü / au → äu

● Beispiele: *Kamm → Kämme, Ofen → Öfen,*
Buch → Bücher, Baum → Bäume

Fremdwörter bilden häufig – manchmal auch mehrere – Sonderformen der Mehrzahl (des Plurals):

● Beispiele: *das Thema → die Themata / die Themen / die Themas* (ugs.)
das Konto → die Konti / die Konten / die Kontos
der Kaktus → die Kakteen / die Kaktusse (ugs.)

Es gibt Hauptwörter, die, trotz unterschiedlicher Bedeutung, in der Einzahl gleich lauten, sich dann aber in der Mehrzahl unterscheiden.

● Beispiel: *das Wort* (Einzelwort) → die Wörter
das Wort (Aussage) → die Worte

Viele Hauptwörter kommen in der Regel nur in der Einzahl vor:
- Eigennamen: *Werner / Huber / Deutschland*
- Sammelnamen: *Publikum / Gebüsch*
- Stoffnamen: *Wasser / Stahl / Kreide*
- Gedachtes: *Liebe / Malerei / Pflichtbewußtsein*
- Maße (männlich / sächlich): *4 Liter Wein / 370 Meter / 3 Maß Bier*

Wenn aus Sammelnamen bestimmte Teile herausgegriffen werden, ist auch die Bildung der Mehrzahl möglich, z.B. *die deutschen Mittelgebirge.* Die Mehrzahl bei Stoffnamen dient der Bezeichnung als Gattung: z.B. *die pflanzlichen Öle.* Es gibt auch Wörter, die nur in der Mehrzahl auftreten, wie z.B. *die Eltern, Leute,* sowie die meisten weiblichen Maßangaben, z.B. *zwei Tassen Kakao.*

Die Fälle (Kasus)

Wenn ein Hauptwort in einem Satz verwendet wird, dann steht es in einem bestimmten Fall (Kasus), das heißt, es wird gebeugt (flektiert). Bei der Beugung des Hauptwortes (Deklination) unterscheidet man vier Fälle (Kasus):

1. Fall / Werfall (Nominativ): der Schrank – die Schränke
2. Fall / Wesfall (Genitiv): des Schrankes – der Schränke
3. Fall / Wemfall (Dativ): dem Schrank – den Schränken
4. Fall / Wenfall (Akkusativ): den Schrank – die Schränke

Da die meisten Hauptwörter nur für einen Teil der Fälle besondere Endungen haben, kann der Fall nicht immer sicher an der Form des Hauptwortes bestimmt werden, und man muß die Formen seiner Begleiter hinzuziehen, die sich wie bei der grammatischen Zahl (Numerus) und dem grammatischen Geschlecht (Genus) auch im Fall nach dem jeweiligen Hauptwort richten.
Um den jeweiligen Fall eines Hauptwortes zu bestimmen, gibt es zwei

Methoden: die Fragemethode und die Ersatzprobe.
Bei der **Fragemethode** wird das Hauptwort, dessen Fall bestimmt werden soll, als Antwort auf eine Frage betrachtet. Dabei entspricht die Form des Frageworts (Interrogativpronomen) jeweils einem Fall:

- Wer? / Was? = 1. Fall (Nominativ)
- Wessen? = 2. Fall (Genitiv)
- Wem? = 3. Fall (Dativ)
- Wen? / Was? = 4. Fall (Akkusativ)

Achtung: Da das Fragewort „was" sowohl dem 1. Fall (Nominativ) als auch dem 4. Fall (Akkusativ) entspricht, muß man zur Sicherheit noch die **Ersatzprobe** anwenden.

● Beispiele: *Der Chef* gibt der Sekretärin einen Ordner.
→ *Wer* gibt der Sekretärin einen Ordner?
→ 1. Fall (Nominativ)
Danielas Chef gibt der Sekretärin einen Ordner.
→ *Wessen* Chef gibt der Sekretärin einen Ordner?
→ 2. Fall (Genitiv)
Der Chef gibt *der Sekretärin* einen Ordner.
→ *Wem* gibt der Chef einen Ordner?
→ 3. Fall (Dativ)
Der Chef gibt der Sekretärin *einen Ordner.*
→ *Was* gibt der Chef der Sekretärin?
→ 4. Fall (Akkusativ)

Bei der Ersatzprobe ersetzt man das Hauptwort (Nomen), dessen Fall bestimmt werden soll, durch ein männliches Hauptwort (maskulines Nomen) in der Einzahl und das dazugehörende Geschlechtswort (Artikel). An der Endung des eingesetzten Geschlechtswortes (Artikel) kann man dann den ermittelten Fall (Kasus) erkennen.

● Beispiel: *Diese Maschine stellt* jedes andere Modell *in den Schatten.*
Diese Maschine stellt den Computer *in den Schatten.*

An der Endung „-en" des eingesetzten Geschlechtswortes (Artikels) kann man nun erkennen, daß der ersetzte Ausdruck in dem Beispielssatz im 4. Fall (Akkusativ) steht (vergl. nachstehende Übersicht).

1. Fall (Nominativ): *d*er *Computer* – *ein Computer*
2. Fall (Genitiv): *d*es *Computers* – *ein*es *Computers*

3. Fall (Dativ): *d* em *Computer* – *ein* em *Computer*
4. Fall (Akkusativ): *d* en *Computer* – *ein* en *Computer*

Das Geschlechtswort (Artikel)

Das Geschlechtswort (Artikel) ist Begleiter des Hauptwortes (Nomens) und stimmt mit ihm in Geschlecht, Zahl und Fall stets überein.

● Beispiele: Tanja biß in *einen* grünen *Apfel.*
männlich / Einzahl / 4. Fall
Auf der Wiese stand *eine* große *Eiche.*
weiblich / Einzahl / 1. Fall
Die Kinder spielten mit *den* neuen *Bällen.*
männlich / Plural / 3. Fall

Es gibt zwei Arten von Geschlechtswörtern:

a) Das bestimmte Geschlechtswort (der bestimmte Artikel)
der / die / das
zeigt an, daß das nachfolgende Hauptwort dem Leser / Gesprächspartner etwas Bekanntes oder bereits vorher Erwähntes bezeichnet.

● Beispiele: Das *neue Auto ist sehr schön.*
Die *Sonne scheint.*
Der *Hahn kräht.*

b) Das unbestimmte Geschlechtswort (der unbestimmte Artikel)
ein / eine / ein
weist auf ein Ding oder Wesen aus einer Gruppe hin, ohne daß dieses näher gekennzeichnet wird.

● Beispiele: *Ich erschrak, als* ein *(irgendein) Auto vorüberfuhr.*
Er kaufte eine *(irgendeine) Flasche Milch.*
Auf der Straße saß ein *(irgendein) Hund.*

Die Formen des Geschlechtwortes (Artikels)

Übersicht:

Das bestimmte Geschlechtswort	Einzahl männl.	weibl.	sächl.	Mehrzahl m. w. s.
1. Fall (Nominativ)	der	die	das	die
2. Fall (Genitiv)	des	der	des	der
3. Fall (Dativ)	dem	der	dem	den
4. Fall (Akkusativ)	den	die	das	die
Das unbest. Geschlechtswort	**Einzahl männl.**	**weibl.**	**sächl.**	**Mehrzahl**
1. Fall (Nominativ)	ein	eine	ein	(gibt es nicht)
2. Fall (Genitiv)	eines	einer	eines	
3. Fall (Dativ)	einem	einer	einem	
4. Fall (Akkusativ)	einen	eine	ein	

Das bestimmte Geschlechtswort kann auch mit einem Verhältniswort (einer Präposition) verschmelzen. In der deutschen Schriftsprache werden vor allem folgende Verschmelzungen verwendet:

- an + dem = am *(am Wochenende)*
- an + das = ans *(ans Ufer schwimmen)*
- auf + das = aufs *(aufs Gerüst klettern)*
- bei + dem = beim *(beim Skifahren)*
- in + dem = im *(im Sitzen schlafen)*
- in + das = ins *(ins Schwimmbad gehen)*
- von + dem = vom *(vom Vater geerbt)*
- zu + dem = zum *(zum Weinen)*
- zu + der = zur *(zur Warnung)*

Der Gebrauch des Geschlechtswortes (Artikels)

Setzen des Geschlechtswortes (Artikels)

a) Das unbestimmte Geschlechtswort verwendet man für ein Hauptwort (Nomen), mit dem man auf etwas hinweist, das bisher noch nicht genannt oder bestimmt wurde.

● Beispiel: *Ich habe mir einen Computer gekauft.*

b) Wird nun weiter über diesen Computer gesprochen, dann gilt er als bestimmt, und das bestimmte Geschlechtswort wird verwendet.
Das bestimmte Geschlechtswort wird oft auch dann verwendet, wenn das Hauptwort (Nomen) auf etwas verweist, was als bekannt vorausgesetzt oder aus dem Zusammenhang geschlossen werden kann.

● Beispiele: Der *amerikanische Präsident war gestern in Deutschland. Meine Mutter hatte letzte Woche einen Unfall.* Der *Krankenwagen war in zehn Minuten zur Stelle.*

Das Geschlechtswort wird hier für ein Hauptwort benutzt, das aus einer Gruppe von Gegenständen oder Wesen eines heraushebt.

c) Es kann aber auch gebraucht werden, um alle Exemplare einer Art oder Gattung (Verallgemeinerung) zu bezeichnen.

● Beispiele: Ein / Das *Auto ist ein Fahrzeug.*
– / Die *Wale gehören zu* den *Säugetieren.*

Wegfall des Geschlechtswortes (Artikels)

Hauptwörter (Nomina) werden häufig auch ohne Geschlechtswort verwendet. Dies geschieht vor allem aus folgenden Gründen:

- Für das unbestimmte Geschlechtswort gibt es keine Mehrzahl (Plural).

● Beispiel: *Vor dem Haus steht* ein *Baum.* → *Vor dem Haus stehen Bäume.*

- Das unbestimmte Geschlechtswort fehlt auch vor Hauptwörtern, die etwas bezeichnen, was man nicht zählen kann, wie z.B. Stoffe, Gefühle, Zustände, usw.

● Beispiele: *Durch die Flut gelangte* Wasser *in den Tank.*
Ich hätte Lust, *etwas zu unternehmen. Doch leider habe ich keine* Zeit.

- In vielen festen Redewendungen, vor allem in Wortpaaren, die mit „und" oder einem Verhältniswort (Präposition) verbunden sind, kann das Geschlechtswort weggelassen werden.

● Beispiele: *Sie riskierte Kopf und Kragen dabei.*
Er ist von Kopf bis Fuß neu eingekleidet.

- Personennamen, wenn sie nicht noch näher bestimmt werden, stehen meist ohne Geschlechtswort.

● Beispiel: *Andreas kommt immer zu spät.*

Aber: *Der ständig vorlaute Andreas geht mir auf die Nerven.*

Ist ein Produktname zu einer Gattungsbezeichnung geworden, so steht gewöhnlich ein Geschlechtswort davor.

● Beispiel: *Kannst du mir bitte* ein *Tempo leihen?*

- Auch geographische Eigennamen werden zum Teil, wenn nicht näher bestimmt, ohne Geschlechtswort gebraucht (vor allem Länder).

● Beispiele: *Großbritannien gehört zur NATO.*
Paris ist die Hauptstadt von Frankreich.

Aber: *Das England des 19. Jahrhunderts ...*

Berge und Flüsse stehen immer, Landschaften manchmal mit dem Geschlechtswort.

● Beispiele: *Die Zugspitze ist der höchste Berg Deutschlands.*
Die Donau hat zur Zeit Hochwasser.
Wir machen einen Ausflug in das Elsaß.

- Häufig wird auch der Knappheit des Ausdrucks wegen auf die Verwendung des Geschlechtswortes verzichtet, zum einen um Platz, zum anderen um Geld zu sparen, wie z.B. bei Schlagzeilen, Anzeigen, Telegrammen, Verbotsschildern, etc.

● Beispiele: *Umweltskandal in Chemiefabrik* (Zeitungstitel)
Suche 2-Zimmer-Wohnung, möbliert (Anzeige)
ANGEBOT GÜNSTIG STOP ERBITTE WEISUNG FÜR KAUF STOP (Telegramm)
Durchfahrt verboten (Schild)

Das Zeitwort (Verb)

Das Zeitwort (Verb) dient dazu, eine Tätigkeit, einen Vorgang oder einen Zustand zu bezeichnen.

● Beispiele: *Dennis wäscht sein Auto.*
Seine Kräfte erlahmen allmählich.
Nach der Flut steht der Keller unter Wasser.

Um diese Aufgaben angemessen zu erfüllen, kann das Zeitwort seine Grundform verändern, also unterschiedliche Formen bilden. Dies geschieht durch Veränderung des Wortstamms, durch Endungen oder durch Umschreibungen.

● Beispiele: *werfen → warf → geworfen*
ich spiele → du spielst
finden → wird gefunden werden

Diese Bildung unterschiedlicher Formen des Zeitwortes nennt man **Beugung (Konjugation).** Jedes Zeitwort kann also **gebeugt (konjugiert)** werden.

Die Ausdrucksmöglichkeiten des Zeitwortes (Verbs)

Mit Hilfe der Beugung (Konjugation) werden ausgedrückt:
a) Person und Zahl: *Ich singe ein Lied. / Sie singen ein Lied.*
b) Zeitform: *Ich singe ein Lied. / Ich hatte ein Lied gesungen.*
c) Aussageweise: *Hätte ich doch ein Lied gesungen.* (Wunsch)
d) Handlungsart: *Ein Lied wurde von mir gesungen.*

Person und Zahl (Numerus)

Die Form eines Zeitwortes (Verbs) macht deutlich, auf wen es sich bezieht, und auch, ob es sich dabei um eine oder mehrere Personen handelt. Man unterscheidet dabei drei Personen:

- 1. Person = ich / wir = redende Person(en)
- 2. Person = du / ihr / (Sie, Ihnen) = angesprochene Person(en)
- 3. Person = er / sie / es / sie = Person(en), über die gesprochen wird

Jede dieser Personen kann in der Einzahl (Singular) oder in der Mehrzahl (Plural) auftreten.

● Beispiel:

		Einzahl	*Mehrzahl*
1. Person	ich	lache	wir lachen
2. Person	du	lachst	ihr lacht
3. Person	er / sie / es	lacht	sie lachen

Die Zeitformen (Tempora)

Die Form eines Zeitwortes (Verbs) gibt nicht nur an, in welcher der drei Zeiten (Gegenwart, Vergangenheit, Zukunft) ein Geschehen abläuft, sondern auch, ob das Geschehen innerhalb eines dieser Zeiträume noch andauert oder bereits abgeschlossen ist. Daher gibt es insgesamt sechs **Zeitformen (Tempora):**

a) **Gegenwart (Präsens)**
Das Zeitwort sagt etwas aus über ein im Augenblick ablaufendes Geschehen oder einen bestehenden Zustand.

● Beispiel: *Es regnet.* (In dem Augenblick, da ich dies sage.)

b) **Vollendete Gegenwart (Perfekt)**
Das Zeitwort benennt einen in der Gegenwart vollendeten Vorgang.

● Beispiel: *Ich habe das Radio repariert.* (Es funktioniert also jetzt.)

c) **Vergangenheit (Präteritum)**
Das Zeitwort bezeichnet ein vergangenes Geschehen.

● Beispiel: *Wir waren im Urlaub.* (Der Urlaub ist vorüber.)

d) **Vollendete Vergangenheit (Plusquamperfekt)**
Das Zeitwort sagt etwas über ein Geschehen aus, das zu einem (meist benannten) Zeitpunkt in der Vergangenheit abgeschlossen war.

● Beispiel: *Als die Mutter nach Hause kam, hatten die Kinder ihr Zimmer schon aufgeräumt.* (Das Aufräumen war bei der Rückkehr der Mutter also abgeschlossen.)

e) **Zukunft (Futur)**
Das Zeitwort bezieht sich auf ein künftiges Geschehen.

● Beispiel: *Es wird ein Gewitter geben.* (Das Gewitter ist noch nicht da.)

f) **Vollendete Zukunft (Futur II)**
Das Zeitwort bezieht sich sich auf die Vollendung einer Handlung oder eines Vorgangs in der Zukunft.

● Beispiel: *Übermorgen werde ich die Inventur abgeschlossen haben.* (Morgen ist der Sprecher also noch beschäftigt.)

Übersicht:

Zeitform (Tempus)	*Beispiele*
Gegenwart (Präsens)	ich rufe
Voll. Gegenwart (Perfekt)	ich habe gerufen
Vergangenheit (Präteritum)	ich rief
Voll. Vergangenhheit (Plusquamperfekt)	ich hatte gerufen
Zukunft (Futur)	ich werde rufen
Voll. Zukunft (Futur II)	ich werde gerufen haben

Gegenwart und Vergangenheit sind **einfache** Zeitformen, d.h. sie werden allein durch eine bestimmte Form des Zeitwortes ausgedrückt. Bei den anderen Zeitformen handelt es sich um **zusammengesetzte** Ausdrücke, die mit Hilfe einer Form von „sein“, „haben“ oder „werden“ gebildet sind.

Die Aussageweise (Modus)

Die Form des Zeitwortes (Verbs) drückt auch aus, ob der Sprecher eine Handlung als wirklich, als möglich oder als Befehl auffaßt. Dementsprechend gibt es drei Aussageweisen (Modi):

a) **Wirklichkeitsform (Indikativ)**
Die Handlung wird als wirklich gesehen.

● Beispiel: *Er arbeitet.*

b) **Möglichkeitsformen (Konjunktive)**
Die Möglichkeitsformen eines Zeitwortes drücken aus, daß sich der Sprecher über die Wirklichkeit einer Handlung nicht sicher ist oder sie für denkbar, aber unwirklich hält.
Die erste Möglichkeitsform (Konjunktiv I) drückt einen Wunsch, eine Möglichkeit, eine Absicht oder eine Ungewißheit aus.

● Beispiele: *Wenn er doch endlich* schliefe. (Wunsch)
Es sieht aus, als ob sie sich freue. (Möglichkeit)
Wenn ich gewinnen würde, gäbe *ich dir etwas ab.* (Absicht)
Er sagt, er sei *dort gewesen, aber ich bin mir nicht sicher.* (Ungewißheit)

Mit der zweiten Möglichkeitsform (Konjunktiv II) will man die Nichtwirklichkeit eines nur vorgestellten Geschehens ausdrücken.

● Beispiele: Wäre *ich an deiner Stelle,* sähe *die Sache anders aus.* (Ich bin es aber nicht, und es ist auch nicht möglich.)
Hätte *er den Bus genommen, dann* läge *er jetzt nicht im Krankenhaus.* (nicht mehr möglich)

Die zweite Möglichkeitsform (Konjunktiv II) wird häufig verwendet:
- beim höflichen Wunsch: *Ich* hätte *gerne einen Kaffee.*
- bei der höflichen Frage: Hättest *du morgen Zeit ?*
- bei der zweifelnden Frage: Könnte *sie das wirklich tun?*

c) **Befehlsform (Imperativ)**
Die Befehlsform eines Zeitwortes macht deutlich, daß die bezeichnete Handlung als Aufforderung oder Befehl gedacht ist. Diese Aussageweise gibt es nur in der Gegenwartsform (Präsens) in der 2. Person Einzahl (Singular) oder Mehrzahl (Plural).

● Beispiele: *Paß auf, was du machst!*
Paßt auf, was ihr macht!

Die Handlungsrichtungen (Genera verbi)

Die Form eines Zeitwortes zeigt auch an, ob das Geschehen getan oder erfahren wird.
Tätigkeitsform (Aktiv): *Die Flut hat uns überrascht.*
Leideform (Passiv): *Wir wurden von der Flut überrascht.*

Die Arten des Zeitwortes (Verbs)

Einteilung nach inhaltlichen Gesichtspunkten

Man kann die Zeitwörter inhaltlich in drei Gruppen einteilen, je nachdem, ob sie Tätigkeiten, Vorgänge oder Zustände bezeichnen:
a) Tätigkeitsverben

● Beispiele: *arbeiten, schreiben, lesen, rechnen, kaufen*

b) Vorgangsverben

● Beispiele: *ermüden, erschlaffen, sinken, fallen, steigen*

c) Zustandsverben

● Beispiele: *sein, beinhalten, liegen, besitzen, wissen*

Einteilung nach der Selbständigkeit

Es gibt Zeitwörter, die selbständig mit einem Hauptwort oder Fürwort einen vollständigen Satz bilden können. Sie heißen **Vollverben**.

● Beispiele: *Der Hund bellt.*
Es regnet.

Zeitwörter, die nur dann sinnvolle Verwendung finden, wenn sie durch ein Vollverb oder ein anderes Wort ergänzt werden, nennt man **Hilfszeitwörter** (**Hilfsverben**).

● Beispiele: *Sie* wird *kommen.*
Er ist *fort.*
Es hat *geklingelt.*

Einteilung nach dem Bestand an Personalformen

Die meisten Zeitwörter können Formen in allen oder wenigstens mehreren Personen bilden; man nennt sie daher auch **persönliche** Zeitwörter.

● Beispiele: *ich lache, du lachst, er lacht, wir lachen*

Es gibt aber auch Zeitwörter, die in wörtlichem Sinn nur in der 3. Person Einzahl (Singular) zusammen mit dem Fürwort „es" vorkommen. Diese nennt man **unpersönliche Zeitwörter.**

● Beispiele: *Es regnet.*
Es schneit.
Es hagelt.

Die Verwendung dieser Zeitwörter in anderen Personen ist nur in übertragenem Sinne möglich.

● Beispiel: *Sie schneiten mitten in die Veranstaltung herein.*

Einteilung nach der Beziehung zu anderen Wortarten

Zielende Zeitwörter (transitive Verben) sind mit einer Ergänzung im 4. Fall (Akkusativ) verbunden.

● Beispiele: *Der Chef* lobt *seine Angestellten.*
Er erwartet *Gäste.*
Sie verdient *Anerkennung.*

Nichtzielende Zeitwörter (intransitive Verben) benötigen keine Ergänzung im 4. Fall (Akkusativ).

● Beispiele: *Sie* kommt.
Er redet.
Die Katze schläft.
Wir husten.
Sie gehen.

Rückbezügliche Zeitwörter (reflexive Verben) nennt man solche, die mit einem rückbezüglichen Fürwort (Reflexivpronomen) verknüpft sind oder verknüpft werden können.

● Beispiele: *Ich* wehre *mich.*
Er bedient *sich.*
Das Kind schämt *sich.*
Wir kämmen *uns.*
Sie schlugen *sich.*

Die Formen des Zeitwortes (Verbs)

Bei den Formen des Zeitwortes unterscheidet man zwischen **unbestimmten (infiniten)** und **bestimmten (finiten)** Formen.

Die unbestimmten Formen des Zeitwortes

Formen des Zeitwortes (Verbs) ohne eine Endung, welche die Person oder die Zeitstufe des Wortes anzeigt, nennt man unbestimmt (infinit). Solche unbestimmten (infiniten) Formen sind:

- die Grundform (Infinitiv): *singen, lachen, lernen*
- das Mittelwort der Gegenwart (Partizip Präsens): *singend, lachend, lernend*
- das Mittelwort der Vergangenheit (Partizip Perfekt): *gesungen, gelacht, gelernt*

Die bestimmten Formen des Zeitwortes

Alle Formen des Zeitwortes mit solchen Endungen, die die Person und die Zeitstufe des Wortes erkennen lassen, heißen „bestimmte (finite)“ Formen.

● Beispiele: *ich sing**e**, du lach**st**, ihr lern**t***

Das Eigenschaftswort (Adjektiv)

Das Eigenschaftswort (Adjektiv) bezeichnet die Besonderheit – wie Art, Eigenschaft, Merkmal – von Personen, anderen Wesen, Dingen, gedanklichen Vorstellungen, Tätigkeiten, Vorgängen und Zuständen.

Grammatische Eigenschaften

Eigenschaftswörter können wie Hauptwörter (Nomina) gebeugt (flektiert) werden, das heißt, sie können nach dem Fall (Kasus), der grammatischen Zahl (Numerus) und dem grammatischen Geschlecht (Genus) unterschiedliche Formen bilden. Im Gegensatz zum Hauptwort haben sie kein festes grammatisches Geschlecht, sondern kommen in allen drei Geschlechtern vor.

● Beispiel: süßer *Wein* = männlich (Maskulinum)
süße *Traube* = weiblich (Femininum)
süßes *Getränk* = sächlich (Neutrum)

Daneben gibt es auch ungebeugte (unflektierte) Formen.

● Beispiel: *Der Wein* (die Traube / das Getränk) *ist* süß.

Die Steigerung (Komparation)

Die meisten Eigenschaftswörter sind steigerungsfähig, das heißt, zu den meisten Eigenschaftswörtern (Adjektiven) können Vergleichsformen (Komparationsformen) gebildet werden. Man unterscheidet dabei drei Stufen:

a) Grund- / Normalstufe (Positiv): *Das rote Kleid ist* hübsch.
b) Vergleichsstufe (Komparativ): *Das rote Kleid ist* hübscher *als das* blaue.
c) Höchststufe (Superlativ): *Das rote Kleid ist das* hübscheste *von allen.*

Gebrauchsweisen des Eigenschaftswortes (Adjektivs)

Je nachdem welche genaue Aufgabe das Eigenschaftswort (Adjektiv) in einem Satz wahrnimmt und wie es diese Aufgabe wahrnimmt, unterscheidet man drei Gebrauchsweisen:

a) beifügend (attributiv): *die* schwere *Arbeit*

b) aussagend (prädikativ): *Die Arbeit ist* schwer.
c) als Umstandswort (adverbial): *Sie arbeiten* schwer.

Gebrauch als Beifügung (Attribut)

Das Eigenschaftswort (Adjektiv) steht unmittelbar bei dem Wort, das es näher beschreibt. Bestimmt das Eigenschaftswort ein Hauptwort (Nomen), so steht es in den allermeisten Fällen vor dem Hauptwort und wird normalerweise gebeugt (flektiert). Es stimmt also mit dem Hauptwort im Fall (Kasus), in der Zahl (Numerus) und im Geschlecht (Genus) überein.

In diesem Fall spricht man von **beifügendem (attributivem)** Gebrauch.

● Beispiele: *Er liest gerade ein spannend***es** *Buch.*
(4. Fall / Einzahl / sächlich)
*Der Titel des spannend***en** *Buches ist „Nacht".* (= 2. Fall /...)
*Sie schreibt ihm einen lang***en** *Brief.*
(4. Fall Einzahl / männlich)
*Sie schreibt ihm lang***e** *Briefe.* (... / Mehrzahl / ...)
*Ich kaufe mir einen neu***en** *Wagen.*
(4. Fall / Einzahl / männlich)
*Ich kaufe mir ein neu***es** *Fahrrad.* (... / sächlich)

Steht das Eigenschaftswort jedoch hinter dem Hauptwort, so wird es normalerweise nicht gebeugt.

● Beispiel: *Zum Mittag gab es Forelle* blau.

Ebenfalls ungebeugt (unflektiert) werden Eigenschaftswörter verwendet, wenn sie sich auf ein anderes Eigenschaftswort oder ein Wort, das man nicht beugen kann (Partikel), beziehen.

● Beispiele: *Der Urlaub war* unbeschreiblich schön.
Schräg gegenüber *liegt das Verwaltungsgebäude.*

In festen Ausdrücken und in Verbindung mit Eigennamen ohne Geschlechtswort (Artikel) werden ausnahmsweise auch vorangestellte Eigenschaftswörter ungebeugt gebraucht.

● Beispiele: *Ich habe es auf* gut Glück *probiert.*
Klein Erna *ist eine Hamburger Witzfigur.*

Einige Eigenschaftswörter können nur als Beifügungen (Attribute) verwendet werden, wie z.B. Eigenschaftswörter, die räumliche oder zeitliche Verhältnisse benennen. Diese Eigenschaftswörter besitzen keine ungebeugten Formen.

● Beispiele: *der hintere Schuppen, ihr derzeitiger Nachbar*

Gebrauch als Aussage (Prädikat)

Wird ein Eigenschaftswort (Adjektiv) allein oder als Kern zusammen mit anderen Wörtern als eigenes Satzglied (vergl. Kap. Satzglieder) gebraucht, so spricht man von **aussagendem (prädikativem)** Gebrauch des Eigenschaftswortes.
Deutlich erkennbar ist dieser Gebrauch, wenn ein Eigenschaftswort in Verbindung mit den Zeitwörtern (Verben) „sein“, „werden“ und „bleiben“ auftritt.

● Beispiele: *Die Musik war laut.* (laut → Musik)
Die Stimmung wurde ausgelassen. (ausgelassen → Stimmung)
Der Chef blieb gelassen. (gelassen → Chef)

Das Eigenschaftswort bezieht sich hier auf den Satzgegenstand (das Subjekt). Aussagend gebrauchte Eigenschaftswörter können sich auch auf die Satzergänzung im 4. Fall (Akkusativobjekt) beziehen.

● Beispiel: *Anthony fand die Party langweilig.* (langweilig → Party)

Gebrauch als Umstandswort (Adverb)

Wenn sich das Eigenschaftswort (Adjektiv) eindeutig auf ein Zeitwort (Verb) bezieht, so wird es als Umstandswort (Adverb) verwendet.

Man spricht dann von **adverbialem** Gebrauch des Eigenschaftswortes.

● Beispiele: *Der Zug hielt nur kurz.* (kurz → hielt)
Die Blume duftet stark. (stark → duftet)

In manchen Fällen kann man nicht klar zwischen aussagendem (prädikativem) Gebrauch und dem Gebrauch als Umstandswort unterscheiden, und das ist im Deutschen auch nicht notwendig.

● Beispiel: *Er wühlte eifrig in den Unterlagen.*
(„Eifrig“ kann sich hier sowohl auf „Er“ als auch auf „wühlte“ beziehen.)

Hinweis: Wie Eigenschaftswörter können auch das Mittelwort der Gegenwart (Partizip Präsens) und das Mittelwort der Vergangenheit (Partizip Perfekt) verwendet werden.

● Beispiele: *Er sprang auf den* fahrenden *Zug.* (Partizip Präsens)
Der Bote erreichte keuchend *den 6. Stock.* (Partizip Präsens)
Der angekündigte *Brief kam nie an.* (Partizip Perfekt)
Aufgeregt *öffnet sie die Tür.* (Partizip Perfekt)

Das Fürwort (Pronomen)

Fürwörter (Pronomen) sind Wörter, die ein Hauptwort (Nomen) oder eine Wortgruppe mit einem Hauptwort als Kern ersetzen, bezeichnen oder begleiten.

● Beispiele: Das neue Buch *ist sehr spannend.*
Es *erzählt von Geistern.*
Sein Bild *wird ausgestellt.*
Jeder Mensch *kann sich einmal irren.*

Fürwörter (Pronomen) dienen häufig dazu, eine Wiederholung des Hauptwortes (Nomens) zu vermeiden.

● Beispiel: Inge *hat morgen Geburtstag.* Sie *gibt eine Party.*

Wenn Fürwörter Hauptwörter ersetzen, richten sie sich in der grammatischen Zahl (Numerus) und im grammatischen Geschlecht (Genus) nach dem Hauptwort, für das sie stehen.

● Beispiel: Einzahl / weiblich
Karin *schreibt* einen Brief. Sie *tippt* ihn *auf der Maschine.*
Einzahl / männlich

Als Begleiter richten sich Fürwörter zudem auch im grammatischen Fall nach dem Hauptwort.

● Beispiel: 4. Fall (Akkusativ)
Susanne hat dieses Bild *selbst gemalt.*

Übersicht:

a)	persönliches Fürwort (Personalpronomen):	wir
b)	hinweisendes Fürwort (Demonstrativpronomen):	dieses
c)	besitzanzeigendes Fürwort (Possessivpronomen):	unser
d)	fragendes Fürwort (Interrogativpronomen):	was
e)	bezügliches Fürwort (Relativpronomen:	welche
f)	rückbezügliches Fürwort (Reflexivpronomen):	sich
g)	unbestimmtes Fürwort (Indefinitpronomen):	etwas

Das persönliche Fürwort (Personalpronomen)

Das persönliche Fürwort (Personalpronomen) wird als Stellvertreter für Personen und Sachen verwendet.
Im Deutschen unterscheidet man drei grammatische Personen:
- die sprechende Person (1. Person)
- die angesprochene Person (2. Person)
- die Person/ Sache, über die gesprochen wird (3. Person)

Übersicht:

Person	Einzahl (Singular)	Mehrzahl (Plural)
1. Person	ich	wir
2. Person	du	ihr
3. Person	er (männlich)	sie
	sie (weiblich)	sie
	es (sächlich)	sie

Die dritte Person wird vor allem verwendet, um etwas zu ersetzen, das vorher schon erwähnt, also bestimmt worden ist.

Anredeformen

Wenn man eine oder mehrere Personen anspricht, unterscheidet man zwischen der **vertraulichen** und der **förmlichen** Anrede.

Die vertrauliche Anrede – die persönlichen Fürwörter der 2. Person – verwendet man nur gegenüber Freunden und Bekannten, also Personen, die einem vertraut sind.

● Beispiel: *Peter sagte zu Michael:* „Du *bist gestern im Kaufhaus gewesen, nicht wahr? Ich habe* dich *gesehen, als* du *mit Karin in der Schallplattenabteilung warst. Was habt* ihr *denn gesucht?*“

In Briefen werden die persönlichen Fürwörter der vertraulichen Anrede groß geschrieben.

● Beispiel: *Lieber Georg!*
Ich schicke Dir *und* Deinem *Bruder die Unterlagen mit der Post, damit* Ihr *mit der Arbeit anfangen könnt. Leider habe ich keine Zeit, um selbst bei* Euch *vorbeizuschauen.*

Für die förmliche Anrede verwendet man im Deutschen ein Fürwort der 3. Person Mehrzahl (3. Person Plural), unabhängig davon, ob man eine oder mehrere Personen anspricht.

● Beispiele: *Guten Morgen, Frau Schack! Was kann ich für* Sie *tun?*
Meine sehr verehrten Damen und Herren! Es freut mich, Sie *hier begrüßen zu dürfen. Und ich hoffe, daß sich* Ihre *Erwartungen erfüllen werden ...*

Das persönliche Fürwort (Personalpronomen) wird bei der förmlichen Anrede stets groß geschrieben.

Das persönliche Fürwort „es“

Das persönliche Fürwort „es“ kann für etwas Unpersönliches stehen. Der Sprecher will damit zum Ausdruck bringen, daß die Ursache oder der Urheber eines Geschehens nicht näher bestimmt werden soll oder kann.

● Beispiele: Es *ist dunkel draußen.*
Es *soll zum Streik kommen.*

Ferner kann das persönliche Fürwort „es“ einen später näher bestimmten Satzgegenstand vertreten.

● Beispiel: Es *war einmal eine schöne Prinzessin.*

Schließlich steht das persönliche Fürwort „es“ auch häufig für einen vorangegangenen oder nachfolgenden Satz.

● Beispiele: *Wir sind in der Mehrheit und wissen* es *auch.*
Es *ist schade, daß du nicht dabei warst.*

Das hinweisende Fürwort (Demonstrativpronomen)

Hinweisende Fürwörter (Demonstrativpronomen) werden verwendet, um auf etwas hinzuweisen und es so hervorzuheben.

Übersicht:

	Einzahl (Singular)		*Mehrzahl (Plural)*
männlich	*weiblich*	*sächlich*	
dieser	diese	dieses	diese
jener	jene	jenes	jene
der	die	das	die
solcher	solche	solches	solche
derselbe	dieselbe	dasselbe	dieselben
derjenige	diejenige	dasjenige	diejenige

Der Gebrauch der hinweisenden Fürwörter (Demonstrativpronomen)

a) „dieser / diese / dieses" sowie „jener / jene / jenes"
Mit einer Form des Fürworts „dieser" verweist der Sprecher auf etwas, das ihm räumlich oder zeitlich nahe ist, mit „jener" auf etwas Entfernteres.

● Beispiele: Dieser *Schuh paßt mir besser als jener.*
Dieses *Betriebsfest ist wirklich gelungen. Erinnerst du dich noch an* jenes *vom letzten Jahr?*

Beide Fürwörter können sowohl als Begleiter eines Hauptwortes (Nomens) wie auch als sein Stellvertreter, also alleinstehend, verwendet werden. Sie passen sich dem Hauptwort, das sie begleiten oder vertreten, in grammatischer Zahl (Numerus) und im grammatischen Geschlecht (Genus) an. Als Stellvertreter stehen sie zudem noch im gleichen Fall (Kasus) wie das Hauptwort, das sie vertreten.

● Beispiele: Diese *Kassette hat sie schon gehört*, jene *Kassette dagegen ist neu für sie.*
Diese *hat sie schon gehört,* jene *dagegen ist neu für sie.*
Einzahl / weiblich / 4. Fall

b) „der / die / das" als hinweisendes Fürwort

Das hinweisende Fürwort „der / die / das" ist anders betont als das gleichlautende bestimmte Geschlechtswort (bestimmter Artikel).

● Beispiele: Der *Wagen soll neu sein? Ich kann es nicht glauben.*
Die Frau dort drüben? Nein, die *kenne ich nicht.*
Das *Buch kenne ich schon. Hast du kein anderes?*

Als Begleiter eines Hauptwortes ist der Gebrauch von „der / die / das" als hinweisendes Fürwort nicht immer von dem Gebrauch des bestimmten Geschlechtswortes zu unterscheiden. Meistens wird jedoch aus dem Textzusammenhang oder der Situation deutlich, ob es betont – also als hinweisendes Fürwort – oder unbetont – als bestimmtes Geschlechtswort – anzusehen ist.

Als Fürwort können „der / die / das" nicht nur als Begleiter, sondern auch stellvertretend für ein Hauptwort stehen.
Vor allem die Form „das" wird häufig als Stellvertreter verwendet.

● Beispiele: *Siehst du das Bild dort drüben?* Das *hat unsere Tochter gemalt.*
Das *gibt es doch gar nicht!*

c) „solcher / solche / solches"

„Solcher / solche / solches" wird als Begleiter oder Stellvertreter eines Hauptwortes gebraucht. Häufig wird es mit dem unbestimmten Geschlechtswort verbunden.

● Beispiele: *Einen* solchen *Mann könnten wir in unserer Firma brauchen.*
Eine solche *Chance darf man sich nicht entgehen lassen.*
Ein solches *Kleid würde dir auch gut stehen.*
Was für Umschläge suchst du? Sind es solche?

Wie alle anderen hinweisenden Fürwörter richten sich „solcher/ solche/ solches" in grammatischer Zahl (Numerus), grammatischem Geschlecht (Genus) und grammatischem Fall (Kasus) nach dem Hauptwort, das sie begleiten.

Beispiel: *In einem* solchen *Hotel würde ich gerne einmal übernachten.*
Einzahl / sächlich / 3.Fall

Steht das Fürwort „solch" *vor* einem unbestimmten Geschlechtswort, dann bleibt es unverändert, wird also nicht gebeugt (flektiert).

● Beispiel: Solch *eine Villa müßte man haben!*
Solch *ein Glück!*

d) „derselbe / dieselbe / dasselbe“

Dieses hinweisende Fürwort wird in der Regel *nur* als Begleiter und Stellvertreter eines Hauptwortes gebraucht.

● Beispiel: *Mein Sohn ist elf Jahre alt; er* (nicht: *derselbe*) *geht in die fünfte Klasse.*

Das Fürwort „derselbe / dieselbe / dasselbe“ darf nur verwendet werden, wenn ausgesagt werden soll, daß die bezeichnete Person oder Sache mit sich selbst übereinstimmt. Um die Ähnlichkeit oder Artverwandtheit zweier Sachen auszudrücken, verwendet man „gleich“.

● Beispiel: *Sie haben beide die* gleichen *Kleider an.*

Da „derselbe / dieselbe / dasselbe“ aus der Verbindung von „der / die / das“ mit dem Stamm „selb“ entstanden sind, können die Teile „der / die / das“ auch wie das bestimmte Geschlechtswort (der bestimmte Artikel) mit einem Verhältniswort (Präposition) verschmelzen.

● Beispiele: *an demselben Fluß → a**m** selben Fluß*
*zu derselben Firma → zu**r** selben Firma*
*in demselben Boot → i**m** selben Boot*

e) „derjenige / diejenige / dasjenige“

Das Fürwort „derjenige / diejenige / dasjenige“ weist meistens auf einen nachfolgenden Satz voraus. Es kann als Begleiter eines Hauptwortes ebenso verwendet werden wie als sein Stellvertreter.

● Beispiele: Diejenigen *Personen, die nichts zu verzollen haben, können hier entlang gehen.*
Diejenigen, *die nichts zu verzollen haben, können hier entlang gehen.*

Das besitzanzeigende Fürwort (Possessivpronomen)

Das besitzanzeigende Fürwort (Possessivpronomen) drückt häufig ein Besitz- oder Zugehörigkeitsverhältnis aus.

● Beispiele: *Das ist* mein *Auto = Es gehört mir.*
Dies sind meine *Freunde = Sie gehören zu mir.*
Dies ist mein Arbeitsplatz = *Er gehört zu mir, ich gehöre zu ihm.*

Das besitzanzeigende Fürwort bezeichnet oft Beziehungen, die sich weder mit dem Begriff „Besitz“ noch mit dem Begriff „Zugehörigkeit“ treffend beschreiben lassen.

● Beispiele: *Das war* seine *letzte Chance.*
Ihr *Bus fährt um 8.13 Uhr.*

Das besitzanzeigende Fürwort stimmt sowohl mit dem „Besitzer“ als auch mit dem „Besitz“ (also dem Wort, das es begleitet) in gewissen grammatischen Merkmalen überein.
So haben das besitzanzeigende Fürwort und der betreffende „Besitzer“ die gleiche grammatische Person sowie die gleiche grammatische Zahl (Numerus). Bei der 3. Person / Einzahl (Singular) stimmen sie auch noch im grammatischen Geschlecht (Genus) überein.

● Beispiele: 1. Person / Mehrzahl
Wir *suchen* unseren *Bus.*

Woran erkennst du, *daß es* dein *Buch ist?*
2. Person / Einzahl

Der Fahrer *zeigt* seinen *Führerschein vor.*
3. Person / Einzahl / männlich

Die Firma *lädt* ihre *Angestellten ein.*
3. Person / Einzahl / weiblich

Das Schicksal *nahm* seinen *Lauf.*
3. Person / Einzahl / sächlich

Mit dem „Besitz“, also dem Hauptwort, das es begleitet, stimmt das besitzanzeigende Fürwort in grammatischer Zahl (Numerus), Geschlecht (Genus) und dem Fall (Kasus) überein.

● Beispiele: *Er begrüßt sein**e** Frau.*(= Einzahl / weiblich / 4.Fall)
*Sie gibt ihr**em** Chef den Bericht.* (= Einzahl / männlich / 3. Fall)
*Die Telefonnummern mein**er** Freunde weiß ich alle auswendig.* (= Mehrzahl / männlich / 2. Fall)
*Sie ging mit all ihr**en** Freundinnden ins Café.* (=Mehrzahl / weiblich / 3.Fall)

Zu jedem persönlichen Fürwort (Personalpronomen) gibt es ein besitzanzeigendes Fürwort (Possesivpronomen):

	pers. Fürwort Einzahl	Mehrzahl	besitzanzeig. Fürwort Einzahl	Mehrzahl
1. Pers.	ich	wir	mein	unser
2. Pers.	du	ihr	dein	euer
3. Pers.	er, sie, es	sie	sein, ihr, sein	ihr

Das besitzanzeigende Fürwort der Höflichkeitsform „Sie" ist „Ihr" und wird wie diese immer groß geschrieben. Die besitzanzeigenden Fürwörter der 2. Person (Anrede) werden nur in Briefen groß geschrieben.

Das fragende Fürwort (Interrogativpronomen)

Das fragende Fürwort (Interrogativpronomen) leitet Fragesätze und auch Ausrufesätze ein. Es fragt nach Personen und Sachen. Als fragende Fürwörter werden verwendet:

- *wer / was*
- *welcher / welche / welches*
- *was für ein(er) / was für eine / was für ein(es)*

Das Fürwort „wer" ist von seiner grammatischen Zahl (Numerus) her Einzahl (Singular) und hinsichtlich seines Geschlechts (Genus) männlich (maskulinum). Dennoch wird es für männliche wie weibliche Personen gebraucht; und es steht immer in der Einzahl (Singular), auch wenn nach mehreren Personen gefragt wird.

● Beispiele: Wer *hat diese Notiz ans schwarze Brett gehängt?*
Wer *steht alles auf der Gästeliste?*

Das Fürwort „was" ist sächlich (neutrum) und fragt nach Sachen. Auch „was" steht in der Regel in der Einzahl.

● Beispiele: Was *ist heute noch zu erledigen?*
Was *gibt es zum Mittagessen?*

Beide Fürwörter „wer / was" werden alleinstehend, also als Stellvertreter verwendet.

Das fragenden Fürwort „welcher" fragt nach einer Auswahl unter mehreren möglichen Personen oder Sachen. Es kann entweder alleinstehend oder als Begleiter eines Hauptwortes gebraucht werden.

● Beispiele: Welche *Briefe hast du schon erledigt?*
Einige dieser Muster sind ganz hübsch. – Welche *meinst du?*

Der Ausdruck „was für ein" fragt nach der Beschaffenheit oder Eigenschaft einer Person oder Sache. Es wird alleinstehend gebraucht, oder es begleitet ein Hauptwort.

● Beispiele: Was für eine *Mitteilung mußt du mir machen?*
Ich habe mir gestern einen Film angeschaut. – Was für einen?

Das fragende Fürwort kommt auch in Ausrufesätzen vor, vor allem, wenn Erstaunen oder Überraschung ausgedrückt werden soll.

● Beispiele: Wer *kommt denn auf solch eine Idee!*
Was *es nicht alles gibt!*
Welche *Schande!*

Das bezügliche Fürwort (Relativpronomen)

Das bezügliche Fürwort (Relativpronomen) leitet einen Glied- oder Nebensatz ein und stellt eine Beziehung zwischen ihm und einem Haupt- oder Fürwort des übergeordneten Hauptsatzes her. Mit diesem Haupt- oder Fürwort des übergeordneten Satzes stimmt es in der grammatischen Zahl (Numerus) und im grammatischen Geschlecht (Genus) überein.

● Beispiele: *Das Kleid,* das *ich dir geschenkt habe, hast du noch nicht einmal angehabt.*
Wo sind die Akten, welche *gestern noch hier lagen?*

Als bezügliche Fürwörter (Relativpronomen) werden benutzt:

- der / die / das
- welcher / welche / welches
- wer / was

In den meisten Fällen verwendet man „der / die / das" als bezügliches Fürwort. In geschriebener Rede kann auch die Form „welcher / welche / welches" eingesetzt werden, vor allem dann, wenn es besser klingt, also aus stilistischen Gründen.

● Beispiele: *Das Buch,* das *die Bedienung des Gerätes beschreibt, ist leider vergriffen.*
Das Buch, welches *die Bedienung des Gerätes beschreibt, ist leider vergriffen.*

Das bezügliche Fürwort „was“ steht in folgenden Fällen:

a) nach Für- und Zahlwörtern mit „sächlichem“ Geschlecht

● Beispiel: *Ich wiederhole nur das,* was *du selbst gesagt hast.*
Das einzige, was *uns blieb ...*

b) nach der Höchststufe (Superlativ) eines als Hauptwort gebrauchten Eigenschaftswortes

● Beispiel: *Das Beste,* was *du in dieser Situation tun konntest, ...*
Das war das Schönste, was *ich je gesehen habe.*

c) wenn es sich auf den gesamten vorausgehenden Teilsatz bezieht

● Beispiel: *Herbert spielt diesmal den Libero,* was *ihm* liegt.

Die bezüglichen Fürwörter „wer“ und „was“ können darüber hinaus noch die Rolle des Stellvertreters im übergeordneten Satz übernehmen:
- *wer = derjenige, welcher*
- *was = das, was*

● Beispiele: Wer *einmal lügt, dem glaubt man nicht.*
Was *man schwarz auf weiß besitzt, kann man getrost nach Hause tragen.*

Das rückbezügliche Fürwort (Reflexivpronomen)

Das rückbezügliche Fürwort (Reflexivpronomen) ist eng mit dem persönlichen Fürwort (Personalpronomen) verwandt, denn es hat alle Formen mit dem persönlichen Fürwort gemeinsam bis auf das rückbezügliche Fürwort der 3. Person, nämlich „sich“.
Das rückbezügliche Fürwort bezieht sich in der Regel auf den Satzgegenstand (Subjekt), also auf ein Hauptwort im 1. Fall oder eine Wortgruppe mit einem Hauptwort im 1. Fall.

● Beispiele: *Ich denke* mir *meinen Teil dabei.*
Der neuaufgestellte Kaffeeautomat hat sich *bewährt.*

Übersicht:

	Einzahl (Singular) 3. Fall	4. Fall	Mehrzahl (Plural) 3. Fall	4. Fall
1. Person	mir	mich	uns	uns
2. Person	dir	dich	euch	euch
3. Person	sich	sich	sich	sich

Achtung: Das rückbezügliche Fürwort bezieht sich *stets* auf den Träger des Geschehens, also auf den Satzgegenstand (Subjekt), andernfalls handelt es sich um ein persönliches Fürwort.

Satzgegenstand (Subjekt)

● Beispiele: *Ich erinnere* mich *gerne an unseren Urlaub zurück.*
Ich erinnere dich *noch einmal an die Sitzung.*

Im ersten Fall bezieht sich das Fürwort „mich" auf den Satzgegenstand, es ist also rückbezüglich. Im zweiten Fall ist das Fürwort „dich" ein persönliches Fürwort (Personalpronomen).

Ist die ausgedrückte Beziehung gegenseitig, so kann dies auch mit einem rückbezüglichen Fürwort ausgedrückt werden.

● Beispiele: *Wir gehen* uns *häufig auf die Nerven.* (gegenseitig)
Sie lieben sich. (gegenseitig)

Solche Aussagen sind oft mißverständlich. Daher wird im Falle des rückbezüglichen Gebrauchs das Fürwort häufig durch das Wort „selbst" verstärkt.
Soll eine wechselseitige Beziehung ausgedrückt werden, wählt man häufig statt des rückbezüglichen Fürwortes das Fürwort „einander", das daher „wechselbezügliches Fürwort" (reziprokes Pronomen) genannt wird.

● Beispiele: *Die Menschen denken häufig nur an* sich selbst. (rückbezüglich)
Sie waren sich selbst *genug.* (rückbezüglich)
Die Menschen sollten einander *besser achten.* (wechselbezüglich)
Sie schrieben einander *täglich.* (wechselbezüglich)

Das unbestimmte Fürwort (Indefinitpronomen)

Das unbestimmte Fürwort (Indefinitpronomen) bezeichnet Personen, Sachen oder Sachverhalte, deren Merkmale wir nicht genauer kennen oder ausdrücken wollen.
Alleinstehend, also als Stellvertreter, gebraucht werden vor allem nachfolgende unbestimmte Fürwörter (Indefinitpronomen):

- **man:** Man *kann sich ja nicht um alles kümmern.*
- **jedermann:** Jedermann *erwartet, daß er gleich bedient wird.*
- **jemand**: *Gehört dieses Buch* jemandem?
- **niemand**: *Wie immer will es* niemand *gewesen sein.*
- **welche**: *Ich habe keine Stifte mehr. Hast du noch* welche?
- **einer**: *Heute war* einer *vom Finanzamt da.*
  (Wird „einer" als Begleiter verwendet, entspricht dies dem unbestimmten Geschlechtswort (Artikel).)

Gewöhnlich nur als Begleiter werden die folgenden unbestimmten Fürwörter verwendet:

- **sämtliche**: *In kürzester Zeit waren* sämtliche *Artikel verkauft.*
- **irgendwelche**: *Gibt es noch* irgendwelche *Probleme* ?

Nachfolgend weitere wichtige unbestimmte Fürwörter, die alleinstehend oder als Begleiter gebraucht werden:

- **etwas**: *Hat einer der Anwesenden noch* etwas *dazu zu sagen?*
  Kann ich bitte noch etwas *Tee haben?*
- **nichts**: Nichts *kann ihn von seinem Plan abbringen.*
  Du sagst mir nichts *Neues.*
- **alle**: *Es war genug da für* alle.
  Alle *Kinder stürmten auf die Bühne.*
- **jeder**: *Den Vortrag konnte* jeder *verstehen.*
  Zu jedem *Kleid gibt es passende Schuhe.*
- **keiner**: *Es war langweilig, aber* keiner *verließ den Raum.*
  Morgen wird kein *Mensch im Büro sein.*
- **irgendeiner**: Irgendeiner *wird uns schon hören.*
  Kennst du irgendein *gemütliches Weinlokal ?*
- **einige**: Einigen *scheint der Vorschlag nicht zu gefallen.*
  Laßt uns noch einige *Minuten warten!*
- **etliche**: *Ich habe noch* etliches *zu erledigen.*
  Es sind doch noch etliche *Plätze frei.*
- **mehrere**: *Leider wußten* mehrere *nichts von dem Fest.*
  Die Fahrt dauerte mehrere *Stunden.*
- **mancher**: Manche *meinen, sie könnten alles kaufen.*
  An manchen *Stellen ist Glatteis.*

- **ein bißchen:** *Kannst du noch* ein bißchen *warten* ?
  Hab doch ein bißchen *Geduld* !
- **ein paar:** Ein paar *mehr oder weniger macht doch nichts aus.*
  Hast du ein paar *Tips für mich?*
- **ein wenig**: *Ihre Schulter schmerzt noch* ein wenig.
  Mit ein wenig *Ausdauer hättest du es geschafft.*
- **genug**: *Hör auf, ich habe jetzt endgültig* genug.
  Sie hatten genug *Chancen, um das Spiel zu gewinnen.* (auch umgekehrte Stellung: Chancen genug)

Das Zahlwort (Numerale)

Zahlwörter (Numeralien) geben die Anzahl an, von der gesprochen wird. Man unterscheidet zwei Gruppen von Zahlwörtern:
a) bestimmte Zahlwörter
b) unbestimmte Zahlwörter

Das bestimmte Zahlwort

Übersicht:

Grundzahlen (Kardinalzahlen)	eins, zwei, drei, neunzehn, siebenundzwanzig, hundert
Ordnungszahlen (Ordinalzahlen)	der erste, die zweite, das dritte, siebenundzwanzigster
Wiederholungszahlen	zweimal, siebenmal, zehnmal
Gattungszahlen	zweierlei, dreierlei
Vervielfältigungszahlen	dreifach, achtfach
Einteilungszahlen	zweitens, siebtens
Bruchzahlen	ein Viertel, ein Siebtel

Die Grundzahlen (Kardinalzahlen)

Die Grundzahlen (Kardinalzahlen) geben die *genaue* Anzahl oder Menge an. Sie beantworten also die Frage „*Wie viele* Personen, Dinge oder Sachverhalte sind gemeint?“

● Beispiele: *Ich habe heute* siebzehn *Briefe beantwortet.*
Der Bus hatte zwölf *Minuten Verspätung.*

Grundzahlen können wie Eigenschaftswörter gebeugt (flektiert) werden. Im allgemeinen Sprachgebrauch werden allerdings ungebeugte (unflektierte) Formen bevorzugt. Am häufigsten kommen noch die Grundzahlen „zwei" und „drei" in gebeugter (flektierter) Form vor.

● Beispiel: *Mit* einem *Prozeß geht man vors Gericht, mit* zweien *kommt man heraus.*
Einem *zu eng,* dreien *zu weit*, zweien *gerecht.*

Auch wenn Grundzahlen ohne Hauptwort verwendet werden, schreibt man sie klein.

● Beispiele: *Komme bitte noch vor halb* sechs!
Nur sieben *von* zweiunddreißig *haben die Prüfung bestanden.*

Grundzahlen können auch als Hauptwort (Nomen) mit einem Geschlechtswort (Artikel) gebraucht werden. Sie werden dann groß geschreiben.

● Beispiel: *Die* Siebzehn *hat ihr Glück gebracht.*
Die Achtunddreißig hat wie immer Verspätung.(Straßenbahn)

Die wichtigsten Grundzahlen im Überblick:

0 null	13 dreizehn	60 sechzig
1 eins	14 vierzehn	70 siebzig
2 zwei	15 fünfzehn	80 achtzig
3 drei	16 sechzehn	90 neunzig
4 vier	17 siebzehn	100 (ein)hundert
5 fünf	18 achtzehn	200 zweihundert
6 sechs	19 neunzehn	311 dreihundert(und)elf
7 sieben	20 zwanzig	...
8 acht	21 einundzwanzig	1.000 (ein)tausend
9 neun	...	2.000 zweitausend
10 zehn	30 dreißig	10.000 zehntausend
11 elf	40 vierzig	100.000 (ein)hunderttausend
12 zwölf	50 fünfzig	...

Die weiteren Zahlwörter (Numeralien), die Grundzahlen bezeichnen, werden nach folgenden Regeln zusammengesetzt:

- ein + und + zwanzig = *einundzwanzig (21)*, ...
- (ein)hundert + (und +) eins = *(ein)hundert(und)eins (101)*, ...
- (ein)tausend + zweihundert + (und +) zwölf = *(ein)tausendzweihundert(und)zwölf (1.212)* = *zwölfhundert(und)zwölf (1212)* als Jahreszahl

Grundzahlen, die eine höhere Anzahl als 999.999 bezeichnen, gelten als Hauptwörter (Nomen); sie werden groß geschrieben und gebeugt (flektiert):

- *die Million* (1.000.000)
- *die Milliarde* (1.000.000.000)
- *die Billion* (1.000.000.000.000)

Sie werden auch in zusammengesetzten Zahlen einzeln geschrieben:

● *Beispiel:* *drei* Millionen *vierhundertzwanzigtausend* (3.420.000)

Wenn die Zahlwörter „hundert" und „tausend" nicht als genaue Zahlenangabe, sondern nur als Schätzung verwendet werden, gelten auch sie als Hauptwörter (Nomina), werden gebeugt und groß geschrieben.

● Beispiele: *Viele* Tausende *strömten in die Bundesligastadien.*
Hunderte *von Kartenwünschen konnten nicht erfüllt werden.*

Die Grundzahlen zwischen 13 und 999.999 werden in der Regel ungebeugt (unflektiert) verwendet. Bei den Grundzahlen eins bis zwölf gelten für die Beugung (Flexion) folgende Regeln:

- Das Zahlwort „eins" wird gebeugt (flektiert) wie das besitzanzeigende Fürwort „mein". Es gibt hier natürlich keine Mehrzahlformen.

● Beispiel: *Sie hat zwei Autos;* eines *davon ist in Reparatur.*

- Wie ein gewöhnliches Eigenschaftswort wird „eins" gebeugt, wenn ein Begleiter (Geschlechts- oder Fürwort) davorsteht.

● Beispiele: *Ich habe mit der* einen *Akte schon Arbeit genug.*
Seinen einen *Bruder kenne ich bereits.*

- Gehört das Zahlwort „eins" zur Satzaussage (Prädikat), dann verwendet man die Form „eins".

● Beispiel: *Wenn du dann an der Felswand hängst, wirst du* eins *mit dem Berg.*

- Die Zahlwörter (Numeralien) „zwei“ und „drei“ erhalten im 2. Fall „-er“ als Endung, wenn sie ohne Begleiter (Geschlechts- oder Fürwort) stehen.

● Beispiel: *Wir konnten mit dem Angebot* zweier *Konkurrenten nicht mithalten.*
(**Aber:** ... dem Angebot *der zwei* Konkurrenten ...)
Das ist das Geheimnis dreier *Personen.*
(**Aber:** das Geheimnis *dieser drei* Personen ...)

- Die Zahlwörter „zwei“ bis „zwölf“ können im 3. Fall (Dativ) die Endung „-en“ haben, wenn sie alleinstehend, also als Stellvertreter verwendet werden. Dies geschieht vor allem in festen Redewendungen.

● Beispiel: *Das Kleinkind kriecht auf allen* vieren *durch das Zimmer.*

Die Ordnungszahlen (Ordinalzahlen)

Die Ordnungszahlen (Ordinalzahlen) bezeichnen die Stelle, die innerhalb einer bestimmten Zahlenreihe eingenommen wird. Ordnungszahlen anworten also auf Fragen, eingeleitet mit dem fragenden Fürwort (Interrogativpronomen) „der wievielte“.

● Beispiel: *Der* wievielte *war er im Ziel? Der* siebte.

Die meisten Ordnungszahlen werden von den Grundzahlen abgeleitet. Dabei werden die Ordnungszahlen von 1. bis 19. gebildet, indem man an die entsprechende Grundzahl die Endung „-te“ anhängt.

● Beispiele: *der zweite, die vierte, das achtzehnte*

Ausnahmen: *der erste, die dritte, das siebte, der achte*

Die Ordnungszahlen von 20. an erhält man durch Anhängen der Endung „-ste“ an die jeweilige Grundzahl.

● Beispiele: *der zwanzigste, die hundertste, das tausendste*

Ordnungszahlen werden gebeugt (flektiert) wie normale Eigenschaftswörter (Adjektive).

● Beispiele: *Ich bin schon beim* siebten *Brief.*
Sie wurde als die tausendste *Besucherin geehrt.*

Auch wenn Ordnungszahlen (Ordinalzahlen) ohne Hauptwort (Nomen) gebraucht werden, schreibt man sie in der Regel klein. Nur wenn ein Rang oder besondere Anerkennung ausgedrückt werden soll, kann man sie auch groß schreiben.

● Beispiele: *Werner, der als* zehnter *gestartet war, kam als* vierter *an.* (hier geht es um die bloße Reihenfolge)
Gabi erhielt als Zweite *eine Auszeichnung.* (zweiter Rang)

Wiederholungszahlen

Sie antworten auf die Frage „*Wie oft..?*" und werden gebildet, indem man die Endung „-mal" an die jeweilige Grundzahl anfügt.

● Beispiel: *Ich habe dir das jetzt schon* hundertmal *erklärt.*

Die Gattungszahlen

Eine Gattungszahl wird durch Anhängung der Endung „-erlei" gebildet. Sie drückt die Zahl der Gattungen, mit denen eine Person oder Sache in Beziehung gebracht wird, aus.

● Beispiel: *Es gab eine Auswahl an* dreierlei *Fleischgerichten.* (Es gab also Fleischgerichte aus drei verschiedenen Fleischsorten, z.B. Geflügel, Rindfleisch, Schweinefleisch)

Die Vervielfältigungszahlen

Wenn man an eine Grundzahl (Kardinalzahl) die Endung „-fach" anhängt, will man ausdrücken *„wieviel mal"* etwas gemeint ist. Die Vervielfältigungszahlen werden wie Eigenschaftswörter gebeugt (flektiert).

● Beispiel: *Geben Sie das Formular in* dreifacher *Ausfertigung bei der angegebenen Dienststelle ab.* (also dreimal)

Einteilungszahlen

Einteilungszahlen dienen dazu, einen Text mit Hilfe des Zahlensystems so zu ordnen, daß der Leser oder Zuhörer über den Aufbau des Textes informiert wird. Sie setzen sich aus der jeweiligen Grundzahl (Kardinalzahl) und der Endung „-tens" zusammen.
Endet die entsprechende Grundzahl mit dem Buchstaben oder Laut „t", so fällt ein „t" weg.

● Beispiele: *zweitens, viertens, fünftens, achtens*

Ausnahmen: erstens, drittens, siebtens

Die Bruchzahlen

Bruchzahlen drücken immer einen bestimmten Teil einer Sache aus. Sie setzen sich zusammen aus der jeweiligen Ordnungszahl (Ordinalzahl) und der Endung „-el“ Sie werden als Hauptwörter (Nomen) oder als Eigenschaftswörter (Adjektive) verwendet.
In Verbindung mit Maßangaben werden Bruchzahlen als Eigenschaftswörter, allerdings ohne Beugungsendung (Flexionsendung) gebraucht.

● Beispiel: *Man kann die Sauce mit einem* achtel *Liter Sahne verfeinern.*

Häufig verwendete Verbindungen von Bruchzahlen mit Maßangaben können auch zusammengeschrieben werden.

● Beispiel: *In einer* Viertelstunde *können wir anfangen.*

Abgesehen von den hier gezeigten Fällen werden Bruchzahlen als Hauptwörter gebraucht.

● Beispiele: *Gut ein* Drittel *aller Teilnehmer des Kurses waren Frauen.*
Nur etwa ein Fünftel *der Anwesenden stimmten dem Vorschlag zu.*

Ausnahmen: Die Formen „die Hälfte“ und „halb“ stellen Sonderformen unter den Bruchzahlen dar, wobei „die Hälfte“ als Hauptwort (Nomen) und „halb“ als Eigenschaftswort verwendet werden.

● Beispiele: *Ungefähr die* Hälfte *der Waren ist verdorben.*
Der Film hat schon vor einer halben *Stunde begonnen.*

Das unbestimmte Zahlwort

Unbestimmte Zahlwörter bezeichnen eine Anzahl oder Menge nur sehr ungenau – als Ergebnis grober Schätzung. Grammatisch werden sie wie Eigenschaftswörter (Adjektive) behandelt: Sie können zwischen Geschlechtswort (Artikel) und Hauptwort (Nomen) stehen und werden gebeugt (flektiert). Im Gegensatz zu den herkömmlichen Eigenschaftswörtern werden sie jedoch stets klein geschrieben.

● Beispiele: *Wie ich hörte, sollen nur* wenige *die Ausstellung besucht haben.*
Das ist Frau Müller. Die übrigen *Gäste kennst du ja.*

Die unbestimmten Zahlwörter werden häufig mit den unbestimmten Fürwörtern verwechselt, da sie wie diese ungenaue Zahlen- oder Mengenangaben machen. Unbestimmte Fürwörter (Indefinitpronomen) können jedoch *nicht* zwischen Geschlechtswort und Hauptwort stehen. Diesen Umstand kann man sich bei der Unterscheidung dieser beiden Wortarten zunutze machen:

● Beispiele: weitere *Meldungen in Kürze* → die weiteren *Meldungen in Kürze*
nun einige *Meldungen* → *nun [die]* einigen *Meldungen* (unmöglich)

Im ersten Fall liegt also ein unbestimmtes Zahlwort vor, während es sich im zweiten Fall um ein unbestimmtes Fürwort handelt.

Zu den unbestimmten Zahlwörtern gehören z. B.:
andere, (das) bißchen, einzelne, die einzigen, sonstige, übrige, unzählige, viele, weitere, wenige, zahllose, zahlreiche

Partikeln

Unter dem Begriff „Partikeln" faßt man Wortarten zusammen, deren Wörter nicht gebeugt (flektiert) werden können und keine eigene Bedeutung tragen. Sie erfüllen unterschiedliche Aufgaben im Satz. Zu den Partikeln gehören:
a) Umstandswörter (Adverbien): *oben, häufig, sogar, wohl*
b) Verhältniswörter (Präpositionen): *an, nach, trotz, um*
c) Bindewörter (Konjunktionen): *aber, damit, und, zudem*
d) Empfindungswörter (Interjektionen): *au, hallo, pfui*

Das Umstandswort (Adverb)

Diese Wortart ist schwierig zu bestimmen, da keine festen gemeinsamen Merkmale vorliegen. Im Grunde genommen faßt diese Wortart alle Partikeln (unbeugbare Wörter) zusammen, die sich nicht einer der drei anderen Gruppen zuordnen lassen. Umstandswörter übernehmen im Satz so viele unterschiedlichen Aufgaben, daß manche von anderen Wortarten nicht immer klar abgegrenzt werden können.

● Beispiele: *Diese Aufgabe ist mir* zu *schwierig.* (= Umstandswort)
Der Wal zählt zu *den Säugetieren.* (= Verhältniswort)
Mach bitte das Fenster zu. (Zusatz zum Zeitwort)

Die Arten des Umstandswortes (Adverbs)

Nach inhaltlichen Gesichtspunkten kann man vier Arten des Umstandswortes (Adverbs) unterscheiden:

a) Umstandswörter des Ortes (lokale Adverbien)
Sie antworten auf die Fragen
- „wo?“: *hier, da, daneben, daran, darauf, darin, darüber, darunter, dazwischen, draußen, oben, droben, unten, drunten, innen, drinnen, drüben, vorn, hinten, links, rechts, diesseits, jenseits, gegenüber, irgendwo, nirgends, überall*
- „woher?“: *dorther, irgendwoher, nirgendwoher, überallher*
- „wohin?“: *dahin, dorthin, hinüber, hinauf, hinab, hinein, aufwärts, abwärts, rückwärts, vorwärts, fort, weg, irgendwohin, überallhin, nirgendwohin, herab, herauf, herunter*

b) Umstandswörter der Zeit (temporale Adverbien)
Sie antworten auf die Fragen
- „wann?“: *da, dann, darauf, damals, einst, endlich, früher, spät, später, neulich, kürzlich, unlängst, sogleich, sofort, nachher, hernach, bald, künftig, heute, morgen, gestern, vorgestern, morgens, vormittags, mittags, nachmittags, abends, nachts*
- „wie lange?“: *bisher, bis heute, bis jetzt, bis dahin, seither, für immer, einstweilen, unterdessen, immer noch, noch, lange, zeitlebens*
- „wie oft?“: *einmal, zweimal, dreimal, stündlich, täglich, wöchentlich, monatlich, jährlich, manchmal, häufig, oft, mehrmals, nochmals, abermals*

c) Umstandswörter der Art und Weise (modale Adverbien)
Sie antworten auf die Fragen
- „wie?“ und „in welchem Maße?“: *äußerst, außerordentlich, absichtlich, zufällig, gern, ebenso, gleichsam, teilweise, völlig, ganz, überaus, ziemlich, blindlings, sogar, vergebens, kaum, fast*

d) Umstandswörter des Grundes (kausale Adverbien)
Sie antworten auf die Fragen
- „weshalb?“ und „warum?“: *deshalb, darum, deswegen, daher, allerdings, folglich, dennoch, notfalls, ehrenhalber, meinetwegen*

e) weitere Umstandswörter (Adverbien)
Es gibt noch weitere Umstandswörter, bei denen es jedoch wenig sinnvoll ist, sie inhaltlich eigenen Klassen zuzuordnen.

● Beispiele: *damit, dadurch* (auf die Fragen „womit?" „wodurch?")
dann („*Wenn du brav bist*, dann *gibt es eine Belohnung.*"),
dafür, dazu, hierfür (auf die Fragen „wofür?" und „wozu?")

Beziehungen der Umstandswörter zu anderen Wortarten

a) Das Umstandswort dient am häufigsten dazu, ein Zeitwort (Verb) näher zu bestimmen.

● Beispiel: *Sie amüsierte sich* köstlich *darüber.*

b) Wenn das Umstandswort ein Hauptwort (Nomen) bestimmt, steht es meistens nach dem Hauptwort (Nomen).

● Beispiel: *Deinen Vortrag* neulich *fand ich großartig.*

c) Bestimmt das Umstandswort ein Eigenschaftswort (Adjektiv), so steht es unmittelbar vor diesem.

● Beispiel: *Ich danke dir für diesen* besonders *schönen Ausflug.*

d) Ein Umstandswort kann auch ein anderes Umstandswort (Adverb) näher beschreiben.

● Beispiel: *Du läßt dich* sehr *selten bei uns blicken.*

Die Steigerungs- oder Vergleichsformen

Nur wenige Umstandswörter lassen sich wie Eigenschaftswörter steigern (vergl. dazu das Kapitel „Die Steigerung des Eigenschaftswortes"). Die meisten von ihnen bilden unregelmäßige Formen:

Grundstufe (Positiv)	Vergleichsstufe (Komparativ)	Höchststufe (Superlativ)
bald	eher (früher)	am ehesten (frühsten)
gern	lieber	am liebsten
oft	öfter (häufiger)	am häufigsten
wohl	besser / wohler	am besten / wohlsten

Das Verhältniswort (Präposition)

Verhältniswörter (Präpositionen) haben die Aufgabe, Beziehungen zwischen einem Hauptwort (Nomen) oder seinem Stellvertreter und einem anderen Nomen oder dessen Stellvertreter auszudrücken. Das Verhältniswort verändert dabei seine eigene Form nicht, bestimmt jedoch den grammatischen Fall (Kasus) des nachfolgenden Hauptwortes oder Fürwortes (Pronomen), d.h. Verhältniswörter *regieren* einen bestimmten Fall.

● Beispiele: *Die Touristen stehen* um *den Fremdenführer herum.*
4. Fall (Akkusativ)

Rolf ist mit *dem Lieferwagen gekommen.*
3. Fall (Dativ)

Seine Beförderung steht außer *Zweifel.*
2. Fall (Genitiv)

Einteilung der Verhältniswörter nach der Beziehung, die sie ausdrücken

Je nach der Beziehung, die ein Verhältniswort ausdrückt, kann man es einer von vier Gruppen zuordnen.
So gibt es Verhältniswörter, die

a) eine räumliche Beziehung beschreiben, also eine Lage oder eine Richtung näher kennzeichnen (lokale Präpositionen)

● Beispiele: *Sie hat den Wagen* hinter *dem Haus geparkt.*
Der Flugplatz liegt außerhalb *der Stadt.* (Lage)
Bei *der ersten Kreuzung mußt du links abbiegen.*
Wir fahren heute an *den See.*
Die Müllers ziehen nach *Leipzig.* (Richtung)
Er fiel die Leiter herunter.

b) eine zeitliche Verbindung herstellen (temporale Präposition)

● Beispiele: *Wir erwarten ihn* in *zwei Tagen.*
Ruf mich bitte an, aber nicht nach *acht Uhr.*
Und wo haben Sie vorher *gearbeitet?*

c) die Art und Weise einer Beziehung bestimmen (modale Präpositionen)

● Beispiele: *Er handelt ganz* nach *Vorschrift.*
Dies geschieht auf *Anweisung von oben.*
Ich bin schon immer für *ein Tempolimit gewesen.*

d) oder eine Ursache benennen (kausale Präpositionen)

● Beispiele: Dank *Ihrer Bemühungen haben wir es geschafft.*
Er ist wegen *eines Herzleidens in Kur.*
Er wurde mangels *Beweisen freigesprochen.*

Einteilung der Verhältniswörter nach den Fällen (Kasus), die sie regieren

Verhältniswörter (Präpositionen) weisen dem Wort oder der Wortgruppe, vor der sie stehen, einen bestimmten Fall (Kasus) zu. Dies kann der 2. Fall (Genitiv), der 3. Fall (Dativ) oder der 4. Fall (Akkusativ) sein. Nachfolgende Tabellen zeigen die wichtigsten Verhältniswörter mit den Fällen, die sie jeweils regieren.

Übersicht:

Verhältniswörter mit dem 2. Fall (Genitiv)

laut	*Laut* eines Gutachtens ist Lärm schädlich.
ungeachtet	*Ungeachtet* der Tatsache, daß er störte, blieb er im Raum.
mittels	Er öffnete das Schloß *mittels* einer Büroklammer.
mangels	*Mangels* der Nachfrage wurde das Konzert abgesagt.
dank	*Dank* seiner Mithilfe konnten wir gewinnen.
um – willen	Von mir aus, nur *um* des lieben Friedens *willen.*
statt	*Statt* des Kindergartens wurde ein Hotel gebaut.
trotz	*Trotz* des Regens wurde gespielt.
während	*Während* der Saison ist das Bad nur für Gäste.
wegen	*Wegen* eines Defekts hatte der ICE Verspätung.
innerhalb	*Innerhalb* des Ortes darf nicht gehupt werden.
außerhalb	*Außerhalb* der Mauern war Wüste.
unterhalb	Treffer *unterhalb* der Gürtellinie sind verboten.
oberhalb	*Oberhalb* der Baumgrenze fällt das Atmen schwer.
unweit	Die Panne passierte *unweit* der Grenze.

diesseits	Es gibt viele Obstbäume *diesseits* des Tales.
jenseits	*Jenseits* des Waldes steht die Kapelle.
halber	Gartenhaus der Umstände *halber* billig abzugeben.

Bei den meisten dieser Verhältniswörter steht der 2. Fall (Genitiv) nur dann, wenn zwischen Verhältniswort und Hauptwort ein gebeugtes (flektiertes) Fürwort, Eigenschaftswort oder Geschlechtswort steht. Sonst folgt der 3. Fall (Dativ), oder man fügt das Verhältniswort „von" ein, dem dann ebenfalls der 3. Fall (Dativ) folgt.

● Beispiele: *trotz starker Schneefälle* (2. Fall) → *trotz Schneefällen* (3. Fall)
infolge des Unwetters (2. Fall) → *infolge von Unwetter* (3. Fall)

Verhältniswörter mit dem 3. Fall (Dativ)

mit	Wir fuhren *mit* dem Auto in den Urlaub.
nach	*Nach* der Grenze kamen wir in ein Unwetter.
nebst	Wir hatten das Haus *nebst* Garten gemietet.
samt	Wir trafen Renate *samt* Familie am Strand.
bei	*Bei* einem Eis unterhielten wir uns ausgiebig,
seit	denn wir hatten uns *seit* Jahren nicht gesehen.
von	Wir sprachen *von* alten Zeiten
zu	und kamen dabei *zu* keinem Ende.
entgegen	*Entgegen* aller Erwartung kamen Wolken auf.
gegenüber	*Gegenüber* den Felsen verdunkelte sich der Himmel.
gemäß	*Gemäß* unserer Vereinbarung brachen wir auf.
aus	Ich nahm meine Jacke *aus* der Badetasche.
außer	*Außer* mir hatte keiner eine Jacke dabei.

Verhältniswörter mit dem 4. Fall (Akkusativ)

durch	Georg kämpfte sich *durch* die Menge.
für	Sie tut alles *für* ihre Kinder.
gegen	Er muß doch immer *gegen* den Strom schwimmen.
ohne	*Ohne* Musik keine Tanzparty.
um	Alles dreht sich *um* das Geld.

Einige häufig gebrauchte Verhältniswörter des Ortes (lokale Präpositionen) stehen mit dem 3. Fall, wenn man fragen kann „wo?", und mit dem 4. Fall, wenn man fragen kann „wohin?".

Übersicht:

Verhältniswort	3. Fall (Dativ)	4. Fall (Akkusativ)
an	Die Leiter lehnt *an* der Wand.	Lehne die Leiter *an* die Wand.
auf	*Auf* diesem Stuhl sitzt Frau Weber.	Du kannst dich *auf* den Stuhl dort setzen.
hinter	Der Safe ist *hinter* dem Bild.	Schau *hinter* das Bild.
neben	Sein Lieblingsplatz war immer *neben* dem Ofen.	Stell den Koffer neben das andere Gepäck.
in	Der Brief ist *in* diesem Ordner abgelegt.	Tritt nicht *in* die Pfütze.
über	Wir fliegen *über* den Wolken dahin.	Warte nur, bis wir *über* die Wolken gelangt sind.
unter	Such *unter* dem Tisch.	Kriech *unter* den Tisch.
vor	Der Sommer steht *vor* der Tür.	Stell die Schuhe *vor* die Tür.
zwischen	*Zwischen* den Bäumen wuchsen Pilze.	Setz dich nicht *zwischen* zwei Stühle.

Es können auch zwei Verhältniswörter (Präpositionen) vor ein Hauptwort (Nomen) gesetzt werden, ohne daß dieses wiederholt werden muß. Regieren diese beiden Verhältniswörter unterschiedliche Fälle (Kasus), so bestimmt das Verhältniswort direkt vor dem Hauptwort dessen Fall.

● Beispiel: *Du kannst* mit *deiner Frau* (3. Fall) *oder* ohne *deine Frau* (4. Fall) *kommen* = *Du kannst* mit *oder* ohne *deine Frau* (4. Fall) *kommen.*

Das Bindewort (Konjunktion)

Bindewörter (Konjunktionen) sind Partikeln, die Sätze oder Satzteile miteinander verbinden und ein bestimmtes Verhältnis dieser Teile zueinander ausdrücken. Nach ihrer Form unterscheidet man

a) einfache Bindewörter, d.h. solche, die nur aus einem Wort bestehen: *auch, aber, daß, und*

b) sowie Doppelbindewörter, d.h. solche, die aus zwei Wörtern oder mehreren Wörtern bestehen: *nicht nur ... sondern auch, je mehr ... desto, weder ... noch*

Allgemein erfolgt die Einteilung der Bindewörter (Konjunktionen) jedoch nach einem anderen Merkmal, nämlich nach der Art der Teile, die sie miteinander verbinden. So spricht man von

a) nebenordnenden Bindewörtern, wenn sie gleichrangige Wörter, Wortgruppen, Teilsätze oder Sätze miteinander verbinden.

- Beispiel: *Mit Mann und Maus.* (gleichwertige Hauptwörter)

b) unterordnenden Bindewörtern, wenn sie einen Teilsatz einleiten und diesen dem Hauptsatz unterordnen.

- Beispiel: *Sie konnte nicht kommen,* denn *sie war verhindert.*
  (..., denn sie war verhindert = untergeordneter Nebensatz)

Die nebenordnenden Bindewörter (Konjunktionen)

Die nebenordnenden Bindewörter (Konjunktionen) verknüpfen grammatisch gleichwertige Wörter, Wortgruppen, Teilsätze oder Hauptsätze miteinander. Diese Teile stehen dann also gleichrangig nebeneinander. Inhaltlich können diese Teile jedoch in unterschiedlichem Verhältnis zueinander stehen. Dieses inhaltliche Verhältnis wird durch das Bindewort bestimmt. Je nachdem, welche Art von Beziehung ausgedrückt wird, kann man die nebenordnenden Bindewörter vier unterschiedlichen Gruppen zuteilen. Nachfolgend eine Übersicht über die wichtigsten nebenordnenden Bindewörter, geordnet nach dieser Gruppeneinteilung:

a) reihende Bindewörter (kopulative Konjunktionen)

Bindewort	*Beispiel*
und	Gabi spricht Englisch *und* Französisch.
sowie	Im Preis eingeschlossen sind Fahrt, Hotel, Frühstück *sowie* alle Besichtigungen. (Verwendung hier: zur Gliederung schwieriger Reihungen) Wir befördern alle Arten von Briefen sowie Päckchen bis zu 3 kg. (Verwendung hier: zum Anfügen eines Nachtrags)
sowohl ... als auch	Diese Fett eignet sich *sowohl* zum Backen *als auch* zum Braten. (Verwendung hier: Betonung Gleichwertigkeit beider Elemente)
nicht nur ... sondern auch	Mit diesem Gerät kann man *nicht nur* rechnen, *sondern auch* bis zu 200 Zeichen speichern. (Verwendung: Aufhebung der natürlichen Betonung des ersten Teils)

weder ... noch	Günther ißt *weder* Fisch *noch* Geflügel. (Verwendung: gleichzeitige Reihung und Verneinung)

b) ausschließende Bindewörter (disjunktive Konjunktionen)

Bindewort	*Beispiel*
oder	Ist er krank, *oder* macht er Urlaub? (Verwendung: von zwei Möglichkeiten wird eine ausgeschlossen)
entweder ... oder	*Entweder* ein Eis *oder* eine Limonade. (Verwendung: Verstärkung des ausschließenden „oder")
beziehungsweise (bzw.)	Sonntags ist er beim Skifahren *bzw.* im Schwimmbad. (nur einer der beiden Sachverhalte ist möglich)

c) einschränkende Bindewörter (restriktive Konjunktionen)
Diese Bindewörter drücken aus, daß der zweite Teil der Verknüpfung die Aussage des ersten Teils einschränkt (restriktive Funktion) oder im Gegensatz zum ersten Teil steht (adversative Funktion).

Bindewort	*Beispiel*
aber	Es war eine langwierige, *aber* nicht schlimme Krankheit. (Einschränkung) Es stürmte, *aber* er wollte nicht auf seinen Spaziergang verzichten. (Gegensatz)
jedoch	Einen Kaffee, *jedoch* ohne Zucker. (Einschränkung)
sondern	Ich habe kein Bier bestellt, *sondern* ein Mineralwasser. (Gegensatz nur nach Verneinung des ersten Teils)

d) begründende Bindewörter (kausale Konjunktionen)
Diese Bindewörter leiten immer einen Satz ein, der den im vorausgehenden Teil beschriebenen Sachverhalt begründet oder erklärt.

Bindewort	*Beispiel*
denn	Er aß nur einen Salat, *denn* er wollte abnehmen. (Begründung)
nämlich	Wir bekommen Nachwuchs, *nämlich* eine Tochter. (Erklärung)
schließlich	Warum sollte sie nicht alleine verreisen, sie ist *schließlich* erwachsen. (Begründung, enthält einen leichten Vorwurf)

Hinweis: Zu den nebenordnenden Bindewörtern gehören auch „als“ und „wie“, wenn sie mit einem Wort oder einer Wortgruppe eine Einheit bilden. Sie werden dann als Satzteilbindewort gebraucht, z.B. um einen Vergleich auszudrücken. Im Gegensatz zu den gleichlautenden Verhältniswörtern regieren sie als Satzteilbindewörter *keinen* grammatischen Fall (Kasus).

● Beispiel:

Tony ist schon größer als *sein älterer Bruder.* (Bindewort)
Man kennt ihn als guten Sportler.
4. Fall (Verhältniswort)

Die unterordnenden Bindewörter

Unterordnende Bindewörter ordnen den Nebensatz, den sie einleiten, einem übergeordneten Satz unter. Sie zeigen auch an, in was für einem Verhältnis der Nebensatz zu dem übergeordneten Satz steht. Danach lassen sich die unterordnenden Bindewörter in drei Gruppen einteilen, nämlich in solche,

a) die das zeitliche Verhältnis der Nebensatzaussage zum übergeordneten Satz ausdrücken:
als, bevor, nachdem, seit, sobald, solange

b) die die Aussage des Nebensatzes als Grund, Ursache, Folge, Bedingung, Voraussetzung, Zweck, Ziel oder Beweggrund für das Geschehen im übergeordneten Satz ausweisen:
da, damit, falls, indem, obgleich, so, trotzdem, wenn

c) die die im übergeordneten Satz gemachte Aussage näher beschreiben, vor allem hinsichtlich der Art und Weise:
als, insofern, ohne daß, soweit, während

● Beispiele: *Das Telefon klingelte,* als *ich gerade in der Badewanne saß.* (zeitliches Verhältnis = gleichzeitig)
Sie schaute noch in den Spiegel, bevor *sie das Haus verließ.* (zeitliches Verhältnis = nachzeitig)
Er bemerkte, daß der Schlüssel noch im Schloß steckte, nachdem *er die Autotür bereits zugeschlagen hatte.* (zeitliches Verhältnis = vorzeitig)
Falls *es regnet, bleiben wir zu Hause.* (Bedingung)
Er konnte nicht kommen, da *er auf Dienstreise war.* (Grund)

Sie stellte das Radio ab, damit *sie die Türglocke hören konnte.* (Ziel)
Es war stürmischer, als *wir gedacht hatten.* (Vergleich)

(vergl. dazu das Kapitel „Satzgefüge: Nebensätze").

Das Empfindungswort (Interjektion)

Empfindungswörter (Interjektionen) sind Partikeln, die eine Gefühls- oder Willensäußerung darstellen oder der Lautmalerei dienen. Sie haben keine Funktion bei der Bildung von normalen Sätzen. Vielmehr stellen sie häufig selbst eigene satzwertige Einheiten dar. Daher werden sie meistens durch ein Ausrufezeichen oder ein Komma vom nachfolgenden Satz abgegrenzt.

● Beispiele: a) Gefühlsäußerungen:
ah, oh, ei (Überraschung)
igitt, pfui (Abscheu, Ekel)
hurra, juchhe (Freude, Begeisterung)
au, aua (Schmerz)

b) Willensäußerungen:
hallo, he (Aufmerksamkeit erregen)
pst, scht (Aufforderung, ruhig zu sein)
basta (Gesprächsabbruch)

c) Lautmalerei (Nachahmung von Lauten oder Geräuschen):
muh, ia, miau, wau wau, tick tack, bim bam, ging gong

Partikeln mit mehrfacher Verwendungsweise

In der Darstellung der Partikeln sind manche von ihnen bei mehreren Wortarten aufgeführt. Das liegt daran, daß sie unterschiedliche Aufgaben im Satz wahrnehmen können. Dies soll in der nachfolgenden Übersicht noch einmal verdeutlicht werden.

Übersicht:

Partikel	*Verwendung*	*Beispiel*
abseits	Verhältniswort	Uwe stand *abseits* der Gruppe.
	Umstandswort	Uwe stand *abseits.*

über	Verhältniswort	Wir reden gerade *über* unsere Pläne.
	Umstandswort (bei Zahlen)	Der Schaden betrug *über* zweitausend Mark.
während	Verhältniswort	*Während* des Winters bleibt das Motorrad in der Garage.
	Bindewort (unterordnend)	*Während* er lernte, sah sie einen Film im Fernsehen.
wie	Bindewort (nebenordnend)	Spieler *wie* Zuschauer jubelten beim Abpfiff des Spieles.
	Bindewort (unterordnend)	Ich habe genau gehört, *wie* ihr über mich gelacht habt.
	Umstandswort	*Wie* fandst du den Film?
zu	Verhältniswort	Sie gehört *zu* den Frühaufstehern.
	Umstandswort	Der Wagen ist *zu* schnell.
	Zeitwortzusatz	Mach bitte das Fenster *zu!*

Die Wortform

Die Wörter einer Reihe von Wortarten können ihre Form verändern. Solche Veränderungen dienen zum einen dazu, neue Wörter zu bilden (vergl. Kapitel „Wortbildung"), zum anderen dazu, um Beziehungen des Wortes im Satz auszudrücken. Veränderungen der letzteren Art nennt man **Beugung (Flexion).**

● Beispiel: Das Wort „Wald" kann in folgenden Formen auftreten:

(der) Wald	(die) Wälder
(des) Waldes	(der) Wälder
(dem) Wald	(den) Wäldern
(den) Wald	(die) Wälder

Die erste, hier fett hervorgehobene Form nennt man die **Nennform.** Das ist die Form eines Wortes, die man in einem Wörterbuch vorfindet. Gebeugt werden können nur die Angehörigen bestimmter Wortarten: Hauptwörter, Zeitwörter, Eigenschaftswörter, Geschlechtswörter, Fürwörter und Zahlwörter (vergl. dazu das Kapitel „Wortarten: Übersicht").
Innerhalb der Beugung unterscheidet man

a) die Beugung nach Zeitstufen (Tempora) = **Konjugation**
Diese Beugung (also die Konjugation) kommt nur bei Zeitwörtern (Verben) vor (vergl. dazu auch das Kapitel „Beugung des Zeitwortes")

b) die Beugung nach Fällen (Kasus) = **Deklination**
Diese Beugung betrifft alle anderen Wortarten, die außer dem Zeitwort noch gebeugt werden können, also flektierbar sind

● Beispiele:

ich frage	
ich habe gefragt	= Beugung nach Zeitstufen
ich fragte	(Konjugation)
ich hatte gefragt	
ich werde fragen	
ich werde gefragt haben	
das rechte Rad (1. Fall)	
des rechten Rades (2. Fall)	= Beugung nach Fällen
dem rechten Rad (3. Fall)	(Deklination)
das rechte Rad (4. Fall)	

Die sprachlichen Mittel der Beugung (Flexion)

Die Beugung (Flexion) ist eine nach Regeln vorgenommene Veränderung bestimmter Wörter, also die Bildung von Wortformen. Dazu stehen im Deutschen unterschiedliche Mittel zur Verfügung, die nachfolgend vorgestellt werden sollen.

a) Anfügen von Endungen an den Wortstamm:

● Beispiele: *Kind: die Kind**er**, den Kind**ern***
*lang: lang**e** Zeit, vor lang**er** Zeit*
*sagen: ich sag**e**, du sag**test***

Die Endung (Flexionsendung) wird immer an die Nennform des Wortes, bei Zeitwörtern (Verben) an den Wortstamm, angefügt. Den Wortstamm von Zeitwörtern erhält man dadurch, daß man von der Grundform (Infinitiv) die Grundformendung „-en / -n" wegstreicht. *(sagen →sag-)*

b) Veränderungen im Wortstamm: Ablaut
Hier wird der Selbstlaut im Stamm durch einen anderen Selbstlaut ersetzt:

● Beispiel: *sprechen: ich spr**e**che, ich spr**a**ch*
*finden: er f**i**ndet, er f**a**nd, er hat gef**u**nden*

c) Veränderung im Wortstamm: Umlaut
Ein Selbstlaut kann im Stamm auch durch einen Umlaut (ä, ö, ü, äu) ersetzt werden:

● Beispiele: *Baum: die B**äu**me*
*Chor: die Ch**ö**re*
*Hand: die H**ä**nde*
*Fuß: die F**ü**ße*

d) Eine weiteres Mittel der Veränderung, nämlich das Anfügen einer Vorsilbe (Präfix), wird nur bei der Bildung des Mittelwortes der Vergangenheit (Partizip Perfekt), also einer Form des Zeitwortes benutzt:

● Beispiel: *singen: **ge**sungen*

e) Die Formen mancher Wörter verändern sich nur in den grammatischen Eigenschaften, nicht aber in der äußeren Form. So ist bei manchen Hauptwörtern die Einzahlform (Singular) nicht von der Mehrzahlform (Plural) zu unterscheiden:

- Beispiel: *das Knäuel – die Knäuel, der Karren – die Karren*

Die Beugung des Hauptwortes (Deklination)

Grundsätzlich kann das Hauptwort (Nomen) im Deutschen nach den vier Fällen (Kasus) und der grammatischen Zahl (Numerus) gebeugt werden. Zur Orientierung hier die lateinischen Fachbegriffe:

1. Fall (Wer? Was?) = Nominativ
2. Fall (Wessen?) = Genitiv
3. Fall (Wem?) = Dativ
4. Fall (Wen? Was?) = Akkusativ

Diese Begriffe gelten für Einzahl (Singular) wie für Mehrzahl (Plural).

Diese Beugung nach Fall und Zahl nennt man **Deklination**. Zur Kennzeichnung des jeweiligen Falles und der Zahl fügt man Endungen an das Nennwort; die Mehrzahl (Plural) wird bei manchen Hauptwörtern auch durch Umlaut deutlich gemacht. Da bei vielen Hauptwörtern die Kennzeichnung des Falles und der grammatischen Zahl verloren gegangen sind, übernimmt häufig der Begleiter des Hauptwortes (Artikel) diese Aufgabe.

Einteilung der Hauptwortbeugung (Deklination) nach Stärke der Veränderungen

Je nachdem, wie stark die Form eines Hauptwortes bei der Beugung von der Nennform abweicht, ordnet man die Hauptwörter (Nomina) drei verschiedenen Beugungsklassen zu: der starken, der schwachen oder der gemischten Beugung.

Zur Veranschaulichung soll die nachfolgende tabellarische Gegenüberstellung dienen:

Männliche Hauptwörter (Maskulina)

	stark	*schwach*	*gemischt*
Einzahl			
1. Fall	der Ton	der Mensch	der Staat

Einzahl	*stark*	*schwach*	*gemischt*
2. Fall	des Ton(e)s	des Menschen	des Staates
3. Fall	dem Ton(e)	dem Menschen	dem Staat(e)
4. Fall	den Ton	den Menschen	den Staat
Mehrzahl			
1. Fall	die Töne	die Menschen	die Staaten
2. Fall	der Töne	der Menschen	der Staaten
3. Fall	den Tönen	den Menschen	den Staaten
4. Fall	die Töne	die Menschen	die Staaten

Weibliche Hauptwörter (Feminina)

	stark	*schwach*	*gemischt*
Einzahl			
1. Fall	die Tochter	die Meinung	
2. Fall	der Tochter	der Meinung	(es gibt keine
3. Fall	der Tochter	der Meinung	weiblichen
4. Fall	die Tochter	die Meinung	Hauptwörter,
Mehrzahl			die gemischt
1. Fall	die Töchter	die Meinungen	gebeugt wer-
2. Fall	der Töchter	der Meinungen	den)
3. Fall	den Töchtern	den Meinungen	
4. Fall	die Töchter	die Meinungen	

Sächliche Hauptwörter (Neutra)

	stark	*schwach*	*gemischt*
Einzahl			
1. Fall	das Haus	(gibt es nicht)	das Hemd
2. Fall	des Hauses		des Hemdes
3. Fall	dem Haus(e)		dem Hemd(e)
4. Fall	das Haus		das Hemd
Mehrzahl			
1. Fall	die Häuser		die Hemden
2. Fall	der Häuser		der Hemden
3. Fall	den Häusern		den Hemden
4. Fall	die Häuser		die Hemden

Die starke Beugung (Deklination)

- Es gibt männliche, weibliche und auch sächliche Hauptwörter (Maskulina, Feminina, Neutra), die stark gebeugt werden.

● Beispiele: *Boden, Garten, Turm* (männlich)
Mutter, Nacht, Not (weiblich)
Kind, Los, Pferd (sächlich)

- Alle Hauptwörter (Nomen), die in der Mehrzahl (Plural) einen Umlaut (ä, äu, ö, ü) haben, werden stark gebeugt.

● Beispiele: *Fuß, Gras, Hut*

- Männliche und sächliche Hauptwörter, die auf „-en" oder „-n" enden, werden stark gebeugt.

● Beispiele: *Boten, Menschen, Strahlen* (männlich)
Betten, Hemden, Ohren (sächlich)

- Bei den übrigen Hauptwörtern muß man folgende Beugungsendungen (Deklinationsendungen) beachten:

	männliche / sächliche	*weibliche*
Einzahl		
1. Fall		in allen Fällen
2. Fall	-es, -s	keine Endung
3. Fall	-e oder keine Endung	
4. Fall	keine Endung	
Mehrzahl	*männliche / weibliche / sächliche*	
1. Fall	-e, -er oder keine Endung	
2. Fall	-e, -er oder keine Endung	
3. Fall	-en, -ern, -n	
4. Fall	-e, -er oder keine Endung	

Die schwache Beugung (Deklination)

- Es gibt keinen Umlaut bei der schwachen Beugung.
- Die schwache Beugung betrifft nur männliche und weibliche Hauptwörter (Nomina).
- Bei der schwachen Beugung wird an die männlichen Hauptwörter, die auf „-r" enden, und an die weiblichen Hauptwörter, die auf „-e" enden, statt der Endung „-en" nur die Endung „-n" angefügt.

Ausnahme: *Herr → Herren*

Die gemischte Beugung (Deklination)

- Es gibt keinen Umlaut bei der gemischten Beugung.
- Die gemischte Beugung betrifft nur männliche und sächliche Hauptwörter (Nomina).
- Kennzeichen der gemischten Beugung sind die Endung der starken Beugung „-es" im 2. Fall / Einzahl (Genitiv / Singular) und weiterhin in

der Mehrzahl (Plural) die Endung der schwachen Beugung „-en".

● Beispiel: *des Bettes* (2. Fall Einzahl)
die Betten (1. Fall Mehrzahl)
der Betten (2. Fall Mehrzahl)
den Betten (3. Fall Mehrzahl)
die Betten (4. Fall Mehrzahl)

Einteilung der Hauptwortbeugung (Deklination) nach der Mehrzahlendung

In letzter Zeit wird die Einteilung der Hauptwortbeugung bevorzugt nach der Mehrzahlbildung vorgenommen, weil die Kennzeichnung der Mehrzahl (Plural) beim Hauptwort größtenteils erhalten geblieben ist, während in der Einzahl (Singular) viele Formen verschmolzen oder ganz verloren gegangen sind. Aufgrund ihrer Endung in der Mehrzahl lassen sich die Hauptwörter in fünf Hauptgruppen unterscheiden, die nachfolgend in Beugungstabellen näher vorgestellt werden.

Mehrzahl ohne Endung / mit oder ohne Umlaut

	männlich	*weiblich*	*sächlich*
Einzahl			
1. Fall	der Bruder	die Mutter	das Gebilde
2. Fall	des Bruders	der Mutter	des Gebildes
3. Fall	dem Bruder	der Mutter	dem Gebilde
4. Fall	den Bruder	die Mutter	das Gebilde
Mehrzahl			
1. Fall	die Brüder	die Mütter	die Gebilde
2. Fall	der Brüder	der Mütter	der Gebilde
3. Fall	den Brüdern	den Müttern	den Gebilden
4. Fall	die Brüder	die Mütter	die Gebilde

Die Hauptwörter, die zu dieser Gruppe gehören, haben alle im 3. Fall / Mehrzahl die Endung „-n" und niemals im 3. Fall / Einzahl die Endung „-e". Zu dieser Beugungsgruppe gehören vor allem

- männliche und sächliche Hauptwörter, deren Nennform auf „-el", „-en" oder „-er" endet

● Beispiele: *Beutel, Giebel, Rätsel, Schlüssel*
Boden, Hafen, Leben, Leiden, Zeichen
Bruder, Krater, Muster, Amerikaner, Schweizer

- sächliche Hauptwörter mit der Vorsilbe „Ge-“ und dem Wortausgang „-e“

● Beispiele: *Gebirge, Gelübde, Getriebe*

- als einzige weibliche Hauptwörter „Mutter“ und „Tochter“

Mehrzahlendung „-e“ / mit und ohne Umlaut

	männlich	*weiblich*	*sächlich*
Einzahl			
1. Fall	der Brief	die Hand	das Zeugnis
2. Fall	des Brief(e)s	der Hand	des Zeugnisses
3. Fall	dem Brief	der Hand	dem Zeugnis
4. Fall	den Brief	die Hand	das Zeugnis
Mehrzahl			
1. Fall	die Briefe	die Hände	die Zeugnisse
2. Fall	der Briefe	der Hände	der Zeugnisse
3. Fall	den Briefen	den Händen	den Zeugnissen
4. Fall	die Briefe	die Hände	die Zeugnisse

- Ohne Umlaut stehen in dieser Gruppe viele männliche und sächliche Hauptwörter.

● Beispiele: *Berge, Briefe, Hunde, Reize, Tage* (männlich)
Beine, Erlebnisse, Gase, Meere, Rohre (sächlich)

- Weibliche und sächliche Hauptwörter mit der Ableitungsnachsilbe „-nis“ verdoppeln in der Mehrzahl (Plural) das „s“.

● Beispiele: *Kenntnisse, Wirrnisse* (weiblich)
Ereignisse, Erlebnisse, Wagnisse (sächlich)

- Ebenfalls zu einer Verdoppelung des „s“ kommt es bei allen Hauptwörtern mit dem Wortausgang auf „-is“, „-as“, „-os“ oder „-us“.

● Beispiele: *Asse, Busse, Kürbisse*

- Mit Umlaut stehen die einsilbigen weiblichen Hauptwörter sowie viele männliche Hauptwörter.

● Beispiele: *Hände, Künste, Mäuse, Würste* (weiblich)
Düfte, Flüge, Klötze, Säle, Späße (männlich)
Flöße (= einziges sächliches Hauptwort dieser Untergruppe)

Mehrzahlendung „-er“ / mit Umlaut, soweit möglich

	männlich	*sächlich*
Einzahl		
1. Fall	der Wald	das Brett
2. Fall	des Waldes	des Brett(e)s
3. Fall	dem Wald	dem Brett
4. Fall	den Wald	das Brett
Mehrzahl		
1. Fall	die Wälder	die Bretter
2. Fall	der Wälder	der Bretter
3. Fall	den Wäldern	den Brettern
4. Fall	die Wälder	die Bretter

- In dieser Gruppe gibt es keine weiblichen Hauptwörter, dagegen viele sächliche und einige männliche Hauptwörter.

● Beispiele: *Geister, Leiber, Männer* (männlich)
Bücher, Häuser, Kinder, Völker, Wörter (sächlich)

Mehrzahlendung „-(e)n“ / ohne Umlaut

	männlich	*weiblich*	*sächlich*
Einzahl			
1. Fall	der Mensch	die Frau	das Auge
2. Fall	des Menschen	der Frau	des Auges
3. Fall	dem Menschen	der Frau	dem Auge
4. Fall	den Menschen	die Frau	das Auge
Mehrzahl			
1. Fall	die Menschen	die Frauen	die Augen
2. Fall	der Menschen	der Frauen	der Augen
3. Fall	den Menschen	den Frauen	den Augen
4. Fall	die Menschen	die Frauen	die Augen

Zu dieser Gruppe gehören sowohl männliche wie sächliche und sehr viele weibliche Hauptwörter:

- alle weiblichen, viele männliche und wenige sächliche Hauptwörter mit Wortausgang „-e“

● Beispiele: *Dame, Dose, Gage, Harfe, Tasche, Wüste* (weiblich)
Bube, Erbe, Hirte, Riese (männlich)
Auge, Ende (sächlich)

- weibliche und nur wenige männliche Hauptwörter mit Wortende „-el"

● Beispiele: *Gabel, Kartoffel, Regel, Schüssel* (weiblich)
Muskel, Pantoffel, Stachel (männlich)

- alle weiblichen, aber nur wenige männliche Hauptwörter mit Wortausgang „-er"

● Beispiele: *Ader, Feder, Kiefer, Schwester* (weiblich), *Vetter* (männlich)

- Bezeichnung für Angehörige einer Nationalität mit Wortausgang „ -e"

● Beispiele: *Bulgare, Deutsche, Finne, Russe, Schwede*

Einige männliche und sächliche Hauptwörter haben im 2. Fall (Genitiv) Einzahl (Singular) die Endung „-(e)s".

● Beispiele: *des Autors, des Muskels, des Professors* (männlich)
des Auges, des Bettes, des Endes, des Ohres (sächlich)

- Zu dieser Gruppe gehören auch viele Fremdwörter, bei denen einige Besonderheiten zu beachten sind.

a) Bei einigen Fremdwörtern wird der Wortausgang bei der Mehrzahlbildung verkürzt.

● Beispiele: *das Muse**um** → die Muse**en**, der Radi**us** → die Radi**en***

b) Bei manchen Fremdwörtern wird vor der Mehrzahlendung ein „i" eingeschoben.

● Beispiele: *das Adverb → die Adverb**i**en, das Prinzip → die Prinzip**i**en*

c) Häufig ändert sich bei Fremdwörtern mit Wortausgang „-or" in der Mehrzahl die Betonung.

● Beispiele: *der **Au**tor → die Aut**o**ren, der D**o**ktor → die Dokt**o**ren.*

Mehrzahlendung „-s" / kein Umlaut

	männlich	*weiblich*	*sächlich*
Einzahl			
1. Fall	der Tee	die Kamera	das Auto
2. Fall	des Tees	der Kamera	des Autos

	männlich	*weiblich*	*sächlich*
3. Fall	dem Tee	der Kamera	dem Auto
4. Fall	den Tee	die Kamera	das Auto
Mehrzahl			
1. Fall	die Tees	die Kameras	die Autos
2. Fall	der Tees	der Kameras	der Autos
3. Fall	den Tees	den Kameras	den Autos
4. Fall	die Tees	die Kameras	die Autos

In dieser Beugungsgruppe finden sich vor allem Hauptwörter, die aus fremden Sprachen übernommen worden sind.

● Beispiele: *Bonbon, Foto, Hotel, Klub, Salon, Taxi*

- Auch Kurzformen von Hauptwörtern werden meistens nach den Regeln dieser Gruppe gebeugt.

● Beispiele: *Akku(mulator), Foto(grafie), Lok(omotive)*

- Werden die Anfangsbuchstaben eines Begriffes wie ein Hauptwort verwendet (Initialwörter), gehören sie auch in diese Gruppe.

● Beispiele: *Pkw (**P**ersonen**k**raft**w**agen)*
*Ufo (**u**nbekanntes **F**lug**o**bjekt)*

Beugung gleichlautender Hauptwörter mit verschiedener Bedeutung

Es gibt im Deutschen viele Hauptwörter mit gleichlautender Form in der Einzahl (Singular), die jedoch bei unterschiedlicher Bedeutung unterschiedlichen Beugungsgruppen angehören. Da dies häufig zu Unsicherheiten bei der Ermittlung der korrekten Wortform führt, werden die wichtigsten dieser Wörter nachfolgend in Übersichtstabellen gegenübergestellt.

Unterschiedliches Geschlecht (Genus) nur in der Einzahl

Einzahl	*Mehrzahl*
der Bulle (Stier)	die Bullen
die Bulle (Gesetzesurkunde)	die Bullen
der Heide (Ungetaufter)	die Heiden
die Heide (Landschaft)	die Heiden
der Mast (Schiffsmast)	die Masten

Einzahl	*Mehrzahl*
die Mast (Fütterung)	die Masten
der See (Binnensee)	die Seen
die See (Meer)	—
der Teil (vom Ganzen)	die Teile
das Teil (Anteil)	die Teile
der Weise (alter, kluger Mensch)	die Weisen
die Weise (Melodie)	die Weisen
die W**a**ise (Waisenkind)	die W**a**isen

Unterschiedliches Geschlecht (Genus) in der Einzahl, aber nur *eines* der Wörter besitzt eine Mehrzahlform

Einzahl	*Mehrzahl*
der Ekel (Gefühl)	—
das Ekel (abscheulicher Mensch)	die Ekel
der Erbe (Person)	die Erben
das Erbe (Sache, Erbschaft)	—
der Harz (Gebirge)	—
das Harz (Baumharz)	die Harze
der Hut (Kopfbedeckung)	die Hüte
die Hut (Schutz, Vorsicht)	—
der Kunde (Käufer)	die Kunden
die Kunde (Nachricht)	—
die Mark (Münze,Geldwert)	—
die Mark (Grenzgebiet)	die Marken
das Mark (Knochenmark)	—
der Reis (Nahrungsmittel)	—
das Reis (kleiner Zweig)	die Reiser
der Tau (Wassertropfen)	—
das Tau (dickes Seil)	die Taue

Unterschiedliches Geschlecht (Genus) in der Einzahl und unterschiedlicher Mehrzahlbildung

Einzahl	*Mehrzahl*
der Band (Buch)	die Bände
die Band (Musikgruppe)	die Bands
das Band (Tuchstreifen)	die Bänder
das Band (Verbindung)	die Bande
der Bauer (in der Landwirtschaft)	die Bauern
das Bauer (Vogelkäfig)	die Bauer

Einzahl	*Mehrzahl*
der Bund (Bündnis)	die Bünde
das Bund (Bündel, z.B. Radieschen)	die Bunde
der Kiefer (Knochen)	die Kiefer
die Kiefer (Nadelbaum)	die Kiefern
der Leiter (Führungsperson)	die Leiter
die Leiter (Steighilfe)	die Leitern
der Mangel (Fehler, Fehlen)	die Mängel
die Mangel (Heißbügelgerät)	die Mangeln
der Marsch (Wanderung, Musikstück)	die Märsche
die Marsch (Landschaft)	die Marschen
der Schild (Schutzvorrichtung)	die Schilde
das Schild (Hinweisschild)	die Schilder
die Steuer (finanzielle Abgabe)	die Steuern
das Steuer (Lenkvorrichtung)	die Steuer
der Tor (Narr)	die Toren
das Tor (Öffnung, Eingang)	die Tore

Gleiche Form in der Einzahl (Singular), aber unterschiedliche Form in der Mehrzahl (Plural)

Einzahl	*Mehrzahl*
das Band	die Bänder (Tuchstreifen)
	die Bande (herzliche Verbindungen)
die Bank	die Bänke (zum Sitzen)
	die Banken (Geldinstitute)
das Gesicht	die Gesichter (Augen, Nase, Mund, etc.)
	die Gesichte (Visionen, Erscheinungen)
die Mutter	die Mütter (weiblicher Elternteil)
	die Muttern (Gegenstücke zu Schrauben)
der Rat	die Räte (Titel)
	die Ratschläge (Tips)
der Strauß	die Sträuße (Blumengebinde)
	die Strauße Laufvögel)
das Tuch	die Tücher (Gewebestücke)
	die Tuche (Stoffe)
das Wort	die Wörter (selbständige Bedeutungseinheiten)
	die Worte (Aussprüche)

Besonderheiten bei der Beugung des Hauptwortes (Deklination)

Es gibt einzelne Fälle, in denen die Beugung eines Hauptwortes von den Regeln der Hauptwortbeugung (Deklination) abweicht. Fälle dieser Art, sofern sie in der allgemeinen Verwendung der deutschen Sprache eine Rolle spielen, werden nachfolgend genauer betrachtet.

Die Beugung (Deklination) von Eigennamen

Die meisten Personennamen sowie geographische Bezeichnungen werden ohne ein Geschlechtswort (Artikel) verwendet. Sie bilden dann den 2. Fall immer mit der Endung „-s" und haben ansonsten keine Beugungsendung (Flexionsendung):

	Ein Eigenname	
	mit Geschlechtswort	*ohne Geschlechtswort*
1. Fall	der Friedrich	Evelyn
2. Fall	des Friedrich	Evelyns
3. Fall	dem Friedrich	Evelyn
4. Fall	den Friedrich	Evelyn

- Namen, die auf einen „s"-Laut enden und ohne Geschlechtswort verwendet werden, haben im 2. Fall kein „-s", sondern das Auslassungszeichen „ -' ". In solch einem Fall setzt man statt des Auslassungszeichens besser „von" mit dem 3. Fall (Dativ).

	Eigenname auf -s, -ß, -tz, -x, -z	
1. Fall	Markus	Tunis
2. Fall	Markus'	Tunis'
3. Fall	Markus	Tunis
4. Fall	Markus	Tunis

- Steht vor dem Namen ein Titel mit Geschlechtswort, so kommt die Endung „-s" im 2. Fall an das Ende des Titels. Ohne Geschlechtswort gebraucht, bekommt der letzte Namensteil, wie auch bei allen mehrgliedrigen Namen, die Beugungsendung.

	Titel mit Namen	
	mit Geschlechtswort	*ohne Geschlechtswort*
1. Fall	der Kaiser Josef	Kaiser Josef
2. Fall	des Kaiser**s** Josef	Kaiser Josef**s**
3. Fall	dem Kaiser Josef	Kaiser Josef
4. Fall	den Kaiser Josef	Kaiser Josef

	mehrgliedrige Namen	
	mit Geschlechtswort	*ohne Geschlechtswort*
1. Fall	der Heinz Müller	Heinz Müller
2. Fall	des Heinz Müller	Heinz Müllers
3. Fall	dem Heinz Müller	Heinz Müller
4. Fall	den Heinz Müller	Heinz Müller

Die Beugung von „Herr"

	ohne,	*mit bestimmtem,*	*mit unbestimmtem Geschlechtswort*
Einzahl			
1. Fall	Herr	der Herr	ein Herr
2. Fall	Herrn	des Herrn	eines Herrn
3. Fall	Herrn	dem Herrn	einem Herrn
4. Fall	Herrn	den Herrn	einen Herrn
Mehrzahl			
1. Fall	Herren	die Herren	Herren
2. Fall	Herren	der Herren	Herren
3. Fall	Herren	den Herren	Herren
4. Fall	Herren	die Herren	Herren

Die Beugung von „Herr" mit Titel

	ohne,	*mit bestimmtem Geschlechtswort*
Einzahl		
1. Fall	Herr Direktor	der Herr Direktor
2. Fall	Herrn Direktors	des Herrn Direktors
3. Fall	Herrn Direktor	dem Herrn Direktor
4. Fall	Herrn Direktor	den Herrn Direktor
Mehrzahl		
1. Fall		die Herren Direktoren
2. Fall		der Herren Direktoren
3. Fall		den Herren Direktoren
4. Fall		die Herren Direktoren

Die Beugung von „Herr" mit Titel und Namen

	ohne,	*mit bestimmtem Geschlechtswort*
Einzahl		
1. Fall	Herr Doktor Meier	der Herr Doktor Meier
2. Fall	Herrn Doktor Meier**s**	des Herrn Doktor Meier
3. Fall	Herrn Doktor Meier	dem Herrn Doktor Meier
4. Fall	Herrn Doktor Meier	den Herrn Doktor Meier

Die Beugung der gebräuchlichsten Fremdwörter

Endung „-en" im 2. Fall Einzahl (Singular) und im 1. Fall Mehrzahl (Plural)

	Einzahl	*Mehrzahl*
1. Fall	der Agent	die Agenten
2. Fall	des Agenten	der Agenten
3. Fall	dem Agenten	den Agenten
4. Fall	den Agenten	die Agenten

Wie „Agent" werden auch die folgenden Fremdwörter gebeugt (dekliniert):

- (alle männlich): *Abonnent, Akrobat, Architekt, Artist, Astronom, Brillant, Dirigent, Egoist, Favorit, Gratulant, Hydrant, Laborant, Optimist, Paragraph, Patient, Philosoph, Praktikant, Spekulant*

Endung „-s" im 2. Fall Einzahl / „-e" im 1. Fall Mehrzahl

	Einzahl	*Mehrzahl*
1. Fall	der Export	die Exporte
2. Fall	des Export[e]s	der Exporte
3. Fall	dem Export	den Exporten
4. Fall	den Export	die Exporte

Wie „Export" werden auch die folgenden Fremdwörter gebeugt:

- (männlich): *Defekt, Detektiv, Dialekt, Dialog, Effekt, Katalog, Konflikt, Monolog, Ozean, Passagier, Prospekt, Protest, Redakteur, Tarif, Termin*
- (sächlich): *Archiv, Ballett, Exemplar, Experiment, Fundament, Ideal, Inserat, Magazin, Medikament, Modell, Organ, Original, Patent, Problem, Programm, Projekt, Protokoll, Referat, Symbol, System, Temperament, Testament*

Endung im 1. und 2. Fall Einzahl gleich / „-(e)n" im 1. Fall Mehrzahl

	Einzahl		*Mehrzahl*	
1. Fall	die Idee	die Notiz	die Ideen	die Notizen
2. Fall	der Idee	der Notiz	der Ideen	der Notizen
3. Fall	der Idee	der Notiz	den Ideen	den Notizen
4. Fall	die Idee	die Notiz	die Ideen	die Notizen

Wie „Idee" gebeugt werden die folgenden Fremdwörter:

- (alle weiblich): *Allee, Bestie, Debatte, Demokratie, Epoche, Garantie, Hymne, Industrie, Katastrophe, Route, Schablone,*

Sparte, Strophe, Sympathie, Szene, Theorie, Zentrale, Zeremonie

Wie „Notiz" gebeugt werden die Fremdwörter:

- (alle weiblich): *Bibliothek, Delegation, Demonstration, Expedition, Explosion, Fraktion, Garnitur, Generation, Hypothek, Infektion, Klinik, Nation, Operation, Organisation, Opposition, Pension, Portion, Qualität, Reform, Region, Religion, Republik*

Besondere Einzelfälle

Eine Reihe von Fremdwörtern läßt sich nur schwer in ein Beugungsschema einordnen. Die wichtigsten werden nachfolgend jeweils im 1. und 2. Fall Einzahl sowie mit ihrer Mehrzahlform aufgeführt. Wenn nicht ausdrücklich erwähnt, entsprechen sie in ihren übrigen Formen den allgemeinen Regeln:

1. Fall / Einzahl	*2. Fall / Einzahl*	*Mehrzahl*
das Album	des Albums	die Alben
der Atlas	des Atlas(ses)	die Atlanten
der Ballast	des Ballastes	die Ballaste (selten)
der Charakter	des Charakters	die Charaktere
der Chef	des Chefs	die Chefs
das Datum	des Datums	die Daten
das Drama	des Dramas	die Dramen
der Etat	des Etats	die Etats
die Firma	der Firma	die Firmen
das Gymnasium	des Gymnasiums	die Gymnasien
das Individuum	des Individuums	die Individuen
das Interesse	des Interesses	die Interessen
das Komma	des Kommas	die Kommas (Kommata)
der Kongreß	des Kongresses	die Kongresse
das Konto	des Kontos	die Konten (Kontos / Konti)
das Lexikon	des Lexikons	die Lexika
das Material	des Materials	die Materialien
das Museum	des Museums	die Museen
der Park	des Parks	die Parks
das Porto	des Portos	die Portos (Porti)
die Praxis	der Praxis	die Praxen
das Prinzip	des Prinzips	die Prinzipien
der Rhythmus	des Rhythmus	die Rhythmen
die Saison	der Saison	die Saisons

1. Fall / Einzahl	*2. Fall / Einzahl*	*Mehrzahl*
das Schema	des Schemas	die Schemas (Schemata)
das Stadion	des Stadions	die Stadien
das Stadium	des Stadiums	die Stadien
das Studium	des Studiums	die Studien
das Thema	des Themas	die Themen (Themata)
das Visum	des Visums	die Visa
das Zentrum	des Zentrums	die Zentren

Die Beugung der als Hauptwörter gebrauchten Eigenschaftswörter (nominalisierte Adjektive)

Die meisten Eigenschaftswörter (Adjektive) können als Hauptwort benutzt werden und übernehmen dann die Aufgaben eines Hauptwortes im Satz.

● Beispiel: Statt „*Vor dem Haus stand ein* fremder *Mann*“ kann man auch „*Vor dem Haus stand ein* Fremder“ sagen.

Das Eigenschaftswort wird damit zum Hauptwort und wie dieses auch groß geschrieben. Es wird aber wie ein Eigenschaftswort gebeugt.

	ohne,	*mit bestimmtem,*	*unbestimmtem Geschlechtswort*
Einzahl			
1. Fall	Fremder	der Fremde	ein Fremder
2. Fall	Fremden	des Fremden	eines Fremden
3. Fall	Fremdem	dem Fremden	einem Fremden
4. Fall	Fremden	den Fremden	einen Fremden
Mehrzahl			
1. Fall	Fremde	die Fremden	Fremde
2. Fall	Fremder	der Fremden	Fremder
3. Fall	Fremden	den Fremden	Fremden
4. Fall	Fremde	die Fremden	Fremde

(vergl. dazu das Kapitel „Beugung des Eigenschaftswortes“)

Die Beugung des Zeitwortes (Konjugation)

Übersicht

Die Beugung eines Zeitwortes (Verbs) bezeichnet man als **Konjugation**. Diese Bezeichnung gilt nur für die Formenbildung des Zeitwortes, im Gegensatz zur „Deklination“, die nicht nur für das Hauptwort (Nomen) gilt, sondern auch für dessen Begleiter und Stellvertreter, wie z.B. Geschlechtswort, Eigenschaftswort, Fürwort. Daher werden Zeitwörter oft auch als diejenigen Wörter bestimmt (definiert), die man „konjugieren" kann. Die Beugung des Zeitwortes (Konjugation) erfolgt nach:

a) Person und grammatischer Zahl (Numerus)
b) Zeitstufe (Tempus)
c) Aussageweise (Modus) und
d) Handlungsart (Genus verbi)

PERSON und ZAHL ich schreibe du schreibst sie schreiben	ZEITSTUFE ich schreibe ich schrieb ich hatte geschrieben
GRUNDFORM schreiben	
Er schreibt den Brief. Der Brief wird geschrieben. HANDLUNGSBEDARF	er schreibt er schreibe er schriebe AUSSAGEWEISE

a) Hier verdeutlicht die Form des Zeitwortes, auf welche der drei möglichen Personen es sich bezieht:
   1. Person = Sprecher / Schreiber (ich, wir)
   2. Person = Angesprochene (du, ihr)
   3. Person = Person / Sache, über die gesprochen wird (er, sie, es, sie)

Ebenso wird an der Form hier deutlich, ob sich das Zeitwort auf eine oder mehrere Personen / Sachen bezieht. Diese nach Person und Zahl bestimmten Formen nennt man die **bestimmten Formen des Zeitwortes** oder die **finiten Verbformen.**

Person	*Einzahl*	*Mehrzahl*
1. Person	ich finde	wir finden
2. Person	du findest	ihr findet
3. Person	er / sie findet	sie finden

Daneben gibt es noch drei einfache **unbestimmte Formen des Zeitwortes (infinite Verbformen):**

- die Grundform (der Infinitiv)
- das Mittelwort der Gegenwart (Partizip Präsens)
- das Mittelwort der Vergangenheit (Partizip Perfekt)

unbestimmte Form	*Beispiele*
Grundform	lesen, schreiben, sitzen, singen
Mittelwort der Gegenwart	lesend, schreibend, sitzend, singend
Mittelwort der Vergangenheit	gelesen, geschrieben, gesessen, gesungen

b) Bestimmte Zeitwortformen stehen in einer bestimmten von sechs **Zeitstufen (Tempora),** wobei das Präsens in der gesprochenen Sprache immer mehr an Bedeutung zunimmt:

Gegenwart (Präsens)
Vollendete Gegenwart (Perfekt)
Vergangenheit (Präteritum / Imperfekt)
Vollendete Vergangenheit (Plusquamperfekt)
Zukunft (Futur)
Vollendete Zukunft (Futur II)

Zeitstufe	*Beispiele*
Gegenwart	ich schlafe
Vollendete Gegenw.	ich habe geschlafen
Vergangenheit	ich schlief
Vollendete Verg.	ich hatte geschlafen
Zukunft	ich werde schlafen
Vollendete Zukunft	ich werde geschlafen haben

c) Die bestimmten Zeitwortformen verdeutlichen auch jeweils ihre **Aussageweise (Modus).** Es gibt drei Aussageweisen (Modi), wobei die Möglichkeitsform (Konjunktiv) in zwei Arten auftritt, der Konjunktiv II wird aber vergleichsweise selten verwendet:

Wirklichkeitsform (Indikativ)
Möglichkeitsform I (Konjunktiv I)
Möglichkeitsform II (Konjunktiv II)
Befehlsform (Imperativ)

Aussageweise	*Beispiele*	
Wirklichkeitsform	du fragst	du bist
Möglichkeitsform I	du fragest	du seiest
Möglichkeitsform II	du fragtest	du wärest
Befehlsform	frage!	sei!

d) Jede bestimmte Zeitwortform steht zudem in einer der beiden **Handlungsarten (Genera verbi),** nämlich entweder in der **Tatform (Aktiv)** oder in der **Leideform (Passiv).**

Handlungsart	*Beispiele*
Tatform	Der Sturm hat das Haus zerstört.
Leideform	Das Haus ist vom Sturm zerstört worden.

Die Bildung der Zeitwortformen

Die Bildung der Stammformen

Die Zeitwörter bilden ihre Formen nicht alle auf dieselbe Weise. Um zu wissen, wie ein Zeitwort (Verb) gebeugt (konjugiert) wird, muß man die Beugungsart anhand von Merkmalen bestimmen. An vier bestimmten Formen eines Zeitwortes erkennt man diese Merkmale besonders gut:

- an der Grundform (Infinitiv): *nehmen*
- an der Aussageform (Indikativ) der 3. Person Einzahl (Singular) in der Gegenwart (Präsens): *nimmt*
- an der Aussageform (Indikativ) einer Person in der Vergangenheit (Präteritum): *nahm / nahmen*
- am Mittelwort der Vergangenheit (Partizip Perfekt): *genommen*

Diese vier Formen des Zeitwortes, mit denen man die Beugungsart bestimmen kann, nennt man die „Stammformen" des Zeitwortes. Aus ihnen lassen sich alle weiteren Formen des Zeitwortes ableiten. Nach ihren Stammformen lassen sich die Zeitwörter in zwei große Gruppen unterteilen:

- die „schwach" gebeugten Zeitwörter
- die „stark" gebeugten Zeitwörter

Nur wenige Zeitwörter werden gemischt gebeugt, d.h. bilden Formen nach einer Mischung aus „schwacher" und „starker" Beugung.

Kennzeichen der schwachen Beugung (Konjugation)

- In allen Formen bleibt der Stammselbstlaut der Grundform (Infinitv) unverändert erhalten.

● Beispiel: *l**o**ben, l**o**bte, gel**o**bt*

- Die Endung zur Kennzeichnung der Vergangenheit (des Präteritums) beginnt mit „-t“ oder „-et“.

● Beispiel: *loben – lob**te**, blenden – blend**ete***

Das Mittelwort der Vergangenheit (Partizip Perfekt) endet auf „-t“ oder „-et“.

● Beispiele: *gelob**t**, geblend**et***

Die meisten Zeitwörter der deutschen Sprache folgen den Regeln der schwachen Beugung, und ihre Zahl vergrößert sich ständig, da auch neugebildete Zeitwörter meist der schwachen Beugung folgen. Die nachfolgende Tabelle einer kleinen Auswahl von Zeitwörtern mit ihren Stammformen veranschaulicht die Merkmale der schwachen Beugung:

Stammselbstlaut unverändert / „-t“ oder „-et“

Grundform	*Vergangenheit*	*Mittelwort der Vergangenheit*
arbeiten	(er) arbeitete	(er hat) gearbeitet
fragen	(sie) fragte	(sie hat) gefragt
rechnen	(sie) rechnete	(sie hat) gerechnet
sagen	(er) sagte	(er hat) gesagt
zeichnen	(ich) zeichnete	(ich habe) gezeichnet

Kennzeichen der starken Beugung (Konjugation)

- Der Stammselbstlaut wird durch Ablaut oder Umlaut verändert.

● Beispiel: *finden, f**a**nd, gef**u**nden*

Die Aussageform (Indikativ) der 1. und 3. Person Einzahl (Singular) in der Vergangenheit (Präteritum) bleibt ohne Endung.

● Beispiele: *ich fand, er fand, sie fand, es fand*

- Das Mittelwort der Vergangenheit (Partizip Perfekt) endet auf „-en“.

● *Beispiel:* *gefund**en***

Die Zahl der stark gebeugten Zeitwörter ist nicht mehr sehr groß und nimmt weiter ab, da sich im Laufe der Zeit von manchen dieser Zeitwörter auch schwach gebeugte Formen entwickeln und durchsetzen.

Das Hauptmerkmal der starken Beugung ist der Ablaut bei den Vergangenheitsformen und dem Mittelwort der Vergangenheit. Während sich bei den schwachen Zeitwörtern alle Formen von der Grundform (Infinitiv) ableiten lassen, muß man bei der Formenbildung starker Zeitwörter (Verben) auch die Veränderung des Stammselbstlauts kennen. Nach dieser Veränderung, also nach dem Ablaut, lassen sich die starken Zeitwörter in unterschiedliche Gruppen einteilen. Um dies zu verdeutlichen, werden nachfolgend einige wichtige Ablautreihen mit Beispielen aufgeführt.

Übersicht:

a) ei-i-i: w**ei**chen, w**i**ch, gew**i**chen
(ebenso: beißen, gleichen, gleiten, greifen, kneifen, pfeifen, reiten, schneiden, streiten)

b) ie-o-o: b**ie**gen, b**o**g, geb**o**gen
(ebenso: bieten, fliegen, fliehen, fließen, genießen, gießen, kriechen, riechen, schießen, schließen, verlieren)

c) i-a-u: b**i**nden, b**a**nd, geb**u**nden
(ebenso: dringen, finden, gelingen, klingen, ringen, schwinden, singen, trinken, verschlingen)

d) e-a-o: br**e**chen, br**a**ch, gebr**o**chen
(ebenso: befehlen, bergen, empfehlen, (sich) erschrecken, helfen, gelten, nehmen, sprechen, stechen, stehen, stehlen, sterben, treffen, verderben, werben, werfen)

e) e-a-e: g**e**ben, g**a**b, geg**e**ben
(ebenso: essen, fressen, geschehen, lesen, messen, sehen, treten, vergessen)

f) a-u-a: f**a**hren, f**u**hr, gef**a**hren
(ebenso: graben, laden, schlagen, tragen, wachsen)

g) ei-ie-ie: bl**ei**ben, bl**ie**b, gebl**ie**ben
(ebenso: leihen, meiden, preisen, reiben, schreiben)

h) i-a-o: beg**i**nnen, beg**a**nn, beg**o**nnen
(ebenso: gewinnen, spinnen, rinnen, ...)

i) a-ie-a: bl**a**sen, bl**ie**s, gebl**a**sen
(ebenso: braten, fallen, halten, lassen)

j) e-o-o: h**e**ben, h**o**b, geh**o**ben
(ebenso: dreschen, fechten, flechten, schmelzen)

Liste starker und unregelmäßiger Zeitwörter

Da das Auffinden der Stammformen starker Zeitwörter (Verben) über die Ablautreihen nicht sehr praktisch ist, werden nachfolgend die gebräuchlichsten starken Zeitwörter sowie einige Zeitwörter mit unregelmäßigen Formen alphabetisch aufgelistet. Ändert sich der Stammselbstlaut in der 2. und 3. Person oder in der Befehlsform, so stehen diese Formen in

Klammern nach der Grundform, bei Umlaut in der Möglichkeitsform II (Konjunktiv II) steht diese Form in Klammern nach der Vergangenheitsform.
Ableitungen, also zusammengesetzte Zeitwörter (Vorsilbe + Zeitwort), wie z.B. „ausbleiben", „verbleiben" usw. werden nur aufgeführt, wenn sie sich in den verschiedenen Formen erheblich von ihrem Ausgangszeitwort unterscheiden.
Ein Sternchen (*) nach der Grundform heißt, daß dieses Zeitwort auch schwach gebeugt werden darf.

Grundform (Infinitiv)	*Vergangenheit (Präteritum)*	*Mittelwort II (Partizip II)*
backen (du bäckst,er bäckt)*	backte (alt: buk)(büke)	gebacken
befehlen(du befiehlst, er befiehlt, befiehl!)	befahl (beföhle, befähle)	befohlen
beginnen	begann (begänne)	begonnen
beißen	biß	gebissen
bergen (du birgst, er birgt, birg!)	barg (bärge)	geborgen
bersten (du birst, er birst, birst!)	barst (bärste)	geborsten
bewegen(veranlassen)	bewog (bewöge)	bewogen
[Achtung: bewegen = im Raum verändern: schwach gebeugt]		
biegen	bog (böge)	gebogen
bieten	bot (böte)	geboten
binden	band (bände)	gebunden
bitten	bat (bäte)	geboten
blasen (du bläst, er bläst)	blies	geblasen
bleiben	blieb	geblieben
bleichen *	blich	geblichen
braten (du brätst, er brät)	briet	gebraten
brauchen	brauchte	gebraucht
brechen (du brichst, er bricht, brich!)	brach (bräche)	gebrochen
brennen	brannte (brennte)	gebrannt
bringen	brachte (brächte)	gebracht
denken	dachte (dächte)	gedacht
dreschen (du drischst, er drischt, drisch!)	drosch (drösche)	gedroschen
dringen	drang (dränge)	gedrungen
dünken (auch: es deucht) *	deuchte	gedeucht
dürfen (ich darf, du darfst, er darf)	durfte (dürfte)	gedurft

Grundform (Infinitiv)	*Vergangenheit (Präteritum)*	*Mittelwort II (Partizip II)*
empfangen (du empfängst, er empfängt)	empfing	empfangen
empfehlen (du empfiehlst, er empfiehlt)	empfahl (empföhle)	empfohlen
empfinden	empfand (empfände)	empfunden
erlöschen (du erlischst, er erlischt, erlisch!)	erlosch (erlösche)	erloschen
erschrecken (du erschrickst, er erschrickt) (von plötzlicher Angst befallen werden)	erschrak (erschräke)	erschrocken
[**Achtung:** erschrecken = Angst einjagen: schwach gebeugt]		
essen (du ißt, er ißt, iß!)	aß (äße)	gegessen
fahren (du fährst, er fährt)	fuhr (führe)	gefahren
fallen (du fällst, er fällt)	fiel	gefallen
fällen	fällte	gefällt
fangen (du fängst, er fängt)	fing	gefangen
fechten (du fichst, er ficht, ficht!)	focht (föchte)	gefochten
finden	fand (fände)	gefunden
flechten (du flichst, er flicht, flicht!)	flocht (flöchte)	geflochten
fliegen	flog (flöge)	geflogen
fliehen	floh (flöhe)	geflohen
fließen	floß (flösse)	geflossen
fragen	fragte	gefragt
fressen (du frißt, er frißt, friß!)	fraß (fräße)	gefressen
frieren	fror (fröre)	gefroren
gären *	gor (göre)	gegoren
gebären (auch: du gebierst, sie gebiert, gebier!)	geboren (gebäre)	gebar
geben (du gibst, er gibt, gib!)	gab (gäbe)	gegeben
gedeihen	gedieh	gediehen
gehen	ging	gegangen
gelingen	gelang (gelänge)	gelungen
gelten (du giltst, er gilt, gilt!)	galt (gölte, gälte)	gegolten
genesen	genas (genäse)	genesen
genießen	genoß (genösse)	genossen
geschehen (es geschieht)	geschah (geschähe)	geschehen

Grundform (Infinitiv)	*Vergangenheit (Präteritum)*	*Mittelwort II (Partizip II)*
gewinnen	gewann (gewönne, gewänne)	gewonnen
gießen	goß (gösse)	gegossen
gleichen	glich	geglichen
gleiten	glitt	geglitten
glimmen	glomm (glömme)	geglommen
graben (du gräbst, er gräbt)	grub (grübe)	gegraben
greifen	griff	gegriffen
haben (du hast, er hat)	hatte (hätte)	gehabt
halten (du hältst, er hält)	hielt	gehalten
hängen (in hängender Lage)	hing	gehangen
[**Achtung:** in hängende Lage bringen: schwach gebeugt]		
hauen *	hieb	gehauen
heben	hob (höbe)	gehoben
heißen	hieß	geheißen
helfen (du hilfst, er hilft, hilf!)	half (hülfe)	geholfen
kennen	kannte (kennte)	gekannt
klimmen *	klomm	geklommen
klingen	klang (klänge)	geklungen
kneifen	kniff	gekniffen
kommen	kam (käme)	gekommen
können (ich kann, du kannst, er kann)	konnte (könnte)	gekonnt
kriechen	kroch (kröche)	gekrochen
laden (du lädst, er lädt)	lud (lüde)	geladen
lassen (du läßt, er läßt)	ließ	gelassen
laufen (du läufst, er läuft)	lief	gelaufen
leiden	litt	gelitten
leihen	lieh	geliehen
lesen (du liest, er liest, lies!)	las (läse)	gelesen
liegen	lag (läge)	gelegen
lügen	log (löge)	gelogen
mahlen	mahlte	gemahlen
meiden	mied	gemieden
melken (du milkst, er milkt, milk!) *	molk (mölke)	gemolken
messen (du mißt, er mißt, miß!)	maß (mäße)	gemessen
mißlingen	mißlang (mißlänge)	mißlungen

Grundform (Infinitiv)	*Vergangenheit (Präteritum)*	*Mittelwort II (Partizip II)*
mögen (ich mag, du magst, er mag)	mochte (möchte)	gemocht
müssen (ich muß, du mußt, er muß)	mußte (müßte)	gemußt
nehmen (du nimmst, er nimmt, nimm!)	nahm (nähme)	genommen
nennen	nannte (nennte)	genannt
pfeifen	pfiff	gepfiffen
preisen	pries	gepriesen
quellen (du quillst, er quillt, quill!) *	quoll (quölle)	gequollen
raten (du rätst, er rät)	riet	geraten
reiben	rieb	gerieben
reißen	riß	gerissen
reiten	ritt	geritten
rennen	rannte (rennte)	gerannt
riechen	roch (röche)	gerochen
ringen	rang (ränge)	gerungen
rinnen	rann (rönne, ränne)	geronnen
rufen	rief	gerufen
salzen *	salzte	gesalzen
saufen (du säufst, er säuft)	soff (söffe)	gesoffen
saugen *	sog (söge)	gesogen
schaffen *	schuf (schüfe)	geschaffen
schallen *	scholl (schölle)	geschollen
scheiden	schied	geschieden
scheinen	schien	geschienen
scheißen	schiß	geschissen
schelten (du schiltst, er schilt, schilt!)	scholt (schölte)	gescholten
schieben	schob (schöbe)	geschoben
scheren *	schor (schöre)	geschoren
schießen	schoß (schösse)	geschossen
schinden	schindete	geschunden
schlafen (du schläfst, er schläft)	schlief	geschlafen
schlagen (du schlägst, er schlägt)	schlug (schlüge)	geschlagen
schleichen	schlich	geschlichen
schleifen (schärfen)	schliff	geschliffen

Grundform (Infinitiv)	*Vergangenheit (Präteritum)*	*Mittelwort II (Partizip II)*
[**Achtung:** über den Boden ziehen: schwach gebeugt]		
schließen	schloß (schlösse)	geschlossen
schlingen	schlang (schlänge)	geschlungen
schmeißen	schmiß	geschmissen
schmelzen (du schmilzt, er schmilzt, schmilz!)	schmolz (schmölze)	geschmolzen
schneiden	schnitt	geschnitten
schreiben	schrieb	geschrieben
schreien	schrie	geschrieen
schreiten	schritt	geschritten
schweigen	schwieg	geschwiegen
schwellen (du schwillst, er schwillt, schwill!)	schwoll (schwölle)	geschwollen
schwimmen	schwamm(schwömme, schwämme)	geschwommen
schwinden	schwand (schwände)	geschwunden
schwingen	schwang (schwänge)	geschwungen
schwören	schwor (schwüre)	geschworen
sehen (du siehst, er sieht, sieh(e)!)	sah (sähe)	gesehen
sein (ich bin, du bist, er ist, sei!)	war (wäre)	gewesen
senden *	sandte (sendete)	gesandt
sieden *	sott (sötte)	gesotten
singen	sang (sänge)	gesungen
sinken	sank (sänke)	gesunken
sinnen	sann (sönne, sänne)	gesonnen
sitzen	saß (säße)	gesessen
sollen (ich soll, du sollst, er soll)	sollte	gesollt
spalten *	spaltete	gespalten
speien	spie	gespieen
spinnen	spann (spönne, spänne)	gesponnen
sprechen (du sprichst, er spricht, sprich!)	sprach (spräche)	gesprochen
sprießen	sproß (sprösse)	gesprossen
springen	sprang (spränge)	gesprungen
stechen (du stichst, er sticht, stich!)	stach (stäche)	gestochen
stecken *	stak (stäke)	gesteckt

Grundform (Infinitiv)	*Vergangenheit (Präteritum)*	*Mittelwort II (Partizip II)*
stehen	stand (stände, stünde)	gestanden
stehlen (du stiehlst, er stiehlt, stiehl!)	stahl (stähle, stöhle)	gestohlen
steigen	stieg	gestiegen
sterben (du stirbst, er stirbt, stirb!)	starb (stürbe)	gestorben
stieben	stob (stöbe)	gestoben
stinken	stank (stänke)	gestunken
stoßen (du stößt, er stößt)	stieß	gestoßen
streichen	strich	gestrichen
streiten	stritt	gestritten
tragen (du trägst, er trägt)	trug (trüge)	getragen
treffen (du triffst, er trifft, triff!)	traf (träfe)	getroffen
treiben	trieb	getrieben
treten (du trittst, er tritt, tritt!)	trat (träte)	getreten
triefen *	troff (tröffe)	getroffen
trinken	trank (tränke)	getrunken
trügen	trog (tröge)	getrogen
tun	tat (täte)	getan
verderben (du verdirbst, er verdirbt, verdirb!)	verdarb (verdürbe)	verdorben
verdrießen	verdroß (verdrösse)	verdrossen
vergessen (du vergißt, er vergißt, vergiß!)	vergaß (vergäße)	vergessen
verlieren	verlor (verlöre)	verloren
verlöschen (du verlischst, er verlischt, verlisch!)	verlosch (verlösche)	verloschen
verschleißen *	verschliß	verschlissen
verzeihen	verzieh	verziehen
wachsen (du wächst, er wächst) (größer werden)	wuchs (wüchse)	gewachsen
[**Achtung:** mit Wachs behandeln: schwach gebeugt]		
wägen *	wog (wöge)	gewogen
waschen (du wäschst, er wäscht)	wusch (wüsche)	gewaschen
weben *	wob (wöbe)	gewoben
weichen (nachgeben)	wich	gewichen
[**Achtung:** weich machen: schwache Beugung]		

Grundform (Infinitiv)	*Vergangenheit (Präteritum)*	*Mittelwort II (Partizip II)*
weisen	wies	gewiesen
wenden *	wandte (wendete)	gewandt
werben (du wirbst, er wirbt, wirb!	warb (würbe)	geworben
werden (du wirst, er wird, werde!)	wurde (würde)	geworden
werfen (du wirfst, er wirft, wirf!)	warf (würfe)	geworfen
wiegen (Gewicht haben oder Gewicht messen)	wog (wöge)	gewogen
[**Achtung:** schaukeln: schwach gebeugt]		
winden	wand (wände)	gewunden
wissen (ich weiß, du weißt, er weiß)	gewußt (wußte)	wüßte
wollen (ich will, du willst, er will)	wollte	gewollt
wringen	wrang (wränge)	gewrungen
zeihen	zieh	geziehen
ziehen	zog (zöge)	gezogen
zwingen	zwang (zwänge)	gezwungen

Bildung der Personalformen

Die bestimmten (finiten) Formen des Zeitwortes verdeutlichen seine Person sowie die grammatische Zahl. Dazu verfügen sie über eine Reihe besonderer Endungen.
Die nachfolgende Tabelle zeigt die Verteilung dieser Personalendungen in der schwachen Beugung.

● Beispiel:

	Einzahl		*Mehrzahl*	
1. Person:	„-e“:	ich geh**e**	„-en“:	wir geh**en**
2. Person:	„-st“:	du geh**st**	„-t“:	ihr geh**t**
3. Person:	„-t“:	er geh**t**	„-en“:	sie geh**en**

Es gibt auch Personalformen, die endungslos sind, wie die Formen der starken Beugung in der 1. und 3. Person Einzahl der Aussageform in der Vergangenheit.

● Beispiel:

		Einzahl		Mehrzahl
1. Person:	„–":	ich schlug	„-en":	wir schlug**en**
2. Person:	„-st":	du schlug**st**	„-t":	ihr schlug**t**
3. Person:	„–":	er schlug	„-en":	sie schlug**en**

Besondere Schwierigkeiten bei der Bildung der Personalformen bereiten einige starke Zeitwörter, da bei ihnen in der Gegenwartsform bei der Bildung der 2. und 3. Person Einzahl ein Wechsel des Stammselbstlautes von „e" zu „i" erfolgt.

● Beispiele:

Grundform	*2. Person / Einzahl*	*3. Person / Einzahl*
bergen	du birgst	er birgt
brechen	du brichst	er bricht
erschrecken	du erschrickst	er erschrickt
essen	du ißt	er ißt
lesen	du liest	er liest
messen	du mißt	er mißt
sehen	du siehst	er sieht

(vergl. dazu das Kapitel „Liste starker und unregelmäßiger Zeitwörter")

Ähnlich verhalten sich einige unregelmäßige Zeitwörter mit den Stammselbstlauten „a, au, o,". Sie lauten ihren Stammselbstlaut in der Gegenwartsform der 2. und 3. Person Einzahl um.

● Beispiele:

Grundform	*2. Person / Einzahl*	*3. Person / Einzahl*
fahren	du fährst	er fährt
fallen	du fällst	er fällt
laufen	du läufst	er läuft
stoßen	du stößt	er stößt

(vergl. dazu das Kapitel „Liste starker und unregelmäßiger Zeitwörter")

Schließlich gibt es einige wenige unregelmäßige Zeitwörter, die bei der Gegenwartsform ihren Stammselbstlaut in der 1., 2. und 3. Personen / Einzahl verändern.

● Beispiele:

Grundform	*1. Person*	*2. Person*	*3. Person*
dürfen	ich darf	du darfst	er darf
können	ich kann	du kannst	er kann
mögen	ich mag	du magst	er mag
müssen	ich muß	du mußt	er muß
wissen	ich weiß	du weißt	er weiß
wollen	ich will	du willst	er will

(vergl. dazu das Kapitel „Liste starker und unregelmäßiger Zeitwörter")

Die Personalformen des Zeitwortes „sein“ für die Zeitstufe der Gegenwart lassen sich nicht aus den Stammformen ablesen. Sie sind:

	Einzahl	*Mehrzahl*
1. Person	bin	sind
2. Person	bist	seid
3. Person	ist	sind

Bildung und Gebrauch der Zeitformen (Tempora)

Bei der Bildung der Zeitformen unterscheidet man zwischen „einfachen“ und „zusammengesetzten Zeitformen“. Zu den „einfachen Zeitwortformen“ gehören die Gegenwarts- und die Vergangenheitsformen des Zeitwortes (Verbs).

● Beispiele: *Er öffnet das Fenster.*
Er öffnete das Fenster.

Man nennt diese Formen „einfach“, weil es sich um echte Formen des Zeitwortes handelt, d.h. das Zeitwort selbst kann durch Veränderung der Wortendung bzw. des Stammselbstlauts diese Formen bilden. Die „zusammengesetzten“ Zeitwortformen dagegen benötigen zur Bildung ein Hilfszeitwort (Hilfsverb).

● Beispiele: *Er hat das Fenster geöffnet.*
Er wird das Fenster öffnen.

Zu den „zusammengesetzten Zeitformen“ gehören die Formen der vollendeten Gegenwart, der vollendeten Vergangenheit, der Zukunft sowie der vollendeten Zukunft.

● Beispiele: *Sie hat bis jetzt gearbeitet.*
Sie hatte bis fünf Uhr gearbeitet und ging dann zur Post.
Sie wird morgen arbeiten.
Im Sommer wird sie zehn Jahre in dieser Firma gearbeitet haben.

Gegenwart (Präsens)
Bildung der Gegenwartsformen
Die Gegenwartsformen des Zeitwortes (Verbs) werden gebildet aus dem Wortstamm und den Endungen für die Person und die grammatische Zahl (siehe „Personalformen“).

● Beispiele für ein schwach gebeugtes Zeitwort:

Grundform:		frag-en	brauch-en
Einzahl			
1. Person:	(ich)	frag-e	brauch-e
2. Person:	(du)	frag-st	brauch-st
3. Person:	(er)	frag-t	brauch-t
Mehrzahl			
1. Person:	(wir)	frag-en	brauch-en
2. Person:	(ihr)	frag-t	brauch-t
3. Person:	(sie)	frag-en	brauch-en

● Beispiele für ein stark / unregelmäßig gebeugtes Zeitwort:

Grundform:		bind-en	könn-en	werd-en
Einzahl				
1. Person:	(ich)	bind-e	kann	werd-e
2. Person:	(du)	bind-est	kann-st	wir-st
3. Person:	(er)	bind-et	kann	wird
Mehrzahl				
1. Person:	(wir)	bind-en	könn-en	werd-en
2. Person:	(ihr)	bind-et	könn-t	werd-et
3. Person:	(sie)	bind-en	könn-en	werd-en

Besonderheiten:

- Zeitwörter mit dem Wortausgang „-eln“ verlieren in der 1. Person Einzahl ein „e“.

● Beispiel: *bummeln → ich bummle*
Aber: *du bummelst, er bummelt, sie bummeln*

- Bei Zeitwörtern, deren Wortstamm auf einen s-Laut endet, wird beim Anfügen der Endung für die 2. Person Einzahl („-st“) ein „s“ unterdrückt.

● Beispiel: *lesen → du lies+ st → du liest*

- Bei Zeitwörtern, die im Wortstamm auf Mitlaut „m“ oder auf „Mitlaut „n“ enden – ausgenommen die Kombinationen mit den Mitlauten „l“ und „r“ – kommt vor die Gegenwartsendung in der 2. und 3. Person Einzahl sowie in der 2. Person Mehrzahl ein „e“.

● Beispiele: *widmen → du widm-e-st, er widm-e-t, ihr widm-e-t*
segnen → du segn-e-st, er segn-e-t, ihr segn-e-t

Aber: warnen → du warn-st, er warn-t, ihr warn-t

- Ebenfalls ein zusätzliches „e“ wird eingeschoben bei Zeitwörtern, die im Wortstamm auf „-d“ oder „-t“ enden und schwach gebeugt werden.

● Beispiele: *blenden → du blend-e-st, er blend-e-t, ihr blend-e-t*
verbreiten → du verbreit-e-st, er verbreit-e-t, ihr verbreit-e-t

Gebrauch der Gegenwartsformen
Mit den Gegenwartsformen kann ein bestimmter Sachverhalt ausgedrückt werden, der dem Sprecher zum Zeitpunkt des Sprechens „gegenwärtig“ ist. Dabei kann der ausgedrückte Sachverhalt tatsächlich in der Vergangenheit stattgefunden haben oder auch für die Zukunft geplant sein.
Maßgebend für die Wahl der Zeitstufe ist also nicht die objektive Zeit, sondern das Verhältnis des Sprechers zum Sachverhalt.

● Beispiel: *Einen Moment, es klingelt gerade an der Tür.*

Hier drückt die Gegenwartsform aus, daß der Vorgang zum Zeitpunkt des Sprechens stattfindet.

● Beispiel: *Plötzlich kommt mir dieser Wagen auf meiner Fahrbahn entgegen. Ich trete voll auf die Bremse, reiße das Steuer herum und ...*

Hier dienen die Gegenwartsformen dazu, etwas Vergangenes zu „vergegenwärtigen“, d.h. zum Zeitpunkt des Sprechens noch einmal zu erleben oder den Zuhörern das Gefühl zu geben, sie wären dabeigewesen.

● Beispiel: *Herr Müller fährt nach Paris, und Frau Brant hat einen Termin bei Gericht. Es ist also morgen niemand von der Geschäftsleitung im Hause.*

Hier drücken die Gegenwartsformen etwas aus, das in der Zukunft liegt, also noch nicht zutrifft, aber vom Sprecher bereits als wirklich angesehen wird.

● Beispiel: *Im Sommer ist es länger hell als im Winter.*

Hier macht der Gebrauch der Gegenwartsform deutlich, daß die Aussage zeitlos gültig ist.

Die Verwendung der Gegenwartsform eines Zeitwortes bedeutet also, daß der ausgedrückte Sachverhalt für den Sprecher zum Zeitpunkt des Sprechens „gegenwärtig“ ist. Den objektiven Zeitbezug kann man zumeist aus der Sprechsituation oder dem Textzusammenhang (Kontext) erkennen.

Vergangenheit (Präteritum)
Bildung der Vergangenheitsformen
Bei schwach gebeugten Zeitwörtern (Verben) werden die Vergangenheitsformen gebildet, indem ein „t" zwischen Wortstamm und Personalendung (vergl. „Personalformen") eingefügt wird. Bei stark gebeugten Zeitwörtern verändert sich der Stammselbstlaut (Ablaut), und die 1. und 3. Person Einzahl sind endungslos.

● Beispiele für ein schwach gebeugtes Zeitwort:

Grundform:	frag-en	brauch-en
Einzahl		
1. Person:	(ich) frag-t-e	brauch-t-e
2. Person:	(du) frag-t-est	brauch-t-est
3. Person:	(er) fragte	brauchte
Mehrzahl		
1. Person:	(wir) frag-t-en	brauch-t-en
2. Person:	(ihr) frag-t-et	brauch-t-et
3. Person:	(sie) frag-t-en	brauch-t-en

● Beispiele für ein stark gebeugtes Zeitwort:

Grundform:	bind-en	könn-en	werd-en
Einzahl			
1.Person:	(ich) band	konn-t-e	wurd-e
2. Person:	(du)band-est	konn-t-est	wurd-est
3. Person:	(er)band	konn-t-e	wurd-e
Mehrzahl			
1. Person:	(wir) band-en	konn-t-en	wurd-en
2. Person:	(ihr) band-et	konn-t-et	wurd-et
3. Person.	(sie) band-en	konn-t-en	wurd-en

Besonderheiten:
- Bei den schwach gebeugten Zeitwörtern, deren Wortstamm auf „-d" oder „-t" endet, wird vor dem Vergangenheits „-t" ein „e" eingefügt.

● Beispiele: *blend-en → ich blend-e-t-e, du blend-e-t-est, er blend-e-t-e*

- Bei den unregelmäßigen Zeitwörtern „senden" und „wenden" gilt dasselbe, oder aber es werden die zusammengezogenen Formen mit Ablaut verwendet.

● Beispiele: *wend-en → ich wend-e-t-e / wand-t-e*
send-en → ich send-e-t-e / sand-t-e

- Auch bei den schwach gebeugten Zeitwörtern, deren Stamm auf „Mitlaut „m" oder auf „Mitlaut „n" endet, wird ein zusätzliches „e" eingefügt, ausgenommen die Kombinationen mit den Mitlauten „l" und „r".

● Beispiele: *widm-en → ich widm-e-t-e, du widm-e-t-est, er widm-e-t-e*
segn-en → ich segn-e-t-e, du segn-e-t-est, er segn-e-t-e
Aber: *warn-en → ich warn-t-e, du warn-t-est, er warn-t-e*

- Bei den stark gebeugten Zeitwörtern wird in der 2. Person Einzahl und Mehrzahl ein „e" eingefügt, wenn der Stamm auf „-d" oder „-t" endet. Auch bei den anderen stark gebeugten Zeitwörtern ist die Einfügung von „e" in der 2. Person möglich, klingt aber veraltet.

● Beispiele: *lad-en → du lud-e-st, ihr lud-e-t*
biet-en → du bot-e-st, ihr bot-e-t
fang-en → du fing-(e)-st, ihr fing-(e)-t (veraltet)

- Bei den stark gebeugten Zeitwörtern mit dem Wortstammende „-s" oder „-ß" wird in der 2. Person Einzahl ein „e" eingefügt.

● Beispiele: *les-en → du las-e-st*
beiß-en → du biss-e-st

- Die unregelmäßigen Zeitwörter „dürfen", „können", „mögen", „müssen", „sollen" und „wollen" (Modalverben) bilden regelmäßige Vergangenheitsformen, abgeleitet vom Stamm der Grundform, ohne Umlaut. Bei „mögen" tritt ein Wechsel beim Mitlaut ein.

● Beispiele: *dürf-en → ich durf-t-e, du durf-t-est, er durf-t-e*
woll-en → ich woll-t-e, du woll-t-est, er woll-t-e
mög-en → ich moch-t-e, du moch-t-est, er moch-t-e

Gebrauch der Vergangenheitsformen
Die Verwendung der Vergangenheitsformen eines Zeitwortes drückt aus, daß der benannte Sachverhalt für den Sprecher zum Zeitpunkt des Sprechens als „nicht aktuell" angesehen wird. Der Sprecher macht damit deutlich, daß ein – meist zeitlicher – Abstand zwischen ihm und dem Sachverhalt liegt.

● Beispiel: *Als wir gestern mit dem Fahrrad durch den Wald fuhren, sprang direkt vor uns ein Reh über den Weg.*

Hier wird ausgedrückt, daß etwas vergangen ist. In diesem Sinne ist die Vergangenheit (Präteritum) auch die normale Zeitstufe für Erzählungen oder Berichte über Vergangenes.

● Beispiel: *Wie hieß noch gleich der Film?*

Hier wird deutlich, daß der Sachverhalt für den Sprecher nicht besonders bedeutsam ist, der Sprecher also einen gewissen Abstand zum Sachverhalt hat, der nicht zeitlicher Natur ist.

Zukunft (Futur I)

Bildung der Zukunftsformen

Die Zukunftsformen des Zeitwortes (Verbs) gehören zu den zusammengesetzten Formen. Sie werden gebildet aus den Gegenwartsformen von „werden" und der Grundform des betreffenden Zeitwortes. Dabei spielt es keine Rolle, ob das betreffende Zeitwort der starken, schwachen oder unregelmäßigen Beugung angehört, da ja nur seine Grundform (Infinitiv) verwendet wird. Das Zeitwort „werden" dient hier also als Hılfszeitwort (Hilfsverb).

● Beispiele:	*Grundform:*	arbeiten	singen
	Einzahl		
	1. Person:	(ich) werde arbeiten	singen
	2. Person:	(du) wirst arbeiten	singen
	3. Person:	(er) wird arbeiten	singen
	Mehrzahl		
	1. Person:	(wir) werden arbeiten	singen
	2. Person:	(ihr) werdet arbeiten	singen
	3. Person:	(sie) werden arbeiten	singen

Gebrauch der Zukunftsformen

Mit der Verwendung der Zukunftsformen eines Zeitwortes (Verbs) macht der Sprecher deutlich, daß der besprochene Sachverhalt für ihn zwar „noch nicht ganz wirklich" ist, er aber die Verwirklichung erwartet. Der zeitliche Aspekt, d.h. daß der Sachverhalt in der objektiven Zukunft liegt, ist nur eine von mehreren Ausdrucksmöglichkeiten der Zukunftsformen. Dabei ist diese Ausdrucksform meist nur schwer von der Ausdrucksform der „Vermutung" zu trennen.

● Beispiel: *Nächsten Mittwoch wird Gerlinde vierzig Jahre alt.*

Hier wird zukünftiges Geschehen ausgedrückt.

● Beispiel: *Herr Vorberger wird noch in der Kantine sein.*

Dieser Sachverhalt drückt eine Vermutung des Sprechers aus, die sich auf die objektive Gegenwart bezieht.

● Beispiel: *Ich werde pünktlich dort sein.*

Die Aussage bezieht sich auf zukünftiges Geschehen, stellt aber gleichzeitig ein Versprechen dar.

● Beispiel: *Die Ersten werden die Letzten sein.*

Diese Aussage bezeichnet zeitlos Gültiges, wobei die Verwendung der Zukunftsform, die Gültigkeit der Aussage auch „in Zukunft" betont.

● Beispiel: *Du wirst nicht fernsehen, wenn wir weg sind.*

Diese Aussage bezieht sich zwar auf einen für den Sprecher zukünftigen Zeitraum, stellt aber in erster Linie eine „nachdrückliche Aufforderung" dar.

Vollendete Gegenwart (Perfekt)
Bildung der Formen der vollendeten Gegenwart
Diese Formen gehören zu den zusammengesetzten Formen und werden gebildet mit der Gegenwartsform von „sein" oder „haben" sowie dem Mittelwort der Vergangenheit (Partizip Perfekt) des jeweiligen Zeitwortes.

● Beispiele:	Grundform:	fragen	gehen
	Einzahl		
	1. Person:	(ich) habe gefragt	(ich) bin gegangen
	2. Person:	(du) hast gefragt	(du) bist gegangen
	3. Person:	(er) hat gefragt	(er) ist gegangen
	Mehrzahl		
	1. Person:	(wir) haben gefragt	(wir) sind gegangen
	2. Person:	(ihr) habt gefragt	(ihr) seid gegangen
	3. Person:	(sie) haben gefragt	(sie) sind gegangen

Zusammengesetzte Zeitformen mit dem Hilfszeitwort „sein" bilden alle Zeitwörter, die keine Ergänzung im 4. Fall (Akkusativobjekt) bei sich haben (intransitive Verben) und eine Veränderung ausdrücken.

● Beispiele: *Der Sommer ist vergangen.*
Die Nachbarn sind verreist.
Die Schale ist zerbrochen.

Außerdem bilden die Zeitwörter „bleiben“, „sein“ und „werden“ ihre zusammengesetzten Zeitformen mit dem Hilfszeitwort „sein“.

- Beispiele: *Warum bist du nicht bis zum Schluß geblieben?*
  In Paris ist sie schon gewesen.
  Ich bin leider nur Zweiter geworden.

Alle anderen Zeitwörter bilden ihre zusammengesetzten Zeitformen mit „haben“ als Hilfszeitwort.

- Beispiele: *Ich habe den Brief zur Post gebracht.*
  Sie hat die Zeitung schon gelesen.
  Man hat uns nicht darüber informiert.

Die hier beschriebene Verwendung der Hilfszeitwörter „sein“ und „haben“ gilt gleichermaßen für die Bildung aller „vollendeten Zeitformen“ (Perfektformen).

Gebrauch der Formen der vollendeten Gegenwart (Perfekt)

Mit der Verwendung der Formen der vollendeten Gegenwart drückt der Sprecher aus, daß zurückschauend ein Vorgang oder Sachverhalt abgeschlossen oder zu einem Ende gebracht worden oder gelangt ist. Die Tatsache des Abschlusses bzw. das Ergebnis ist für den Sprecher hier wichtig, weniger der Zeitpunkt.

- Beispiel: *Deine Mutter hat dir geschrieben.*

Der Vorgang selbst sowie sein Abschluß liegen vor dem Sprechzeitpunkt, also in der Vergangenheit. Wichtig für den Sprecher ist jedoch das Ergebnis, der Brief von der Mutter.

- Beispiel: *Jetzt haben wir es endlich geschafft.*

Der Abschluß fällt mit dem Sprechzeitpunkt zusammen, liegt also in der Gegenwart.

- Beispiel: *Wenn die Firma die bestellte Ware am Ende der Woche noch nicht geliefert hat, werde ich dort einmal vorbeischauen.*

Hier liegt der Abschluß der Wartezeit in der Zukunft. Von Bedeutung für den Sprecher ist hier jedoch nicht der zukünftige Aspekt, sondern die Tatsache, daß dann ein Ende des Wartens in Aussicht steht.

Vollendete Vergangenheit (Plusquamperfekt)

Bildung der Formen der vollendeten Vergangenheit

Diese Formen gehören zu den zusammengesetzten Zeitformen und werden gebildet mit den Vergangenheitsformen von „sein“ oder „haben“ und dem Mittelwort der Vergangenheit (Partizip Perfekt). Zur Verwendung der Hilfszeitwörter „sein“ oder „haben“ siehe Ausführung im Kapitel „Vollendete Gegenwart“.

● Beispiele:	*Grundform*	fragen	gehen
	Einzahl		
	1. Person:	(ich) hatte gefragt	(ich) war gegangen
	2. Person:	(du) hattest gefragt	(du) warst gegangen
	3.Person:	(er) hatte gefragt	(er) war gegangen
	Mehrzahl		
	1. Person:	(wir) hatten gefragt	(wir) waren gegangen
	2. Person:	(ihr) hattet gefragt	(ihr) wart gegangen
	3. Person:	(sie) hatten gefragt	(sie) waren gegangen

Gebrauch der Formen der vollendeten Vergangenheit

Die Formen der vollendeten Vergangenheit werden verwendet, wenn ein Vorgang oder Sachverhalt in der Vergangenheit als abgeschlossen und diese Tatsache oder sein Ergebnis als „nicht aktuell“ angesehen wird. Diese Zeitformen werden vor allem in Beziehung zu anderen Zeitformen gebraucht.

● Beispiel: *Nachdem wir gelandet waren, erforschten wir die Insel. Doch als wir von unserer Wanderung zurückkamen, hatte jemand unser Boot gestohlen.*

Hier wird im Rahmen einer Erzählung, die in der Zeitstufe der Vergangenheit (Präteritum) steht, über etwas Abgeschlossenes informiert.

Vollendete Zukunft (Futur II)

Bildung der Formen der vollendeten Zukunft

Auch diese Formen gehören zu den zusammengesetzten Zeitformen. Sie werden gebildet aus einer Gegenwartsform von „werden“, dem Mittelwort der Vergangenheit (Partizip Perfekt) des betreffenden Zeitwortes und der Grundform (Infinitiv) von „sein“ oder „haben“ (vergl. dazu das Kapitel „Vollendete Gegenwart“).

● Beispiele:	*Grundform*	fragen
	Einzahl	
	1. Person:	(ich) werde gefragt haben
	2. Person:	(du) wirst gefragt haben
	3. Person:	(er) wird gefragt haben
	Mehrzahl	
	1. Person:	(wir) werden gefragt haben
	2. Person:	(ihr) werdet gefragt haben
	3. Person:	(sie) werden gefragt haben
	Grundform	gehen
	Einzahl	
	1. Person:	(ich) werde gegangen sein
	2. Person:	(du) wirst gegangen sein
	3. Person:	(er) wird gegangen sein
	Mehrzahl	
	1. Person:	(wir) werden gegangen sein
	2. Person:	(ihr) werdet gegangen sein
	3. Person:	(sie) werden gegangen sein

Gebrauch der Formen der vollendeten Zukunft

Mit der Verwendung der Formen der vollendeten Zukunft macht der Sprecher deutlich, daß der Abschluß eines Vorgangs oder Sachverhalts zu einem bestimmten Zeitpunkt in der Zukunft zu erwarten ist. Mit der Verwendung dieser Formen kann jedoch auch die Vermutung ausgedrückt werden, daß ein solcher Abschluß bereits stattgefunden hat. Wird diese Vermutung ausgedrückt, dann ist es belanglos, ob sie sich bereits erfüllt hat oder gerade erfüllt oder erst noch erfüllen wird.

● Beispiel: *Bis morgen wird das Fleisch aufgetaut sein.*

Dies Ergebnis wird vom Sprecher zu einem bestimmten Zeitpunkt in der Zukunft erwartet.

● Beispiel: *Sie werden die Operation gestern durchgeführt haben.*

Hier drückt die Zeitform aus, daß es sich um eine Vermutung handelt. Der Zeitpunkt des Abschlusses wird allein durch die Angabe „gestern" bestimmt. „Gestern" könnte hier auch durch eine andere Zeitangabe ersetzt werden.

● Beispiele: *Sie werden die Operation jetzt durchgeführt haben.*
Sie werden die Operation morgen abend durchgeführt haben.

Bildung und Gebrauch der Personalformen nach den Aussageweisen (Modi)

Die Personalformen des Zeitwortes (finite Verbformen) sind immer auch nach der Aussageweise bestimmt. Die deutsche Sprache kennt folgende Aussageweisen:

- Wirklichkeitsform (Indikativ): *er schläft*
- Möglichkeitsform I (Konjunktiv I): *er schlafe*
- Möglichkeitsform II (Konjunktiv II): *er schliefe*
- Befehlsform (Imperativ): *schlaf!*

Wirklichkeitsform (Indikativ)
Diese Aussageweise (dieser Modus) drückt aus, daß die Handlung bzw. der Sachverhalt vom Sprecher als wirklich angesehen wird. Die Bildung der Formen dieser Aussageweise wird in den Kapiteln „Bildung und Gebrauch der Zeitformen“ und „Bildung und Gebrauch der Formen der Handlungsarten“ ausführlich beschrieben und an Beispielen veranschaulicht.

Gebrauch der Wirklichkeitsformen
Die Wirklichkeitsform ist die normale und wertfreie (neutrale) Aussageweise. Dabei kann nicht nur Wirkliches mit ihr ausgedrückt werden, man kann mit ihr auch Pläne oder Phantasievorstellungen sachlich und wertfrei darstellen.

● Beispiel: *Glasgow liegt in Schottland.*

Hier wird eine einfache Tatsache sachlich bezeichnet.

● Beispiel: *Wenn Ferien sind, kannst du eine Grillparty feiern und deine Freunde einladen.*

Bei dem hier ausgedrückten Sachverhalt handelt es sich um einen Plan.

● Beispiel: *Das Ungeheuer kam mit wankenden Schritten auf sie zu und blies dabei einen Feuerstrahl aus seinen Nasenlöchern.*

Hier wird eine Phantasievorstellung durch den Gebrauch der Wirklichkeitsform zum scheinbaren Erlebnis.

● Beispiel: *Du schreibst jetzt endlich deinen Bericht.*

Die Wirklichkeitsform kann, wie hier, auch eine Aufforderung ausdrükken.

Möglichkeitsform I (Konjunktiv I)

Bildung der Formen

Die Zeitwortformen der Möglichkeitsform I werden gebildet, indem man an den Wortstamm ein „e" anhängt, bevor dann die Personalendungen der Möglichkeitsform I folgen. Diese Personalendungen lauten:

	Einzahl	*Mehrzahl*
1. Person:	–	-n
2. Person:	-st	-t
3. Person:	–	-n

Gegenwart (Präsens)

Grundform		arbeiten	laufen	sein	werden
Einzahl					
1. Person:	(ich)	arbeit-e–	lauf-e–	sei	werd-e–
2. Person:	(du)	arbeit-e-st	lauf-e-st	sei-(e)-st	werd-e-st
3. Person:	(er)	arbeit-e–	lauf-e–	sei	werd-e–
Mehrzahl					
1. Person:	(wir)	arbeit-e-n	lauf-e-n	sei-e-n	werd-e-n
2. Person:	(ihr)	arbeit-e-t	lauf-e-t	sei-e-t	werd-e-t
3. Person:	(sie)	arbeit-e-n	lauf-e-n	sei-e-n	werd-e-n

Grundform	haben			
	Einzahl		*Mehrzahl*	
1. Person:	(ich)	hab-e-	(wir)	hab-e-n
2. Person:	(du)	hab-e-st	(ihr)	hab-e-t
3. Person:	(er)	hab-e-	(sie)	hab-e-n

Betrachtet man die Tabelle genauer, stellt man fest, daß sich in einigen Personen die Möglichkeitsform I (Konjunktiv I) nicht von der Wirklichkeitsform (Indikativ) unterscheidet.

● Beispiele:

	Möglichkeitsform I		*Wirklichkeitsform*	
Einzahl				
1. Person:	(ich) lauf-e–	werd-e–	lauf-e	werd-e
Mehrzahl				
1. Person:	(wir) lauf-e-n	werd-e-n	lauf-en	werd-en
3. Person:	(sie) lauf-e-n	werd-e-n	lauf-en	werd-en

Lauten in einer Person Wirklichkeitsform und Möglichkeitsform I gleich, dann verwendet man statt der Möglichkeitsform I die Form der Möglichkeitsform II (Konjunktiv II).

● Beispiele:

	Möglichkeitsform I		*Möglichkeitsform II*	
Einzahl				
1. Person:	(ich) lauf-e–	werd-e–	liefe	würde
Mehrzahl				
1. Person:	(wir) lauf-e-n	werd-e-n	liefen	würden
3. Person:	(sie) lauf-e-n	werd-e-n	liefen	würden

Häufig wird statt der Möglichkeitsform überhaupt die Ersatzform „würden" + Grundform des Zeitwortes verwendet.

● Beispiele:

	Möglichkeitsform I	*Ersatzform*
Einzahl		
1. Person:	(ich) gebe / gäbe	(ich) würde geben
2. Person:	(du) gebest	(du) würdest geben
3. Person:	(er) gebe / gäbe	(er) würde geben
Mehrzahl		
1. Person:	(wir) geben / gäben	(wir) würden geben
2. Person:	(ihr) gebet	(ihr) würdet geben
3. Person:	(sie) geben / gäben	(sie) würden geben

In der Aussageweise der Möglichkeitsform I (Konjunktiv I) können auch zeitliche Beziehungen ausgedrückt werden. Hier verwendet man für Vergangenes die Möglichkeitsform I von „haben" oder „sein" zusammen mit dem Mittelwort der Vergangenheit und für Zukünftiges die Möglichkeitsform I von „werden" zusammen mit der Grundform des Zeitwortes.

Möglichkeitsform I der vollendeten Gegenwart (Konjunktiv I Perfekt)

Grundform	arbeiten	laufen
Einzahl		
1. Person:	(ich) habe gearbeitet	sei gelaufen
2. Person:	(du) habest gearbeitet	seiest gelaufen
3. Person:	(er) habe gearbeitet	sei gelaufen
Mehrzahl		
1. Person:	(wir) haben gearbeitet	seien gelaufen
2. Person:	(ihr) habet gearbeitet	seiet gelaufen
3. Person:	(sie) haben gearbeitet	seien gelaufen
Grundform	sein	werden
Einzahl		
1. Person:	(ich) sei gewesen	sei geworden
2. Person:	(du) seiest gewesen	seiest geworden

Möglichkeitsform I der vollendeten Gegenwart (Konjunktiv I Perfekt)

3. Person:	(er)	sei gewesen	sei geworden
Mehrzahl			
1. Person:	(wir)	seien gewesen	seien geworden
2. Person:	(ihr)	seiet gewesen	seiet geworden
3. Person:	(sie)	seien gewesen	seien geworden

Möglichkeitsform I für Zukünftiges (Konjunktiv I Futur)

Grundform	geben		laufen
Einzahl			
1. Person:	(ich)	werde geben	werde laufen
2. Person:	(du)	werdest geben	werdest laufen
3. Person:	(er)	werde geben	werde laufen
Mehrzahl			
1. Person:	(wir)	werden geben	werden laufen
2. Person:	(ihr)	werdet geben	werdet laufen
3. Person:	(sie)	werden geben	werden laufen
Grundform	sein		werden
Einzahl			
1. Person:	(ich)	werde sein	werde werden
2. Person:	(du)	werdest sein	werdest werden
3. Person:	(er)	werde sein	werde werden
Mehrzahl			
1. Person:	(wir)	werden sein	werden werden
2. Person:	(ihr)	werdet sein	werdet werden
3. Person:	(sie)	werden sein	werden werden

Auch hier wird, wo sich die Möglichkeitsform I nicht von der Wirklichkeitsform unterscheidet, stattdessen die Möglichkeitsform II verwendet.

Besonderheiten

- Für die Möglichkeitsform I gibt es weder die Formen der einfachen noch der vollendeten Vergangenheit (Präteritum, Plusquamperfekt).
- Die Formen für „haben", „sein" und „werden" gelten sowohl bei der Verwendung als Zeitwort (Vollverb) wie auch bei dem Einsatz als Hilfszeitwort (Hilfsverb).
- Zeitwörter mit Wortausgang „-eln" verlieren in allen Personen der Gegenwart, ausgenommen in der 1. und 3. Person Mehrzahl, ein „e".

● Beispiel: *ich bumml-e, du bumml-est, er bumml-e, ihr bumml-et*

Gebrauch der Formen der Möglichkeitsform I

Die Möglichkeitsform I wird hauptsächlich in der abhängigen Rede oder berichteten Rede (indirekten Rede) verwendet.

● Beispiel: *Sie gäbe ihren letzten Pfennig für ihre Enkel, sagte sie damals.*

Hier gibt der Sprecher die Aussage einer Großmutter wieder und verdeutlicht ihre Aussage durch die Möglichkeitsform. Gleichzeitig bringt er damit zum Ausdruck, daß er sich nicht für die Wahrheit der Aussage verbürgt.

● Beispiel: *Man stelle den Schalter A in Position 1 und drehe Knopf C bis zum Anschlag.*

Hier drückt die Möglichkeitsform I den Aufforderungscharakter der Aussage aus.

● Beispiel: *Er ruhe in Frieden.*
Sie können den Wagen morgen abholen, es sei denn ...

Wie hier kommt die Möglichkeitsform I auch in bestimmten Redewendungen vor.

Möglichkeitsform II (Konjunktiv II)
Bildung der Formen
Diese Zeitwortform wird gebildet aus der Vergangenheitsform (dem Präteritum) des betreffenden Zeitwortes (Verbs), wobei man an den Stamm ein „e“ anhängt. Enthält die nachfolgende Personalendung auch ein „e“, so entfällt dieses. Die stark gebeugten Zeitwörter, die als Stammselbstlaut ein „a“, „au“, „o“ oder „u“ haben, lauten um.

Möglichkeitsform II (Konjunktiv II) Gegenwart (Präsens)

Grundform	arbeiten		laufen
Einzahl			
1. Person:	(ich)	arbeit-e-t-e	lief-e
2. Person:	(du)	arbeit-e-t-est	lief-e-st
3. Person:	(er)	arbeit-e-t-e	lief-e
Mehrzahl			
1. Person:	(wir)	arbeit-e-t-en	lief-en
2. Person:	(ihr)	arbeit-e-t-et	lief-e-t
3. Person:	(sie)	arbeit-e-t-en	lief-en

Grundform	sein		werden	haben
Einzahl				
1. Person:	(ich)	wär-e	würd-e	hät-t-e
2. Person:	(du)	wär-e-st	würd-est	hät-t-est
3. Person:	(er)	wär-e	würd-e	hät-t-e

Möglichkeitsform II (Konjunktiv II) Gegenwart (Präsens)

Mehrzahl				
1. Person:	(wir)	wär-en	würd-en	hät-t-en
2. Person:	(ihr)	wär-e-t	würd-et	hät-t-et
3. Person:	(sie)	wär-en	würd-en	hät-t-en

Wie bei der Möglichkeitsform I werden zeitliche Beziehungen durch Zusammensetzungen ausgedrückt. Für Vergangenes verwendet man die Möglichkeitsform II von „haben" oder „sein" zusammen mit dem Mittelwort der Vergangenheit und für Zukünftiges die Möglichkeitsform II von „werden" zusammen mit der Grundform des Zeitwortes.

Möglichkeitsform II für Vergangenes (Konjunktiv II Perfekt)

Grundform		arbeiten	laufen
Einzahl			
1. Person:	(ich)	hätte gearbeitet	wäre gelaufen
2. Person:	(du)	hättest gearbeitet	wärest gelaufen
3. Person:	(er)	hätte gearbeitet	wäre gelaufen
Mehrzahl			
1. Person:	(wir)	hätten gearbeitet	wären gelaufen
2. Person:	(ihr)	hättet gearbeitet	wäret gelaufen
3. Person:	(sie)	hätten gearbeitet	wären gelaufen

Grundform		sein	werden
Einzahl			
1. Person:	(ich)	wäre gewesen	wäre geworden
2. Person:	(du)	wärest gewesen	wärest geworden
3. Person:	(er)	wäre gewesen	wäre geworden
Mehrzahl			
1. Person:	(wir)	wären gewesen	wären geworden
2. Person:	(ihr)	wäret gewesen	wäret geworden
3. Person:	(sie)	wären gewesen	wären geworden

Grundform	haben			
	Einzahl		*Mehrzahl*	
1. Person:	(ich)	hätte gehabt	(wir)	hätten gehabt
2. Person:	(du)	hättest gehabt	(ihr)	hättet gehabt
3. Person:	(er)	hätte gehabt	(sie)	hätten gehabt

Möglichkeitsform II für Zukünftiges (Konjunktiv II Futur)

Grundform		arbeiten	laufen
Einzahl			
1. Person:	(ich)	würde arbeiten	würde laufen
2. Person:	(du)	würdest arbeiten	würdest laufen

Möglichkeitsform II für Zukünftiges (Konjunktiv II Futur)

3. Person:	(er)	würde arbeiten	würde laufen
Mehrzahl			
1. Person:	(wir)	würden arbeiten	würden laufen
2. Person:	(ihr)	würdet arbeiten	würdet laufen
3. Person:	(sie)	würden arbeiten	würden laufen

Grundform	sein		werden	haben
Einzahl				
1. Person:	(ich)	würde sein	würde werden	würde haben
2. Person:	(du)	würdest sein	würdest werden	würdest haben
3. Person:	(er)	würde sein	würde werden	würde haben
Mehrzahl				
1. Person:	(wir)	würden sein	würden werden	würden haben
2. Person:	(ihr)	würdet sein	würdet werden	würdet haben
3. Person	(sie)	würden sein	würden werden	würden haben

Besonderheiten

- Für die Möglichkeitsform II (Konjunktiv II) gibt es weder die Formen der einfachen noch der vollendeten Vergangenheit (Präteritum und Plusquamperfekt).
- Auch hier gelten die Formen für „haben“, „sein“ und „werden“ sowohl bei der Verwendung als Hilfszeitwortes als auch bei dem Gebrauch als Vollzeitwort.
- Da die Möglichkeitsform II sich für die meisten schwach gebeugten Zeitwörter nicht von den einfachen Vergangenheitsformen unterscheidet, verwendet man in solchen Fällen oft die Umschreibung mit „würde“.

● Beispiel: statt: *er arbeitete* also *er würde arbeiten*

Die Umschreibung mit „würde“ ist heute auch bei vielen stark gebeugten Zeitwörtern, die eigentlich eindeutige Formen für die Möglichkeitsform II hätten, üblich. Formen wie z.B. „böge“, „dächte“, „fröre“, „gölte“ usw., sind in der Alltagssprache ungebräuchlich und werden meist durch „würde biegen“, „würde denken“, „würde frieren“, „würde gelten“ ersetzt.

Gebrauch der Formen der Möglichkeitsform II

Die Hauptaufgabe der Möglichkeitsform II ist es, einen Vorgang oder Sachverhalt deutlich als unwirklich oder als nur vorgestellt darzustellen. Auch in der abhängigen oder berichteten Rede (indirekten Rede) wird die Möglichkeitsform II verwendet, vor allem wenn die Formen des Zeitwortes in der Möglichkeitsform I nicht eindeutig sind.

● Beispiel: *Hätten wir heute frei, könnten wir den Tag am See verbringen.*

Die Möglichkeitsform II macht hier deutlich, daß es sich nur um eine Wunschvorstellung, nicht aber um die Wirklichkeit handelt.

● Beispiele: *Die Bergers haben geschrieben, daß sie gegen Mittag hier eintreffen.*
Die Bergers haben geschrieben, daß sie gegen Mittags hier einträfen.

Hier wird die Verwendung der Möglichkeitsform I nicht erkennbar. Um deutlich zu machen, daß es sich um die Wiedergabe der Äußerung eines anderen handelt, muß man daher die Möglichkeitsform II verwenden.

● Beispiele: *Ich hätte gerne mit dem Chef darüber gesprochen.*
Ich würde Ihnen diese empfehlen.
Hätten Sie Lust mit mir ins Kino zu gehen?

Hier dient die Möglichkeitsform II dazu, einen höflichen Wunsch, eine höfliche Aussage oder eine höfliche Frage auszudrücken.
Man kann die Möglichkeitsform II auch gebrauchen, um eine vorsichtige Behauptung zu kennzeichnen.

● Beispiel: *Mit diesem Betrag müßten wir eigentlich auskommen.*

Befehlsform (Imperativ)
Diese Formen werden in erster Linie bei Handlungs- und Tätigkeitszeitwörtern gebraucht, können aber auch zu vielen Vorgangs- und Zustandszeitwörtern gebildet werden.

● Beispiele: *Geh schon voraus!*
Hilf mir bitte!
Sei doch mal endlich still!
Bleibt doch noch einen Tag hier!

Es gibt keine unterschiedlichen Zeitstufen bei der Befehlsform, da das zeitliche Verhältnis bei der direkten Aufforderung oder beim Befehlssatz immer gleich ist:
Die Aufforderung wird immer in der Sprechergegenwart ausgesprochen und bezieht sich auf die Zukunft. Da die Befehlsform nur in Äußerungen sinnvoll ist, mit denen jemand unmittelbar angesprochen wird, gibt es nur Personalformen für die 2. Person Einzahl sowie für die 1. und 2. Person Mehrzahl. Daneben kann für die 2. Person noch eine Höflichkeitsform gebildet werden.

● Beispiele:	Grundform:	*helfen*
	2. Person / Einzahl:	*hilf!*
	1. Person / Mehrzahl:	*helfen wir!*
	2. Person / Mehrzahl:	*helft!*
	Höflichkeitsform:	*helfen Sie!*

Bildung der Formen

Befehlsform der 2. Person Einzahl
Die Form der 2. Person Einzahl, also die Aufforderung an einen einzelnen, hat weder eine Personalendung noch ein persönliches Fürwort, sondern der Regel nach die Endung „-e".

● Beispiele:	Grundform:	*bet-en*	*bitt-en*	*sag-en*	*treib-en*
	Befehlsform:	*bet-e!*	*bitt-e!*	*sag-e!*	*treib-e!*

Bei vielen Zeitwörtern kann das „-e" in der Einzahl der Befehlsform auch weggelassen werden. Dies gilt vor allem auf der alltagssprachlichen Ebene.

● Beispiele:	Grundform:	*frag-en*	*hör-en*	*sag-en*	*zeig-en*
	Befehlsform:	*frag–!*	*hör–!*	*sag–!*	*zeig–!*

Nicht weggelassen werden kann das auslautende „-e" bei Zeitwörtern, die auf „-eln" und „-ern" enden.

● Beispiele:	Grundform:	*bummeln*	*lächeln*	*stochern*
	Befehlsform:	*bummle!*	*lächle!*	*stochere!*

Auch Zeitwörter, deren Stamm auf „-ig" oder eine schwer aussprechbare Mitlautverbindung endet, behalten das „-e".

● Beispiele:	Grundform:	*reinigen*	*verteidigen*	*atmen*	*kümmern*
	Befehlsform:	*reinige!*	*verteidige!*	*atme!*	*kümmere!*

Stark gebeugte Zeitwörter, deren Selbstlaut im Stamm in der Wirklichkeitsform von „e" zu „i" wechselt, haben auch in der 2. Person Einzahl der Befehlsform dieses „i" und sind somit in den allermeisten Fällen endungslos.

● Beispiele:	Grundform:	*geben*	*helfen*	*lesen*	*nehmen*
	3. Person Gegenwart:	*(er) gibt*	*hilft*	*liest*	*nimmt*
	Befehlsform:	*gib!*	*hilf!*	*lies!*	*nimm!*

Ausnahmen mit „-e“ finden sich manchmal bei gehobener Ausdrucksweise, wie z.B „sieh-e!“ (bei Verweisen in Büchern), und bei dem Zeitwort „werden“.

Befehlsform der 2. Person Mehrzahl
Diese Form wird gebildet aus dem Wortstamm und der Endung „-t“.

● Beispiele:	Grundform:	*beweg-en*	*geb-en*	*such-en*	*weich-en*
	Befehlsform:	*beweg-t!*	*geb-t!*	*such-t!*	*weich-t!*

Die Endung für die Befehlsform der 2. Person Mehrzahl kann auch „-et“ lauten, das klingt aber häufig veraltet.

● Beispiele:	Grundform:	*fahr-en*	*komm-en*	*schreib-en*	*wehr-en*
	Befehlsform:	*fahr-et!*	*komm-et!*	*schreib-et!*	*wehr-et!*

Diese Form findet man häufig in Texten und Liedern älteren Ursprungs, wie in der Bibel:
„Lasset die Kindlein zu mir kommen, und wehret ihnen nicht, denn ihrer ist das Himmelreich!“

Bei Zeitwörtern (Verben), deren Stamm auf „-d“ oder „-t“ endet, muß aus Gründen der Aussprache die Endung „-et“ folgen.

● Beispiele:	Grundform:	biet-en	meid-en	rat-en	schneid-en
	Befehlsform:	biet-et!	meid-et!	rat-et!	schneid-et!

In der Regel steht die Befehlsform der 2. Person Mehrzahl wie bei der Einzahl ohne persönliches Fürwort. Sollen die angesprochenen Personen jedoch besonders hervorgehoben werden, dann kann das entsprechende persönliche Fürwort hinzugesetzt werden, allerdings meist nachgestellt.

● Beispiele: *Sprich du zuerst!*
Helft ihr beim Abwaschen!

Höflichkeitsform
Diese Form ist gleich der Form der 3. Person Mehrzahl der Möglichkeitsform I (Konjunktiv I). Sie gilt für die „höfliche Aufforderung“ in der Einzahl ebenso wie in der Mehrzahl, also unabhängig davon, wieviele Personen angesprochen werden.

● Beispiele:	Grundform:	*fahren*	*helfen*	*sprechen*
	Befehlsform:	*fahren Sie!*	*helfen Sie!*	*sprechen Sie!*

Formen der „höflichen Aufforderung“ werden stets mit dem persönlichen Fürwort verwendet, welches nachgestellt wird.

● Beispiele: *Seien Sie doch vernünftig!*
Kommen Sie herein!
Sagen Sie mir, was sie auf dem Herzen haben!

Befehlsform der 1. Person Mehrzahl
Diese Form ist identisch mit der 1. Person Mehrzahl der Möglichkeitsform I (Konjunktiv I) und wird stets mit dem persönlichen Fürwort (Personalpronomen) verwendet.

● Beispiele:	Grundform:	*essen*	*fahren*	*gehen*
	Befehlsform:	*essen wir!*	*fahren wir!*	*gehen wir!*

Die Befehlsform der 1. Person Mehrzahl wird in gehobenerer Sprache häufig auch mit dem Zeitwort „lassen“ gebildet.

● Beispiele: *Laßt / Lasset uns jetzt aufbrechen!*
Laßt uns das Thema wechseln!
Laßt uns endlich heimgehen!

Bei dieser Form richtet der Sprecher die Aufforderung auch an sich. Diese Tatsache unterscheidet in manchen gleichlautenden Aussagen die Befehlsform der 1. Person von der 2. Person Mehrzahl, in der das Wort „lassen“ mit der Bedeutung „zulassen“ gebraucht wird.

● Beispiel: *Laßt uns nach Hause gehen.*

Ist diese Aufforderung an die 1. Person Mehrzahl gerichtet, bedeutet die Aussage den Vorschlag, nach Hause zu gehen. Wendet sich diese Aufforderung an die 2. Person Mehrzahl, so bedeutet es, daß die Angesprochenen es zulassen mögen, daß der Sprecher und die miteinbezogenen Personen nach Hause gehen können. Die beabsichtigte Bedeutung muß aus der Situation oder dem Zusammenhang der Äußerung geschlossen werden.

Gebrauch der Befehlsform (des Imperativs)

Die Befehlsform wird gewöhnlich verwendet, um eine Bitte oder eine direkte Aufforderung auszudrücken.

● Beispiele: *Hilf mir doch beim Einsortieren!*
Entschuldigen Sie meine Aufdringlichkeit!

Nehmt euch doch zusammen!
Laßt uns darüber in Ruhe reden!

In selteneren Fällen kann die Befehlsform auch in Satzgefügen verwendet werden, die eine Bedingung oder Einräumung ausdrücken.

● Beispiele: *Sage das dem Chef, und er wird dir kündigen.*
(Wenn du das dem Chef sagst, wird er dir kündigen.)
Versuche es mit Gewalt, es wird dir doch nichts nützen.
(Auch wenn du es mit Gewalt versuchst, wird es dir nichts nützen.)

Bildung und Gebrauch der Personalformen der Leideform (Passiv)
Die in den vorangegangenen Abschnitten behandelten Zeitwortformen sind in der Handlungsart, der **Tatform (Aktiv)** dargestellt. Dies ist die Handlungsart, in der die Zeitwortformen gewöhnlich vorkommen. Alle Zeitwörter im Deutschen können Formen in dieser Handlungsart bilden. Auch die Grundform (Infinitiv) eines Zeitwortes gehört dieser Handlungsart an.
Zu einem Teil der Zeitwörter (Verben) des Deutschen kann man eine zusammengesetzte Form bilden, die man als **Leideform (Passiv)** bezeichnet. Sie wird in der Regel gebildet mit dem Mittelwort der Vergangenheit (Partizip Perfekt) und dem Hilfszeitwort „werden". Varianten dieser Leideform (Passiv) können statt mit „werden" auch mit „sein", „bekommen", „kriegen", „erhalten" oder „gehören" gebildet werden.

Keine Leideform bilden können vor allem folgende Zeitwörter:
- die rückbezüglich sind:
  sich entfernen, sich beeilen
- mit der Bedeutung von „zu eigen haben":
  besitzen, enthalten, haben, innehaben, kennen, wissen
- mit der Bedeutung von „einen Wert oder Preis haben":
  gelten, kosten, wiegen

Bildung der einzelnen Formen der Leideform (Passiv)
Die einzelnen Formen werden gebildet, indem man das Hilfszeitwort „werden" entsprechend beugt.

Wirklichkeitsform (Indikativ)
Gegenwart (Präsens)

	Einzahl (Singular)	*Mehrzahl (Plural)*
1. Person:	ich werde gefunden	wir werden gefunden
2. Person:	du wirst gefunden	ihr werdet gefunden
3. Person:	er wird gefunden	sie werden gefunden

Vollendete Gegenwart (Perfekt)

	Einzahl (Singular)	*Mehrzahl (Plural)*
1. Person:	ich bin gefunden worden	wir sind gefunden worden
2. Person:	du bist gefunden worden	ihr seid gefunden worden
3. Person:	er ist gefunden worden	sie sind gefunden worden

Vergangenheit (Präteritum)

	Einzahl (Singular)	*Mehrzahl (Plural)*
1. Person:	ich wurde gefunden	wir wurden gefunden
2. Person:	du wurdest gefunden	ihr wurdet gefunden
3. Person:	er wurde gefunden	sie wurden gefunden

Vollendete Vergangenheit (Plusquamperfekt)

	Einzahl (Singular)	*Mehrzahl (Plural)*
1. Person:	ich war gefunden worden	wir waren gefunden worden
2. Person:	du warst gefunden worden	ihr wart gefunden worden
3. Person:	er war gefunden worden	sie waren gefunden worden

Zukunft (Futur)

	Einzahl (Singular)	*Mehrzahl (Plural)*
1. Person:	ich werde gefunden werden	wir werden gefunden werden
2. Person:	du wirst gefunden werden	ihr werdet gefunden werden
3. Person:	er wird gefunden werden	sie werden gefunden werden

Vollendete Zukunft (Futur Perfekt)

	Einzahl (Singular)	*Mehrzahl (Plural)*
1. Person:	ich werde gefunden worden sein	wir werden gefunden worden sein
2. Person:	du wirst gefunden worden sein	ihr werdet gefunden worden sein
3. Person:	er wird gefunden worden sein	sie werden gefunden worden sein

Möglichkeitsform I (Konjunktiv I)

Für Gegenwärtiges: Gegenwart (Präsens)

	Einzahl (Singular)	*Mehrzahl (Plural)*
1. Person:	ich werde gefunden	wir werden gefunden
2. Person:	du werdest gefunden	ihr werdet gefunden
3. Person:	er werde gefunden	sie werden gefunden

Für Vergangenes: Vollendete Gegenwart (Perfekt)

	Einzahl (Singular)	*Mehrzahl (Plural)*
1. Person:	ich sei gefunden worden	wir seien gefunden worden

Möglichkeitsform I (Konjunktiv I)

2. Person:	du seiest gefunden worden	ihr seiet gefunden worden
3. Person:	er sei gefunden worden	sie seien gefunden worden

Für Zukünftiges: Zukunft (Futur)

	Einzahl (Singular)	*Mehrzahl (Plural)*
1. Person:	ich werde gefunden werden	wir werden gefunden werden
2. Person:	du werdest gefunden werden	ihr werdet gefunden werden
3. Person:	er werde gefunden werden	sie werden gefunden werden

Für Zukünftiges: Vollendete Zukunft (Futur Perfekt)

	Einzahl (Singular)	*Mehrzahl (Plural)*
1. Person:	ich werde gefunden worden sein	wir werden gefunden worden sein
2. Person:	du werdest gefunden worden sein	ihr werdet gefunden worden sein
3. Person:	er werde gefunden worden sein	sie werden gefunden worden sein

Möglichkeitsform II (Konjunktiv II)

Für Gegewärtiges: Gegenwart (Präsens)

	Einzahl (Singular)	*Mehrzahl (Plural)*
1. Person:	ich würde gefunden	wir würden gefunden
2. Person:	du würdest gefunden	ihr würdet gefunden
3. Person:	er würde gefunden	sie würden gefunden

Für Vergangenes: Vollendete Gegenwart (Perfekt)

	Einzahl (Singular)	*Mehrzahl (Plural)*
1. Person:	ich wäre gefunden worden	wir wären gefunden worden
2. Person:	du wär(e)st gefunden worden	ihr wäret gefunden worden
3. Person:	er wäre gefunden worden	sie wären gefunden worden

Für Zukünftiges: Zukunft (Futur):

	Einzahl (Singular)	*Mehrzahl (Plural)*
1. Person:	ich würde gefunden werden	wir würden gefunden werden
2. Person:	du würdest gefunden werden	ihr würdet gefunden werden
3. Person:	er würde gefunden werden	sie würden gefunden werden

Möglichkeitsform II (Konjunktiv II)

Für Zukünftiges: Vollendete Zukunft (Futur Perfekt)

	Einzahl (Singular)	*Mehrzahl (Plural)*
1. Person:	ich würde gefunden worden sein	wir würden gefunden worden sein
2. Person:	du würdest gefunden worden sein	ihr würdet gefunden worden sein
3. Person:	er würde gefunden worden sein	sie würden gefunden worden sein

Die Formen der Varianten der Leideform mit „bekommen“, „kriegen“, „erhalten“, „gehören“ und „sein“ werden entsprechend gebildet.

● Beispiele: *Der Brief ist geschrieben.* (Gegenwart / Wirklichkeitsform)
Der Brief war geschrieben.
(Vergangenheit / Wirklichkeitsform)
Der Brief sei geschrieben. (Möglichkeitsform I)
Der Brief wäre geschrieben. (Möglichkeitsform II)
Sie bekommt ein Paket überreicht.
(Gegenwart / Wirklichkeitsform)
Sie hat ein Paket überreicht bekommen.
(Vollendete Gegenwart / Wirklichkeitsform)
Sie hatte ein Paket überreicht bekommen.
(Vollend. Vergangenheit / Wirklichkeitsform)
Sie bekomme ein Paket überreicht. (Möglichkeitsform I)
Sie bekäme ein Paket überreicht. (Möglichkeitsform II)
Dieser Bericht gehört geschrieben.
(Gegenwart / Wirklichkeitsform)
Dieser Bericht gehörte geschrieben.
(Vergangenheit / Wirklichkeitsform)
Dieser Bericht gehöre geschrieben. (Möglichkeitsform I)

Gebrauch der Leideform (Passiv)
Die Aufgabe der Leideform (Passiv) wird am ehesten deutlich, wenn man sie anhand von Beispielen der Tatform (Aktiv) gegenüberstellt:

Tatform: *Der Präsident überreichte ihr einen Ehrenpreis.*
Leideform: *Ihr wurde ein Ehrenpreis (vom Präsidenten) überreicht.*

Bei der Aussage in der Tatform wird betont, daß nicht irgend jemand ihr den Ehrenpreis überreichte, sondern der Präsident selbst. Der Täter steht hier im Vordergrund. Bei der Aussage in der Leideform hingegen ist es nicht so wichtig, wer ihr den Preis überreichte - man kann den Täter hier sogar weglassen – sondern die Tatsache, daß ihr ein Ehrenpreis überreicht wurde, steht im Vordergrund.

● Beispiele:	Tatform:	*Ein Kunde hatte den Diebstahl beobachtet.*
	Leideform:	*Der Diebstahl war (von einem Kunden) beobachtet worden.*
	Tatform:	*Ein Auto fuhr den Radfahrer an.*
	Leideform:	*Der Radfahrer wurde (von einem Auto) angefahren.*
	Tatform:	*Ein Kind fand seine Brieftasche.*
	Leideform:	*Seine Brieftasche wurde (von einem Kind) gefunden.*

An diesen Beispielen wird deutlich, daß bei einer Aussage in der Tatform die Person oder Sache, die einen Vorgang verursacht oder ausführt (Täter), im Vordergrund steht. Steht die Aussage jedoch in der Leideform, so rückt das vom Zeitwort bezeichnete Geschehen in den Vordergrund oder die Person bzw. Sache, die davon betroffen ist. Der Täter tritt in den Hintergrund und braucht nicht einmal genannt zu werden. Wenn er zusätzlich benannt wird, geschieht das in Form eines mehrgliedrigen Ausdrucks, der mit dem Verhältniswort „von“ (bisweilen auch „durch“ oder „mit“) eingeleitet wird.

● Beispiele: *Das Lager war um zehn Uhr – von einem Wachmann – kontrolliert worden.*
Er wurde – durch einen Stau – aufgehalten.
Die Broschüre wird mit der Post geliefert.

Der Gebrauch der Leideform wirkt sich nicht nur auf die Form des Zeitwortes (Verbs) aus, sondern auch auf den Zusammenhang der einzelnen Satzglieder:

Tatform:	*Ein Reporter*	= Satzgegenstand (Subjekt)
	interviewte	
	die Sportlerin.	= Satzergänzung im 4.Fall (Akkusativobjekt)
Leideform:	*Die Sportlerin*	= Satzgegenstand (Subjekt)
	wurde (von einem Reporter)	= Ausdruck mit „von“
	interviewt.	

Hier wird aus der Satzergänzung im 4. Fall der Satzgegenstand der Aussage in der Leideform. Dieser Satzgegenstand bezeichnet allerdings hier eine(n) Betroffene(n) und nicht den Täter. Der Satzgegenstand der Tat-

form – also der Täter – fällt weg oder wird zusätzlich in einem Ausdruck, eingeleitet mit „von“, genannt.
Zum Satzgegenstand einer Aussage in der Leideform kann nur eine Satzergänzung im 4. Fall der Aussage in der Tatform werden. Eine Satzergänzung im 3. Fall bleibt unverändert:

Tatform:	*Der Chef*	= Satzgegenstand (Subjekt)
	schenkte	
	der Sekretärin	= Satzergänzung im 3. Fall (Dativobjekt)
	Blumen.	= Satzergänzung im 4. Fall (Akkusativobjekt)
Leideform:	*Der Sekretärin*	= Satzergänzung im 3. Fall (Dativobjekt)
	wurden	
	(vom Chef)	
	Blumen	= Satzgegenstand (Subjekt)
	geschenkt.	

Aussagen, die in der Tatform keine Ergänzung im 4. Fall haben, können in der Leideform auch keinen Satzgegenstand (Subjekt) haben:

Tatform:	*Während des Einsatzes*	
	rauchen	
	sie	= Satzgegenstand (Subjekt)
	nicht.	
Leideform:	*Während des Einsatzes*	
	wird nicht geraucht.	

Man kann bei dieser Aussage in der Leideform auch ein unpersönliches „es“ einfügen, welches allerdings nicht den Wert eines Satzgegenstandes annimmt. Die Art der Leideform wird deshalb auch häufig als **unpersönliche Leideform (neutrales Passiv)** bezeichnet.

● Beispiel: *Es wird während des Einsatzes nicht geraucht.*

Übersicht über den Gebrauch der unterschiedlichen Arten der Leideform

a) „werden“ + Mittelwort der Vergangenheit (Partizip Perfekt)
Diese „gewöhnliche Leideform“ (Vorgangspassiv) wird verwendet, um den ausgedrückten Vorgang in den Vordergrund zu rücken.

● Beispiele: *Das Paket wird abgeholt.*
Das gebrochene Teil wurde ersetzt.
Der vorbildliche Einsatz wurde gelobt.

b) „sein" + Mittelwort der Vergangenheit (Partizip Perfekt)
Die „sein-Leideform" (Zustandspassiv) bezeichnet einen Zustand, der als das Ergebnis eines Vorgangs betrachtet werden kann.

● Beispiele: *Das Paket ist abgeholt.*
Das gebrochene Teil ist ersetzt.
Das Büro ist geputzt.

c) „bekommen" + Mittelwort der Vergangenheit (Partizip Perfekt)
Diese Art der Leideform rückt einen Vorgang in den Vordergrund, betont darüberhinaus aber zusätzlich noch die mittelbare Betroffenheit einer Person. Diese Person – in der Tatform Ergänzung im 3. Fall (Dativobjekt) – wird zum Satzgegenstand (Subjekt) der Aussage in der Leideform.

● Beispiele: *Ich bekam das Paket abgeholt.* („Ich" = Satzgegenstand)
Man hat mir das Paket abgeholt. („Mir" = Ergänzung im 3. Fall)
Wir haben das gebrochene Teil ersetzt bekommen. („Wir" = Satzgegenstand)
Man hat uns das gebrochene Teil ersetzt. („Uns" = Ergänzung im 3. Fall)
Sie hat das Büro geputzt bekommen. („Sie" = Satzgegenstand)
Man hat ihr das Büro geputzt. („Ihr" = Ergänzung im 3. Fall)

Wie „bekommen" können auch „erhalten" und „kriegen" (umgangssprachlich) verwendet werden.

d) „gehören" + Mittelwort der Vergangenheit (Partizip Perfekt)
Hier drückt die Leideform eine Notwendigkeit oder ein Verpflichtung aus.

● Beispiele: *Das Paket gehört abgeholt.*
Das gebrochene Teil gehört ersetzt.
Das Büro gehört geputzt.

e) „sein" + Grundform mit vorangehendem „zu"
Die Leideform bezeichnet hier eine Notwendigkeit oder bei Verneinung das Verbot oder die Unmöglichkeit eines Vorgangs.

● Beispiele: *Das Paket ist abzuholen.* (muß abgeholt werden)
Das gebrochene Teil ist nicht zu ersetzen. (unmöglich)
Das Büro ist nicht zu putzen. (soll nicht geputzt werden)

Verwendungsmöglichkeiten der Leideform (Passiv)
Da die Leideform den Täter oder Verursacher eines Geschehens in den Hintergrund treten läßt, bzw. die Betonung auf das Geschehen selbst lenkt, bieten sich folgende Verwendungsmöglichkeiten für die Leideform an:

- Der Täter oder Verursacher kann nicht benannt werden, weil er dem Sprecher nicht bekannt ist.

● Beispiele: *Das Auto ist gestohlen worden.*
Sie wurden nicht weiter beachtet.
Solch ein Verhalten gehört verboten.

- Die Erwähnung des Täters ist überflüssig, weil er aus dem Zusammenhang klar hervorgeht.

● Beispiele: *Die Feuerwehr traf kurz nach dem Alarm ein, und innerhalb von wenigen Minuten wurde der Brand gelöscht.*

Die Fans stürmten auf das Spielfeld. Unter dem Jubel der Begeisterung wurden die Spieler auf den Schultern vom Platz getragen.

- Der Sprecher will die Täter absichtlich verschweigen.

● Beispiele: *Die Gespräche wurden abgebrochen.*
Die Demonstranten wurden mit Wasserwerfern auseinandergetrieben.

- Der Sprecher will die Aufmerksamkeit auf das Geschehen oder die Betroffenen lenken.

● Beispiele: *Geschäfte wurden geplündert, und Autos wurden in Brand gesteckt.*
Die Skifahrer wurden von einem Schneesturm überrascht.
Der Einbrecher wurde auf frischer Tat ertappt.

- Mit der Leideform kann man auch nachdrückliche Aufforderungen ausdrücken. Dies ist allerdings eine recht autoritäre Form.

● Beispiele: *Jetzt wird aber gearbeitet!*
Hier wird nicht geraucht!
Während der Dienstzeit wird nicht gefeiert!

Die unbestimmten Formen des Zeitwortes (Die infiniten Formen des Verbs)

In der deutschen Sprache gibt es drei „unbestimmte Formen“ des Zeitwortes:

a) die Grundform (Infinitiv)
b) das Mittelwort der Gegenwart (Partizip Präsens)
c) das Mittelwort der Vergangenheit (Partizip Perfekt)

Die unbestimmten (infiniten) Formen des Zeitwortes können grundsätzlich nicht wie die Personalformen gebeugt (konjugiert) werden. Sie bleiben als Zeitwortformen grundsätzlich unverändert.
Die Mittelwörter können jedoch auch wie ein Eigenschaftswort einem Hauptwort beigefügt sein. Sie bilden in einem solchen Fall nach den Regeln der Eigenschaftswortbeugung Formen, werden also „dekliniert“.

● Beispiel: *Wir kauften uns ein* gebrauchtes *Auto.*
Er sah das Ergebnis mit einem lachenden *und einem* weinenden *Auge.*

Die Grundform eines Zeitwortes (Infinitiv) kann wie ein Hauptwort (Nomen) verwendet werden und wird dann nicht nur groß geschrieben, sondern auch wie ein Hauptwort gebeugt (dekliniert).

● Beispiel: *Das ewige* Warten *geht mir auf die Nerven.*

Bildung und Gebrauch der Grundform (des Infinitivs)

Die Grundform eines Zeitwortes ist die Form, unter der das Wort in einem Wörterbuch zu finden ist. Sie wird daher auch häufig als „Nennform“ bezeichnet. Bei den meisten Zeitwörtern endet die Grundform auf „-en“.

● Beispiele: *arbeiten, beten, deuten, essen, finden, kaufen, pfeifen*

Zeitwörter, deren Stamm auf „-el“ oder „-er“ endet, haben die Grundformendung „-n“.

● Beispiele: *ändern, bummeln, füttern, handeln, lächeln, schlendern*

Über diese „einfache Grundform“ (einfachen Infinitiv) hinaus gibt es auch „mehrteilige Grundformen“ (mehrteilige Infinitive).

● Beispiele: *gesehen haben* = Grundform der vollendeten Gegenwart (Infinitiv Perfekt)
gesehen werden = Grundform der Gegenwart in der Leideform (Infinitiv Präsens Passiv)
gesehen worden sein = Grundform der vollendeten Gegenwart in der Leideform (Infinitiv Perfekt Passiv)

Verwendung der Grundform

a) nach bestimmten Zeitwörtern
Einige Zeitwörter können die Grundform statt des Mittelwortes der Vergangenheit als Ergänzung bei sich haben. Die Grundform bildet zusammen mit einer Form des Hilfszeitwortes „werden" die Zeitwortformen der Zukunft.

● Beispiel: *Er wird schon noch kommen.*

Die Zeitwörter „wollen", „sollen", „können", „müssen", „dürfen" und „mögen" können mit einer Grundform verwendet werden. Werden diese Wörter zusammen mit einer Grundform verwendet, werden sie als „Zeitwörter der Art und Weise (Modalverben)" bezeichnet.

● Beispiele: *Anita wollte noch kurz vorbeischauen.*
Sie sollte schon längst hier sein.
Wir können nicht länger warten.
Wir müssen uns jetzt auf den Weg machen.
Darf ich dir in den Mantel helfen?
Ich mag eigentlich nicht zu dieser Veranstaltung gehen.

Wie ein „Zeitwort der Art und Weise" kann „brauchen" in verneinten oder einschränkenden Sätzen die Grundform eines Zeitwortes bei sich haben. Diese wird mit „zu" angebunden. In der Umgangssprache kann die Grundform auch ohne „zu" angeschlossen werden, dies gilt aber (besonders im schulischen Bereich) als nicht korrekt.

● Beispiel: *Sie brauchen den Brief nicht gleich zu schreiben.*

Einige weitere Zeitwörter können ebenfalls ähnlich gebraucht werden wie die „Zeitwörter der Art und Weise", binden die Grundform aber stets mit „zu" an.

● Beispiele: *Der Termin droht zu platzen.*
Plötzlich begann der Computer zu spinnen.
Er pflegt jeden Morgen einen Waldlauf zu machen.

Das Wochenende scheint schön zu werden.
Die Plakataktion scheint ein Erfolg zu werden.

Nach den Zeitwörtern „helfen", „lernen" und „lehren" kann die Grundform mit oder ohne „zu" stehen.

● Beispiele: *Sie half mir, die Akten zu sortieren.*
Er lernte schnell, sich anzupassen.
Sie hat mich gelehrt, mich zu beherrschen.

Einige Zeitwörter können eine Grundform ohne „zu" als Ergänzung bei sich haben.

● Beispiele: *Gestern gingen wir schlittschuhlaufen.*
Wir hörten Inge und Klaus streiten.
Zum Glück kam Hanna aufräumen.

b) als Kern eines Grundformsatzes (Infinitivsatzes)
Die Grundform eines Zeitwortes kann auch den Kern eines Grundformsatzes (Infinitivsatzes) bilden.
In diesem Fall hat die Grundform gewöhnlich die Partikel „zu" bei sich.

● Beispiele: *Ich empfehle dir, die Gebrauchsanweisung sorgfältig durchzulesen.*
Er bestreitet, den Dienstwagen für Privatfahrten benutzt zu haben.
Sie dachte nicht daran, sich an die Vorschriften zu halten.

c) als Hauptwort (Nomen)
Die Grundform eines Zeitwortes kann auch als Hauptwort (Nomen) verwendet werden. Man schreibt sie dann groß und bildet die entsprechenden Formen nach der Hauptwortbeugung (Deklination).

● Beispiele: *Das Betreten des Rasens ist nicht gestattet.*
Ihre Rückenschmerzen kommen sicherlich vom Stricken.
Ich hasse das Ausfüllen von Formularen.

Bildung und Gebrauch des Mittelwortes der Gegenwart (Partizip Präsens)

Diese unbestimmte Zeitwortform wird gebildet, indem man an die Grundform die Endung „-d" anfügt.

● Beispiele: *baden-d, lachen-d, mahnen-d, schreien-d, zaudern-d*

Verwendung des Mittelworts der Gegenwart (Partizip Präsens)
Das Mittelwort der Gegenwart kann *nicht* verwendet werden, um zusammengesetzte Zeitwortformen zu bilden. Seine häufigste Verwendungsform ist die als Beifügung zu einem Hauptwort oder Hauptwortausdruck. Das Mittelwort der Gegenwart wird dann wie ein Eigenschaftswort gebeugt (dekliniert).

● Beispiele: *Bitte benutzen Sie das beiliegende Überweisungsformular.*
Wecke keine schlafenden Hunde.
Die Mutter nahm das weinende Kind in die Arme.

Das Mittelwort der Gegenwart kann auch den Kern einer satzwertigen Äußerung bilden. Diese wird dann als „Partizipialsatz" bezeichnet.

● Beispiele: *Angeregt über den Film diskutierend, verließen die Besucher das Kino.*
Noch an dem letzten Bissen kauend, eilte er wieder ans kalte Büfett.
Vorsichtig nach allen Seiten blickend, schwang er sich über den Zaun.

Bildung und Gebrauch des Mittelwortes der Vergangenheit (Partizip Perfekt)

Das Mittelwort der Vergangenheit wird entsprechend der Beugung des jeweiligen Zeitwortes unterschiedlich gebildet. So werden bei den schwach gebeugten Zeitwörtern die Vorsilbe „ge-" und die Nachsilbe „-(e)t" an den Wortstamm angefügt.

	Grundform	*Mittelwort der Vergangenheit*
● Beispiele:	arbeit-en	ge-arbeit-et
	frag-en	ge-frag-t
	lenk-en	ge-lenk-t

Bei den stark gebeugten Zeitwörtern werden die Vorsilbe „ge-" und die Nachsilbe „-en" an den Wortstamm angefügt. Zusätzlich ändert sich der Stammselbstlaut.

	Grundform	*Mittelwort der Vergangenheit*
● Beispiele:	bieg-en	ge-bog-en
	find-en	ge-fund-en
	sink-en	ge-sunk-en

Eine Reihe von Zeitwörtern bilden ihr Mittelwort der Vergangenheit allerdings ohne die Vorsilbe „ge-". Dies gilt vor allem für Zeitwörter, die sich mit Hilfe einer festen Vorsilbe aus einem anderen Zeitwort gebildet haben.

● Beispiele:	*Grundform*	*Mittelwort der Vergangenheit*
	beginnen	begonnen
	belohnen	belohnt
	betonen	betont
	erlöschen	erloschen
	erringen	errungen
	verbinden	verbunden

Bei Zeitwörtern fremdsprachlicher Herkunft mit dem Wortausgang „-ieren" fehlt beim Mittelwort der Vergangenheit ebenfalls die Vorsilbe „ge-".

● Beispiele:	*Grundform*	*Mittelwort der Vergangenheit*
	blamieren	blamiert
	flambieren	flambiert
	genieren	geniert
	kassieren	kassiert
	lackieren	lackiert
	sortieren	sortiert

Verwendung des Mittelwortes der Vergangenheit (Partizip Perfekt)

In erster Linie dient das Mittelwort der Vergangenheit zur Bildung zusammengesetzter Zeitformen.

● Beispiele: *Letzte Nacht habe ich schlecht geschlafen.*
Er ist nach Paris gefahren.
Sie hat gute Arbeit geleistet.

Das Mittelwort der Vergangenheit kann aber auch als Beifügung zu einem Hauptwort verwendet werden. Es wird dann wie ein Eigenschaftswort gebeugt (dekliniert).

● *Beispiele: Einem geschenkten Gaul schaut man nicht ins Maul.*
Mit gefärbten Haaren sieht sie ganz anders aus.
Dorthin finde ich mit verbundenen Augen.

Schließlich kann das Mittelwort der Vergangenheit wie das Mittelwort der Gegenwart auch Kern einer satzwertigen Äußerung sein.

● Beispiele: *Vom Regen völlig durchnäßt, betrat er die Hütte.*
Von der Anstrengung des Endlaufs gezeichnet, gab sie bereitwillig ein Interview.
Erfreut über den Beifall, sang sie noch ein weiteres Lied.

Die Formen des Zeitwortes (Verbs) im Überblick

Nachfolgend werden alle Formen der Zeitwortbeugung (Konjugation) am Beispiel der Zeitwörter „suchen" – für schwachgebeugte Zeitwörter – und „finden" – für stark gebeugte Zeitwörter – aufgeführt.

Übersicht:

UNBESTIMMTE (INFINITE) FORMEN		
Grundform (Infinitiv)	suchen	finden
Grundform voll. Gegenwart (Infinitiv Perfekt)	gesucht haben	gefunden haben
Grundform Leideform (Infinitiv Passiv)	gesucht werden	gefunden werden
Grundform voll. Gegenw. Leideform (Infinitiv Perfekt Passiv)	gesucht worden sein	gefunden worden sein
Mittelwort d. Gegenwart (Partizip Präsens)	suchend	findend
Mittelwort d. Vergangenheit (Partizip Perfekt)	gesucht	gefunden

WIRKLICHKEITSFORM (INDIKATIV) / TATFORM (AKTIV)		
Gegenwart (Präsens)		
Einzahl (Singular)		
1. Person	ich suche	ich finde
2. Person	du suchst	du findest
3. Person	er sucht	er findet
Mehrzahl (Plural)		
1. Person	wir suchen	wir finden
2. Person	ihr sucht	ihr findet
3. Person	sie suchen	sie finden

	Vollendete Gegenwart (Perfekt)	
Einzahl (Singular)		
1. Pers.	ich habe gesucht	ich habe gefunden
2. Pers.	du hast gesucht	du hast gefunden
3. Pers.	er hat gesucht	er hat gefunden
Mehrzahl (Plural)		
1. Pers.	wir haben gesucht	wir haben gefunden
2. Pers.	ihr habt gesucht	ihr habt gefunden
3. Pers.	sie haben gesucht	sie haben gefunden
	Vergangenheit (Präteritum)	
Einzahl (Singular)		
1. Pers.	ich suchte	ich fand
2. Pers.	du suchtest	du fand(e)st
3. Pers.	er suchte	er fand
Mehrzahl (Plural)		
1. Pers.	wir suchten	wir fanden
2. Pers.	ihr suchtet	ihr fandet
3. Pers.	sie suchten	sie fanden
	Vollendete Vergangenheit (Plusquamperfekt)	
Einzahl (Singular)		
1. Pers.	ich hatte gesucht	ich hatte gefunden
2. Pers.	du hattest gesucht	du hattest gefunden
3. Pers.	er hatte gesucht	er hatte gefunden
Mehrzahl (Plural)		
1. Pers.	wir hatten gesucht	wir hatten gefunden
2. Pers.	ihr hattet gesucht	ihr hattet gefunden
3. Pers.	sie hatten gesucht	sie hatten gefunden
	Zukunft (Futur)	
Einzahl (Singular)		
1. Pers.	ich werde suchen	ich werde finden
2. Pers.	du wirst suchen	du wirst finden
3. Pers.	er wird suchen	er wird finden
Mehrzahl (Plural)		
1. Pers.	wir werden suchen	wir werden finden
2. Pers.	ihr werdet suchen	ihr werdet finden
3. Pers.	sie werden suchen	sie werden finden
	Vollendete Zukunft (Futur Perfekt)	
Einzahl (Singular)		
1. Pers.	ich werde gesucht haben	ich werde gefunden haben

Vollendete Zukunft (Futur Perfekt)

Einzahl (Singular)		
2. Pers.	du wirst gesucht haben	du wirst gefunden haben
3. Pers.	er wird gesucht haben	er wird gefunden haben
Mehrzahl		
1. Pers.	wir werden gesucht haben	wir werden gefunden haben
2. Pers.	ihr werdet gesucht haben	ihr werdet gefunden haben
3. Pers.	sie werden gesucht haben	sie werden gefunden haben

MÖGLICHKEITSFORMEN (KONJUNKTIVE) / TATFORM (AKTIV)

Möglichkeitsform I / Gegenwart (Konjunktiv I / Präsens)

Einzahl (Singular)		
1. Pers.	ich suche	ich finde
2. Pers.	du suchest	du findest
3. Pers.	er suche	er finde
Mehrzahl (Plural)		
1. Pers.	wir suchen	wir finden
2. Pers.	ihr suchet	ihr findet
3. Pers.	sie suchen	sie finden

Möglichkeitsform II / Gegenwart (Konjunktiv II / Präsens)

Einzahl (Singular)		
1. Pers.	ich suchte	ich fände
2. Pers.	du suchtest	du fändest
3. Pers.	er suchte	er fände
Mehrzahl (Plural)		
1. Pers.	wir suchten	wir fänden
2. Pers.	ihr suchtet	ihr fändet
3. Pers.	sie suchten	sie fänden

Möglichkeitsform I / vollend. Gegenwart (Konjunktiv I / Perfekt)

Einzahl (Singular)		
1. Pers.	ich habe gesucht	ich habe gefunden
2. Pers.	du habest gesucht	du habest gefunden
3. Pers.	er habe gesucht	er habe gefunden
Mehrzahl (Plural)		
1. Pers.	wir haben gesucht	wir haben gefunden
2. Pers.	ihr habet gesucht	ihr habet gefunden
3. Pers.	sie haben gesucht	sie haben gefunden

Möglichkeitsform II / Vergangenes (Konjunktiv II / Perfekt)

Einzahl (Singular)		
1. Pers.	ich hätte gesucht	ich hätte gefunden
2. Pers.	du hättest gesucht	du hättest gefunden
3. Pers.	er hätte gesucht	er hätte gefunden
Mehrzahl (Plural)		
1. Pers.	wir hätten gesucht	wir hätten gefunden
2. Pers.	ihr hättet gesucht	ihr hättet gefunden
3. Pers.	sie hätten gesucht	sie hätten gefunden

Möglichkeitsform I / Zukünftiges (Konjunktiv I / Futur)

Einzahl (Singular)		
1. Pers.	ich werde suchen	ich werde finden
2. Pers.	du werdest suchen	du werdest finden
3. Pers.	er werde suchen	er werde finden
Mehrzahl (Plural)		
1. Pers.	wir werden suchen	wir werden finden
2. Pers.	ihr werdet suchen	ihr werdet finden
3. Pers.	sie werden suchen	sie werden finden

Möglichkeitsform II / Zukünftiges (Konjunktiv II / Futur)

Einzahl (Singular)		
1. Pers.	ich würde suchen	ich würde finden
2. Pers.	du würdest suchen	du würdest finden
3. Pers.	er würde suchen	er würde finden
Mehrzahl (Plural)		
1. Pers.	wir würden suchen	wir würden finden
2. Pers.	ihr würdet suchen	ihr würdet finden
3. Pers.	sie würden suchen	sie würden finden

Möglichkeitsform I / voll. Zukunft (Konjunktiv I / Futur Perfekt)

Einzahl (Singular)		
1. Pers.	ich werde gesucht haben	ich werde gefunden haben
2. Pers.	du werdest gesucht haben	du werdest gefunden haben
3. Pers.	er werde gesucht haben	er werde gefunden haben
Mehrzahl (Plural)		
1. Pers.	wir werden gesucht haben	wir werden gefunden haben
2. Pers.	ihr werdet gesucht haben	ihr werdet gefunden haben
3. Pers.	sie werden gesucht haben	sie werden gefunden haben

Möglichkeitsform II / voll. Zukunft (Konjunktiv II / Futur Perfekt)

Einzahl (Singular)		
1. Pers.	ich würde gesucht haben	ich würde gefunden haben

Möglichkeitsform II / voll. Zukunft (Konjunktiv II / Futur Perfekt)

Einzahl (Singular)		
2. Pers.	du würdest gesucht haben	du würdest gefunden haben
3. Pers.	er würde gesucht haben	er würde gefunden haben
Mehrzahl		
1. Pers.	wir würden gesucht haben	wir würden gefunden haben
2. Pers.	ihr würdet gesucht haben	ihr würdet gefunden haben
3. Pers.	sie würden gesucht haben	sie würden gefunden haben

BEFEHLSFORM (IMPERATIV) / TATFORM (AKTIV)

Einzahl (Singular):	suche!	finde!
Mehrzahl (Plural):	such(e)t!	findet!
Höflichkeitsform:	suchen Sie!	finden Sie!

WIRKLICHKEITSFORM (INDIKATIV) / LEIDEFORM (PASSIV)

Gegenwart (Präsens)

Einzahl (Singular)		
1. Pers.	ich werde gesucht	ich werde gefunden
2. Pers.	du wirst gesucht	du wirst gefunden
3. Pers.	er wird gesucht	er wird gefunden
Mehrzahl (Plural)		
1. Pers.	wir werden gesucht	wir werden gefunden
2. Pers.	ihr werdet gesucht	ihr werdet gefunden
3. Pers.	sie werden gesucht	sie werden gefunden

Vollendete Gegenwart (Perfekt)

Einzahl (Singular)		
1. Pers.	ich bin gesucht worden	ich bin gefunden worden
2. Pers.	du bist gesucht worden	du bist gefunden worden
3. Pers.	er ist gesucht worden	er ist gefunden worden
Mehrzahl (Plural)		
1. Pers.	wir sind gesucht worden	wir sind gefunden worden
2. Pers.	ihr seid gesucht worden	ihr seid gefunden worden
3. Pers.	sie sind gesucht worden	sie sind gefunden worden

Vergangenheit (Präteritum)

Einzahl (Singular)		
1. Pers.	ich wurde gesucht	ich wurde gefunden
2. Pers.	du wurdest gesucht	du wurdest gefunden
3. Pers.	er wurde gesucht	er wurde gefunden

Mehrzahl (Plural)		
1. Pers.	wir wurden gesucht	wir wurden gefunden
2. Pers.	ihr wurdet gesucht	ihr wurdet gefunden
3. Pers.	sie wurden gesucht	sie wurden gefunden
	Vollendete Vergangenheit (Plusquamperfekt)	
Einzahl (Singular)		
1. Pers.	ich war gesucht worden	ich war gefunden worden
2. Pers.	du warst gesucht worden	du warst gefunden worden
3. Pers.	er war gesucht worden	er war gefunden worden
Mehrzahl (Plural)		
1. Pers.	wir waren gesucht worden	wir waren gefunden worden
2. Pers.	ihr wart gesucht worden	ihr wart gefunden worden
3. Pers.	sie waren gesucht worden	sie waren gefunden worden
	Zukunft (Futur)	
Einzahl (Singular)		
1. Pers.	ich werde gesucht werden	ich werde gefunden werden
2. Pers.	du wirst gesucht werden	du wirst gefunden werden
3. Pers.	er wird gesucht werden	er wird gefunden werden
Mehrzahl (Plural)		
1. Pers.	wir werden gesucht werden	wir werden gefunden werden
2. Pers.	ihr werdet gesucht werden	ihr werdet gefunden werden
3. Pers.	sie werden gesucht werden	sie werden gefunden werden
	Vollendete Zukunft (Futur Perfekt)	
Einzahl (Singular)		
1. Pers.	ich werde gesucht worden sein	ich werde gefunden worden sein
2. Pers.	du wirst gesucht worden sein	du wirst gefunden worden sein
3. Pers.	er wird gesucht worden sein	er wird gefunden worden sein
Mehrzahl (Plural)		
1. Pers.	wir werden gesucht worden sein	wir werden gefunden worden sein
2. Pers.	ihr werdet gesucht worden sein	ihr werdet gefunden worden sein
3. Pers.	sie werden gesucht worden sein	sie werden gefunden worden sein

MÖGLICHKEITSFORMEN (KONJUNKTIVE) / LEIDEFORM (PASSIV)		
Möglichkeitsform I / Gegenwart (Konjunktiv I / Präsens)		
Einzahl (Singular)		
1. Pers.	ich werde gesucht	ich werde gefunden
2. Pers.	du werdest gesucht	du werdest gefunden
3. Pers.	er werde gesucht	er werde gefunden
Mehrzahl (Plural)		
1. Pers.	wir werden gesucht	wir werden gefunden
2. Pers.	ihr werdet gesucht	ihr werdet gefunden
3. Pers.	sie werden gesucht	sie werden gefunden
Möglichkeitsform II / Gegenwart (Konjunktiv II / Präsens)		
Einzahl (Singular)		
1. Pers.	ich würde gesucht	ich würde gefunden
2. Pers.	du würdest gesucht	du würdest gefunden
3. Pers.	er würde gesucht	er würde gefunden
Mehrzahl (Plural)		
1. Pers.	wir würden gesucht	wir würden gefunden
2. Pers.	ihr würdet gesucht	ihr würdet gefunden
3. Pers.	sie würden gesucht	sie würden gefunden
Möglichkeitsform I / voll. Gegenwart (Konjunktiv I / Perfekt)		
Einzahl (Singular)		
1. Pers.	ich sei gesucht worden	ich sei gefunden worden
2. Pers.	du seiest gesucht worden	du seiest gefunden worden
3. Pers.	er sei gesucht worden	er sei gefunden worden
Mehrzahl (Plural)		
1. Pers.	wir seien gesucht worden	wir seien gefunden worden
2. Pers.	ihr seiet gesucht worden	ihr seiet gefunden worden
3. Pers.	sie seien gesucht worden	sie seien gefunden worden
Möglichkeitsform II / Vergangenes (Konjunktiv II / Perfekt)		
Einzahl (Singular)		
1. Pers.	ich wäre gesucht worden	ich wäre gefunden worden
2. Pers.	du wär(e)st gesucht worden	du wär(e)st gefunden worden
3. Pers.	er wäre gesucht worden	er wäre gefunden worden
Mehrzahl (Plural)		
1. Pers.	wir wären gesucht worden	wir wären gefunden worden
2. Pers.	ihr wäret gesucht worden	ihr wäret gefunden worden
3. Pers.	sie wären gesucht worden	sie wären gefunden worden

Möglichkeitsform I / Zukünftiges (Konjunktiv I / Futur)

Einzahl (Singular)		
1. Pers.	ich werde gesucht werden	ich werde gefunden werden
2. Pers.	du werdest gesucht werden	du werdest gefunden werden
3. Pers.	er werde gesucht werden	er werde gefunden werden
Mehrzahl (Plural)		
1. Pers.	wir werden gesucht werden	wir werden gefunden werden
2. Pers.	ihr werdet gesucht werde	ihr werdet gefunden werden
3. Pers.	sie werden gesucht werden	sie werden gefunden werden

Möglichkeitsform II / Zukünftiges (Konjunktiv II / Futur)

Einzahl (Singular)		
1. Pers.	ich würde gesucht werden	ich würde gefunden werden
2. Pers.	du würdest gesucht werden	du würdest gefunden werden
3. Pers.	er würde gesucht werden	er würde gefunden werden
Mehrzahl (Plural)		
1. Pers.	wir würden gesucht werden	wir würden gefunden werden
2. Pers.	ihr würdet gesucht werden	ihr würdet gefunden werden
3. Pers.	sie würden gesucht werden	sie würden gefunden werden

Möglichkeitsform I / voll. Zukunft (Konjunktiv I / Futur Perfekt)

Einzahl (Singular)		
1. Pers.	ich werde gesucht worden sein	ich werde gefunden worden sein
2. Pers.	du werdest gesucht worden sein	du werdest gefunden worden sein
3. Pers.	er werde gesucht worden sein	er werde gefunden worden sein
Mehrzahl (Plural)		
1. Pers.	wir werden gesucht worden sein	wir werden gefunden worden sein
2. Pers.	ihr werdet gesucht worden sein	ihr werdet gefunden worden sein
3. Pers.	sie werden gesucht worden sein	sie werden gefunden worden sein

Möglichkeitsform II / voll. Zukunft (Konjunktiv II / Futur Perfekt)

Einzahl (Singular)		
1. Pers.	ich würde gesucht worden sein	ich würde gefunden worden sein
2. Pers.	du würdest gesucht worden sein	du würdest gefunden worden sein
3. Pers.	er würde gesucht worden sein	er würde gefunden worden sein
Mehrzahl (Plural)		
1. Pers.	wir würden gesucht worden sein	wir würden gefunden worden sein
2. Pers.	ihr würdet gesucht worden sein	ihr würdet gefunden worden sein
3. Pers.	sie würden gesucht worden sein	sie würden gefunden worden sein

BEFEHLSFORM (IMPERATIV) / LEIDEFORM (PASSIV)

Einzahl (Singular):	werde gesucht!	werde gefunden!
Mehrzahl (Plural):	werdet gesucht!	werdet gefunden!

Verwendungsweisen des Zeitwortes (Verbs)

Nach seinen verschiedenen Aufgaben im Satz kann man unterschiedliche Verwendungsweisen des Zeitwortes feststellen. Dabei legt man seine Rolle in der Satzaussage sowie seine Beziehung zu anderen Satzgliedern zugrunde. Danach gibt es folgende Verwendungsweisen des Zeitwortes (Verbs):

- als Hilfszeitwort (Hilfsverb)
- als Zeitwort der Art und Weise (Modalverb)
- als Zeitwort der Art und Weise mit „zu" (modifizierendes Verb)
- als zielendes / nichtzielendes Zeitwort (transitives / intransitives Verb)
- als rückbezügliches Zeitwort (reflexives Verb)
- als unpersönliches Zeitwort (unpersönliches/ subjektloses Verb)
- als satzgegenstandloses Zeitwort (subjektloses Verb)

Verwendung als Hilfszeitwort (Hilfsverb)

Wenn man die Zeitwörter „haben", „sein" und „werden" gebraucht, um zusammengesetzte Zeitwortausdrücke zu bilden, dann bezeichnet man sie als Hilfsverben.

● Beispiele: *Er hat gegessen.*
Sie ist verreist.
Wir werden pünktlich erscheinen.

Die Zeitwörter „haben", „sein" und „werden" können jedoch auch als vollwertige Zeitwörter gebraucht werden, d.h. sie können auch ohne andere Zeitwortformen vorkommen.

● Beispiele: *Du hast Glück.*
Sie ist im Urlaub.
Es wird langsam dunkel.

a) Die Hilfszeitwörter „haben" und „sein" dienen in erster Linie zur Bildung der vollendeten Zeitstufen

hat geschrieben = vollendete Gegenwart (Perfekt)
ist gegangen = vollendete Gegenwart (Perfekt)
hatte geschrieben = vollendete Vergangenheit (Plusquamperfekt)
war gegangen = vollendete Vergangenheit (Plusquamperfekt)
wird geschrieben haben = vollendete Zukunft (Futur Perfekt)
wird gegangen sein = vollendete Zukunft (Futur Perfekt)

Dabei wird das Hilfszeitwort „sein" vornehmlich mit Zeitwörtern verwendet, die keine Satzergänzung im 4. Fall (Akkusativobjekt) bei sich haben (intransitive Verben) und eine Veränderung ausdrücken.

● Beispiele: *Die Zeit ist so schnell vergangen.*
Sie ist mit dem Zug gekommen.
Mir ist die Lust daran vergangen.

Ferner wird das Hilfszeitwort „sein" zur Bildung der zusammengesetzten Formen von „bleiben" und dem als Vollzeitwort gebrauchten „sein" verwendet.

● Beispiele: *Ich bin hart geblieben.*
Sie ist noch nie im Ausland gewesen.

Die meisten der übrigen Zeitwörter bilden ihre zusammengesetzten Zeitformen mit dem Hilfszeitwort „haben".

● Beispiele: *Heute haben wir in der Kantine gegessen.*
Herr Schloß hat die Fertigung überwacht.
Sie hat das telefonisch erledigt.
Wir haben unseren Spaß gehabt.

b) Das Hilfszeitwort „werden“ dient zur Bildung der Zukunftsformen und der Leideform (Passiv)
wird schreiben = Zukunft (Futur)
wird geschrieben haben = vollendete Zukunft (Futur Perfekt)
wird geschrieben = Leideform (Passiv)

Die Formen der Hilfsverben „haben“, „sein“ und „werden“			
Unbestimmte (infinite) Formen			
Grundform (Infinitv):	haben	sein	werden
Grundform voll.			
Gegenw.:	gehabt	gewesen	geworden
(Infinitiv Perfekt)	haben	sein	sein
Mittelwort d. Gegenw.:	habend	seiend	werdend
(Partizip Präsens)			
Mittelwort der Verg.:	gehabt	gewesen	geworden

WIRKLICHKEITSFORM (INDIKATIV)		
	Einzahl (Singular)	*Mehrzahl (Plural)*
Gegenwart (Präsens)		
1. Pers.	ich habe	wir haben
2. Pers.	du hast	ihr habt
3. Pers.	er hat	sie haben
1. Pers.	ich bin	wir sind
2. Pers.	du bist	ihr seid
3. Pers.	er ist	sie sind
1. Pers.	ich werde	wir werden
2. Pers.	du wirst	ihr werdet
3. Pers.	er wird	sie werden
Vollendete Gegenwart (Perfekt)		
1. Pers.	ich habe gehabt	wir haben gehabt
2. Pers.	du hast gehabt	ihr habt gehabt
3. Pers.	er hat gehabt	sie haben gehabt
1. Pers.	ich bin gewesen	wir sind gewesen
2. Pers.	du bist gewesen	ihr seid gewesen
3. Pers.	er ist gewesen	sie sind gewesen

	Einzahl (Singular)	*Mehrzahl (Plural)*
1. Pers.	ich bin geworden	wir sind geworden
2. Pers.	du bist geworden	ihr seid geworden
3. Pers.	er ist geworden	sie sind geworden
Vergangenheit (Präteritum)		
1. Pers.	ich hatte	wir hatten
2. Pers.	du hattest	ihr hattet
3. Pers.	er hatte	sie hatten
1. Pers.	ich war	wir waren
2. Pers.	du warst	ihr wart
3. Pers.	er war	sie waren
1. Pers.	ich wurde	wir wurden
2. Pers.	du wurdest	ihr wurdet
3. Pers.	er wurde	sie wurden
Voll. Vergangenheit (Plusquamperfekt)		
1. Pers.	ich hatte gehabt	wir hatten gehabt
2. Pers.	du hattest gehabt	ihr hattet gehabt
3. Pers.	er hatte gehabt	sie hatten gehabt
1. Pers.	ich war gewesen	wir waren gewesen
2. Pers.	du warst gewesen	ihr wart gewesen
3. Pers.	er war gewesen	sie waren gewesen
1. Pers.	ich war geworden	wir waren geworden
2. Pers.	du warst geworden	ihr wart geworden
3. Pers.	er war geworden	sie waren geworden
Zukunft (Futur)		
1. Pers.	ich werde haben	wir werden haben
2. Pers.	du wirst haben	ihr werdet haben
3. Pers.	er wird haben	sie werden haben
1. Pers.	ich werde sein	wir werden sein
2. Pers.	du wirst sein	ihr werdet sein
3. Pers.	er wird sein	sie werden sein
1. Pers.	ich werde werden	wir werden werden
2. Pers.	du wirst werden	ihr werdet werden
3. Pers.	er wird werden	sie werden werden

	Einzahl (Singular)	*Mehrzahl (Plural)*
Voll. Zukunft (Futur Perfekt)		
1. Pers.	ich werde gehabt haben	wir werden gehabt haben
2. Pers.	du wirst gehabt haben	ihr werdet gehabt haben
3. Pers.	er wird gehabt haben	sie werden gehabt haben
1. Pers.	ich werde gewesen sein	wir werden gewesen sein
2. Pers.	du wirst gewesen sein	ihr werdet gewesen sein
3. Pers.	er wird gewesen sein	sie werden gewesen sein
1. Pers.	ich werde geworden sein	wir werden geworden sein
2. Pers.	du wirst geworden sein	ihr werdet geworden sein
3. Pers.	er wird geworden sein	sie werden geworden sein

MÖGLICHKEITSFORMEN (KONJUNKTIVE)

	Einzahl (Singular)	*Mehrzahl (Plural)*
Möglichkeitsform I / Gegenwart (Konjunktiv I / Präsens)		
1. Pers.	ich habe	wir haben
2. Pers.	du habest	ihr habet
3. Pers.	er habe	sie haben
1. Pers.	ich sei	wir seien
2. Pers.	du sei(e)st	ihr seiet
3. Pers.	er sei	sie seien
1. Pers.	ich werde	wir werden
2. Pers.	du werdest	ihr werdet
3. Pers.	er werde	sie werden
Möglichkeitsform II / Gegenwart (Konjunktiv II / Präsens)		
1. Pers.	ich hätte	wir hätten
2. Pers.	du hättest	ihr hättet
3. Pers.	er hätte	sie hätten
1. Pers.	ich wäre	wir wären
2. Pers.	du wär(e)st	ihr wäret
3. Pers.	er wäre	sie wären
1. Pers.	ich würde	wir würden
2. Pers.	du würdest	ihr würdet
3. Pers.	er würde	sie würden

	Einzahl (Singular)	*Mehrzahl (Plural)*
Möglichkeitsform I / voll.Gegenwart (Konjunktiv I / Perfekt)		
1. Pers.	ich habe gehabt	wir haben gehabt
2. Pers.	du habest gehabt	ihr habet gehabt
3. Pers.	er habe gehabt	sie haben gehabt
1. Pers.	ich sei gewesen	wir seien gewesen
2. Pers.	du sei(e)st gewesen	ihr seiet gewesen
3. Pers.	er sei gewesen	sie seien gewesen
1. Pers.	ich sei geworden	wir seien geworden
2. Pers.	du sei(e)st geworden	ihr seiet geworden
3. Pers.	er sei geworden	sie seien geworden
Möglichkeitsform II / Vergangenes (Konjunktiv II / Perfekt		
1. Pers.	ich hätte gehabt	wir hätten gehabt
2. Pers.	du hättest gehabt	ihr hättet gehabt
3. Pers.	er hätte gehabt	sie hätten gehabt
1. Pers.	ich wäre gewesen	wir wären gewesen
2. Pers.	du wär(e)st gewesen	ihr wäret gewesen
3. Pers.	er wäre gewesen	sie wären gewesen
1. Pers.	ich wäre geworden	wir wären geworden
2. Pers.	du wär(e)st geworden	ihr wäret geworden
3. Pers.	er wäre geworden	sie wären geworden
Möglichkeitsform I / Zukünftiges (Konjunktiv I / Futur)		
1. Pers.	ich werde haben	wir werden haben
2. Pers.	du werdest haben	ihr werdet haben
3. Pers.	er werde haben	sie werden haben
1. Pers.	ich werde sein	wir werden sein
2. Pers.	du werdest sein	ihr werdet sein
3. Pers.	er werde sein	sie werden sein
1. Pers.	ich werde werden	wir werden werden
2. Pers.	du werdest werden	ihr werdet werden
3. Pers.	er werde werden	sie werden werden
Möglichkeitsform II / Zukünftiges (Konjunktiv II / Futur		
1. Pers.	ich würde haben	wir würden haben
2. Pers.	du würdest haben	ihr würdet haben

	Einzahl (Singular)	*Mehrzahl (Plural)*
3. Pers.	er würde haben	sie würden haben
1. Pers.	ich würde sein	wir würden sein
2. Pers.	du würdest sein	ihr würdet sein
3. Pers.	er würde sein	sie würden sein
1. Pers.	ich würde werden	wir würden werden
2. Pers.	du würdest werden	ihr würdet werden
3. Pers.	er würde werden	sie würden werden

Möglichkeitsform I / Voll. Zukunft (Konjunktiv I / Futur Perfekt)

1. Pers.	ich werde gehabt haben	wir werden gehabt haben
2. Pers.	du werdest gehabt haben	ihr werdet gehabt haben
3. Pers.	er werde gehabt haben	sie werden gehabt haben
1. Pers.	ich werde gewesen sein	wir werden gewesen sein
2. Pers.	du werdest gewesen sein	ihr werdet gewesen sein
3. Pers.	er werde gewesen sein	sie werden gewesen sein
1. Pers.	ich werde geworden sein	wir werden geworden sein
2. Pers.	du werdest geworden sein	ihr werdet geworden sein
3. Pers.	er werde geworden sein	sie werden geworden sein

Möglichkeitsform II / Voll.Zukunft (Konjunktiv II / Futur Perfekt)

1. Pers.	ich würde gehabt haben	wir würden gehabt haben
2. Pers.	du würdest gehabt haben	ihr würdet gehabt haben
3. Pers.	er würde gehabt haben	sie würden gehabt haben
1. Pers.	ich würde gewesen sein	wir würden gewesen sein
2. Pers.	du würdest gewesen sein	ihr würdet gewesen sein
3. Pers.	er würde gewesen sein	sie würden gewesen sein
1. Pers.	ich würde geworden sein	wir würden geworden sein
2. Pers.	du würdest geworden sein	ihr würdet geworden sein
3. Pers.	er würde geworden sein	sie würden geworden sein

BEFEHLSFORM (IMPERATIV)

Einzahl (Singular):	hab(e)!	sei!	werde!
Mehrzahl (Plural):	habt!	seid!	werdet!
Höflichkeitsform:	haben Sie!	seien Sie!	werden Sie!

Verwendung als Zeitwort der Art und Weise (Modalverb)

Die Zeitwörter „dürfen“, „können“, „mögen“ (Sonderform „möchte“), „müssen“, „sollen“, „wollen“ können verbunden mit der Grundform eines anderen Zeitwortes (Verbs) verwendet werden. Man spricht in diesem Falle von der „modalen Verwendung“ dieser Zeitwörter. Dabei können sie zwei unterschiedliche Aufgaben erfüllen. Zum einen können sie den Satzgegenstand näher bezeichnen. Zum anderen können sie sich auch auf den Sprecher der Äußerung beziehen und ausdrücken, wie der Sprecher seine Aussage selbst einschätzt.
Ihre Formen lauten:

a) *dürfen / durfte / gedurft*
b) *können / konnte / gekonnt*
c) *mögen / mochte / gemocht*
d) *müssen / mußte / gemußt*
e) *sollen / sollte / gesollt*
f) *wollen / wollte / gewollt*

Satzgegenstandbezogene Verwendung

Bei der satzgegenstandbezogenen (subjektbezogenen) Verwendung können die Zeitwörter der Art und Weise auch Formen der vollendeten Zeitstufen (Perfektformen) bilden – im Gegensatz zum sprecherbezogenen Gebrauch.
Bei der satzgegenstandbezogenen Verwendung drücken die Zeitwörter der Art und Weise folgende Bedeutungen im einzelnen aus:

a) „dürfen“
- Berechtigung oder Möglichkeit aufgrund einer erhaltenen Erlaubnis

● Beispiele: *Anthony ist jetzt dreizehn und darf im Auto schon vorne neben dem Fahrer sitzen.*
Sie hat tatsächlich an der Vorstandssitzung teilnehmen dürfen.
Er durfte ins Kino gehen.

- Verbot aufgrund verweigerter Erlaubnis, wenn verneint

● Beispiele: *Carmen darf nicht mit ins Kino gehen.*
Hier darf nicht geraucht werden.

b) „können“
- Möglichkeit aufgrund äußerer Umstände

● Beispiele: *Ich konnte ihn nicht erreichen, da er unterwegs war.*
Bei diesem Nebel kann man kaum etwas erkennen.
Angelika kann leider nicht kommen, denn sie hat keinen Babysitter gefunden.

- Möglichkeit aufgrund persönlicher Fähigkeiten

● Beispiele: *Er kann drei Fremdsprachen fließend sprechen.*
Seit seinem Unfall kann er nicht mehr radfahren.
Er hätte nicht einmal einen Nagel in die Wand schlagen können.

c) „mögen" (Sonderform „möchte")
- den Wunsch haben oder etwas gerne tun

● Beispiele: *Ich mag meinen Bruder sehr.*
Der Hund mag Rinderknochen am liebsten.
Er mag sein Gemüse nicht essen.

Die Sonderform „möchte" wirkt höflicher und weniger aufdringlich.

● Beispiele: *Dazu möchte ich Folgendes bemerken.*
Ich möchte mich nicht gerne einmischen.
Miriam möchte auch gerne mitkommen.

d) „müssen"
- Notwendigkeit aufgrund äußerer oder innerer Zwänge bzw. aufgrund einer Verpflichtung

● Beispiele: *Ich muß diesen Monat noch zum TÜV.*
Man muß es ihm vorsichtig beibringen.
Ich muß unbedingt einmal ausspannen.
Sie muß sich um ihre kranke Mutter kümmern.

Wird „müssen" verneint, so bezieht sich diese Verneinung auf das Zeitwort „müssen", bedeutet also die Aufhebung der Notwendigkeit. In vielen dieser Fällen wird dann mitunter „müssen" durch „brauchen" ersetzt.

● Beispiele: *Ich muß niemanden fragen, wenn ich ausgehen will.*
Ich brauche niemanden zu fragen, wenn ich ausgehen will.
Sie müssen nicht auf mich warten.
Sie brauchen nicht auf mich zu warten.

e) „sollen“
- Verpflichtung aufgrund einer ausdrücklichen Aufforderung

● Beispiele: *Du sollst deinen Nächsten lieben.* (sagt die Bibel)
Man soll das Gerät ausschalten, bevor man die Rückseite abschraubt. (sagt die Bedienungsanleitung)
Wir sollen eine Stunde vor Abflug einchecken. (sagt die Vorschrift)

- gedankliche Vorstellung oder Annahme eines Sachverhaltes
Diese Bedeutung gilt nur für die Möglichkeitsform II von „sollen“ bei der Verwendung in Bedingungssätzen.

● Beispiele: *Sollte dich niemand am Bahnhof abholen, dann nimm die U-Bahn.*
Falls ich nicht zuhause sein sollte, klingelst du bei der Nachbarin und holst dir den Schlüssel.
Sollte Frau Vorberger die Überweisung noch nicht getätigt haben, dann lassen Sie sich einen Scheck geben.

f) „wollen“
- die Absicht oder den Wunsch haben

● Beispiele: *Er will sich ein Haus bauen.*
Sie wollen unbedingt in die Bundesliga aufsteigen.
Sie hat das bestimmt nicht gewollt.
Die Regierung will die Reform noch in diesem Jahr durchführen.

- Aufforderung; hauptsächlich in der Gegenwart 1. Person Mehrzahl verwendet; bei Fragesätzen in der Gegenwart auch in der 2. Person Einzahl oder Mehrzahl

● Beispiele: *Nun wollen wir die Diskussion beenden.*
Wollen wir das doch einmal realistisch betrachten.
Willst du das nicht nochmal überdenken?
Wollt ihr nicht endlich hier aufräumen?

Bei der satzgegenstandbezogenen Verwendungsweise können die Zeitwörter der Art und Weise häufig auch ohne die Grundform eines weiteren Zeitwortes vorkommen. Man muß sich diese dann hinzudenken.

● Beispiele: *Mußt du wirklich schon nach Hause (gehen)?*
Sie kann gut mit kleinen Kindern (umgehen). (ugs.)

Er möchte noch ein Bier (haben).
Zur Belohnung darf sie heute in die Disco (gehen).

Sprecherbezogene Verwendung
Die Zeitwörter der Art und Weise (Modalverben) können auch die Einschätzung der Aussage durch den Sprecher ausdrücken. Bei dieser Verwendung können die Zeitwörter der Art und Weise keine Formen der vollendeten Zeitstufen bilden – im Gegensatz zur satzgegenstandbezogenen Verwendung. Bei der sprecherbezogenen Verwendung drücken die einzelnen Zeitwörter der Art und Weise folgende Bedeutung aus:

a) „dürfen"
- der Sprecher vermutet oder nimmt an; bei dieser Verwendungsweise kommt „dürfen" nur in der Möglichkeitsform II vor

● Beispiele: *Sie dürften jetzt im Zug nach Paris sitzen.*
Das dürfte nicht schwer gewesen sein.
Dieser Brief dürfte der letzte für heute sein.

b) „können"
- der Sprecher vermutet vorsichtig oder hält es für möglich

● Beispiele: *Sie könnten den Zug verpaßt haben.*
Sie kann meine Anweisung auch mißverstanden haben.
Er könnte den Termin auch vergessen haben.

c) „mögen"
- der Specher räumt ein Zugeständnis an einen anderen ein, hält dieses jedoch nicht für verbindlich. Diese Verwendungsweise kommt gewöhnlich in einem Nebensatz vor, dem ein dieser Aussage widersprechender Hauptsatz folgt.

● Beispiele: *Er mag dagegen sein, wird die Entscheidung aber doch mittragen.*
Sie mag versprechen, was sie will, meine Entschluß steht fest.
Mag er auch die Wahrheit sagen, ich kann ihm nicht mehr glauben.

- der Sprecher drückt Ratlosigkeit aus
Diese Form findet nur in Fragesätzen Versetzung.

● Beispiele: *Wo mag sie nur bleiben?*
Wer mag ihnen bloß diese Information gegeben haben?
Was mag wohl der Grund für sein Mißtrauen sein?

d) „müssen"
- der Sprecher ist sich seiner Vermutung ziemlich sicher aufgrund von äußeren Umständen, die für die Annahme sprechen

● Beispiele: *Er muß hier gewesen sein, denn die Tür ist nicht verschlossen.*
Sie mußte unseren Besuch erwartet haben, denn alles war schon vorbereitet.
Er muß uns durchschaut haben, sonst hätte er anders reagiert.

e) „sollen"
- der Sprecher macht deutlich, daß er den benannten Sachverhalt nur vom Hörensagen weiß und daher nicht für die Richtigkeit der Aussage bürgen will

● Beispiele: *Frau Hansen soll Zwillinge bekommen haben.*
Man soll ihm den Führerschein entzogen haben.
Die Zinsen sollen erhöht werden.

- der Sprecher drückt hier seinen Zweifel an der Richtigkeit der Aussage aus

● Beispiele: *Susanne will nichts davon mitbekommen haben.* (Sie behauptet das, aber der Sprecher glaubt es nicht.)
Keiner will es gewesen sein.
Sie will das ganze Wochenende gearbeitet haben.

Verwendung als Zeitwort der Art und Weise mit „zu"
(Modifizierendes Verb/ Modalitätsverb)

Es gibt eine ganze Reihe weiterer Zeitwörter, die sich mit der Grundform eines anderen Zeitwortes (Verbs) verbinden lassen, dazu jedoch die Partikel „zu" benötigen. Man spricht in diesem Fall von der „modifizierenden Verwendung" des Zeitwortes. In den meisten Fällen bestimmen diese Zeitwörter die Beziehung zwischen Satzgegenstand und Sachverhalt näher, sind also satzgegenstandbezogen. Es gibt allerdings auch einige, die sprecherbezogen sind, also die Beziehung zwischen Sprecher und Sachverhalt ausdrücken. Die „modifizierend" verwendeten Zeitwörter haben eine eigene Bedeutung und dürfen nicht mit den gleichlautenden Vollzeitwörtern verwechselt werden.

● Beispiele: *Er pflegt am Wochenende spät aufzustehen.* (modifizierend)
Er pflegt seine kranke Mutter. (Vollzeitwort)

Sie scheint beleidigt zu sein. (modifizierend)
Die Sonne scheint schon den ganzen Tag. (Vollzeitwort)

Die gebräuchlichsten „modifizierend verwendeten" Zeitwörter im Deutschen sind:

a) „bleiben" = weiter erforderlich sein

● Beispiele: *Diese Angelegenheit bleibt zu diskutieren.*
Die Entwicklung ist positiv, aber sie bleibt dennoch weiterhin zu beobachten.

b) „brauchen" (Verneinung oder Einschränkung) = unnötig sein

● Beispiele: *Du brauchst wirklich keine Angst zu haben.*
Sie hätte sich nicht solche Umstände zu machen brauchen.

c) „gedenken" = vorhaben, beabsichtigen

● Beispiele: *Ich gedenke nicht nachzugeben.*
Sie gedachten ihr Geschäft auszubauen.

d) „sich (ge)trauen" = den Mut aufbringen, trotz Risiken bereit sein

● Beispiele: *Ich (ge)traute mich nicht, ihr in die Augen zu blicken.*
Sie hatte sich wirklich getraut zu springen.

e) „haben"= gezwungen, verpflichtet sein

● Beispiele: *Ich habe noch einiges zu erledigen.*
Du hast die Finger davon zu lassen.

f) „pflegen" = gewohnt sein zu tun

● Beispiele: *Er pflegt jeden Morgen zu duschen.*
Im Sommer pflegen sie auf dem Balkon zu frühstücken.

g) „stehen" = gelten; nur verwendbar mit einem Zeitwort, das eine Erwartung ausdrückt

● Beispiele: *Es steht zu hoffen, daß sie sich schnell von dem Schock erholt.*
Es steht nicht zu erwarten, daß er auf sein Vorrecht verzichtet.

h) „vermögen“ = fähig sein

● Beispiele: *Ich vermag nicht zu sagen, worauf er hinaus will.*
Keiner hat diesen Streit zu verhindern vermocht.

i) „verstehen“ = fähig sein, die Fertigkeit besitzen

● Beispiele: *Er versteht es, sich beliebt zu machen.*
Sie versteht es, den Chef um den Finger zu wickeln.

j) „wissen“ = fähig sein

● Beispiele: *Sie weiß zu gefallen.*
Ich weiß deine Hilfe zu schätzen.

Einige wenige „modifizierend“ gebrauchte Zeitwörter können sprecherbezogen verwendet werden. Dies sind vor allem:

a) „drohen“ = der Sprecher erwartet ein negatives Ereignis aufgrund gewisser Anzeichen

● Beispiele: *Die Verhandlungen drohen zu scheitern.*
Der Konflikt droht sich zu verschärfen.

b) „scheinen“ = der Sprecher vermutet aufgrund von Beobachtungen

● Beispiele: *Sie scheint heute in guter Stimmung zu sein.*
Er scheint das Ergebnis schon zu kennen.

c) „versprechen“ = der Sprecher erwartet einen positiven Ausgang aufgrund gewisser Anzeichen

● Beispiele: *Das Buch verspricht ein Bestseller zu werden.*
Sie verspricht eine große Sängerin zu werden.

Einige Zeitwörter, die früher häufig „modifizierend“ gebraucht wurden, gelten heute in dieser Verwendungsweise als veraltet. Sie werden jedoch oft noch ironisch verwendet, um sich über jemanden bzw. über eine Sache lustig zu machen.

● Beispiele: *Sie hob zu singen an.* (Sie begann zu singen.)
Der Herr beliebt uns zu belehren. (Es gefällt ihm, uns zu belehren.)
Wann geruht das Fräulein Tochter heute aufzustehen? (Wann ist die Tochter bereit aufzustehen?)

Verwendung als zielendes oder nichtzielendes Zeitwort (transitives oder intransitives Verb)

Hat ein Zeitwort eine Satzergänzung im 4. Fall (Akkusativobjekt) bei sich, so spricht man von einem zielenden Zeitwort (transitiven Verb).

● Beispiel: *Der Gastgeber begrüßt die Gäste.*
(*Wen* begrüßt der Gastgeber? – „die Gäste" = 4. Fall)

Zeitwörter, die keine Ergänzung im 4. Fall bei sich haben, also solche, die keine Ergänzung haben oder deren Ergänzung in einem anderen Fall steht oder deren Ergänzung mit einem Verhältniswort eingeleitet wird, heißen nichtzielende Zeitwörter (intransitive Verben).

● Beispiele: *Der Gastgeber nimmt sich der Gäste an.*
(*Wessen* nimmt er sich an? – „der Gäste" = 2. Fall)
Der Gastgeber widmet sich den Gästen.
(*Wem* widmet er sich? - „den Gästen" = 3. Fall)
Der Gastgeber kümmert sich um die Gäste.
(Ergänzung wird mit „um" eingeleitet)
Der Gastgeber strahlt.
(ohne Ergänzung)

Viele Zeitwörter können sowohl zielend (transitiv) als auch nichtzielend (intransitiv) gebraucht werden.

● Beispiele: *Markus lernt gerade ein Gedicht. – Markus lernt gerade.*
Gabi kocht einen chinesischen Eintopf. – Gabi kocht.
Dennis schreibt ein Buch. – Dennis schreibt mit dem Füller.

Verwendung als rückbezügliches Zeitwort (reflexives Verb)

Viele Zeitwörter sind mit einem rückbezüglichen Fürwort (Reflexivpronomen) verbunden oder können mit ihm verbunden werden. Man spricht dann von dem „rückbezüglichen (reflexiven)" Gebrauch des Zeitwortes. Dieses Fürwort bezieht sich dabei auf den Satzgegenstand „zurück".

● Beispiele: *Ich freue mich auf die Reise. Freut ihr euch auch?*

Das rückbezügliche Fürwort (Reflexivpronomen) steht dabei immer im 3.Fall (Dativ) oder im 4. Fall (Akkusativ).

● Beispiele: *Ich gönne mir eine Pause.* (mir = 3. Fall)
Ich freue mich auf die Reise. (mich = 4. Fall)

Um den Fall (Kasus) des rückbezüglichen Fürwortes (Reflexivpronomens) sicher zu bestimmen, setzt man den Satzgegenstand (das Subjekt) in die 1. oder 2. Person Einzahl (Singular), weil sich die Fürwörter dieser Personen im 3. bzw. 4. Fall klar unterscheiden: „mir"/ „mich", bzw. „dir"/ „dich":

● Beispiele:

Er genehmigt sich ein Bier.	*Er fürchtet sich nicht.*
Ich genehmige mir ein Bier.	*Ich fürchte mich nicht.*
Du genehmigst dir ein Bier.	*Du fürchtest dich nicht.*
3. Fall	4. Fall

Bei der rückbezüglichen Verwendung des Zeitwortes unterscheidet man „echt rückbezüglichen Gebrauch" (obligatorisch reflexiv) und „unecht rückbezüglichen Gebrauch" (partimreflexiv). Der „echt rückbezügliche Gebrauch" liegt vor bei Zeitwörtern, bei denen man das rückbezügliche Fürwort (Reflexivpronomen) nicht weglassen oder durch ein Hauptwort ersetzen kann, ohne dadurch die Bedeutung des Zeitwortes zu verändern oder die Aussage sinnlos zu machen.

● Beispiele:

Das Kind hat sich erkältet.	= echt rückbezüglich
Das Kind hat – erkältet	= nicht möglich
Das Kind hat seine Mutter erkältet.	= nicht möglich
Sie setzt sich.	= echt rückbezüglich
Sie setzt –	= nicht möglich
Sie setzt zehn Mark.	= veränderte Bedeutung

Ein „unecht rückbezüglicher Gebrauch" liegt vor, wenn man das rückbezügliche Fürwort (Reflexivpronomen) weglassen oder durch ein Hauptwort ersetzen kann.

● Beispiele:

Er kocht sich eine Suppe.	= unecht rückbezüglich
Er kocht eine Suppe.	= möglich
Er kocht dem Kind eine Suppe.	= möglich

Verwendung als persönliches oder unpersönliches Zeitwort (personales / impersonales Verb)

Normalerweise kann ein Zeitwort als Satzgegenstand ein Hauptwort (Nomen) oder ein Fürwort (Pronomen) – meist das persönliche Fürwort (Personalpronomen) – bei sich haben.

● Beispiele: *ich komme*
du kommst
Karl kommt

seine Frau kommt
der Zug kommt
wir kommen
ihr kommt
die anderen kommen

Bei manchen Zeitwörtern ergibt die Verwendung der 1. und 2. Person keinen Sinn, sie kommen also nur in der 3. Person vor, können dort aber alle drei Geschlechtsformen (Genusformen) bilden.

● Beispiele: *Der Kirschbaum* (er) *blüht.*
Die Heide (sie) *blüht.*
Das Gras (es) *blüht.*
Die Kakteen (sie) *blühen.*

Wenn also zumindest alle drei Geschlechtsformen eines Zeitwortes möglich sind, spricht man vom „persönlichen Gebrauch" des Zeitwortes.

Werden Zeitwörter mit dem Fürwort „es" verwendet, wobei „es" sich *nicht* auf ein vorangegangenes Hauptwort bezieht, so bezeichnet man diese Verwendung als „unpersönlich".

● Beispiele:

Es (das Reh) *flüchtet.*	= persönlicher Gebrauch
Es (das Gras) *blüht.*	= persönlicher Gebrauch
Es (?) *zieht ein Gewitter auf.*	= unpersönlicher Gebrauch
Es (?) *wird gleich regnen.*	= unpersönlicher Gebrauch
Wie geht es (?) *dir?*	= unpersönlicher Gebrauch

Unpersönlich verwendet werden in erster Linie Zeitwörter, die sich auf das Wetter oder die Witterung beziehen.

● Beispiele: *Es regnet. Es schneit. Es hagelt. Es taut.*

In „persönlicher Verwendung" kommen diese Zeitwörter nur in übertragenem Sinne vor.

● Beispiele: *Die Feier war in vollem Gange, als der Chef plötzlich hereinschneite.*

Viele Zeitwörter können sowohl „persönlich" als auch „unpersönlich" verwendet werden.

● Beispiele:

Er gibt ihm noch eine Chance.	= persönlich
Es gibt dieses Auto in vier Farben.	= unpersönlich

Sie handeln mit Gebrauchtwagen.	= persönlich
Es handelt sich um einen Gebrauchtwagen.	= unpersönlich
Sie machte eine gute Figur.	= persönlich
Es machte mir nichts aus.	= unpersönlich

Verwendung als satzgegenstandloses Zeitwort (subjektloses Verb)

Einige wenige Zeitwörter können ganz ohne Satzgegenstand verwendet werden. Man bezeichnet diese Verwendung als „satzgegenstandlos" (subjektlos).

● Beispiele: *Ihr graut vor der Prüfung.*
Mir wurde schlecht.
Ihm war übel.

Auch nichtzielende Zeitwörter (intransitive Verben) werden in der Leideform (Passiv) ohne Satzgegenstand (Subjekt) gebraucht.

● Beispiele: *Uns wurde für den Einsatz gedankt.*
Ihnen wurde dadurch geschadet.

Hinweis: Auch wenn in der Befehlsform (Imperativ) des Zeitwortes die dazugehörigen persönlichen Fürwörter (Personalpronomen) fehlen, spricht man hier *nicht* von „satzgegenstandlosem" Gebrauch des Zeitwortes, denn der jeweilige Satzgegenstand ist festgelegt, er wird nur nicht genannt oder geschrieben.

● Beispiele: *Laßt (ihr) mich jetzt bitte allein!*
Bleib (du) hier!

Die Fallsetzung der gebräuchlichsten Zeitwörter (Verben) im Überblick

Beim praktischen Gebrauch von Zeitwörtern tauchen manchmal Unsicherheiten auf, in welchem Fall (Kasus) die nachfolgende Satzergänzung (Objekt) zu stehen hat. Die Entscheidung darüber hängt nicht zuletzt vom Zeitwort der Satzaussage ab. Bestimmte Zeitwörter regieren also unterschiedliche Fälle.
Zu der Frage, welches Zeitwort (Verb) welchen Fall regiert, wurde auf den vorangegangenen Seiten schon einiges gesagt. Die nachfolgenden Tabellen stellen diesen Aspekt der Zeitwortverwendung im Überblick dar.

Der 4. Fall (Akkusativ)

Den 4. Fall regieren z.B.:
- Zeitwörter allgemein (Verben)

bekommen	fangen	kontrollieren	schubsen
bemühen	füllen	prüfen	suchen
beneiden	fühlen	retten	tadeln
benutzen	hassen	riechen	treten
bestrafen	leiten	schelten	verachten
bewundern	lenken	schimpfen	verehren
empfangen	lieben	schlagen	verdienen
erwarten	loben	stoßen	werfen
erkennen	kennen	schieben	zerstören

- rückbezüglich gebrauchte Zeitwörter (reflexive Verben)

sich ängstigen	sich äußern	sich erzürnen	sich sorgen
sich ärgern	sich beklagen	sich kümmern	sich täuschen

- zwei Ergänzungen im 4. Fall (Akkusativobjekte) benötigen

beibringen	lehren	nennen (einen Namen geben)

● Beispiele: *Er hat mir das Autofahren beigebracht.*
Sie lehrte mich Geduld.
Ich nenne das einen Glücksfall.

Zeitwörter, die den 4. Fall regieren, heißen zielende Zeitwörter (transitive Verben). Alle anderen sind nichtzielend (intransitiv) (vergl. dazu das Kapitel „Verwendung als zielendes oder nichtzielendes Zeitwort").

Der 2. Fall (Genitiv)

Den 2. Fall regieren z.B.:
- Zeitwörter allgemein

bedürfen	gedenken	spotten	warten
entbehren *	harren	vergessen *	

Die Verwendung dieser Zeitwörter mit dem 2. Fall entspricht der gehobenen Sprachebene. Sie können auch mit einem **Verhältniswort** (**Präposition**) oder mit dem 4. Fall (*) gebraucht werden.

- rückbezügliche gebrauchte Zeitwörter (reflexive Verben):

sich annehmen	sich enthalten	sich erfreuen	sich rühmen
sich bedienen	sich entledigen	sich erinnern	sich schämen
sich bemächtigen	sich erbarmen	sich erwehren	

Der 3.Fall (Dativ)

Den 3. Fall regieren z.B.
- Zeitwörter allgemein

antworten	drohen	genügen	schaden
begegnen	entkommen	glauben	schmeicheln
befehlen	folgen	gleichen	verfallen
beistehen	gefallen	helfen	weichen
danken	gehorchen	nützen	widersprechen
dienen	gehören	raten	winken

- rückbezüglich gebrauchte Zeitwörter (reflexive Verben)

sich ängstigen	sich beklagen	sich winden
sich ärgern	sich kümmern	
sich äußern	sich täuschen	

Der 4. Fall (Akkusativ) der Person und der 2. Fall (Genitiv) der Sache

Den 4. Fall der Person und den 2. Fall der Sache regieren z.B.

anklagen	beschuldigen	entledigen
belehren	entbinden	überführen
berauben	entheben	verdächtigen

Der 3. Fall (Dativ) der Person und der 4. Fall (Akkusativ) der Sache

- Den 3. Fall und den 4. Fall regieren z.B.:

abgewöhnen	entziehen	gönnen	stehlen
abtreten	erlauben	leihen	stiften
aufbürden	erteilen	liefern	übergeben
beweisen	erweisen	melden	überlassen
bewilligen	erzählen	opfern	überreichen
bieten	geben	raten	vererben
borgen	geloben	rauben	versprechen
bringen	gestatten	schenken	verweigern
deuten	gestehen	schicken	vorhalten
eingeben	gewähren	schulden	vorsagen

Die Beugung des Eigenschaftsworts (Flexion des Adjektivs)

Bei der Beugung – der Bildung der Wortformen – des Eigenschaftswortes unterscheidet man zwei Arten von Beugung (Flexion): die Formenbildung nach dem Fall (Kasus), der Zahl (Numerus) und dem Geschlecht (Genus), also die **Deklination,** und die Formenbildung der Steigerung, also die **Komparation.**

● Beispiele:

- Beugung (Deklination)
  kalt-es Wasser = 1. Fall / Einzahl / sächlich
  kalt-en Wassers = 2. Fall
  kalt-em Wasser = 3. Fall
  kalt-es Wasser = 4. Fall

- Steigerung (Komparation)
  das erste Gewicht ist schwer = Grundstufe
  das zweite Gewicht ist schwerer = Steigerungsstufe
  das dritte Gewicht ist am schwersten = Höchststufe

Die Beugung des Eigenschaftswortes nach Fall, Zahl und Geschlecht (Deklination des Adjektivs)

Nach Fall, Zahl und Geschlecht werden Eigenschaftswörter nur beim Gebrauch als Beifügung gebeugt (vergl. dazu dazu das Kapitel „Gebrauchsweisen des Eigenschaftswortes"). Alle anderen Eigenschaftswortformen zeigen keine Beugungsendungen (Deklinationsendungen). Einige Wörter, die zu den Eigenschaftswörtern gerechnet werden, haben auch bei Verwendung als Beifügung keine Beugungsendungen.
Dazu gehören:

- Farbbezeichnungen fremdsprachlicher Herkunft, wie z.B „chamois", „lila", „ocker", „oliv", „orange", „rosa", „türkis"

● Beispiel: *Sie legte den rosa Pullover zurück und nahm das lila Kleid.*

Besonderheit:

Um die in der Umgangssprache vorkommenden gebeugten Formen wie „beiger Pullover" zu vermeiden, gebraucht man in der Standardsprache Zusammensetzungen mit „farben" und „farbig".

● Beispiel: *Sie legte den olivfarbenen Pullover zurück und nahm das orangefarbene Kleid.*

- einige bewertende Eigenschaftswörter, die vornehmlich in der Umgangssprache Verwendung finden, wie z.B. „hyper", „klasse", „mega", „prima", „super"

● Beispiel: *Dieser Wagen hat ein klasse Design.*

- Grundzahlwörter mit Ausnahme von „ein"

● Beispiel: *Er ist seit sechs Jahren bei unserer Firma.*

- von Grundzahlen abgeleitete Wörter, die auf „-er" enden

● Beispiel: *die Musik der sechziger Jahre ...*

- von geographischen Eigennamen abgeleitete Wörter, die auf „-er" enden, wie z.B. „Berliner", „Hamburger", „Münchner", „Thüringer", „Endländer", „Amerikaner"

● Beispiel: *Leider vertrage ich das Stuttgarter Klima nicht.*

Beugung mit starker Formveränderung

Bei der Beugung der Eigenschaftswörter lassen sich zwei Arten unterscheiden, die starkverändernde und die schwachverändernde Beugung. Darüber hinaus gibt es noch eine Anzahl von Sonderfällen.
Bei der starken Beugung werden die Wortformen mit den Endungen „-e", „-en", „-em", „-er" und „-es" gebildet.

Übersicht:
ungebeugte Form: neu

Einzahl (Singular)	*männlich (Maskulinum)*	*weiblich (Femininum)*	*sächlich (Neutrum)*
1. Fall (Nom.)	neu-er Hut	neu-e Tasche	neu-es Modell
2. Fall (Gen.)	neu-en Hutes	neu-er Tasche	neu-en Modells
3. Fall (Dat.)	neu-em Hut	neu-er Tasche	neu-em Modell
4. Fall (Akk.)	neu-en Hut	neu-e Tasche	neu-es Modell
Mehrzahl (Plural)			
1. Fall (Nom.)	neu-e Hüte	Taschen	Modelle
2. Fall (Gen.)	neu-er Hüte	Taschen	Modelle
3. Fall (Dat.)	neu-en Hüten	Taschen	Modellen
4. Fall (Akk.)	neu-e Hüte	Taschen	Modelle

Gebrauch:
Die Formen der starken Beugung werden in der Regel dann angewendet, wenn dem Eigenschaftswort *kein* Begleiter oder ein *ungebeugter* Begleiter vorausgeht.

● Beispiele: *Im Sommer trinke ich oft gekühltes Mineralwasser.*
Sie liest gerne ein gutes Buch. (ein = ungebeugt)

Die starke Beugung des Eigenschaftswortes erfolgt demnach auch nach „dessen" und „deren" (beide unveränderlich) sowie nach den ungebeugten Formen „manch", „solch", „viel", „wenig" und „welch".

● Beispiele: *Der Fahrer, dessen neues Auto bei den Arbeiten beschädigt wurde, möge sich bitte melden.*
Die Kinder, deren fehlerhaftes Diktat noch nicht verbessert wurde, kommen in der nächsten Stunde zu mir.
Manch schönes Wochende haben wir hier schon verbracht.
Solch großes Glück ist mir noch nie begegnet.
Ich möchte die Erdbeeren bitte mit viel kalter Milch und wenig braunem Zucker.
Welch unerwartetes Wiedersehen!

Nach einigen Für- oder Zahlwörtern steht vorzugsweise die stark gebeugte Form des Eigenschaftswortes, obwohl diese Für- bzw. Zahlwörter selbst gebeugt sind. Dies ist der Fall bei „andere“, „einige“, „etliche“, „mehrere“, „viele“ und „wenige“.

● Beispiele: *Wir haben auch noch anderes weiches Material hier.*
Der Preis einiger teurer Modelle ist nahezu unbezahlbar.
Außer etlichem verrostetem Schrott war nichts zu finden.
Trotz mehrerer eindringlicher Warnungen machte er sich auf den Weg.
Trotz vieler kleinerer Unterbrechungen kamen wir gut voran.
Weniges destilliertes Wasser erfüllt den gleichen Zweck.

In der Einzahl schwach und in der Mehrzahl vorzugsweise stark gebeugt werden Eigenschaftswörter nach den gebeugten Formen von „folgende“, „irgendwelche“ und „manche“.

● Beispiele: *Das habe ich nach folgendem chinesischen Rezept gekocht.*
Das Projekt wurde wegen folgender schwerwiegender Gründe abgelehnt.
Habt ihr irgendwelche einleuchtenden Einwände?
Wegen irgendwelcher unbewiesener Gerüchte brauchst du doch nicht in Panik zu geraten.
Manches dumme Geschwätz sollte man sich gar nicht anhören.
Dieser Sport stellt hohe Anforderungen an die Kondition mancher älterer Herren.

Beugung mit schwacher Formveränderung

Bei der schwachen Beugung von Eigenschaftswörtern kommen nur die Endungen „-e“ und „-en“ vor.
Übersicht:

ungebeugte Form:	alt	
Einzahl (Singular)	*männlich (Mask.)*	*weiblich (Fem.)*
1. Fall (Nominativ)	der alte Wein	die alte Truhe
2. Fall (Genitiv)	des alten Weines	der alten Truhe
3. Fall (Dativ)	dem alten Wein	der alten Truhe
4. Fall (Akkusativ)	den alten Wein	die alte Truhe
Mehrzahl (Plural)		
1. Fall (Nominativ)	die alten Weine	die alten Truhen
2. Fall (Genitiv)	der alten Weine	der alten Truhen

3. Fall (Dativ)	den alten Weinen	den alten Truhen
4. Fall (Akkusativ)	die alten Weine	die alten Truhen
sächlich (Neutrum)	*Einzahl (Singular)*	*Mehrzahl (Plural)*
1. Fall (Nominativ)	das alte Bild	die alten Bilder
2. Fall (Genitiv	des alten Bildes	der alten Bilder
3. Fall (Dativ)	dem alten Bild	den alten Bildern
4. Fall (Akkusativ)	das alte Bild	die alten Bilder

Gebrauch:
Schwach gebeugt werden Eigenschaftswörter, wenn ihnen ein Begleiter mit Beugungsendung vorausgeht. Die Form „ein" gilt als ungebeugt und kann deshalb keine schwach gebeugte Eigenschaftswortform nach sich haben.

Besondere Regeln zur Beugung von Eigenschaftswörtern

Ein dem Wort „beide" folgendes Eigenschaftswort – nur in der Mehrzahl möglich – wird in der Regel stark gebeugt. Im 2. Fall Mehrzahl (Genitiv/Plural) kann jedoch auch die schwach gebeugte Form stehen.

● Beispiele: *Der Autor beider preisgekrönter Bücher ist indianischer Abstammung.*
Der Autor beider preisgekrönten Bücher ist indianischer Abstammung.

Bei der Anrede mit einem persönlichen Fürwort wird ein nachfolgendes Eigenschaftswort stark gebeugt in der Einzahl und meist schwach gebeugt in der Mehrzahl.

● Beispiele: *Ich armes Schwein.*
Du sehnlichster Wunsch meiner Träume.
Sie aufdringlicher Mensch.
Wir geplagten Steuerzahler.
Uns armen Autofahrern bleibt nichts erspart.
Seid willkommen, ihr lieben Gäste!

Folgt ein Eigenschaftswort einem besitzanzeigenden Fürwort oder dem Wort „kein", so wird es im 1. Fall (Nominativ) und im 4. Fall (Akkusativ) der Einzahl (Singular) stark, ansonsten aber schwach gebeugt.

● Beispiel: *Einzahl (Singular)*

1. Fall (Nom.)	kein / ihr	kleiner Hund
2. Fall (Gen.)	keines / ihres	kleinen Hundes

3. Fall (Dat.)	keinem / ihrem	kleinen Hund(e)
4. Fall (Akk.)	keinen / ihren	kleinen Hund
Mehrzahl (Plural)		
1. Fall (Nom.)	keine / ihre	kleinen Hunde
2. Fall (Gen.)	keiner / ihrer	kleinen Hunde
3. Fall (Dat.)	keinen / ihren	kleinen Hunden
4. Fall (Akk.)	keine / ihre	kleinen Hunde

Folgen mehrere Eigenschaftswörter aufeinander, werden diese alle nach derselben Art gebeugt:

- nach Begleiter mit Beugungsendung, also schwach gebeugt

● Beispiele: *Wer kann sich des armen, alten, alleinstehenden Mannes annehmen?*
Sie hat immer dieses niedliche, kleine, flauschige Plüschtier dabei.
Der Nikolaus kommt nur zu den guten, braven, fleißigen Kindern.

- ohne Begleiter, also stark gebeugt

● Beispiel: *Sportlicher, unternehmungslustiger älterer Herr sucht Bergkameraden für gemeinsame Wanderungen.*
Kleines, schwarzes Kätzchen entlaufen.
Gebrauchtes, lederbezogenes Sofa zu verschenken.

Beugung von als Hauptwörter gebrauchten Eigenschaftswörtern (Deklination nominalisierter Adjektive)

Die meisten Eigenschaftswörter können wie ein Hauptwort (Nomen) verwendet werden und übernehmen dann auch die Aufgaben eines Hauptwortes (Nomens) im Satz.

● Beispiel: *Die glückliche Gewinnerin jubelte.*
(glücklich = Eigenschaftswort)
Die Glückliche jubelte.
(Glückliche = als Hauptwort gebraucht)

Auch wenn das Eigenschaftswort „Glückliche“ im zweiten Beispiel wie ein Hauptwort gebraucht wird, wie ein Hauptwort groß geschrieben wird und die Aufgaben eines Hauptwortes erfüllt, wird es dennoch wie ein Eigenschaftswort gebeugt und richtet sich auch nach den Regeln der Eigenschaftswortbeugung (Deklination des Adjektivs) (vergl. dazu das Kapitel „Beugung des Hauptwortes / Besonderheiten“).

● Beispiele: *Ich kann Schleimiges nicht ausstehen.* = stark gebeugt
Würdest du das Schleimige da bitte entfernen! = schwach gebeugt
Trotz manch Unerwartetem verlief die Reise ohne größere Probleme. = stark gebeugt
Mit dem Unerwarteten wurden wir gut fertig. = schwach gebeugt
Die Wünsche Älterer wurden voll berücksichtigt. = stark gebeugt
Die Unterbringung der Älteren erfolgte in Einzelzimmern. = schwach gebeugt
Das ist etwas für Sportliche. = stark gebeugt
Für die Sportlichen war das keine echte Herausforderung. = schwach gebeugt
Interessierte können sich an Ort und Stelle über unser Angebot informieren. = stark gebeugt
Die Interessierten mögen sich bitte melden! = schwach gebeugt

Die Steigerung des Eigenschaftswortes (Die Komparation des Adjektivs)

Die Steigerung des Eigenschaftswortes dient dazu, der ausgedrückten Eigenschaft einen bestimmten Grad zu verleihen. Das ist nicht bei allen Eigenschaftswörtern möglich.

● Beispiele: *nackt, richtig, schwanger, stumm, vollständig*

Die Eigenschaftswörter, die eine Steigerung erlauben, nennt man steigerungsfähig. Eigenschaftswörter lassen sich auf unterschiedliche Weise steigern:

- durch vorangestellte Eigenschaftwörter oder Partikeln

● Beispiele: *Er ist ungewöhnlich groß.*
Das war sehr freundlich von Ihnen.
Es erforderte einen extrem hohen Aufwand.

- durch Wortzusammensetzung

● Beispiele: *Wir waren hundemüde.*
Der Diamant ist lupenrein.
Sie zeigte sich hocherfreut über seinen Besuch.

- durch die Veränderung ihrer Form

● Beispiele: *Kann ich bitte das kleinere Stück haben?*
Diese Ausgabe ist billiger.
Das war der beste Schweinebraten, den ich seit langem gegessen habe.

Diese letztgenannte Methode meint man, wenn man von der Steigerung des Eigenschaftswortes (Komparation) spricht. Die Steigerung ist demnach die Möglichkeit, der Bedeutung eines Eigenschaftsworts durch Formveränderung einen Grad zu verleihen. Die Steigerungsformen werden häufig auch Vergleichsformen genannt, weil die Steigerung auf einem Vergleich beruht, auch wenn dieser nicht ausdrücklich benannt wird.

● Beispiele: *Der Besuch war besser als bei der letzten Veranstaltung.*
Hier ist die der Aussage zugrundeliegende Vergleichsgröße, nämlich „als bei der letzten Veranstaltung", ausdrücklich genannt.
Das war die bestbesuchte Veranstaltung.
Hier wird die Vergleichsgröße nicht genannt. Der Zuhörer oder Leser muß sie sich selbst dazudenken, z.B. „dieser Art."

Die Bildung der Steigerungsformen (Komparationsformen)

Man unterscheidet drei Steigerungsstufen:

- die Grundstufe (Positiv): *kurz*
- die Vergleichsstufe (Komparativ): *kürzer*
- die Höchststufe (Superlativ): *am kürzesten*

Die Grundstufe hat keine besondere Endung und entspricht so der Grundform des Eigenschaftswortes (Adjektivs). Bei der Vergleichsstufe wird die Endung „-er" und bei der Höchststufe die Endung „-(e)st" an die Form der Grundstufe angehängt. Wird die Höchstufe eines Eigenschaftswortes nicht als Beifügung zu einem Nomen gebraucht, geht dieser Form die Partikel „am" voraus und „-en" wird an das Wortende angefügt.

● Beispiele:

Grundstufe (Positiv)	*Vergleichsstufe (Komparativ)*	*Höchststufe (Superlativ)*
dünn	dünn-er	am dünn-st-en
eifrig	eifrig-er	am eifrig-st-en

erfreulich	erfreulich-er	am erfreulich-st-en
lustig	lustig-er	am lustig-st-en
rein	rein-er	am rein-st-en
sauber	sauber-er	am sauber-st-en

Eigenschaftswörter mit einem umlautfähigen Selbstlaut werden teilweise bei der Bildung der Formen auf der Vergleichsstufe und der Höchststufe umgelautet.

● Beispiele:

Grundstufe (Positiv)	*Vergleichsstufe (Komparativ)*	*Höchststufe (Superlativ)*
alt	älter	am ältesten
arm	ärmer	am ärmsten
gesund	gesünder	am gesündesten
hart	härter	am härtesten
jung	jünger	am jüngsten
klug	klüger	am klügsten
grob	gröber	am gröbsten

Ebenfalls mit Umlaut gesteigert werden die folgenden Eigenschaftswörter: *arg, dumm, fromm, grob, groß, hoch, kalt, krank, kurz, lang, nah (näher, am nächsten), schwach, stark, warm.*

Besonderheiten:

Manche Eigenschaftswörter können Steigerungsformen sowohl mit als auch ohne Umlaut bilden.

● Beispiele:

Grundstufe (Positiv)	*Vergleichsstufe (Komparativ)*	*Höchststufe (Superlativ)*
blaß	blasser	am blassesten
	blässer	am blässesten
schmal	schmaler	am schmalsten
	schmäler	am schmälsten

Bei Eigenschaftswörtern, deren Grundform mit einem der Laute „-d", „-t", „-s", „-ß", „-s", „-sch", „-sk", „-st", „-tz", „-x" oder „-z" endet und deren letzte Silbe betont ist, lautet die Endung auf der Höchststufe „-est".

● Beispiele:

Grundstufe (Positiv)	*Vergleichsstufe (Komparativ)*	*Höchststufe (Superlativ)*
alt	ält-er	am ält-est-en
fix	fix-er	am fix-est-en
fest	fest-er	am fest-est-en

	grotesk	grotesk-er	am grotesk-est-en
	kraß	krass-er	am krass-est-en
Ausnahme:	groß	größ-er	am größ-t-en

Einige Eigenschaftswörter bilden ihre Steigerungsformen unregelmäßig, zum Teil mit Hilfe eines anderen Wortstammes.

● Beispiele:	*Grundstufe (Positiv)*	*Vergleichsstufe (Komparativ)*	*Höchststufe (Superlativ)*
	gut	besser	am besten
	hoch (der hohe)	höher	am höchsten
	nah	näher	am nächsten
	viel	mehr	am meisten

Die Vergleichstufe fehlt bei Eigenschaftswörtern, die ein räumliches Verhältnis ausdrücken und nur als Beifügung gebraucht werden können.

● Beispiele:	*Grundstufe (Positiv)*	*Vergleichsstufe (Komparativ)*	*Höchststufe (Superlativ)*
	(der) äußere	—	(der) äußerste
	(der) obere	—	(der) oberste
	(der) hintere	—	(der) hinterste

Bei Wörtern, die aus zwei Eigenschaftswörtern (oder Mittelwörtern) zusammengesetzt sind, wird immer nur ein Bestandteil gesteigert. Den ersten Bestandteil – das Bestimmungswort – steigert man, wenn jeder der beiden Bestandteile in seiner ursprünglichen Bedeutung erkannt wird. Dabei kommt es häufig zu einer Trennung der beiden Bestandteile.

● Beispiele:	*Grundstufe (Positiv)*	*Vergleichsstufe (Komparativ)*	*Höchststufe (Superlativ)*
	gutgebaut	besser gebaut	am besten gebaut
	leichtverdaulich	leichter verdaulich	am leichtesten verdaulich
	nahgelegen	näher gelegen	nächstgelegen

Wird das zusammengesetzte Eigenschaftswort jedoch als Einheit empfunden, so wird der zweite Bestandteil, bzw. das ganze Wort gesteigert.

● Beispiele:	*Grundstufe (Positiv)*	*Vergleichsstufe (Komparativ)*	*Höchststufe (Superlativ)*
	altklug	altklüger	am altklügsten
	kaltblütig	kaltblütiger	am kaltblütigsten
	schwerhörig	schwerhöriger	am schwerhörigsten

Die Beugung von Steigerungsformen nach Fall, Zahl und Geschlecht (Deklination von Komparationsformen)

Die Vergleichsstufe und die Höchststufe eines Eigenschaftswortes können wie die Grundstufe nach Fall (Kasus), Zahl (Numerus) und Geschlecht (Genus) gebeugt (dekliniert) werden und schwache wie starke Beugungsformen bilden.

Übersicht:

Starke Beugungsform				
Einzahl (Singular)		*Grundstufe (Positiv)*	*Vergleichsstufe (Komperativ)*	*Höchststufe (Superlativ)*
1. Fall (N)		weich-es	weich-er-es	weich-st-es Holz
2. Fall (G)	(dank)	weich-en	weich-er-en	weich-st-en Holzes
3. Fall (D)	(mit)	weich-em	weich-er-em	weich-st-em Holz(e)
4. Fall (A)	(durch)	weich-es	weich-er-es	weich-st-es Holz
Mehrzahl (Plural)				
1. Fall (N)		weich-e	weich-er-e	weich-st-en Hölzer
2. Fall (G)	(dank)	weich-er	weich-er-er	weich-st-er Hölzer
3. Fall (D)	(mit)	weich-en	weich-er-en	weich-st-en Hölzern
4. Fall (A)	(durch)	weich-e	weich-er-e	weich-st-en Hölzer

Starke Beugungsform				
Einzahl (Singular)		*Grundstufe (Positiv)*	*Vergleichsstufe (Komperativ)*	*Höchststufe (Superlativ)*
1. Fall (N)	der	stark-e	stärk-er-e	stärk-st-en Ton
2. Fall (G)	des	stark-en	stärk-er-en	stärk-st-en Ton(e)s
3. Fall (D)	dem	stark-en	stärk-er-en	stärk-st-en Ton(e)
4. Fall (A)	den	stark-en	stärk-er-en	stärk-st-en Ton
1. Fall (N)	die	stark-en	stärk-er-en	stärk-st-en Töne
2. Fall (G)	der	stark-en	stärk-er-en	stärk-st-en Töne
3. Fall (D)	den	stark-en	stärk-er-en	stärk-st-en Tönen
4. Fall (A)	die	stark-en	stärk-er-en	stärk-st-en Töne

Der Gebrauch der Steigerungsformen (Komparationsformen)

Verwendung als vergleichende Formen

Die Steigerungsformen der Eigenschaftswörter werden vor allem in Äußerungen verwendet, in denen eine Person, ein Gegenstand, ein Vorgang oder ein Sachverhalt mit etwas Gleichartigem verglichen oder in Bezug zu einem allgemein anerkannten Maßstab gesetzt wird. Dieser Vergleich kann in der Äußerung ausdrücklich (explizit) benannt sein.

● Beispiele: *Ich bin ebenso überrascht wie du.* (Grundstufe)
Die Strecke über Würzburg ist kürzer als die über Stuttgart. (Vergleichsstufe)
Dies ist das größte Haus von allen. (Höchststufe)

Die ausdrückliche Bennenung der Vergleichsgröße kann jedoch wegfallen, wenn sie aus der Situation oder dem Zusammenhang erschlossen werden kann, oder aber dann, wenn sie dem Sprecher als unwesentlich erscheint.

● Beispiele: *Das ist aber eine große Portion.* (Im Vergleich zu den üblichen Portionen, oder im Vergleich zu dem, was erwartet wurde.)
Du hättest ruhig etwas freundlicher sein können. (Im Vergleich zum tatsächlichen Verhalten.)
Am bequemsten wäre ein Taxi. (Im Vergleich zum offensichtlich vorher gemachten Vorschlag.)

Verwendung der Grundstufe (Positiv)

● Beispiele: *Das ist ein schnelles Auto.*
Das Kleid ist aber teuer.
Die Spülmaschine ist nur 90 cm hoch.

Zum einen wird mit der Grundstufe eine Eigenschaft bezeichnet, die als Wert auf einer tatsächlichen („90 Zentimeter" - Höhenskala) oder zumindest gedachten Wertskala (von äußerst langsam bis sehr schnell, von fast geschenkt bis extrem teuer) gesehen werden kann.

● Beispiele: *Lammfleisch ist so teuer wie Rindfleisch.*
Sie ist genauso hübsch wie ihre Schwester.
Sie trinkt gerne Obstsaft, aber ebenso gerne trinkt sie Mineralwasser.

Zum anderen wird mit der Grundstufe die Gleichheit oder Vergleichbarkeit zwischen zwei Dingen oder Wesen ausgedrückt. Vor der Grundstufe steht dann häufig „so", und die Vergleichsgröße wird mit „wie" eingeleitet.

● Beispiele: *Das Sofa ist nicht so hoch wie der Sessel.*
Diese Truhe ist nicht so alt wie der Bauernschrank.
Das neue Gerät ist nicht so laut wie das alte.

Hinweis: Die Verneinung der Grundstufe hebt nicht die Gleichheit der beiden Größen einfach auf – was durchaus vorstellbar wäre – sondern sagt aus, daß die erste Größe den Wert der Vergleichsgröße nicht erreicht und schon gar nicht übertrifft. Das Beispiel „Das Sofa ist nicht so hoch wie der Sessel" kann *nicht* bedeuten, daß das Sofa auch höher als der Sessel sein könnte.
Durch Wörter wie z. B. „genauso", „ebenso", „ungefähr", „etwa" kann der Grad der Übereinstimmung der beiden Größen näher bezeichnet werden.

● Beispiele: *Er tanzt genauso gerne wie sie.*
Er redet fast so schnell wie sein Bruder.
Die Sitzung wird ungefähr so lange dauern wie die letzte.

Verwendung der Vergleichsstufe (Komparativ)

Die Vergleichsstufe (Komparativ) drückt einen Abstand auf einer tatsächlichen oder vorstellbaren Wertskala zwischen den zwei benannten Größen aus.

● Beispiele: *Der neue Wagen verbraucht weniger Benzin als der alte.*
Das rote Kleid ist hübscher als das graue.
Er ist der bessere Klavierspieler von beiden.

Im ersten Beispiel wird also ein Unterschied auf der „Verbrauchstabelle" zwischen dem neuen und dem alten Wagen benannt. Dabei übetrifft die erstgenannte Größe die Vergleichsgröße hinsichtlich der verglichenen Eigenschaft. Was also den Benzinverbrauch betrifft, so liegt das neue Auto auf der Skala näher an dem Punkt „extrem wenig" als das alte Auto. Dieser Abstand selbst kann beliebig sein. Er kann aber auch näher oder genau bezeichnet werden.

● Beispiele: *... um zwei Liter weniger ...*
... etwas weniger ...
... wesentlich weniger ...
... bei weitem weniger ...
... noch viel weniger ...

Die Vergleichsstufe kann auch verwendet werden, um mit Hilfe von Wörtern wie „immer", „zunehmend" oder durch Wiederholung mit „und" eine wachsende Vergrößerung des Wertabstandes zwischen beiden Größen zum Ausdruck zu bringen.

● Beispiele: *Der Nebel wurde immer dichter.*
Das Interesse an der Umwelt wird ständig größer.
Der Ballon wurde größer und größer.

Verwendung der Höchststufe (Superlativ)

Die Höchststufe (der Superlativ) hebt aus einer Anzahl von Dingen oder Wesen mit der gleichen bezeichneten Eigenschaft jenes heraus, das dem äußersten Wert auf der wirklichen oder gedachten Skala am nächsten kommt.

● Beispiele: *Er ist der beste Spieler unserer Mannschaft.*
Von uns allen hat sie es am weitesten gebracht.

Die Menge verglichener Größen wird häufig nicht ausdrücklich (explizit) benannt, vor allem dann nicht, wenn ein näher bezeichnender Ausdruck vor der Höchststufe steht. Sie wird dann aus der Situation oder dem Zusammenhang erschlossen und mitgedacht.

● Beispiele: *Er war mit Abstand der beste Spieler.* (von allen, die mitspielten)
Das war bei weitem der anstrengenste Tag. (von allen Tagen, die wir miteinander erlebt haben)

Die Menge verglichener Größen kann auch zeitlich oder räumlich, also durch die Situation, bestimmt sein.

● Beispiele: *Dies ist die schönste Aussicht in dieser Gegend.*
Das war der aufregendste Augenblick unserer Reise.

Die Höchststufe wird entweder mit „am" oder mit dem bestimmten Geschlechtswort (definiten Artikel) verwendet. Als Beifügung ist nur die Verwendung mit dem bestimmten Geschlechtswort möglich.

● Beispiele: *In dieser Klasse schreibt Anthony am schönsten.*
Anthony hat die schönste Schrift in der Klasse.

Der Gebrauch der unabhängigen Steigerungsformen (absoluten Komparationsformen)

Man kann die Steigerungsformen auch unabhängig von einer ausdrücklich benannten (expliziten) oder gedachten (impliziten) Vergleichsgröße verwenden. Man spricht dann von der unabhängigen (absoluten) Verwendungsweise der Steigerungsformen (Komparationsformen).

● Beispiele:	*ein breiter Fluß*	= unabhängige Grundstufe
	ein acht Meter breiter Fluß	= abhängige Grundstufe
	ein breiterer Fluß	= unabhängige Vergleichsstufe
	der Fluß ist breiter als zwei Meter	= abhängige Vergleichsstufe
	einer der breitesten Flüsse	= unabhängige Höchststufe
	der breiteste Fluß unserer Gegend	= abhängige Höchststufe

Diese Beispiele machen deutlich, daß bei der abhängigen (relativen) Verwendungsweise der Steigerungsformen der Fluß nicht wirklich „breit" sein muß, sondern dies nur im Vergleich zu einer anderen bestimmten Größe oder Auswahl von Größen ist. Bei der unabhängigen (absoluten) Verwendungsweise handelt es sich in allen drei Fällen um einen „breiten" Fluß.

Verwendung der Grundstufe (Positiv)
Die Grundstufe bezeichnet genau den Bedeutungsbereich, der für das betreffende Eigenschaftswort in einem Wörterbuch zu finden ist.

● Beispiele: *Die Reise ist teuer.* (kostspielig)
Der ICE ist ein schneller Zug. (hohe Geschwindigkeit)
Der Tee ist heiß. (hohe Temperatur)

Die Grundstufe eines Eigenschaftswortes (Adjektivs) kann auch bei unabhängigem (absolutem) Gebrauch näher bezeichnet werden.

● Beispiele: *Dieses Bild ist sehr wertvoll.* (in hohem Grade)
Die Münze ist besonders alt. (in hohem Maße)
Der Film war recht spannend. (in mittlerem Maße)

Die Form der Grundstufe (Positiv) kann bei allen steigerungsfähigen Eigenschaftswörtern (komparierbaren Adjektiven) auch unabhängig (absolut) verwendet werden.

Verwendung der Vergleichsstufe (Komparativ)
Nur bei einigen wenigen Eigenschaftswörtern kann die Form der Vergleichsstufe unabhängig (absolut) verwendet werden. Diese Form bezeichnet dann einen leicht geringeren Grad als die Grundstufe. So ist eine „größere Summe" weniger als eine „große Summe". Die unabhängige Vergleichsstufe wird in der Regel nur als Beifügung zum Hauptwort gebraucht.

● Beispiele: *Wir hatten ein längeres Gespräch.* (nicht wirklich lang)
Das war schon eine größere Anschaffung. (nicht wirklich groß)
Sie wohnt in einer besseren Gegend. (nicht wirklich gut)

Weil die unabhängige Verwendung der Vergleichsstufe den Grad der bezeichneten Eigenschaft geringfügig mindert, gebraucht man sie auch aus Gründen der Höflichkeit oder für vorsichtige Einschätzungen.

● Beispiele: *„Eine ältere Frau"* klingt weniger hart als *„eine alte Frau".*
Wir machten einige kleinere Ausflüge.
Er las aus zweien seiner neueren Werke vor.

Verwendung der Höchststufe (Superlativ)

Die unabhängige Form der Höchststufe eines Eigenschaftswortes, oft auch „Elativ" genannt, bezeichnet die benannte Eigenschaft als „in sehr hohem Maße vorhanden". Diese Verwendung der Höchststufe ist auf einige wenige Eigenschaftswörter beschränkt.
Die unabhängige Höchststufe (absoluter Superlativ) kann nur als Beifügung zu einem Hauptwort (Nomen) gebraucht werden.

● Beispiele: *Sie hatte nicht die geringste Ahnung davon.*
Die Versuchsreihe erforderte genaueste Planung.
Ich lege größten Wert auf eine kurze und knappe Darstellungsweise.

Beim Gebrauch der unabhängigen Höchststufe kann keine Menge von Vergleichsgrößen angegeben werden. Am häufigsten findet die unabhängige Höchststufe in festen Wendungen – Anrede- oder Grußformeln – Verwendung.

● Beispiele: *Liebste Tante, ...*
... mit ergebenstem Dank ...
... mit herzlichsten Grüßen ...
... mit freundlichem Gruß ...

Eigenschaftswörter (Adjektive), die nicht gesteigert werden

Bei einer Reihe von Eigenschaftswörtern (Adjektiven) verbietet meist der Sinn eine Steigerung (Komparation).

● Beispiele: *blind, lebendig, nackt, stumm, tot, unsterblich, weiß*

Doch die Werbung hat diese Grenzen hier und dort durchbrochen.

● Beispiele: *... das weißeste Weiß meines Lebens.*
... und Ihre Wäsche leuchtet in den lebendigsten Farben.

Nicht steigerungsfähig sind in der Regel Eigenschaftswörter (Adjektive), die

- keine vergleichende Abstufung erlauben,

● Beispiele: *mündlich / schriftlich, öffentlich / privat, irdisch / himmlisch*

- bereits den höchsten Grad ausdrücken,

● Beispiele: *einzigartig, erstklassig, ideal, maximal, optimal, total*
aber auch *hiesig, einheimisch, amerikanisch*

- bereits im Bestimmungswort ihrer Zusammensetzung einen Vergleich beinhalten,

● Beispiel: *blitzschnell, knochentrocken, steinalt, todkrank*

- Formen genau bezeichnen.

● Beispiele: *dreieckig, oval, quadratisch, rund, zylindrisch*

Das Merkmal „nicht steigerungsfähig“ dieser Eigenschaftswörter bezieht sich allerdings nur auf die Steigerung mittels Formveränderung. Eine gewisse Stufung dieser „nicht steigerungsfähigen“ Eigenschaftswörter mit Hilfe von Wortzusammensetzung oder von zusätzlichen Wörtern und Partikeln ist durchaus üblich.

● Beispiele: *Er war mausetot.*
Splitterfasernackt rannte der Mann über das Fußballfeld.
Das hat sie wortwörtlich gesagt.
Mehr tot als lebendig kamen wir dort an.
Das war eine absolut erstklassige Vorstellung.
Das war der total falsche Weg.

Die Fallsetzung der gebräuchlichsten Eigenschaftswörter (Adjektive) im Überblick

Mit dem 2. Fall (Genitiv) gebraucht werden u.a.:

bewußt	kundig	unwürdig
fähig	mächtig	überdrüssig
gegenwärtig	müde	verdächtig
gewiß	schuldig	voll
habhaft	sicher	würdig

Einige dieser Eigenschaftswörter (Adjektive) kommen auch mit dem 4. Fall (Akkusativ) oder einem Verhältniswort (Präposition) verbunden vor.

Mit dem 3. Fall (Dativ) gebraucht werden u.a.:

ähnlich	feindlich	schuldig
angeboren	fremd	treu
angemessen	gehorsam	überlegen
begreiflich	geläufig	unähnlich
behilflich	geneigt	unangenehm
bekannt	gewachsen	unbegreiflich
billig	gleich	verhaßt
dienlich	gleichgültig	verwandt
eigen	leid	willkommen
ergeben	nützlich	
erwünscht	recht	

Mit Verhältniswörtern (Präpositionen) und dem 3. Fall (Dativ) gebraucht werden u.a.:

arm an	fähig zu	vertraut mit
begierig nach	fasziniert von	verwandt mit
begeistert von	frei von	verschwenderisch mit
bekannt mit	nachlässig in	voll von
bescheiden in	sicher vor	zufrieden mit
erfahren in	verschieden von	

Mit Verhältniswörtern (Präpositionen) und dem 4. Fall (Akkusativ) gebraucht werden u.a.:

aufmerksam auf	empfindlich gegen	neugierig auf
begierig auf	froh über	stolz auf
besorgt um	gefaßt auf	traurig über
böse auf	glücklich über	verliebt in
eifersüchtig auf	nachsichtig gegen	wild auf
empfänglich für	neidisch auf	

Die Beugung (Deklination) von Begleiter und Stellvertreter des Hauptwortes

Die Stellvertreter oder Begleiter des Hauptwortes (Nomens) werden in der Regei wie das Hauptwort selbst nach grammatischem Geschlecht (Genus), grammatischer Zahl (Numerus) und dem Fall (Kasus) gebeugt (dekliniert). Im Gegensatz zum Hauptwort besitzen die Begleiter oder Stellvertreter kein festes grammatisches Geschlecht und können daher Formen für alle drei Geschlechter bilden.

Die Beugung des Geschlechtswortes (Artikels)

Das Geschlechtswort (Artikel) stimmt mit dem Hauptwort (Nomen), das es begleitet, in Geschlecht (Genus), Zahl (Numerus) und Fall (Kasus) überein. Gewöhnlich lassen sich diese Merkmale an den Formen des Geschlechtswortes sogar leichter erkennen als an den Formen des Hauptwortes.

a) Die Formen des bestimmten Geschlechtswortes (definiten Artikels)
Die folgende Tabelle zeigt alle Formen des bestimmten Geschlechtswortes (definiten Artikels). In der Mehrzahl (Plural) gibt es keine unterschiedlichen Formen zur Unterscheidung des grammatischen Geschlechtes (Genus).

Einzahl (Singular)	*männlich (Maskulinum)*	*weiblich (Femininum)*	*sächlich (Neutrum)*
1. Fall (Nom.)	der (Ball)	die (Blume)	das (Laub)
2. Fall (Gen.)	des (Balles)	der (Blume)	des (Laubes)
3. Fall (Dat.)	dem (Ball)	der (Blume)	dem (Laub)
4. Fall (Akk.	den (Ball)	die (Blume)	das (Laub)
Mehrzahl (Plural)	*Keine Unterscheiung der Geschlechter (Genera)*		
1. Fall (Nom.)	die (Bälle)		
2. Fall (Gen.)	der (Bälle)		
3. Fall (Dat.)	den (Bällen)		
4. Fall (Akk.)	die (Bälle)		

Das bestimmte Geschlechtswort kann auch mit einem Verhältniswort (Präposition) verschmelzen. Dies geschieht häufig, wenn das nachfolgende Hauptwort keine nähere Bestimmung als Beifügung (Attribut) bei sich hat. Die im schriftlichen Sprachgebrauch am häufigsten zusammengezogenen Formen lauten:

am = an dem	beim = bei dem	im = in dem
vom = von dem	zum = zu dem	zur = zu der
ans = an das	aufs = auf das	ins = in das

b) Die Formen des unbestimmten Geschlechtswortes (des indefiniten Artikels)

Das unbestimmte Geschlechtswort (indefiniter Artikel) kommt nur in der Einzahl (Singular) vor. Seine Formen sind:

	männlich (Maskulinum)	*weiblich (Femininum)*	*sächlich (Neutrum)*
1. Fall (Nom.)	ein (Ball)	ein-e (Blume)	ein (Blatt)
2. Fall (Gen.)	ein-es (Balles)	ein-er (Blume)	ein-es (Blattes)
3. Fall (Dat.)	ein-em (Ball)	ein-er (Blume)	ein-em (Blatt)
4. Fall (Akk.)	ein (Ball)	ein-e (Blume)	ein (Blatt)

Die Beugung des persönlichen Fürwortes (Personalpronomens)

Die Formen der 1. Person bezeichnen den Sprecher oder Schreiber. Werden die Formen der 1. Person in der Mehrzahl verwendet, so beziehen sie sich auf eine Gruppe, der sich der Sprecher zugehörig fühlt. Die Formen der 2. Person bezeichnen grundsätzlich die Person(en), an die sich der Sprecher wendet. Hierbei unterscheidet man zwischen den Formen der „persönlichen" und der „höflichen" Anrede.

Die Formen des persönlichen Fürwortes (Personalpronomen) in der 1. und 2. Person lauten:

	1. Person	*2. Person*	
Einzahl (Sg.)		*„persönliche"*	*„höfliche" Anrede*
1. Fall (Nom.)	ich	du	Sie
2. Fall (Gen.)	mein(er)	dein(er)	Ihrer
3. Fall (Dat.)	mir	dir	Ihnen
4. Fall (Akk.)	mich	dich	Sie
Mehrzahl (Pl.)			
1. Fall (Nom.)	wir	ihr	Sie
2. Fall (Gen.)	unser	euer	Ihr
3. Fall (Dat.)	uns	euch	Ihnen
4. Fall (Akk.)	uns	euch	Sie

Die Formen der 3. Person des persönlichen Fürwortes (Personalpronomens) werden hauptsächlich verwendet, um auf etwas zu verweisen, was bereits vorher erwähnt worden ist. Sie werden im Gegensatz zu den

Formen der 1. und 2. Person auch nach dem grammatischen Geschlecht (Genus) gebeugt. Die Formen lauten:

	männlich	*weiblich*	*sächlich*
Einzahl (Sg.)	*(Maskulinum)*	*(Femininum)*	*(Neutrum)*
1. Fall (Nom.)	er	sie	es
2. Fall (Gen.)	sein(er)	ihrer	sein(er)
3. Fall (Dat.)	ihm	ihr	ihm
4. Fall (Akk.)	ihn	sie	es
Mehrzahl (Pl.)	*Keine Unterscheidung der Geschlechter (Genera)*		
1. Fall (Nom.)	sie		
2. Fall (Gen.)	ihrer		
3. Fall (Dat.)	ihnen		
4. Fall (Akk.)	sie		

Die Beugung des besitzanzeigenden Fürwortes (Possessivpronomens)

Zu jedem persönlichen Fürwort (Personalpronomen) gibt es auch ein besitzanzeigendes Fürwort (Possessivpronomen). Es wird gebraucht, um anzuzeigen, wem etwas gehört, also wer der Besitzer einer Sache ist. Die einzelnen Formen als Begleiter eines Hauptwortes lauten:

Einzahl (Singular)

pers.	*Fall*	*männlich*	*weiblich*	*sächlich*
Fürw.	*(Kasus)*	*(Maskulinum)*	*(Femininum)*	*(Neutrum)*
ich	1. Fall(Nom.)	mein	meine	mein
	2. Fall (Gen.)	meines	meiner	meines
	3. Fall (Dat.)	meinem	meiner	meinem
	4. Fall (Akk.)	meinen	meine	mein
du	1. Fall (Nom.)	dein	deine	dein
	2. Fall (Gen.)	deines	deiner	deines
	3. Fall (Dat.)	deinem	deiner	deinem
	4. Fall (Akk.)	deinen	deine	dein
er/	1. Fall (Nom.)	sein	seine	sein
es	2. Fall (Gen.)	seines	seiner	seines
	3. Fall (Dat.)	seinem	seiner	seinem
	4. Fall (Akk.)	seinen	seine	seinen
sie	1. Fall (Nom.)	ihr	ihre	ihr
	2. Fall (Gen.)	ihres	ihrer	ihres
	3. Fall (Dat.)	ihrem	ihrer	ihrem
	4. Fall (Akk.)	ihren	ihre	ihren

wir	1. Fall (Nom.)	unser	uns(e)re	unser
	2. Fall (Gen.)	uns(e)r(e)s	uns(e)rer	uns(e)r(e)s
	3. Fall (Dat.)	uns(e)r(e)m	uns(e)rer	uns(e)r(e)m
	4. Fall (Akk.)	uns(e)ren	uns(e)re	unser
ihr	1. Fall (Nom)	euer	eure	euer
	2. Fall (Gen.)	eures	eurer	eures
	3. Fall (Dat.)	eurem	eurer	eurem
	4. Fall (Akk.)	euren	eure	euer
sie	1. Fall (Nom.)	ihr	ihre	ihr
	2. Fall (Gen.)	ihres	ihrer	ihres
	3. Fall (Dat.)	ihrem	ihrer	ihrem
	4. Fall (Akk.)	ihren	ihre	ihr

Mehrzahl (Plural)
Keine Unterscheidung der Geschlechter (Genera)

ich	1. Fall (Nom.)	meine
	2. Fall (Gen.)	meiner
	3. Fall (Dat.)	meinen
	4. Fall (Akk.)	meine
du	1. Fall (Nom.)	deine
	2. Fall (Gen.)	deiner
	3. Fall (Dat.)	deinen
	4. Fall (Akk.)	deine
er/	1. Fall (Nom.)	seine
es	2. Fall (Gen.)	seiner
	3. Fall (Dat.)	seinen
	4. Fall (Akk.)	seine
sie	1. Fall (Nom.)	ihre
	2. Fall (Gen.)	ihrer
	3. Fall (Dat.)	ihren
	4. Fall (Akk.)	ihre
wir	1. Fall (Nom.)	uns(e)re
	2. Fall (Gen.)	uns(e)rer
	3. Fall (Dat.)	uns(e)r(e)n
	4. Fall (Akk.)	uns(e)re

Das besitzanzeigende Fürwort drückt ein Besitz- oder Zugehörigkeitsverhältnis aus. Dadurch ist seine Form in zweifacher Weise abhängig: einmal von dem „Besitzer" und zum anderen von dem „Besitz". Diese doppelte Abhängigkeit spielt bei der Wahl der Form eine Rolle. So richtet sich die Wahl des besitzanzeigenden Fürwortes nach dem „Besitzer" und nach dessen entsprechendem persönlichen Fürwort (Personalpronomen), während die Beugung (Deklination) des besitzanzeigenden Fürwortes entsprechend der Beugung des „Besitzes" erfolgt.

● Beispiele: Ich = Besitzer
Ich *zähle* mein *Geld.*
Mein Bruder und ich = wir = *Besitzer*
Ich zähle unser *Geld.*

Nachfolgende Tabellen zeigen die persönlichen und die besitzanzeigenden Fürwörter im Verhältnis zueinander:

Einzahl (Singular)							*Anrede*
Geschlecht des Besitzes:		*Geschlecht des Besitzers:*					
Besitzer:		ich	du	er	sie	es	Sie
Besitz	*männlich*	mein	dein	sein	ihr	sein	Ihr
	weiblich	meine	deine	seine	ihre	seine	Ihre
	sächlich	mein	dein	sein	ihr	sein	Ihr
Mehrzahl (Plural)							*Anrede*
Keine Unterscheidung des Geschlechts des Besitzers							
Besitzer:		wir		ihr	sie		Sie
Besitz	*männlich*	unser		euer	ihr		Ihr
	weiblich	uns(e)re		eure	ihre		Ihre
	sächlich	unser		euer	ihr		Ihr

In seiner Beugungsform (Deklinationsform) stimmt das besitzanzeigende Fürwort (Possessivpronomen) mit der Form des Hauptwortes (Nomens), das es begleitet, überein.

● Beispiele: *Evelyn spendiert ihr**em Sohn** ein Eis.*
Wem? = 3. Fall (Dativ)/Einzahl/ männlich
*Er liest gerade das erste Kapitel mein**es Buches**.*
Wessen Kapitel? = 2. Fall (Genitiv) / Einzahl / sächlich

Die Beugungsformen des persönlichen Fürwortes (Possessivpronomens) werden in nachfolgender Tabelle an dem Fürwort „sein" gezeigt:

Einzahl (Singular)	*männlich (Maskulinum)*	*weiblich (Femininum)*	*sächlich (Neutrum)*
1. Fall (Nom.)	mein Baum	mein-e Blume	mein Buch
2. Fall (Gen.)	mein-es Baumes	mein-er Blume	mein-es Buches
3. Fall (Dat.)	mein-em Baum	mein-er Blume	mein-em Buch
4. Fall (Akk.)	mein-en Baum	mein-e Blume	mein Buch
Mehrzahl (Plural)			
Keine Unterscheidung der Geschlechter (Genera)			
1. Fall (Nom.)	mein-e Bäume / Blumen / Bücher		
2. Fall (Gen.)	mein-er Bäume / Blumen / Bücher		

Mehrzahl (Plural)			
Keine Unterscheidung der Geschlechter (Genera)			
3. Fall (Dat.)	mein-en Bäumen / Blumen / Büchern		
4. Fall (Akk.)	mein-e Bäume / Blumen / Bücher		

Die anderen besitzanzeigenden Fürwörter haben dieselben Beugungsendungen (Deklinationsendungen).

Die besitzanzeigenden Fürwörter können auch wie ein Hauptwort (Nomen), also als Stellvertreter, mit oder ohne bestimmtem Geschlechtswort (definitem Artikel) gebraucht werden.

● Beispiele: *Das ist nicht sein Brief, sondern ihrer.*
Das ist nicht sein Brief, sondern der ihre.

Nachfolgend die Formen des besitzanzeigenden Fürworts als Stellvertreter im Überblick am Beispiel von „meiner":

Einzahl (Singular)	*männlich (Maskulinum)*	*weiblich (Femininum)*	*sächlich (Neutrum)*
1. Fall (Nom.)	meiner	meine	meines
2. Fall (Gen.)	—	meiner	—
3. Fall (Dat.)	meinem	meiner	meinem
4. Fall (Akk.)	meinen	meine	meines
1. Fall (Nom.)	der meine	die meine	das meine
2. Fall (Gen.)	des meinen	der meinen	des meinen
3. Fall (Dat.)	dem meinen	der meinen	dem meinen
4. Fall (Akk.)	den meinen	die meine	das meine
Mehrzahl (Plural)			
Keine Unterscheidung der Geschlechter (Genera)			
1. Fall (Nom.)	meine	die meinen	
2. Fall (Gen.)	meiner	der meinen	
3. Fall (Dat.)	meinen	den meinen	
4. Fall (Akk.)	meine	die meinen	

Neben dem besitzanzeigenden Fürwort mit dem bestimmten Geschlechtswort gibt es auch die bedeutungsgleiche und austauschbare Form mit der Endung „-ig". Diese Form wird häufig bei Personen – besonders Angehörigen – verwendet.

● Beispiele: *Die Meinigen hatten schon davon gehört.*
Sie haben gegen das Spiel gegen die Unsrigen verloren.

Die Beugung des hinweisenden Fürwortes (Demonstrativpronomens)

Zu den hinweisenden Fürwörtern (Demonstrativpronomen) werden im allgemeinen folgende Wörter gezählt:

der, die, das; dieser, diese, dieses; jener, jene, jenes; derselbe, dieselbe, dasselbe; derjenige, diejenige, dasjenige; solcher, solche, solches

Sie können sowohl als Begleiter wie auch als Stellvertreter des Hauptwortes (Nomens) verwendet werden.

Die Formen von „der, die, das" als hinweisendes Fürwort (Demonstrativpronomen)

Bei der Verwendung von „der, die, das" als hinweisendes Fürwort (Demonstrativpronomen) wird es – im Gegensatz zum bestimmten Geschlechtswort (definiten Artikel) – betont.

● Beispiele: *So eine Unordnung!* – Die *habe ich aber nicht gemacht.*
Nein, den *Mann habe ich noch nie hier gesehen.*
In das *Auto kriegen mich keine zehn Pferde.*

Das hinweisende Fürwort „der, die, das" kann als Begleiter wie auch als Stellvertreter eines Hauptwortes (Nomens) gebraucht werden.

● Beispiele: *Herr Manz ist da?* – Der *Herr kommt mir gerade recht.*
Herr Manz ist da? – Der *kommt mir gerade recht.*

Als hinweisendes Fürwort wird „der, die, das" nach Geschlecht (Genus), Zahl (Numerus) und Fall (Kasus) gebeugt (dekliniert). Die folgenden Tabellen zeigen die Formen von „der, die, das"

a) als Begleiter:

Einzahl (Singular)				*Mehrzahl (Plural)*
	männl.	*weibl.*	*sächl.*	*(m./ w. / s.)*
1. Fall (Nom.)	der Mantel	die Hose	das Tuch	die Personen
2. Fall (Gen.)	des Mantels	der Hose	des Tuches	der Personen
3. Fall (Dat.)	dem Mantel	der Hose	dem Tuch	den Personen
4. Fall (Akk.)	den Mantel	die Hose	das Tuch	die Personen

b) als Stellvertreter:

1. Fall (Nom.)	der	die	das	die
2. Fall (Gen.)	dessen	deren	dessen	deren

Einzahl (Singular)				*Mehrzahl (Plural)*
	männl.	*weibl.*	*sächl.*	*(m./ w. / s.)*
3. Fall (Dat.)	dem	der	dem	denen
4. Fall (Akk.)	den	die	den	die

Die Formen „dessen“ und „deren“ können häufig an der Stelle eines besitzanzeigenden Fürwortes (Possessivpronomens) verwendet werden.

● Beispiele: *Ich habe Herrn Hansen und seine Frau schon lange nicht mehr gesehen.* (seine = besitzanzeigendes Fürwort)
Ich habe Herrn Hansen und dessen Frau schon lange nicht mehr gesehen. (dessen = hinweisendes Fürwort)

Manchmal ermöglicht nur die Verwendung von „dessen“ oder „deren“ statt des besitzanzeigenden Fürwortes eine eindeutige Aussage.

● Beispiele: *Ich habe heute Jan mit seinem Freund und seinem Hund gesehen.*
Gehört der Hund Jan oder dem Freund? Diese Frage wird geklärt, wenn man „dessen“ statt „seinem“ verwendet:
Ich habe heute Jan mit seinem Freund und dessen *Hund gesehen.*
Claudia holt gerade ihre Mutter und ihren *Bruder ab.*
Hier kann der Bruder von Claudia ebenso wie der Bruder ihrer Mutter gemeint sein. Wenn man „ihren“ durch „deren“ ersetzt, wird die Aussage eindeutig:
Claudia holt gerade ihre Mutter und deren *Bruder ab.*

Die weiblichen Doppelformen im 2. Fall (Genitiv) gelten für unterschiedliche Verwendungsweisen. Beim Gebrauch als Beifügung wird „deren“ vorangestellt, während „derer“ nachgestellt gebraucht wird.

● Beispiele: *Einige Leute kamen zu spät, und wir amüsierten uns auf deren Kosten.*
Wir amüsierten uns auf Kosten derer, die zu spät kamen.

Die Formen von „dieser“, „jener“ und „solcher“

a) Mit „dieser, diese, dieses“ kann auf eine Person oder Sache hingewiesen werden, die dem Sprecher räumlich oder zeitlich nahe ist. Es wird in der geschriebenen Sprache dem hinweisenden Fürwort „der, die, das“ vorgezogen, weil dort die Unterscheidung zwischen dem

hinweisenden Fürwort (Demonstrativpronomen) und dem bestimmten Geschlechtswort (definiten Artikel) mittels Betonung nicht gegeben ist. „Dieser, diese, dieses" kann sowohl als Begleiter wie auch als Stellvertreter eines Hauptwortes (Nomens) verwendet werden.
Es wird – für beide Verwendungsweisen – folgendermaßen gebeugt:

Einzahl (Singular)				*Mehrzahl (Plural)*
	männl.	*weibl.*	*sächl.*	*m. / w. / s.*
1. Fall (Nom.)	dieser	diese	dieses	diese
2. Fall (Gen.)	dieses	dieser	dieses	dieser
3. Fall (Dat.)	diesem	dieser	diesem	diesen
4. Fall (Akk.)	diesen	diese	dieses	diese

Für „dieses" gibt es auch die Kurzform „dies". Sie wird vor allem in der Aufgabe als Stellvertreter eines Hauptwortes (Nomens) bevorzugt.

● Beispiele: *Wir haben über dies und jenes gesprochen.*
Dies kenne ich nicht.
Dies kann ich nicht lesen.

b) Mit „jener, jene, jenes" wird grundsätzlich auf Entfernterliegendes verwiesen. Wird es zusammen mit einer Form von „dieser" verwendet, dann drücken beide Formen einen Gegensatz aus.

● Beispiele: *Dies Bild ist echt, jenes dagegen gefälscht.*
Jener Sommer war herrlich, dieser jedoch war eine Katastrophe.
Dies ist unser Parkplatz, jener gehört unseren Nachbarn.

Das hinweisende Fürwort „jener, jene, jenes" kann sowohl als Begleiter wie auch als Stellvertreter eines Hauptwortes gebraucht werden. Seine Formen lauten in beiden Fällen:

Einzahl (Singular)				*Mehrzahl (Plural)*
	männl.	*weibl.*	*sächl.*	*m. / w. / s.*
1. Fall (Nom.)	jener	jene	jenes	jene
2. Fall (Gen.)	jenes	jener	jenes	jener
3. Fall (Dat.)	jenem	jener	jenem	jenen
4. Fall (Akk.)	jenen	jene	jenes	jene

c) „Solcher, solche, solches" verweist in der Regel auf eine Eigenschaft, die entweder schon benannt wurde oder aufgrund der Situation, des Zusammenhangs oder anderweitig bekannt ist. Es kann als Begleiter wie auch als Stellvertreter eines Hauptworts (Nomens) gebraucht werden.

● Beispiele: *Solches Glück hat man nur einmal im Leben.*
Hast du solche Bilder schon einmal gesehen?
Solche wie dich können wir gut gebrauchen.

„Solche, solche, solches" wird folgendermaßen gebeugt:

Einzahl (Singular)				*Mehrzahl (Pl.)*
	männl.	*weibl.*	*sächl.*	*m. / w. / s.*
1. Fall (Nom.)	solcher	solche	solches	solche
2. Fall (Gen.)	solchen	solcher	solchen	solcher
3. Fall (Dat.)	solchem	solcher	solchem	solchen
4. Fall (Akk.)	solchen	solche	solches	solche

Diese Formen gelten für den Gebrauch als Begleiter wie auch für den Gebrauch als Stellvertreter eines Hauptwortes (Nomens).
Häufig wird „solcher, solche, solches" mit dem unbestimmten Geschlechtswort (indefiniten Artikel) verwendet. Dabei kann es unmittelbar vor oder unmittelbar nach dem unbestimmten Geschlechtswort stehen.

● Beispiele: *Eine solche Leistung ist kaum noch zu überbieten.*
Solch eine Leistung ist kaum noch zu überbieten.

Folgt „solcher, solche, solches" dem unbestimmten Geschlechtswort, dann wird es wie ein Eigenschaftswort in gleicher Stellung gebeugt (dekliniert). Geht „solcher, solche, solches" aber dem unbestimmten Geschlechtswort voraus, dann bleibt es ungebeugt.

Die Formen von „derselbe, dieselbe, dasselbe" und „derjenige, diejenige, dasjenige"

Beide Fürwörter, sowohl „derselbe, dieselbe, dasselbe" als auch „derjenige, diejenige, dasjenige", werden jeweils doppelt gebeugt, d.h. beide Bestandteile der Wörter werden gebeugt. Der Teil „der-, die-, das-" wird genauso wie das gleichlautende bestimmte Geschlechtswort (Artikel) gebeugt.
Der zweite Bestandteil „-selbe" / „-jenige" wird wie ein Eigenschaftswort (Adjektiv) gebeugt, das auf ein bestimmtes Geschlechtswort (definiten Artikel) folgt.
Beide Fürwörter können sowohl als Begleiter wie auch als Stellvertreter eines Hauptwortes (Nomens) gebraucht werden.

„Derselbe, dieselbe, dasselbe" weist auf die Gleichheit oder Gleichartigkeit der bezeichneten Größe mit einer anderen Größe hin.

● Beispiele: *Sie besuchen dieselbe Schule.*
Das ist derselbe Fahrer wie gestern.
Sie fahren immer zu derselben Zeit in Urlaub.

Die Formen für „derselbe, dieselbe, dasselbe“ lauten:

Einzahl (Singular)				*Mehrzahl (Plural)*
	männl.	*weibl.*	*sächl.*	*m. / w. / s.*
1. Fall (Nom.)	derselbe	dieselbe	dasselbe	dieselben
2. Fall (Gen.)	desselben	derselben	desselben	derselben
3. Fall (Dat.	demselben	derselben	demselben	denselben
4. Fall (Akk.)	denselben	dieselbe	dasselbe	dieselben

Diese Formen gelten für den Gebrauch als Begleiter ebenso wie für den Gebrauch als Stellvertreter eines Hauptwortes (Nomens). Der erste Bestandteil des Fürwortes (Pronomens) „derselbe, dieselbe, dasselbe“, also „der-, die- oder das-“, kann wie beim bestimmten Geschlechtswort (definiten Artikel) mit einem Verhältniswort (Präposition) verschmelzen.

● Beispiele: *Wir treffen uns beim (bei dem-) selben Eingang wieder.*
Sie kamen am (an dem-) selben Tag zur Welt.
Beide gehen zum (zu dem-) selben Friseur.

„Derjenige, diejenige, dasjenige“ verweist meist auf einen nachfolgenden Bezugswortsatz (Relativsatz).

● Beispiele: *Diejenigen, die das nicht verstanden haben, sollen nach dem Unterricht noch dableiben.*
Diejenigen Konferenzteilnehmer, die noch kein Zimmer haben, mögen sich bitte am Empfang melden.
Ich möchte denjenigen sehen, der das besser gemacht hätte.
Er bittet diejenigen nach vorne zu kommen, die bisher noch kein Gedicht aufgesagt haben.

„Derjenige, diejenige, dasjenige“ wird folgendermaßen gebeugt (dekliniert):

Einzahl (Singular)				*Mehrzahl (Plural)*
	männl.	*weibl.*	*sächl.*	*m. / w. / s.*
1. Fall (Nom.)	derjenige	diejenige	dasjenige	diejenigen
2. Fall (Gen.)	desjenigen	derjenigen	desjenigen	derjenigen
3. Fall (Dat.)	demjenigen	derjenigen	demjenigen	denjenigen
4. Fall (Akk.)	denjenigen	diejenige	dasjenige	diejenigen

Die Beugung des Fragefürwortes (Interrogativpronomens)

Fragefürwörter (Interrogativpronomen) leiten Frage- und Ausrufesätze ein. Zu ihnen zählen:

- wer, was
- welcher, welche, welches
- was für [ein]
- wievieler, wieviele, wievieles

Die Formen von „wer" und „was"

Das Fürwort „wer, was" wird als Stellvertreter eines Hauptwortes (Nomens) verwendet.

● Beispiele: Ein Gast *hat sich beschwert.* Die Rechnung *ist falsch.*
Wer *hat sich beschwert?* Was *ist falsch?*

Die Form des Fürwortes „wer" bezieht sich auf Personen – sowohl männlichen wie weiblichen Geschlechts – die Form „was" auf Sachen oder Sachverhalte.

● Beispiele: Eine Frau *hat nach Ihnen gefragt.*
Wer *hat nach mir gefragt?*
Der Chef *sucht Sie.*
Wer *sucht mich?*
Der Brief *muß heute noch abgeschickt werden.*
Was *muß heute noch abgeschickt werden*?
Der Scheck wurde nicht eingelöst.
Was *ist mit dem Scheck*?

Auch wenn nach mehreren Personen oder Sachen gefragt wird, steht die Form des Fragefürwortes (Interrogativpronomens) immer in der Einzahl (im Singular).

● Beispiele: Wer *kommt alles zu deiner Feier*?
Mein Bruder mit seiner Familie, zwei Kolleginnen, Inge mit ihrem Freund, meine Eltern, Onkel Gustav, Tante Hilde und Herbert mit Frau.
Was *muß ich noch alles besorgen*?
Getränke, etwas zum Knabbern und vielleicht noch etwas Obst.

Das Fragefürwort „wer, was“ wird folgendermaßen gebeugt:

	in bezug auf Personen	*in bezug auf Sachen*
1. Fall (Nominativ)	wer	was
2. Fall (Genitiv)	wessen	wessen
3. Fall (Dativ)	wem	(was)
4. Fall (Akkusativ)	wen	was

Die Formen von „welcher, welche, welches“

Mit diesem Fragefürwort fragt man nach einer Auswahl aus einer bestimmten Menge von Personen oder Sachen. Es kann sowohl als Begleiter wie auch als Stellvertreter eines Hauptwortes (Nomens) verwendet werden.

● Beispiel: Dieses Haus *würde mir gefallen.*
Welches Haus *würde dir gefallen*? = Begleiter
Welches *würde dir gefallen*? = Stellvertreter

Die Beugungsformen lauten in beiden Verwendungsweisen:

	Einzahl (Sing.)			*Mehrzahl (Plural)*
	männl.	*weibl.*	*sächl.*	*m. / w. / s.*
1. Fall (Nom.)	welcher	welche	welches	welche
2. Fall (Gen.)	welchen(es)	welcher	welchen(es)	welcher
3. Fall (Dat.)	welchem	welcher	welchem	welchen
4. Fall (Akk.)	welchen	welche	welches	welche

Die Formen von „was für (ein)“

Mit diesem Fragefürwort (Interrogativpronomen) wird nach der Beschaffenheit oder Eigenschaft einer Person oder Sache gefragt. Es kann als Begleiter, aber auch als Stellvertreter eines Hauptwortes (Nomens) gebraucht werden.

● Beispiele: *Sie hat sich einen Schönschreibfüller gekauft.*
Was für einen *Füller hat sie sich gekauft*?
Was für einen *hat sie sich gekauft*?

Bei der Beugung (Deklination) dieses Fragefürwortes bleibt der Ausdruck „was für“ in allen Formen unverändert. Der Bestandteil „ein“ wird gebeugt wie das unbestimmte Geschlechtswort (indefiniter Artikel).
Als Begleiter wird „was für ein“ folgendermaßen gebeugt:

	männlich	weiblich	sächlich
Einzahl (Singular)			
1. Fall (Nom.)	was für ein	was für eine	was für ein
2. Fall (Gen.)	was für eines	was für einer	was für eines
3. Fall (Dat.)	was für einem	was für einer	was für einem
4. Fall (Akk.)	was für einen	was für eine	was für ein
Mehrzahl (Plural)			
alle Formen gleichlautend „was für"			

Als Stellvertreter lauten die Formen für „was für ein":

	männlich	weiblich	sächlich
Einzahl (Singular)			
1. Fall (Nom.)	was für einer	was für eine	was für ein(es)
2. Fall (Gen.)	was für eines	was für einer	was für eines
3. Fall (Dat.	was für einem	was für einer	was für einem
4. Fall (Akk.)	was für einen	was für eine	was für ein(es)
Mehrzahl (Plural)			
1. Fall (Nom.)	was für welche		
2. Fall (Gen.)	was für welcher		
3. Fall (Dat.)	was für welchen		
4. Fall (Akk.)	was für welche		

Häufig – vor allem in Ausrufesätzen – stehen die beiden Wörter „was" und „für ein" getrennt an unterschiedlichen Stellen im Satz.

● Beispiele: *Was hast du heute für ein schickes Kleid an?*
Was ist das für eine tolle Musik?
Was du für einen komischen Geschmack hast!

Die Formen von „wievieler, wieviele, wievieles"

Die Formen des Fragefürwortes „Wievieler, wieviele, wievieles" fragen nach der Anzahl von Personen oder Sachen bzw. nach dem Umfang einer Menge. Es kann ein Hauptwort (Nomen) begleiten oder auch allein gebraucht werden.

● Beispiele: *Wieviele Personen werden an der Sitzung teilnehmen?*
Wieviele Seiten wird das ausmachen?
Wieviele werden zur Konferenz kommen?
Wieviel hast du noch in der Kasse?

„Wievieler, wieviele, wievieles" wird wie ein Eigenschaftswort (Adjektiv) gebeugt:

	Einzahl (Singular)			*Mehrzahl (Plural*
	männl.	*weibl.*	*sächl.*	
1. Fall (Nom.)	wievieler	wieviele	wievieles	wieviele
2. Fall (Gen.)	wievielen	wievieler	wievielen	wievieler
3. Fall (Dat.)	wievielem	wievieler	wievielem	wievielen
4. Fall (Akk.)	wievielen	wieviele	wievieles	wieviele

Zu der gebeugten Form „wievieler" gibt es daneben auch die ungebeugte (unflektierte) Form „wieviel", die vor allem in der Einzahl (Singular) bevorzugt verwendet wird.

● Beispiele: *Mit wievieler Zeit muß man rechnen?*
Mit wieviel Zeit muß man rechnen? (gebräuchlicher)
Wieviele (Überstunden) hattest du letzten Monat?
Wieviel hattest du letzten Monat?

Die Beugung des bezüglichen Fürwortes (Relativpronomens)

Zu den bezüglichen Fürwörtern gehören im allgemeinen:
a) *der, die, das*
b) *welcher, welche, welches*
c) *wer, was*

Das bezügliche Fürwort (Relativpronomen) stellt die Verbindung zwischen übergeordnetem Satz und Bezugswortsatz her. Es richtet sich in grammatischem Geschlecht (Genus) und grammatischer Zahl (Numerus) nach dem Hauptwort (Nomen), auf das es sich bezieht.

● Beispiel: *Der Pullover, den ich anhabe, ist aus Schottland.*
männlich / Einzahl
Das ist die Uhr, die ich ihr letztes Jahr schenkte.
weiblich / Einzahl
Die Möbel, die wir bestellt haben, kommen morgen.
Mehrzahl

Der Fall (Kasus) des bezüglichen Fürwortes (Relativpronomens) hängt ab von der Rolle, die es im Bezugswortsatz (Relativsatz) spielt.

● Beispiele: *Das Auto, das sie am liebsten hätte, ist unbezahlbar.*
„das" = 1. Fall (Nominativ)
Das Auto, dessen Stoßstange beschädigt ist, gehört mir.
„dessen" = 2. Fall (Genitiv)

Das Auto, dem du nicht ansiehst, daß es gebraucht ist, ist günstig zu haben. „dem“ = 3. Fall (Dativ)
Das Auto, das ich zum Kauf anbiete, ist fast neuwertig. „das“ = 4. Fall (Akkusativ)

Die Formen von „der, die, das“

„Der, die, das“ ist das gebräuchlichste bezügliche Fürwort (Relativpronomen). Aus stilistischen Gründen – um eine Wiederholung gleichlautender Wörter zu vermeiden – wird es im schriftlichen Sprachgebrauch oft durch eine Form von „welcher“ ersetzt.
„Der, die, das“ wird folgendermaßen gebeugt:

	Einzahl (Singular)			*Mehrzahl (Plural)*
	männlich (Maskulinum)	*weiblich (Femininum)*	*sächlich (Neutrum)*	
1. Fall (Nom.)	der	die	das	die
2. Fall (Gen.)	dessen	deren	dessen	deren
3. Fall (Dat.)	dem	der	dem	denen
4. Fall (Akk.)	den	die	das	die

Die Formen von „welcher, welche, welches“

	Einzahl (Singular)			*Mehrzahl (Plural)*
	männlich (Maskulinum)	*weiblich (Femininum)*	*sächlich (Neutrum)*	
1. Fall (Nom.)	welcher	welche	welches	welche
2. Fall (Gen.)	welches	welcher	welches	welcher
3. Fall (Dat.)	welchem	welcher	welchem	welchen
4. Fall (Akk.)	welchen	welche	welches	welche

Die Formen von „wer, was“

Wird der Bezugswortsatz dem Hauptsatz vorangestellt, so wird der Bezugswortsatz (Relativsatz) mit „wer“ oder „was“ eingeleitet.

● Beispiele: *Wer für den Vorschlag ist, der hebe seinen Arm.*
Was mich am meisten freut, das sind die drei freien Tage.

„Wer“ bezieht sich auf eine oder mehrere Personen, während „was“ sich auf eine oder mehrere Sachen bezieht.
„Was“ steht als bezügliches Fürwort (Relativpronomen) – auch bei nachgestelltem Bezugswortsatz (Relativsatz) – vor allem – nach Fürwörtern

(Pronomen) und Zahlwörtern (Numeralien) sächlichen Geschlechtes (Genus Neutrum)

● Beispiel: *Er hatte an allem, was er sah, etwas auszusetzen.*

- nach der Höchststufe (Superlativ) eines Eigenschaftswortes (Adjektivs), das als Hauptwort gebraucht wird

● Beispiel: *Das war das Beste, was uns passieren konnte.*

- in weiterführenden Nebensätzen, die sich auf den vollen vorausgehenden Teilsatz beziehen

● Beispiel: *Sie war beim Friseur gewesen, was jeder sofort bemerkte.*

Die folgende Tabelle zeigt die Beugungsformen von „wer" und „was":

	in bezug auf Personen	*in bezug auf Sachen*
1. Fall (Nom.)	wer	was
2. Fall (Gen.)	wessen	wessen
3. Fall (Dat.)	wem	(was)
4. Fall (Akk.)	wen	was

Die Beugung der unbestimmten Fürwörter (Indefinitpronomen)

Zu den unbestimmten Fürwörtern (Indefinitpronomen) gehören vor allem: *alles, einer, etwas, irgendeiner, jedermann, jemand, keiner, man, mancher* (vergl. dazu das Kapitel „Die Wortarten: Das unbestimmte Fürwort")

Die nachfolgende Übersicht gibt nähere Informationen zur Beugung der wichtigeren unbestimmten Fürwörter sowie zum Gebrauch ihrer Formen:

- „alle"
  – wird wie „dieser" gebeugt; Gebrauch als Begleiter und Stellvertreter

● Beispiele: *Alle Aufregung war vergebens.*
Ich habe alles erledigt.

- „einer"
  – bezeichnet eine beliebige, aber identifizierbare Person oder Sache aus einer Auswahlmenge

● Beispiele: *Auf dem Schreibtisch lagen mehrere Ordner. Einer davon enthielt wichtige Dokumente.*
Wir hätten gerne ein Zimmer. Haben Sie eins mit Blick aufs Meer?

	männlich	*weiblich*	*sächlich*
1. Fall (Nom.)	einer	eine	eines
2. Fall (Gen.)	eines	einer	eines
3. Fall (Dat.)	einem	einer	einem
4. Fall (Akk.)	einen	eine	eines

„Einer“ wird in der gesprochenen Sprache häufig auch an Stelle von „man“ oder „jemand“ verwendet. Es gilt in diesem Fall - wie „man“ oder „jemand“ - als geschlechtsunabhängig.

● Beispiele: *Das soll einer lesen können?*
Kann einer mir hier mal helfen?
Einer kommt immer.

• „etwas“
– unveränderliche Form; Gebrauch als Begleiter in Verbindung mit als Hauptwort gebrauchtem Eigenschaftswort (nominalisiertem Adjektiv), sonst als Stellvertreter

● Beispiele: *Hast du schon etwas Neues von ihm gehört?*
Hast du etwas dagegen?

• „jedermann“
– nur als Stellvertreter gebraucht; bezeichnet ausschließlich Menschen und zwar unabhängig vom Geschlecht

1. Fall (Nom.)	jedermann
2. Fall (Gen.)	jedermanns
3. Fall (Dat.)	jedermann
4. Fall (Akk.)	jedermann

„Jedermann“ ist im wesentlichen auf schriftlichen Sprachgebrauch beschränkt.

● Beispiele: *Das trifft nicht jedermanns Geschmack.*

• „jemand“
– nur als Stellvertreter verwendet; bezeichnet einen beliebigen Menschen aus einer Gesamtmenge

1. Fall (Nom.)	jemand
2. Fall (Gen.)	jemand(e)s
3. Fall (Dat.)	jemandem
4. Fall (Akk.)	jemanden

● Beispiele: *Hat jemand meinen Schlüssel gesehen?*
Darüber mußte ich mit jemandem sprechen.

- „man"
  – nur als Stellvertreter gebraucht; bezeichnet eine nicht abgrenzbare Anzahl von Menschen ohne Beachtung des Geschlechts

1. Fall (Nom.)	man
2. Fall (Gen.)	–
3. Fall (Dat.)	einem
4. Fall (Akk.)	einen

● Beispiele: *Das kann man aber besser ausdrücken.*
Das kann einem doch gleich sein.

- „keiner"
  – Verneinung von „ein" und „irgendein"; Verwendung als Begleiter und Stellvertreter
  – wird wie das besitzanzeigende Fürwort (Possessivpronomen) gebeugt

● Beispiele: *Ich hatte keine Lust, allein weiterzumachen.*
Keiner weiß, wo die gelbe Akte ist.

- „mancher"
  – Gebrauch als Begleiter und als Stellvertreter; Beugung wie „dieser"

● Beispiele: *Der Stoff ist an manchen Stellen etwas dünn.*
Mancher lernt es eben nie.

- „mehrere"
  – kommt nur in der Mehrzahl vor; kann als Begleiter wie auch als Stellvertreter gebraucht werden; bezeichnet eine begrenzte Anzahl

1. Fall (Nom.)	mehrere
2. Fall (Gen.)	mehrerer
3. Fall (Dat.)	mehreren
4. Fall (Akk.)	mehrere

● Beispiele: *Das Gerät besteht aus mehreren Einzelteilen.*
Mehrere gaben das Rennen vorzeitig auf.

- „niemand"
  – Verneinung von „jemand"; nur als Stellvertreter gebraucht

1. Fall (Nom.)	niemand
2. Fall (Gen)	niemandes
3. Fall (Dat.)	niemand(em)
4. Fall (Akk.)	niemand(en)

● Beispiele: *Ich brauche niemanden zu fragen.*
Es war niemand in deinem Zimmer.

Die Wortbildung

Jede lebende Sprache benötigt ständig neue Wörter zur Bezeichnung neuer Betrachtungsweisen, neuer Dinge, neuer Vorgänge, neuer Sachverhalte und neuer Zusammenhänge. Um diesen Bedarf zu decken, könnte man einfach neue Wörter erfinden. Die Bedeutung dieser neuen Bezeichnungen – der neuen Wortschöpfungen (Neologismen) – müßten dann jedoch erst einmal allen Sprachbenutzern bekannt gemacht werden. Da dies mit erheblichen Umständen verbunden ist, sind Wortneuschöpfungen auch äußerst selten. So entstanden in den letzten Jahrhunderten nur einige lautmalende (onomatopoetische) Wörter, die, nachdem sie das, was sie bezeichnen, mit Lauten nachzugestalten versuchen, keiner weiteren Erläuterung bedürfen.

● Beispiele: *bimmeln, quieken, prusten*

Die Methode der Neuschöpfung von Wörtern ist also nicht geeignet, den enormen Bedarf an neuen Bezeichnungen zu decken. Daher greift man bei der Bildung neuer Wörter meist auf bereits vorher bekannte Bestandteile zurück, und zwar so, daß die Bedeutung des neuen Wortes aus der Bedeutung seiner Bestandteile erschlossen werden kann. Man kann also das neue Wort mit bekannten Wörtern umschreiben. Diese Umschreibung nennt man auch „Paraphrase".

● Beispiele: *Vordrängler* = jemand, der sich vordrängelt
stadtbekannt = in der ganzen Stadt bekannt
U-Bahn = Untergrundbahn

Bei den neugebildeten Wörtern handelt es sich meistens um Hauptwörter (Nomina), Eigenschaftswörter (Adjektive) und um Zeitwörter (Verben). Um zu solchen neuen Wörtern zu gelangen, gibt es unterschiedliche Verfahren, die im nachfolgenden Abschnitt näher vorgestellt und erläutert werden.

Wortbildungsverfahren im Überblick

Grundsätzlich lassen sich drei Gruppen von Wortbildungsverfahren unterscheiden:

- Ableitungen
- Zusammensetzungen
- Verkürzungen

Die Ableitung

Bei der Ableitung wird aus einem vorhandenen bekannten Wort oder Wortstamm ein neues Wort gewonnen, indem man

- an das bekannte Wort eine Vor- oder Nachsilbe anhängt,

● Beispiele: *Ant-wort, Ge-hölz, Bäcker-ei* = Hauptwörter (Nomina)
a-normal, röt-lich, ur-alt = Eigenschaftswörter (Adjektive)
be-werben, ent-scheiden, tänz-eln = Zeitwörter (Verben)

- das Wort im Inneren seines Stammes verändert,

● Beispiele: *brechen → Bruch, werfen → Wurf*
hart → härten, scharf → schärfen
Stahl → stählen Trost → trösten

- das Wort ohne äußere Veränderung in seiner Wortart verändert.

● Beispiele: *graben → Grab, proben → Probe*
blau → das Blau, grün → das Grün

Die hier vorgestellten Ableitungsmuster können beliebig miteinander kombiniert werden.

● Beispiele: *un-zer-trenn-lich, Ge-borgen-heit, be-läch-el-n*
(sowohl Vor- als auch Nachsilbe)
Ge-büsch, tänz-el-n, Türm-chen
(sowohl Vor- oder Nachsilbe und Veränderung im Stamm)

häus-lich, Zu-gabe, Ab-bruch
(Änderung der Wortart kombiniert mit Änderung des Wortstammes und Vor- oder Nachsilbe)

Die durch Ableitung gewonnenen Wörter können entsprechend der Wortart, der sie angehören, gebeugt (flektiert) werden.

● Beispiele: *fest → festigen: festigte, gefestigt*
brechen → Bruch: des Bruches, die Brüche
Mut → mutig: mutiger, am mutigsten

Die Zusammensetzung

Bildung der Zusammensetzungen

Bei der Zusammensetzung wird das neue Wort gebildet, indem man zwei oder mehrere vorhandene Wörter aneinanderfügt. Dabei können Wörter derselben Wortart ebenso miteinander verknüpft werden wie Wörter unterschiedlicher Wortarten.

● Beispiele: *saubermachen*
= Eigenschaftswort + Zeitwort (Adjektiv + Verb)
brustschwimmen = Hauptwort + Zeitwort (Nomen + Verb)
kennenlernen = Zeitwort + Zeitwort (Verb + Verb)
fortfahren = Verhältniswort + Zeitwort (Präposition + Verb)

Reiselust = Hauptwort + Hauptwort (Nomen + Nomen)
Tiefbau = Eigenschaftswort + Hauptwort (Adjektiv + Nomen)
Kneifzange = Zeitwort + Hauptwort (Verb + Nomen)
Vorfahrt = Verhältniswort + Hauptwort (Präposition + Nomen)

eiskalt = Hauptwort + Eigenschaftswort (Nomen + Adjektiv)
bitterböse = Eigenschaftswort + Eigenschaftswort (Adjektiv + Adjektiv)
treffsicher = Zeitwort + Eigenschaftswort (Verb + Adjektiv)
vorschnell = Verhältniswort + Eigenschaftswort (Präposition + Adjektiv)

Ist das erste Wort einer Zusammensetzung ein Zeitwort (Verb), so dient nur der Wortstamm als Bestandteil der Zusammensetzung, d.h. die Endung der Grundform „-en / -n“ wird weggelassen.

● Beispiele: *lauf(-en) + Schuhe → Laufschuhe*
kneif(-en) + Zange → Kneifzange
back(-en) + frisch → backfrisch
bummel(-n) + Zug → Bummelzug
jammer(-n) + Lappen → Jammerlappen
winsel(-n) + Laut → Winsellaut

Ist das erste Wort der Zusammensetzung ein Hauptwort, so wird diesem oft eine besondere Endung angehängt, die man „Fugenzeichen" nennt. Zum Teil lassen sich diese Fugenzeichen auf bestimmte Beugungsendungen zurückführen (Zusammensetzungen mit dem ersten Bestandteil im 2. Fall Einzahl oder in der Mehrzahlform). In vielen Fällen ist solch eine Erklärung allerdings nicht möglich.

● Beispiele für die gebräuchlichsten Fugenzeichen:
Bild(-er) + Buch → Bilderbuch
Kind(-er) + reich → kinderreich
Rind(-er) + Herde → Rinderherde
Dorn(-en) + Strauch → Dornenstrauch
Frau(-en) + feindlich → frauenfeindlich
Nonne(-n) + Kloster → Nonnenkloster
Friede(-ns) + Bewegung → Friedensbewegung
Glaube(-ns) + Bekenntnis → Glaubensbekenntnis
Herz(-ens) + gut → herzensgut
Freund(-es) + Kreis → Freundeskreis
Gesundheit(-s) + Vorsorge → Gesundheitsvorsorge
Verantwortung(-s) + bewußt → verantwortungsbewußt

Zusammensetzungen mit Bestandteilen fremdsprachlicher Herkunft weisen häufig als Fugenzeichen „-o" auf.

● Beispiele: *audiovisuell, Hydrokultur, Psycholinguistik, soziokulturell*

Zusammensetzungen können ihrerseits wieder Bestandteil einer neuen Zusammensetzung sein.

● Beispiel:

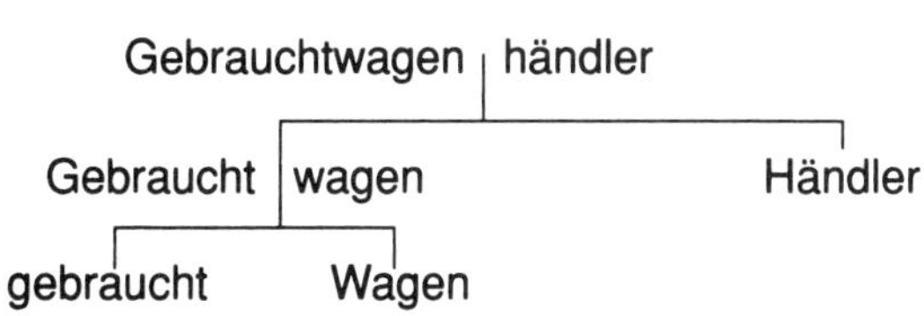

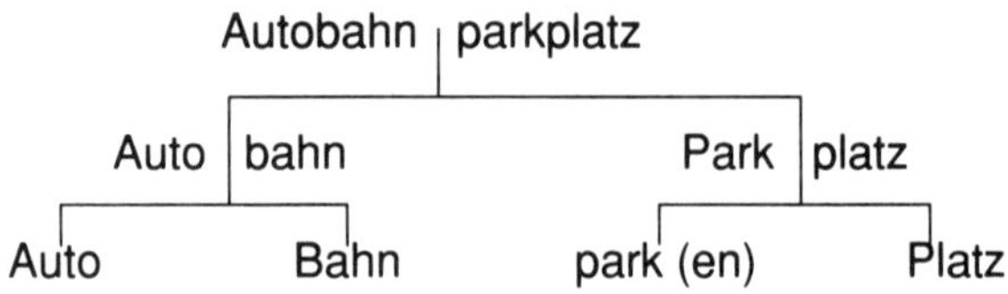

Zusammensetzungen können auch Ableitungselemente, also Vor- oder Nachsilben enthalten.

● Beispiele: *Vorortszug: Vor-Ort-(s)-Zug*
Vor- = Vorsilbe
Ort = Hauptwort (Nomen)
(s) = Fugenzeichen
Zug = Hauptwort (Nomen)
luftdurchlässig: „Luft-durch-läss-ig“
Luft = Hauptwort (Nomen)
durch = Verhältniswort (Präposition)
läss = Stamm + Umlaut von „lassen“ Zeitwort (Verb)
-ig = Nachsilbe (Suffix)

Das Wesen der Zusammensetzung

Der letzte Teil einer Zusammensetzung stellt immer den Kern des neugebildeten Wortes dar und ist für seine grammatischen Merkmale maßgebend. Dieser Teil wird daher auch als „Grundwort“ bezeichnet.

● Beispiele:

Sommerkleid	→	Sommer	+ Kleid	Kleider
Trachtenkleid	→	Trachten	+ Kleid	
Ballkleid	→	Ball	+ Kleid	
Baumwollkleid	→	Baumwoll	+ Kleid	

Diese Beispiele haben alle das Wort „Kleid“ zum Grundwort, sind also alles Kleider. Bei der Beugung (Deklination) richten sie sich nach dem Wort „Kleid“.

● Beispiele: *Das (Ball)kleid dort ist sehr hübsch.*
= sächlich (Neutrum) / Einzahl (Singular) / 1. Fall (Nominativ)
Die Farbe des (Sommer)kleides gefällt mir nicht.
= – / – / 2. Fall (Genitiv)
Ich habe viel Freude an meinem (Trachten)kleid.
= – / – / 3. Fall (Dativ)
Ich trage am liebsten ein (Baumwoll)kleid.
= – / – / 4. Fall (Akkusativ)
Ich liebe (Baumwoll)kleider.
= – / Mehrzahl (Plural)/ 4.Fall (Akkusativ)

Wie an den Beispielen erkennbar wird, bestimmt das Grundwort auch die Zugehörigkeit der Neubildung zu einer Wortart:

- Eigenschaftswort + Hauptwort → Hauptwort (Nomen)

● Beispiel: *klein + Garten → Kleingarten*

- Verhältniswort + Hauptwort → Hauptwort (Nomen)

● Beispiel: *zwischen + Raum → Zwischenraum*

- Zeitwort + Hauptwort → Hauptwort (Nomen)

● Beispiel: *brat(en) + Pfanne → Bratpfanne*

- Hauptwort + Eigenschaftswort → Eigenschaftswort (Adjektiv)

● Beispiel: *Kalk + bleich → kalkbleich*

- Verhältniswort + Eigenschaftswort → Eigenschaftswort (Adjektiv)

● Beispiel: *nach + haltig → nachhaltig*

- Zeitwort + Eigenschaftswort → Eigenschaftswort (Adjektiv)

● Beispiel: *schlag(en) + fertig → schlagfertig*

- Hauptwort + Zeitwort → Zeitwort (Verb)

● Beispiel: *Teil + haben → teilhaben*

- Eigenschaftswort + Zeitwort → Zeitwort (Verb)

● Beispiel: *schön + färben → schönfärben*

- Verhältniswort + Zeitwort → Zeitwort (Verb)

● Beispiel: *durch + greifen → durchgreifen*

Bei Zusammensetzungen, die zur Gruppe der Hauptwörter gehören, wird das grammatische Geschlecht ebenfalls durch das Grundwort bestimmt.

● Beispiel: *(der) Abend + (das) Kleid → das Abendkleid*
(die) Tracht + (das) Kleid → das Trachtenkleid

Der erste Teil einer Zusammensetzung – das sogenannte Bestimmungswort – bestimmt in der Regel das Grundwort näher. Das kann man erkennen, wenn man die Bedeutung einer Zusammensetzung durch eine Umschreibung (Paraphrase) wiedergibt.
So wird:

- Ort, Lage oder Richtung der Grundwortbedeutung durch das Bestimmungswort näher bezeichnet

● Beispiele: *Wasserpflanze* = eine Pflanze, die im Wasser wächst
Geltungsbereich = der Bereich, in dem etwas gilt
Auslandsreise = eine Reise, die ins Ausland führt

- die Zeit für die Gültigkeit der Grundwortbedeutung bezeichnet

● Beispiele: *Sonntagszeitung* = eine Zeitung, die am Sonntag erscheint
Nachtfahrverbot = ein Fahrverbot, das in der Nacht gilt
Winterschlaf = ein Schlaf, der im Winter stattfindet
vorausplanen = im voraus planen

- die Art der Grundwortbedeutung näher bezeichnet

● Beispiele: *Reibeisenstimme* = eine Stimme wie ein Reibeisen
Kartoffelnase = eine Nase wie eine Kartoffel
kreidebleich = bleich wie Kreide

- der Grund oder die Ursache für die Grundwortbedeutung näher bestimmt

● Beispiele: *Zornesröte* = Röte durch Zorn begründet
Angstschweiß = Schweiß durch Angst verursacht
Schnittwunde = Wunde durch Schnitt verursacht

- eine Bedingung, unter der die Grundwortbedeutung gültig wird, benannt

● Beispiele: *Notausgang* = Ausgang im Fall einer Notlage
Notstandsgesetze = Gesetze, die im Notstand in Kraft treten

- der Zweck der Grundwortbedeutung durch das Bestimmungswort bezeichnet

● Beispiele: *Geschirrspülmaschine* = Maschine zum Geschirrspülen

Nagelfeile = Feile für die (Finger)Nägel
Bratpfanne = Pfanne, die zum Braten dient

- das Mittel, durch das die Grundwortbedeutung gültig wird, vom Bestimmungswort benannt

● Beispiele: *Bahnreise* = Reise mit dem Verkehrsmittel „Bahn"
Gewaltakt = ein Akt (eine Tat) mit Hilfe von Gewalt
Wunderheilung = eine Heilung mit Hilfe eines Wunders

- der Stoff, aus dem die Grundwortbedeutung besteht, vom Bestimmungswort bezeichnet

● Beispiele: *Obstsalat* = ein Salat bestehend aus Obst
Stahlnagel = ein Nagel aus Stahl
regenreich = reich an Regen

Wie andere Wörter unterliegen auch Zusammensetzungen dem Bedeutungswandel. So ist zu erklären, daß die Bedeutung solcher Zusammensetzungen nicht mehr aus den Bedeutungen ihrer Bestandteile zu erschließen ist.

● Beispiele: So zieht ein „*Drahtzieher*" keine Drähte, sondern läßt andere für sich wirken und bleibt selbst im Hintergrund.

Ein „*Sattelschlepper*" schleppt keine Sättel, sondern ist ein Lastkraftwagen mit verkürztem Fahrgestell, auf das ein Anhänger ohne Vorderachse aufgelegt wird.

Eine „*Stichprobe*" ist auch nicht die Prüfung eines Stichs, sondern die Untersuchung eines einzelnen Teils, von dem man aufs Ganze schließen kann.

Verkürzungen

Die Verkürzung von Wörtern und Ausdrücken ist kein neues Wortbildungsverfahren, hat aber in der Gegenwartssprache erheblich an Bedeutung gewonnen. In unserer von Technologie und Verwaltung geprägten Zeit ist der Bedarf an neuen und genauen Bezeichnungen sehr groß geworden. Mit Zusammensetzungen und Ableitungen ist dieser Bedarf nicht mehr zu befriedigen. Auch führen viele Zusammensetzungen zu unübersichtlichen Wortgebilden, so daß Verkürzungen zu einem üblichen Wortbildungsverfahren geworden sind. Verkürzungen treten in unterschiedlicher Form auf:

- Abkürzungen
- Kurzformen
- Kurzwörter

Abkürzungen

Diese Form für Verkürzungen gilt nur für die Schriftsprache. Sie dienen der Verkürzung der Schreibdauer. Wird jedoch der Text z.B. vorgelesen, so müssen die mit Abkürzungen bezeichneten Wörter voll ausgesprochen werden.

● Beispiele: *Abk.* (=Abkürzung), *allg.* (=allgemein), *Bankw.* (= Bankwesen), *Bez.* (= Bezeichnung), *bzw.* (= beziehungsweise), *d.h.* (= das heißt), *dt.* (= deutsch), *eigtl.* (= eigentlich), *Hdl.* (= Handel), *insbes.* (= insbesondere), *Jh.* (= Jahrhundert), *jmd.* (= jemand), *Lit.* (= Literatur), *o.a.* (= oben angeführt), *o.ä.* (= oder ähnliches), *u.a.* (= unter anderem), *u.ä.* (= und ähnliches), *urspr.* (= ursprünglich), *usw.* (= und so weiter), *vgl.* (=vergleiche), *wiss.* (= wissenschaftlich), *z.B.* (= zum Beispiel), *etc.* (= et cetera / und übrige)

Abkürzungen werden durch einen Punkt markiert. Keinen Punkt haben Abkürzungen von international gebrauchten Maßangaben.

● Beispiele: *cm* (Zentimeter), *m* (Meter), *g* (Gramm), *kg* (Kilogramm), *s* (Sekunde),*min* (Minute), *Std* (Stunde)

Kurzformen

Kurzformen von Wörtern werden gebildet, indem man bei einem bereits bekannten Wort – vor allem bei längeren oder zusammengesetzten Wörtern – einen Teil wegläßt.

● Beispiele: *Auto(mobil) → Auto; Fern(sprech)amt → Fernamt*

Die Bildung von Kurzformen ist vor allem bei Wörtern fremdsprachlicher Herkunft beliebt.

● Beispiele: *Akku* statt Akkumulator; *Labor* statt Laboratorium; *Bahn* statt Eisenbahn

Bei dem Verkürzungsverfahren wird häufig der Schlußteil des ursprünglichen Wortes weggelassen, da bereits der erste Teil des Wortes genügt, um dieses eindeutig zu identifizieren. Manchmal werden solche Kurzformen auch „Kopfwörter" genannt.

● Beispiele: *Ober* aus Oberkellner; *Foto* aus Fotografie; *Uni* aus Universität

Der Wegfall des ersten Wortteils ist seltener und im wesentlichen auf Zusammensetzungen beschränkt. Allerdings werden auch Eigennamen auf diese Weise verkürzt. Bisweilen werden diese Verkürzungen im Gegensatz zu den „Kopfwörtern" als „Schwanzwörter" bezeichnet.

● Beispiele: *Bus* aus Omnibus; *Platte* aus Schallplatte; *Rad* aus Fahrrad; *Rike* aus Ulrike; *Tony* aus Anthony

Bei längeren Zusammensetzungen fällt häufig auch ein Teil aus dem Inneren des Ausdrucks weg.

● Beispiele: *Füll(federhalt)er → Füller*
Achtstunden(arbeits)tag → Achtstundentag
Roll(kragenpull)i → Rolli

Kurzformen können ihrerseits wieder zu Bestandteilen von Zusammensetzungen sowie zur Grundlage von Ableitungen werden.

● Beispiele: *Foto(grafie) + Labor(atorium) → Fotolabor*
(Omni)bus + (Verkehrs)linie → Buslinie
Kinder + (Fahr)rad → Kinderrad
Fern(sprech)amt + -lich → fernamtlich
Foto(grafie) + -gen → fotogen
(Fahr)rad + -ler → Radler

Hinweis: Wir sprechen nicht von einer Kurzform, wenn von einer Zusammensetzung nur das Grundwort gebraucht wird, weil die nähere Bestimmung aus der Situation oder dem Zusammenhang klar und somit überflüssig geworden ist.

● Beispiele: *In Wimbledon werden täglich 280 Schläger* (statt Tennisschläger) *neu besaitet.*
Der Bräutigam steckte der Braut den Ring (statt Fingerring) *an.*

Kurzwörter

Kurzwörter werden aus Bestandteilen mehrerer Wörter gebildet.

● Beispiele: *Auszubildender* → *Azubi*
Bürgerliches Gesetzbuch → BGB
Elektronische Datenverarbeitung → EDV

Im Gegensatz zu den Abkürzungen, die meist nur im schriftlichen Sprachgebrauch verwendet werden, im mündlichen Sprachgebrauch aber in der Regel vollständig ausgesprochen werden, sind Kurzwörter eigenständige Wörter, d.h. die zusammengesetzten Teile bilden das neue Wort. Die Bildung von Kurzwörtern ist gerade in der Gegenwartssprache sehr häufig. Dabei nehmen zahlenmäßig die Buchstaben- oder Initialwörter den ersten Rang unter den Kurzwörtern ein. Buchstabenwörter werden aus mehrgliedrigen Ausdrücken gewonnen, indem man jeweils einen Buchstaben eines Gliedes nimmt und so den meist langen Ausdruck verkürzt. In der Regel wählt man jeweils den Anfangsbuchstaben aus (also die Initialen), daher stammt auch die Bezeichnung „Initialwörter".

● Beispiele: *APO* → *außerparlamentarische Opposition*
TÜV → *Technischer Überwachungsverein*
UN → *United Nations (Vereinte Nationen)*

Bei den Buchstabenwörtern (Initialwörtern) unterscheidet man zwei Typen. Die eine Gruppe besteht aus Wörtern, bei denen jeder Buchstabe ausgesprochen wird.

● Beispiele: *CD* ausgesprochen: „zehdeh" (compact disk)
a.D. ausgesprochen: „ahdeh" (außer Dienst)
EDV ausgesprochen: „ehdehfau" (elektronische Datenverarbeitung)

Diese Aussprache ist durch die Häufung von Mitlauten bedingt. Besonders beliebt ist die zweite Gruppe, bei der die Buchstabenfolge wie ein normales Wort gesprochen wird.

● Beispiele: *ASU* gesprochen: „ahsuh" (Abgassonderuntersuchung)

GAU gesprochen: „gau“ (größter anzunehmender Unfall)
Ufo gesprochen: „uhfoh“ (unidentified flying object = unbekanntes Flugobjekt)

Neben den Buchstabenwörtern (Initialwörtern) gibt es auch Wortbildungen, die aus Silben oder Teilen von Wörtern oder Zusammensetzungen gebildet weden.

● Beispiele: *Biogemüse* → biologisch angebautes Gemüse
Motel → Motor Hotel (Hotel, das Zimmer mit Autostellplatz vermietet)
Kripo → Kriminalpolizei

Auch Kurzwörter können selbst Bestandteil von Zusammensetzungen werden.

● Beispiele: *EDV-Berater; LKW-Fahrer; Bioladen; Mofahelm*

Besondere Wortbildungen

Neben den bereits dargestellten Wortbildungsverfahren gibt es noch einige andere Möglichkeiten, neue Wörter zu bilden.
So wird der Wortschatz der deutschen Sprache zur Zeit sehr stark durch Anleihen aus dem Amerikanischen erweitert. Wenn diese Lehnwörter dann eingedeutscht werden, d.h. deutschen Wortformen angepaßt werden, entstehen neue Wörter, die zum Teil in ihrer Bedeutung von der ursprünglichen Übersetzung abweichen.

● Beispiele: *jobben* (sich mit einer zeitlich begrenzten Gelegenheitsarbeit etwas Geld verdienen) → job (Arbeit);
kopieren (vervielfältigen) → to copy (abschreiben)
powern (mit Vollgas fahren) → power (Kraft, Energie)

Einige neue Wörter entstanden aus Übernahme von Eigennamen oder durch Anlehnung an Eigennamen.

● Beispiele: *pasteurisieren* (Nahrungsmittel durch Erhitzen haltbar machen) → an den Erfinder der Methode, Pasteur (französischer Chemiker)
Mansarde (ausgebautes Dachgeschoß) → an den französischen Baumeister Hardouin-Mansart
Mako (ägyptische Baumwolle) → an Mako Bey, den Hauptförderer des ägyptischen Baumwollanbaues

In jüngster Zeit werden eine Reihe von Hauptwörtern (Nomina) aus fremdsprachlichen Eigenschaftswörtern gewonnen, indem man diese verkürzt und mit einer neuen Endung versieht.

● Beispiele: *Fundi* (Anhänger der grundsätzlichen Lehre) → *fundamentalistisch* (grundsätzlich)
Macho (Vertreter übertriebener Männlichkeit) → *machismo* (männlich)
Profi (Berufssportler) → *professionell* (berufsmäßig)

Ein schon altes Wortbildungsverfahren, das in vielen Sprachen Verwendung findet, ist die Verdoppelung. Sie drückt häufig eine Verstärkung der ursprünglichen Bedeutung aus.

● Beispiele: *Bonbon, Kuckuck, Tamtam*

Im Deutschen kommt diese Wortbildung vor allem in der Kindersprache, aber auch in der Umgangssprache vor.

● Beispiele: *Mama, Papa, Wauwau*
gluckgluck, jaja, plemplem

Auch Wörter wie „tagtäglich“ oder „wortwörtlich“ gehören zu dieser Wortbildungsart. In naher Beziehung zu dieser Wortbildungsart stehen Klangverdoppelungen.

● Beispiele: *Klimbim, ratzeputz, ticktack, zickzack*

Die Bildung von Hauptwörtern (Nomina)

Der Bedarf an neuen Wörtern in der ohnehin schon sehr umfangreichen Klasse der Hauptwörter (Nomina) ist in unserer industriellen Welt besonders groß. Neue Produkte müssen benannt, Ereignisse griffig veranschaulicht werden, Begriffe aus anderen Sprachen werden übernommen oder finden eine deutsche Entsprechung. Im Regelfall werden neue Hauptwörter aus bereits vorhandenen Bestandteilen gewonnen.
Auf das Verfahren der Verkürzung soll in der nachfolgenden Darstellung der Hauptwortbildung nicht näher eingegangen werden, da sich diese Neubildungen selbst erklären. Somit geht es nachfolgend um die zwei wichtigsten Wortbildungsverfahren, um Ableitungen und Zusammensetzungen.

Abgeleitete Hauptwörter (Nomina)

Bei der Ableitung wird das neue Hauptwort (Nomen) gewonnen, indem ein bereits vorhandenes Wort als Grundlage dient, an die jeweils eine **Vor- oder Nachsilbe (Prä- / Suffix)** oder beides zusammen angehängt wird. Diese dienen also als Mittel zur Ableitung und werden daher auch „Ableitungsmittel“ genannt. Sie verändern die Bedeutung der Grundlage, wobei Nachsilben (Suffixe) auch das grammatische Geschlecht (Genus) des neugebildeten Wortes beeinflussen können.

● Beispiele: *Arzt + -in* → *Ärztin* (männlich → weiblich)
Ordn(en) + -ung → *die Ordnung* (weiblich)
Ordn(en) + -er → *der Ordner* (männlich)
Schreib(en) + -er → *der Schreiber* (männlich)
Schreib(en) + -zeug → *das Schreibzeug* (sächlich)

Häufig sind an der Bildung eines Hauptwortes (Nomens) mehrere Wortbildungsvorgänge beteiligt. Beispiel:

Gebrauchs | anweisung

Gebrauch + (s)	Anweisung	(Zusammensetzung)
gebrauch (en)	anweis(en) + -ung	(Ableitung + Wortklassenwechsel)
ge + brauchen	an + weisen	(Ableitung)

Die Reihenfolge dieser einzelnen Vorgänge läßt sich an dem Wort selbst jedoch nicht erkennen. Dazu müßte man sich mit der Bildungsgeschichte des Wortes beschäftigen. Die neu gewonnenen Hauptwörter kann man nach unterschiedlichen Merkmalen einteilen. So kann man sie nach ihrer Bedeutung gewissen Gruppen wie z. B. „Geschehensbezeichnungen“, „Gegenstandbezeichnungen“, „Personenbezeichnungen“, usw. zuordnen oder nach ihren Bestandteilen klassifizieren.
Aus Gründen der Übersichtlichkeit werden die Hauptwortableitungen nachfolgend geordnet nach der Wortart ihrer Grundlage vorgestellt.

Zeitwörter (Verben) als Grundlage der Ableitung

Bildung der Ableitungen
Die Bildung von Hauptwörtern (Nomina) aus Zeitwörtern (Verben) bezeichnet man als „Nominalisierung“ oder „Substantivierung“.

Man benötigt diese „Nominalisierung“ von Zeitwörtern, um über den Vorgang, den ein Zeitwort ausdrückt, etwas auszusagen, wobei dieser Vorgang häufig zum Satzgegenstand (Subjekt) des Aussagesatzes wird und so die Wortart des Hauptwortes wechselt.

● Beispiel: *Sie fuhren quer durch Europa. Dabei war die Fahrt durch die Alpen besonders schwierig.*

Es gibt mehrere Möglichkeiten, ein Hauptwort aus einem Zeitwort abzuleiten. So kann man die Grundform (Infinitiv) des Zeitwortes als Hauptwort gebrauchen, indem man ein Geschlechtswort (Artikel) vor die Grundform setzt und sie groß schreibt.

● Beispiele: *Das Essen war ausgezeichnet.*
Das Wandern macht mir Spaß.
Das Lachen wird dir schon noch vergehen.

In allgemeinen Aussagen kann das bestimmte Geschlechtswort auch wegfallen.

● Beispiele: *Schwimmen ist gesund.*
Mit Lügen kommt man nicht weit.
Zuviel Arbeiten ist schädlich.

Es gibt auch Ableitungen von Hauptwörtern aus dem Stamm eines Zeitwortes. Diese sind meistens mit einer Veränderung des Selbstlautes (Stammvokals) verbunden (Ablaut).

● Beispiele: *Das war ein guter Wurf.* (werf(en) → Wurf)
Der Bruch war kompliziert. (brech(en) → Bruch)
Der Sprung war weit genug. (spring(en) → Sprung)

Die gebräuchlichste Form, Hauptwörter von Zeitwörtern abzuleiten, ist die Bildung mit Hilfe von Nachsilben (Suffixen). Vorsilben (Präfixe) spielen hier kaum eine Rolle. Nur die Vorsilbe „Ge-“ zusammen mit der Nachsilbe „-e“ ist hier üblich.

● Beispiele: *dräng(en) → Ge-dräng-e*
folg(en) → Ge-folg-e
red(en) → Ge- red-e

Fast alle Nachsilben der Hauptwortbildung sind hinsichtlich ihres grammatischen Geschlechts (Genus) festgelegt. So sind z.B. die Nachsilben „-and“, „-ant“, „-er“, „-eur“, „-ling“ männlich (maskulin).

- Beispiele: *der Konfirmand, der Proband, der Denunziant, der Immigrant, der Sympathisant, der Bäcker, der Dichter, der Fahrer, der Leiter, der Gouverneur, der Masseur, der Provokateur, der Abkömmling, der Eindringling, der Schreiberling*

Wichtige weibliche (feminine) Nachsilben (Suffixe) sind z.B. „-age“, „-anz“, „-ation“, „-e“, „-(er)ei“, „-euse“, „-ung“.

- Beispiele: *die Blamage, die Drainage, die Massage*
  die Ambulanz, die Arroganz, die Prägnanz
  die Deklaration, die Konfirmation, die Reformation
  die Bremse, die Feile, die Habe, die Spende
  die Bummelei, die Keilerei, die Schreiberei
  die Friseuse, die Friteuse, die Masseuse
  die Ablehnung, die Betrachtung, die Sicherung

Die gebräuchlichsten sächlichen (neutralen) Nachsilben (Suffixe) sind: „-at“, „-ement“, „-(e)“ + Vorsilbe „Ge-“, „-gut“, „-nis“, „-tum“, „-werk“, „-zeug“.

- Beispiele: *das Diktat, das Konzentrat, das Referat, das Zitat*
  das Bombardement, das Engagement
  das Gebrüll, das Geschiebe, das Gezanke
  das Strandgut (aus strand(en) + - gut), das Treibgut
  das Ärgernis, das Bekenntnis, das Versäumnis
  das Siechtum, das Wachstum
  das Flickwerk, das Machwerk
  das Flickzeug, das Nähzeug, das Schreibzeug, das Werkzeug

Bedeutung der Ableitungsmittel

Die Ableitungsmittel beeinflussen oder verändern die Bedeutung ihrer jeweiligen Grundlage. Nach ihren inhaltlichen Merkmalen kann man die Ableitungsmittel in folgende Gruppen einteilen: Ableitungsmittel, die

a) Geschehen, also Abläufe, Handlungen oder Zustände,
b) Personen,
c) Gegenstände oder Sachen,
d) Beziehungen oder Eigenschaften bezeichnen.

a) Um Geschehen zu bezeichnen, werden hauptsächlich die Nachsilben „-e“, „-ei“, „-erei“, „-ung“ sowie die Nachsilbe „-e“ in Verbindung mit der Vorsilbe (dem Präfix) „Ge-“ verwendet. Hinzu kommen einige

Nachsilben fremdsprachlicher Herkunft, die auch nur an Zeitwörter aus fremden Sprachen angehängt werden können.

- Die Nachsilbe „-ung“ ist das am häufigsten verwendete Ableitungsmittel für die Bezeichnung von Geschehen. Sie wird vor allem dann verwendet, wenn aus Zeitwörtern mit Vorsilben (Präfixverben) Hauptwörter gebildet werden.

● Beispiele: *benutz(en) + -ung → Benutzung*
verbreit(en) + -ung → Verbreitung
zubereit(en) + -ung → Zubereitung

In diesem Bereich gibt es einige Ableitungen früherer Zeit, die ihre Nachsilbe „-ung“ verloren haben oder überhaupt ohne Nachsilbe mit Ablaut gebildet wurden, wie z.B. „Bruch, Grab, Beruf(ung)“.
Zu manchen dieser Formen sind erneut Ableitungen mit „-ung“ entstanden, allerdings mit einer unterschiedlichen Bedeutung.

● Beispiele: *brech(en) → Bruch* (Ergebnis des allgemeinen Vorganges)
brech(en) → Brechung (z.B. von Licht- oder Schallwellen)
grab(en) → Grab (Ergebnis des Vorganges, zweckgebunden)
grab(en) → Grabung (Vorgang)
beruf(en) → Beruf (Ergebnis)
beruf(en) → Berufung (Vorgang)

- Die Nachsilbe „-er“ bezeichnet ein Geschehen als einzelnes.

● Beispiele: *Er stieß einen Seufzer aus.*
Vom Gipfel ertönte ein Jodler.
Das war nur ein Ausrutscher.

- Die Nachsilben „-erei“ und „-ei“ fügen der Grundbedeutung eine abfällige Wertung hinzu.

● Beispiele: *Diese ständige Sucherei macht mich noch ganz krank.*
Ist diese ewige Schreiberei wirklich sinnvoll?
Ich kann diese Streitereien nicht mehr ertragen.

- Auch die Nachsilbe „-e“ verbunden mit der Vorsilbe „Ge-“ verleiht der Ableitung eine negative Nebenbedeutung (Konnotation).

● Beispiele: *Das Gekichere ist wirklich albern.*
Laß doch das Gequake sein!
Ich kann sein vornehmes Getue nicht leiden.

- Nachsilben wie „-age“, „-ation“, „-ement“ sind fremdsprachlicher Herkunft. Sie entsprechen inhaltlich der deutschen Nachsilbe „-ung“ und dienen zur „Nominalisierung“ fremdsprachlicher Zeitwörter, die auf „-ieren“ enden.

● Beispiele: *Das war vielleicht eine Blamage.*
blam(ieren) + -age → Blamage
Er bekommt einen neuen Anzug zur Konfirmation.
konfirm(ieren) + -ation → Konfirmation
Ihr Engagement für die Umwelt ist zu bewundern.
engag(ieren) + -ement → Engagement

b) Zur Bezeichnung von Personen werden vornehmlich die Nachsilben „-er“ und „-ler“ gebraucht. Außerdem gibt es Ableitungen mit „-ling“ sowie mit Nachsilben fremdsprachlichen Ursprungs.

- Die Nachsilben „-er“ und „-ler“ drücken aus, daß jemand etwas gewöhnlich oder berufsmäßig tut oder zu einer bestimmten Klasse gehört, deren Merkmal eine Tätigkeit ist.

● Beispiele: Ein *Briefeschreiber* schreibt Briefe.
Ein *Gebrauchtwagenhändler* handelt mit Gebrauchtwagen.
Ein *Wurstverkäufer* verkauft Würste.
Ein *Angestellter* gehört zu der Klasse derjenigen, die angestellt sind.
Ein *Besserverdienender* gehört zur Klasse derjenigen, die besser verdienen.
Ein *Parteiloser* gehört zu denjenigen, die keiner Partei angehören.

Häufig gebraucht man die Nachsilben „-er“ und „-ler“ auch um Personen nach ihrer Herkunft einzuordnen.

● Beispiele: *ein Londoner, ein Flachländer, ein Schweizer*

Im Gegensatz zu der heute noch produktiven Wortbildung mit „-er“, ist die Bildung mit „-ling“ mehr oder weniger erstarrt. In der Mehrzahl der Fälle liegt diesen Ableitungen eine Zeitwortform in der Leideform (passivische Verbform) zugrunde.

● Beispiele: (passivisch): Ein *Findling* wurde gefunden.
Ein *Prüfling* wird geprüft.
Ein *Zögling* wird erzogen.
(aktive Grundlage): Ein *Eindringling* dringt ein.
Ein *Sprößling* sprießt.

Neben den deutschen Ableitungsmitteln zu Personenbezeichnung gibt es auch zahlreiche Nachsilben fremdsprachlicher Herkunft, die – mit wenigen Ausnahmen – nur an Zeitwortformen fremder Herkunft treten können. Die gebräuchlichsten sind: „ -and“, „-ant“, „-eur/-euse“, „-iker“, „-ist“, „-(t)or“.

● Beispiele: *Konfirmand, Proband* (passivisch)
Immigrant, Laborant, (Lieferant, dt. Grundlage!)
Friseur, Kontrolleur, Amateur, (in erster Linie „männlich“)
Friseuse, Masseuse, (nur „weiblich“ gebraucht)
Historiker, Legastheniker, Diabetiker
bezeichnet Vertreter einer Denk- oder Fachrichtung sowie die Gruppenzugehörigkeit aufgrund einer Krankheit

Atheist, Germanist, Kolumnist (Lagerist, dt.Grundlage!)
zur Bezeichnug von Angehörigen von Berufsgruppen; oder geistigen Strömungen, bzw. Lehren (die auf „-ismus“ enden)

c) Zur Bezeichnung von Gegenständen und Sachen werden in erster Linie die Nachsilben „-e“, „-er“, „-zeug“ als Ableitungsmittel verwendet. Werden Ableitungen von Begriffen fremdsprachlichen Ursprungs gebildet, stehen dafür die Nachsilben „-(t)or“ und „-euse“ zur Verfügung.

- „-e“ dient vor allem zur Bezeichnung von Geräten und Gegenständen mit bestimmter Aufgabe.

● Beispiele: Eine *Bürste* dient zum Bürsten.
Eine *Hacke* dient zum Hacken.
Eine *Leuchte* ist dazu da, daß man mit ihr leuchtet.

- Mit „-er“ leitet man Bezeichnungen für Gegenstände ab, mit denen bestimmte Handlungen ausgeführt werden können.

● Beispiele: Mit einem *Kugelschreiber* schreibt man.
Mit einem *Fernseher* kann man fernsehen.
Mit einem *Alleskleber* kann man alles kleben.

- „-zeug“ drückt aus, daß mehrere Geräte derselben Aufgabe dienen und so unter einem Sammelbegriff zusammengefaßt werden.

● Beispiele: *Spielzeug* bezeichnet Gegenstände zum Spielen.
Schreibzeug faßt unterschiedliche Gegenstände zusammen, die alle zum Schreiben dienen.
Malzeug dient zum Malen.

- Für Ableitungen fremdsprachlichen Ursprungs steht vor allem die Nachsilbe „-(t)or“ zur Verfügung.

● Beispiele: Ein *Regulator* ist ein Gegenstand, der etwas reguliert.
Ein *Ventilator* ventiliert (fächelt Luft).
Ein *Kondensator* kondensiert (verdichtet) etwas.

Die Ableitung zur Gegenstandsbezeichnung „Friteuse“ ist bis jetzt ein Einzelfall.

Aus Zeitwortformen (Verbformen) werden häufig auch Ableitungen zur Bezeichnung von Einrichtung oder Örtlichkeiten gewonnen. Hier kommen vor allem Nachsilben wie „-ei“ und „-erei“ zur Anwendung. Im Bereich der Wörter fremdsprachlicher Herkunft erfüllt die Nachsilbe „-atur“ diese Aufgabe.
So weisen „-ei“ und „-erei“ häufig auf den Ort hin, an dem sich ein bestimmter Vorgang abspielt, oder benennen die Einrichtung für bestimmte Abläufe oder Tätigkeiten.

● Beispiele: Eine *Druckerei* ist ein Ort oder eine Einrichtung, wo gedruckt wird.
Eine *Gärtnerei* ist eine Einrichtung, die sich mit Gartenbau befaßt.
In einer *Schnapsbrennerei* wird Schnaps gebrannt.

- In manchen Fällen wird die Bezeichnung einer Einrichtung auch mit der Nachsilbe „-ung“ abgeleitet.

● Beispiele: *Regierung, Verwaltung*

Ortsbezeichnungen mit „-ung“ sind älteren Ursprungs.

● Beispiele: *Flußmündung* ist der Ort,an dem ein Fluß ins Meer mündet.
Rodung ist der Ort, an dem der Wald gerodet wurde.
Siedlung ist der Ort, an dem gesiedelt wurde.

- „-atur“ dient für Ableitungen von fremdsprachlichen Grundlagen.

● Beispiele: *Registratur* ist der Ort / Einrichtung, wo der Eingang von Postsendungen festgehalten wird.

d) Die Ableitung von Eigenschaftsbezeichnungen mit Zeitwörtern als Grundlage kommt hauptsächlich im Wortschatzbereich mit fremdsprachlichem Ursprung vor. (Das Zeitwort liegt dem fremdsprachlichen Wort zugrunde). Hier dienen vor allem die Nachsilben „-anz“, „-enz“, „-ion“ als Ableitungsmittel.

● Beispiele: *Arroganz* = Anmaßung, Überheblichkeit
Prägnanz = Genauigkeit, Knappheit des Ausdrucks
Toleranz = Entgegenkommen, Duldung
Abstinenz = Enthaltsamkeit
Impertinenz = Ungehörigkeit, Frechheit
Kohärenz = Zusammenhängen (Eigenschaft von Lichtbündeln, die die gleiche Wellenlänge und Schwingungsart haben)
Isolation = Vereinzelung, Vereinsamung
Opposition = Gegensätzlichkeit, Gegnerschaft
Präzision = Genauigkeit

Eigenschaftswörter (Adjektive) als Grundlage der Ableitung

Bildung der Ableitungen

Die Bildung von Hauptwörtern (Nomina) aus Eigenschaftswörtern (Adjektiven) nennt man „Nominalisierung“ oder „Substantivierung“ von Eigenschaftswörtern. Man benötigt diese Ableitungen, um eine Aussage, die durch ein Eigenschaftswort ausgedrückt wurde, wieder aufzunehmen und zum Satzgegenstand (Subjekt) oder zur Satzergänzung (Objekt) einer neuen Aussage zu machen.

● Beispiel: *Daniela war sehr klug. Ihrer Klugheit verdankte sie auch ihre leitende Stellung.*

Inhaltlich dienen diese Ableitungen in erster Linie dazu, Eigenschaften selbst oder Personen nach deren Eigenschaften zu bezeichnen.

Als Ableitungsmittel für die „Nominalisierung“ von Eigenschaftswörtern (Adjektiven) stehen in erster Linie die Nachsilben (Suffixe) „-heit“, „-(ig)keit“ sowie „-e“, „-ling“, „-nis“, „-tum,“ zur Verfügung. An Eigenschaftswörter fremder Herkunft können Nachsilben wie „-ie“, „-ik“, „-ismus“, „-ität“ angehängt werden.

Die gebräuchlichste Bildung von Hauptwörtern mit Eigenschaftswörtern als Ableitungsgrundlage geschieht mit Hilfe der beiden Nachsilben von „-heit" und „-(ig)keit", zwei unterschiedlichen Formen ein und derselben Nachsilbe.
Dabei gelangt die Form „-heit" bei nicht abgeleiteten Eigenschaftswörtern (suffixlosen Adjektiven) zur Anwendung also Eigenschaftswörter, die keine Nachsilben haben.

● Beispiele: *dumm + -heit → Dummheit*
klug + -heit → Klugheit
schön + -heit → Schönheit

Die Form „-keit" tritt an abgeleitete Eigenschaftswörter, also solche, die bereits eine Nachsilbe aufweisen.

● Beispiele: *duld(sam) + -keit → Duldsamkeit*
ein(ig) + -keit → Einigkeit
frucht(bar) + -keit → Fruchtbarkeit

Bei bereits abgeleiteten Eigenschaftswörtern mit den Nachsilben „-haft" und „-los" wird bei der „Nominalisierung" die Nachsilbe „-igkeit" angehängt.

● Beispiele: *fabel(haft) + -igkeit → Fabelhaftigkeit*
gnaden(los) + -igkeit → Gnadenlosigkeit
traum(haft) + -igkeit → Traumhaftigkeit

Manchmal wird mit der Nachsilbe „-igkeit" auch ein Hauptwort (Nomen) abgeleitet, zu dem bereits eine Ableitung mit „-heit" besteht. Diese Ableitung hat dann eine andere Bedeutung.

● Beispiele: *neu + -heit → Neuheit*
neu + -igkeit → Neuigkeit

Daneben sind die Nachsilben „-e", „-ling", „-nis", „-tum" weitere wichtige Ableitungsmittel für die „Nominalisierung" von Eigenschaftswörtern.

● Beispiele: *Breite, Dichte, Ferne, Schwäche*
Fiesling, Fremdling, Schönling
Fäulnis, Finsternis, Besorgnis (→ besorgt, „t" entfällt)
Eigentum, Reichtum, Siechtum, Heiligtum

Eigenschaftswörter fremder Herkunft werden zumeist mit den Nachsilben „-ie", „-ik", „-ismus", „-ität" nominalisiert.

● Beispiele: *Apathie, Monotonie, Prüderie*
Hektik, Komik, Tragik
Humanismus, Idealismus, Positivismus, Realismus
Banalität, Brutalität, Nervosität, Originalität

Bedeutung der Ableitungsmittel
Die Ableitungsmittel zur „Nominalisierung" von Eigenschaftswörtern lassen sich inhaltlich in drei Gruppen einteilen:

- Bezeichnung von Eigenschaften oder Zuständen
- Personenbezeichnungen
- Sammelbegriffe (Kollektiva)

Nahezu alle hier aufgeführten Ableitungsmittel bezeichnen Eigenschaften oder Zustände. Das ist auch nicht weiter verwunderlich, bedenkt man, daß ihre Grundlage ein Eigenschaftswort (Adjektiv) ist.

● Beispiele: *Klugheit ist eine begehrte Eigenschaft.*
Einigkeit macht stark. (Zustand)
Ich schätze besonders ihre Treue. (Eigenschaft)
Ein Licht durchdrang die Finsternis. (Zustand)
Er versank in völlige Apathie. (Zustand)
Die Dramatik des Geschehens war beindruckend. (Eigenschaft)
Man sah Helen ihre Nervosität kaum an. (Zustand)

Das Ableitungsmittel „-ling" dient zur Bildung von Personenbezeichnungen. Neuere Bildungen beinhalten zudem eine Abwertung.

● Beispiele: *Als es zur Sache ging, war der Feigling schon auf und davon.*
(neuere Bildung mit abwertender Nebenbedeutung)
Na was hat denn mein Liebling?
(ältere Bildung ohne Abwertung)

Hinweis: Die Personenbezeichnung „Schönheit" ist das Ergebnis einer Übertragung der Eigenschaft auf eine Person:

● Beispiele: *Sie war die Schönheit in Person.*
(Sie verkörperte also diese Eigenschaft.)

Als Sammelbegriffe dienen vor allem Ableitungen mit den Nachsilben „-heit" und „-tum" sowie „-ismus". So bezeichnen Ableitungen mit „-heit" und „-tum" die Gesamtheit aller Angehörigen einer Art.

● Beispiele: *Diese Erfindung ist ein Gewinn für die Menschheit.*
Die Christenheit feiert an Ostern die Auferstehung Jesu.
Die Einführung des Parlaments bedeutete eine Aufwertung des Bürgertums.

Ableitungen mit „-ismus" fassen Ideen und Vorstellungen zu einer Lehre zusammen.

● Beispiele: *Das war das Ende des Absolutismus.*
Seine Werke gehören zum Realismus.

Hauptwörter (Nomina) als Grundlage der Ableitung

Bildung der Ableitungen
Ableitungen neuer Hauptwörter (Nomina) von bereits bestehenden Hauptwörtern erfolgen nur aus inhaltlichen Bedürfnissen. Im grammatischen Sinne haben sie keinerlei Auswirkung. Grundsätzlich gibt es zwei Verfahren für dieses Ableitungsmuster:
- die Veränderung des Hauptwortes durch eine Vorsilbe (Präfix)
- die Veränderung des Hauptwortes durch eine Nachsilbe (Suffix)

Es gibt zur Zeit mehr als dreißig unterschiedliche Vorsilben zur Bildung eines Hauptwortes, und diese Zahl wird sich noch vergrößern durch Vorsilben aus fremden Sprachen (vor allem dem Amerikanischen).

Zu den gebräuchlichsten Vorsilben (Präfixen) gehören: „Alt-" / „Ex-", „Anti-" / „Gegen-", „Erz-", „Fehl-" / „Miß-" („Misse-"), „Ge-", „Mini-", „Sonder-", „Über-", „Un-", „Ur-", „Vor".

● Beispiele: *Altmeister, Altherrenmannschaft, Exkanzler*
Antihaftmittel, Antithese, Gegenbeweis, Gegenwind
Erzbischof, Erzfeind, Erzrivale
Fehlgriff, Mißstand, Missetat
Gebein, Gehölz, Gewürm
Hauptbelastung, Hauptproblem, Hauptsache
Minikamera, Miniradio, Minirock
Sonderangebot, Sondermüll, Sonderregelung
Überbau, Übereifer, Über-Ich
Unaufmerksamkeit, Unschuld, Unverschämtheit
Urahne, Urgestein, Urwald
Vorahnung, Vorhalle, Vorprüfung

Die Vorsilbe „Ko-" tritt nur an Grundlagen fremder Herkunft. Dies gilt auch für die Vorsilbe „Mega".

● Beispiele: *Koexistenz, Kollaboration, Kooperation*
Megahit, Megastar, Megatyp

Auch die Auswahl an Nachsilben als Ableitungsmittel für die Bildung von Hauptwörtern aus Hauptwörtern ist groß.
Zu den wichtigsten gehören: „-chen"/„lein"/„-i", „-ei", „-er"/„ler", „-in", „-ismus", „-ling", „-rich", „-schaft", „-tum"

● Beispiele: *Beinchen, Büchlein, Hausi (Hausaufgaben), Problemchen*
Bücherei, Kanzlei, Schweinerei
Engländer, Grenzer, Sportler
Ärztin, Engländerin, Königin, Sportlerin
Idealismus, Symbolismus, Tourismus
Fäustling, Flüchtling, Häftling, Schreiberling
Enterich, Gänserich, Wüterich
Arbeiterschaft, Bürgerschaft, Schülerschaft
Bürgertum, Herzogtum, Scheichtum

Bilden Hauptwörter fremdsprachlichen Ursprungs die Grundlage für die Ableitungen, so werden vor allem die Nachsilben (Suffixe) „-aner", „-ar" / „-är", „-at", „-ette" gebraucht.

● Beispiele: *Amerikaner, Lutheraner, Spartaner*
(Grundlage: Eigenname)
Archivar, Milliardär, Notar, Pensionär, Reliquiar
Lizentiat, Magistrat, Senat, Soldat
Diskette, Limette (Limone = Zitronenart), *Sandalette*

Ableitungen mit „-ismus" fassen Ideen und Vorstellungen zu einer Lehre zusammen.

● Beispiele: *Der Kapitalismus ist die treibende Kraft unserer* Wirtschaft.
Wirklicher Idealismus ist heute kaum noch zu finden.
Der Pazifismus gewinnt immer mehr Anhänger.

Bedeutung der Ableitungsmittel
Zur Bedeutung der Vorsilben (Präfixe) wird auf den Abschnitt „Bedeutung der Ableitungsmittel im Überblick" verwiesen. Die Nachsilben (Suffixe) lassen sich inhaltlich hauptsächlich fünf Anwendungsbereichen zuordnen:

a) Sachbezeichnungen
b) Personenbezeichnungen

c) Raumbezeichnungen
d) Verkleinerung
e) Geschlechtswandel

a) Zur Ableitung von Sachbezeichnungen dienen die Nachsilben „-ei", „-er", „-schaft", „-tum", „-ismus".

● Beispiele: *Das war eine Schweinerei, wie sie ihn ausgetrickst haben.*
Der Sportwagen ist leider nur ein Zweisitzer.
Er übernahm die Patenschaft dieses Projektes.
Das Beamtentum wird häufig kritisiert.
Der Feminismus kämpfte für die Gleichberechtigung der Frau.

Die Nachsilben „-schaft", „-tum" und „-ismus" werden häufig als Sammelbegriffe verwendet. Dabei bezeichnen Ableitungen mit der Nachsilbe „-schaft" die Gesamtheit der Personen oder Sachen mit dem benannten Merkmal.

● Beispiel: *Die Bürgerschaft dieser Stadt.* (alle Menschen mit dem Merkmal „Bürger dieser Stadt")

b) Die mit der Nachsilbe „-tum" gebildeteten Sammelbegriffe benennen das Wesen einer Personengruppe hinsichtlich des Berufes oder des Standes.

● Beispiele: *Das Bauerntum hat eine lange Tradition.*
Die Ordination von Frauen erschüttert das Priestertum in seinen Grundsätzen.

Zur Bezeichnung einzelner Personen werden vor allem die Ableitungsmittel „-er" / „-ler", „-aner", „-ar" / „-är" und „-ling" verwendet.

- „-er" / „-ler" bezeichnen eine Person nach ihrer Herkunft, der Zugehörigkeit zu einer bestimmten Klasse oder als Ausübende eines Berufes oder einer Tätigkeit.

● Beispiele: *Er ist ein Münchner.* (Herkunft)
Er benimmt sich wie ein Erstklässler. (Klassenzugehörigkeit)
Ihr Vater ist Wissenschaftler, genauer gesagt, Physiker. (Ausübender eines Berufes oder einer Tätigkeit)

- „-aner" bezeichnet eine Person als Zugehörigen einer geistigen Bewegung, die nach ihrem Gründer benannt wurde, oder manchmal auch eine Person nach ihrer Herkunft.

● Beispiele: *Seinen Ausführungen nach ist der Professor ein Kantianer.* (Anhänger der Philosophie von Kant)
Sie hat einen Hannoveraner geheiratet. (Person aus der Stadt Hannover)

- „-ar“ / „-är“ sind Nachsilben zur Bezeichnung von Personen nach ihrer Funktion oder einem anderen Merkmal.

● Beispiele: *Er wühlt so gerne in alten Schriften. Er wird bestimmt einmal ein Archivar.*
Hast du den Staatssekretär gesehen? (Funktionsträger)
Ich wäre so gerne Millionär. (Merkmal = Vermögen)

- „-ling“ als Ableitungsmittel für Personenbezeichnungen wird in unserer Zeit nur noch angewendet, um eine abwertende Einschätzung auszudrücken.

● Beispiele: *Hermann ist kein Dichter, höchstens ein Dichterling.*
Hüte dich vor diesem Schleimling. Er will dich nur ausnutzen.

c) Neben den Nachsilben „-schaft“ und „-tum“ („Grafschaft“, „Herzogtum“) dient in erster Linie „-ei“ der Bildung von Raumbezeichnungen. Es hat meistens eine Berufsbezeichnung zur Grundlage.

● Beispiele: *Sie arbeitet in einer Metzgerei.*
Die Gärtnerei ist zwei Straßen weiter.
Von welcher Schlosserei habt ihr euer Gartentor?

d) Eine besondere Aufgabe haben die Nachsilben (Suffixe) „-chen“, „-lein“, „-i“. Sie verkleinern oder verniedlichen die Bedeutung der Grundlage. Dabei kann mit diesen Ableitungen neben der Größenbezeichnung auch eine gewisse Sympathie zum Ausdruck gebracht werden.

● Beispiele: *Das Wochenende verbringen wir in unserem Häuschen im Grünen.*
Spieglein, Spieglein hinterm Schrank, sag mir, wer ist nächste Woche krank!
Schatzi, weißt du wo Vati ist?

Die Verkleinerungsnachsilbe (das Diminuitivsuffix) „-chen“ / „-lein“ hat in unterschiedlichen Regionen des deutschen Sprachraums verschiedene Nebenformen:

● Beispiele: *Küßken:* niederdeutsch für „Küßchen“
Weinle: schwäbisch für „Weinlein“
Tücherl: bayerisch für „Tüchlein“
Müsli: schweizerdeutsch für „Müslein“

e) Ebenfalls eine besondere Funktion haben die Nachsilben (Suffixe) „-in“, „-esse“ und „-rich“. Sie bewirken bei der Bedeutung der Grundlage einen Geschlechtswandel.

● Beispiele: *Sie ist eine sehr gute Tänzerin.* (männliche → weibliche Personenbezeichnung)
Die ehemalige englische Premierministerin Margarete Thatcher ist jetzt eine Baronesse.
(männliche → weibliche Personenbezeichnung)
Vor diesem Gänserich mußt du dich in acht nehmen, denn er ist ein wirklicher Wüterich.
(weibliches → männlichem grammatischen Geschlecht, z.B. die Wut → der Wüterich; „-rich“ wird meist zur Bildung männlicher Tierbezeichnungen aus weiblichen Tierbezeichnungen gebraucht)

Bedeutung der wichtigsten Vorsilben (Präfixe) im Überblick

Alt-	= ehemalige Funktion oder schon lange in dieser Funktion / diesem Amt tätig *(Altbürgermeister)*
Anti-	= Gegensatz, Gegenteil oder mit entgegengesetzter Wirkung *(Antirostschutz)*
Erz-	= Steigerung, heute meist in schlechtem Sinne *(Erzbetrüger)*
Ex-	= ehemalig *(Exminister)*
Fehl-	= falsch, fehlerhaft (*Fehlgriff, Fehlbesetzung*)
Ge-	= Sammelbegriff; auch zur Bezeichnung einer Person, mit der man etwas Gemeinsames besitzt *(Gekichere, Gefährte)*
Haupt-	= Kernelement einer gewissen Menge *(Hauptschlagader)*
Ko-	= miteinander, gemeinsam *(Koproduktion);* hauptsächlich an Grundlagen fremdsprachlichen Ursprungs
Mega-	= besonderes großes Ausmaß, sehr hoher Grad *(Megastar);* als Vorsilbe vor Maßeinheiten: eine Million mal *(Megahertz)*
Mini-	= kleine Ausgabe [= Verkürzung von Miniatur] *(Minisender)*
Miß-	= fehlerhaft, verkehrt oder negatives Gegenteil *(Mißgunst, Mißbilligung)*

Bedeutung der wichtigsten Vorsilben (Präfixe) im Überblick

Nach- = zeitlich nachfolgend oder nach Vorlage gebildet *(Nachuntersuchung, Nachbildung)*
Nicht- = Verneinung der Bedeutung einheimischer Grundlagen *(Nichtraucher)*
Non- = Verneinung der Bedeutung von Grundlagen fremdsprachlicher Herkunft *(Nonkonformist)*
Sonder- = Hervorhebung aus Gleichartigem *(Sondermüll)*
Super- = hochgradig, meist positiv *(Superhit)*
Über- = mehr als gut ist *(Übereifer)* oder im Sinne von „darüber" *(Überschrift)*
Un- = gegensätzlich *(Unschuld)* oder verstärkt *(Unmenge)*
Ur- = anfänglich oder sehr alt *(Ursprung, Urgestein)*
Vize- = stellvertretend *(Vizepräsident)*
Vor- = räumlich oder zeitlich davor *(Vorbau, Vorlauf);* auch mustergültig *(Vorbild)*
Zwischen = in einem durch zwei Größen begrenzten örtlichen oder zeitlichen Raum liegend *(Zwischenwand, Zwischenlandung)*

Über diese Auflistung von gebräuchlichen Vorsilben (Präfixen) hinaus gibt es viele weitere Vorsilben bei fachsprachlichen Ableitungen oder im Bereich modesprachlicher Wortbildung. Die Bedeutungen der meisten dieser Ableitungen lassen sich jedoch aus der Vorsilbe erschließen.

● Beispiele: *Poly-* (mehr, viel): *Polygamie* (Vielweiberei), *Polymorphie* (Vielgestaltigkeit),
Bomben- (sehr groß, bzw. stark): *Bombenerfolg*

Zusammengesetzte Hauptwörter (nominale Komposita)

Zusammengesetzte Hauptwörter bestehen mindestens aus zwei Wörtern – dem Grundwort und dem Bestimmungswort (vergl. dazu das Kapitel „Das Wesen der Zusammensetzung") – wobei das Grundwort stets ein Hauptwort (Nomen) ist. Zusammengesetzte Wörter können Bestandteil weiterer Zusammensetzungen sein. Dabei bildet der zweite Bestandteil das Grundwort der neuen Zusammensetzung.

● Beispiele: *Waffen + Stillstand → Waffenstillstand*
Waffenstillstand + Verhandlung
Waffenstillstandsverhandlung
Waffenstillstandsverhandlung + Führung
Waffenstillstandsverhandlungsführung

Hauptwort als Bestimmungswort (Nomen + Nomen)

Ein Hauptwort kann aus zwei Hauptwörtern zusammengesetzt sein. Je nachdem, unter welchem Gesichtspunkt man sich mit der Wortbildung beschäftigt, kann man die Zusammensetzungen einteilen nach der grammatischen Beziehung zwischen Grund und Bestimmungswort oder nach der inhaltlichen Bedeutung der Bestimmung.

● Beispiele: *Dies ist mein Elternhaus.*
"Elternhaus" kann durch eine Umschreibung ausgedrückt werden: → Dies ist das Haus meiner Eltern.

In dieser Umschreibung wird deutlich, daß das Bestimmungswort „Eltern-" zu dem Grundwort „-haus" die grammatische Beziehung einer Beifügung im 2. Fall (Genitivattributs) hat. Inhaltlich gesehen drückt das Bestimmungswort „Eltern-" hier aus, wem das Grundwort „-haus" gehört, also ein Besitz- oder Eigentumsverhältnis.

Da sich die grammatische Beziehung zwischen Bestimmungs- und Grundwort aus der jeweiligen Umschreibung erschließen läßt, soll bei der nachfolgenden Darstellung der Zusammensetzungen die inhaltliche Bedeutung der Bestimmung im Vordergrund stehen.

- Das Bestimmungswort bezeichnet das von einer Handlung Betroffene.

● Beispiele: *Briefmarkensammler* = Sammler von Briefmarken
Geldwechsler = Wechsler von Geld
Stoßdämpfer = etwas, das Stöße dämpft
Seiltänzer = Tänzer der auf einem Seil tanzt

- Das Bestimmungswort benennt die Handelnden.

● Beispiele: *Elternprotest* = Protest durch Eltern
Studentenversammlung = Versammlung von Studenten
Volksabstimmung = Abstimmung des Volkes
Kindstaufe = Taufe eines Kindes

- Das Bestimmungswort bezeichnet das Material des Gegenstandes.

● Beispiele: *Papierschiffchen* = Schiffchen aus Papier
Seidenhemd = Hemd aus Seide
Stahlnagel = Nagel aus Stahl
Wollpullover = Pullover aus Wolle
Gummistiefel = Stiefel aus Gummi

- Das Bestimmungswort beschreibt Aussehen oder Beschaffenheit des Gegenstandes näher.

● Beispiele: *Knollennase* = Nase wie eine Knolle
Reibeisenstimme = Stimme rauh wie ein Reibeisen
Würfelzucker = Zucker geformt wie Würfel

- Das Bestimmungswort nennt Ort, Richtung, Zeit, Grund, Zweck oder Mittel für das Grundwort.

● Beispiele: *Heimtrainer* = Trainer für daheim
Londonreise = Reise nach London
Sommerurlaub = Urlaub im Sommer
Kummerspeck = Speck aufgrund von Kummer
Schutzhülle = Hülle zum Zwecke des Schutzes
Schlittenfahrt = Fahrt mit dem Schlitten

Diese Liste ließe sich beliebig erweitern. Auf zwei besondere Arten der Zusammensetzungen zweier Hauptwörter soll jedoch noch gesondert hingewiesen werden.

- Das Bestimmungswort kann auch den Inhalt des Grundwortes steigern oder verstärken. Diese Bildungsweise ist vor allem in der Umgangssprache üblich.

● Beispiele: *Affenhitze* = sehr große Hitze
Mordsstimmung = sehr gute Stimmung
Totenstille = absolute Stille

- Bei der Zusammensetzung zweier Hauptwörter können auch beide Wörter gleichberechtigt zur Gesamtbedeutung beitragen.

● Beispiele: *Baden-Württemberg* = Baden und Württemberg zusammen
Hosenrock = Rock und Hose gleichermaßen
Schwefelwasserstoff = Verbindung von Schwefel und Wasserstoff

Eigenschaftswort als Bestimmungswort (Adjektiv + Nomen)

Hierher gehören auch die Zusammensetzungen mit einem als Eigenschaftswort (Adjektiv) verwendeten Mittelwort (Partizip). Bei diesen Zusammensetzungen bleibt das Eigenschaftswort ungebeugt (unflektiert).

● Beispiele: *Großbuchstabe* = ein großer Buchstabe
Schnellzug = ein schneller Zug
Weißbrot = ein weißes Brot
Rotkohl = ein roter Kohl

- Das Bestimmungswort kann auch gesteigert sein.

● Beispiele: *Bestleistung* = die beste Leistung
Höchstangebot = das höchste Angebot
Weiterverbreitung = weitere Verbreitung

In den meisten Fällen hat das Bestimmungswort hier dieselbe Bedeutung wie das als Beifügung verwendete Eigenschaftswort in der Umschreibung. Die Zusammensetzung betont jedoch diese Eigenschaft als wesentliches Merkmal des Grundwortes.

● Beispiele: *Das ist der Zweitwagen der Familie.*
Das ist der zweite Wagen der Familie.

Im ersten Beispiel hat die Familie noch ein anderes Auto, das hauptsächlich benutzt wird. Die Zweitrangigkeit des Autos ist also ein wesentliches Merkmal des Zweitwagens.

Im zweiten Beispiel wird nur gesagt, daß es sich um den zweiten Wagen der Familie handelt. Er kann aber in der Benutzung an erster Stelle stehen oder überhaupt der einzige Wagen sein, den die Familie zur Zeit besitzt.

- Das Bestimmungswort kann jedoch auch die Eigenschaft einer Handlung oder deren Ergebnis bezeichnen. In diesem Fall entspricht seine Bedeutung dem Umstandswort in der Umschreibung und nicht der Beifügung.

● Beispiele: Ein *Naßkopierer* ist kein nasser Kopierer, sondern ein Gerät, das naß kopiert.
Ein *Trockenrasierer* rasiert trocken.
Ein *Weichspüler* spült so, daß die Wäsche weich wird.

Zeitwort als Bestimmungswort (Verb + Nomen)

Bei diesen Zusammensetzungen bildet gewöhnlich der Stamm der Grundform (Infinitiv) das Bestimmungswort. Häufig wird ein „e“ als Fugenzeichen (vergl. dazu das Kapitel „Bildung der Zusammensetzungen“) eingeschoben. In den meisten dieser Zusammensetzungen benennt das Bestimmungswort eine Tätigkeit, für welche die Grundwortbedeutung gedacht oder geeignet ist.

● Beispiele: *Fernsehgerät* = Gerät zum Fernsehen
Isolierband = Band zum Isolieren
Spielkamerad = Kamerad zum Spielen

- Das Bestimmungswort bezeichnet die Tätigkeit, die von der Grundwortbedeutung ausgeübt wird.

● Beispiele: *Kriechtier* = Tier, das kriecht
Schreibkraft = (Hilfs)Kraft, die schreibt
Stechmücke = Mücke, die sticht

Das Bestimmungswort bezeichnet ein Geschehen, von dem die Grundwortbedeutung betroffen wurde.

● Beispiele: *Backpflaumen* = Pflaumen, die gebacken wurden
Schlagsahne = Sahne, die geschlagen wurde oder werden soll
Strickweste = Weste, die gestrickt wurde

- Das Bestimmungswort benennt das, worauf sich die Grundwortbedeutung bezieht.

● Beispiele: *Bestellschein* = Schein für das Bestellen
Druckerlaubnis = Erlaubnis zum Drucken
Halteverbot = Verbot, hier zu halten

Partikel als Bestimmungswort (Partikel + Nomen)

Auch Partikeln, wie z.B. Verhältniswörter (Präpositionen), Umstandswörter (Adverbien) oder Empfindungswörter (Interjektionen) können als Bestimmungswort zum Hauptwort (Nomen) treten.

● Beispiele: *Anlauf* (Verhältniswort + Hauptwort)
Frühaufsteher (Umstandswort + Hauptwort)
Pfuirufe (Empfindungswort + Hauptwort)

Die Zahl von Zusammensetzungen von Partikeln mit Hauptwörtern ist jedoch begrenzt. Zumeist handelt es sich um Wortbildungen mit einem Verhältniswort als Bestimmungswort.

● Beispiele: *Abpfiff, Mitleid, Überstunde, Vorteil, Zwischenraum*

Die Bedeutung, die das Bestimmungswort hier ausdrückt, läßt sich nicht immer aus der Zusammensetzung allein erschließen und wird manchmal erst dann ersichtlich, wenn man es in einem Zusammenhang (Kontext) hört oder liest.

● Beispiele: Ausdruck: *Dieser Ausdruck ist ziemlich schlecht. Du solltest ein neues Farbband nehmen.* (Computerausdruck)
Du solltest hier einen genaueren Ausdruck verwenden. (Wort)
Vorfall: *Er leidet an einem Vorfall der Bandscheibe.* (Krankheitsbezeichnung)
Das war ein denkwürdiger Vorfall. (Ereignis)

Die Bildung von Zeitwörtern (Verben)

Bei der Wortbildung von Zeitwörtern unterscheidet man zwei grundsätzliche Verfahren: Ableitung und Zusammensetzung.

Bei der Ableitung wird an das als Grundlage dienende Wort eine Vor- und / oder Nachsilbe angehängt, oder der Stammselbstlaut verändert sich.

● Beispiele: *verarzten* → ver- + Arzt + -en
stürmen → Sturm + (Umlaut) + -en

Bei Zusammensetzungen werden einzelne Elemente miteinander verbunden. Die Beugungsendung (Konjugationsendung) tritt dann an das Ende dieser Verbindung.

● Beispiele: *notlanden* → Not + landen
kennenlernen → kennen + lernen
breittreten → breit + treten
überholen → über + holen

Abgeleitete Zeitwörter (Verben)

Ein Großteil der Zeitwörter (Verben) der deutschen Sprache ist durch Ableitung entstanden, also mittels Vor- und / oder Nachsilben. Es gibt auch Ableitungen ohne Verwendung von Ableitungsmitteln. Diese – auch Stammbildungen genannt – entstehen, indem das Ausgangswort, also die Grundlage, unverändert den Stamm des neuen Zeitwortes bildet, an den dann die Beugungsendung (Konjugationsendung) angefügt wird. Bei einigen dieser Wortbildungen tritt eine Umlautung des Stammselbstlautes ein.

● Beispiele: *scherzen*: das Hauptwort „Scherz“ bildet den Stamm
hausen: das Hauptwort „Haus“ bildet den Stamm
schwärzen: das Eigenschaftswort „schwarz“ bildet den Stamm, zusätzliche Umlautung (a → ä)

Zeitwörter (Verben) als Grundlage der Ableitung

Bildung der Ableitungen
Es gibt mehrere Möglichkeiten, aus einem Zeitwort (Verb) ein neues Zeitwort abzuleiten. Am gebräuchlichsten ist die Ableitung mit Hilfe einer Vorsilbe (Präfix). Bei diesen Ableitungen verschmilzt die Vorsilbe *untrennbar* mit dem Wortstamm. Man darf diese Ableitungen also nicht mit den Zeitwörtern verwechseln, die einen trennbaren Zusatz (Verbzusatz) aufweisen.

● Beispiel: *umfahren* (2. Silbe betont) = Ableitung
Er umfuhr das Hindernis. (Er fuhr um das Hindernis herum.)
umfahren (1. Silbe betont) = Zeitwort mit Zusatz
Er fuhr das Hindernis um. (Das Hindernis steht nicht mehr.)

Zeitwörter mit Zusatz trennen sich bei bestimmten Personalformen von ihrem Zusatz, während die Vorsilbe bei echten Ableitungen in allen Formen fest am Zeitwort verbleibt.
Um auf der Grundlage eines Zeitwortes neue Zeitwörter abzuleiten, stehen vor allem Vorsilben wie z.B. „be-“, „durch-“, „ent-“, „er-“, „hinter-“, „miß-“, „über-“, „um-“, „unter-“, „ver-“, „wider-“, „wieder-“, „zer-“ zur Verfügung.

● Beispiele: *bearbeiten, befragen, belegen, benennen, bereden*
durchbrechen, durchfahren, durchqueren, durchschreiten
entbinden, entgehen, entkommen, entlaufen, entwerfen
erarbeiten, erbarmen, erdrücken, erfinden, erstreben
hinterfragen, hinterlassen, hinterziehen
mißbilligen, mißgönnen, mißraten
überbringen, überfahren, übergehen, überspringen
umarmen, umfahren, umgeben, umzingeln
unterbrechen, untergraben, unterlegen
verbrechen, verdrängen, verlieren, vermarkten, verschönern

widersprechen, widerstehen, widerstreben
wiederbeleben, wiederholen
zerbrechen, zerdrücken, zerfallen, zersägen, zertreten

Bilden Zeitwörter fremden Ursprungs die Grundlage für die Ableitung, so stehen vor allem die Vorsilben „de-", „dis-", „in-" und „re-" zur Verfügung.

● Beispiele: *dechiffrieren, definieren, dekodieren, delegieren*
disharmonieren, diskreditieren, dissimilieren
indizieren, initiieren, inkriminieren, inquirieren
reformieren, reorganisieren, resozialisieren

Die Bildung neuer Zeitwörter mit Hilfe einer Nachsilbe (Suffix) ist sehr selten. Bildet ein Zeitwortstamm (Verbstamm) die Grundlage der Ableitung, so kommt zur Zeit nur noch die Nachsilbe „-eln" für diese Art der Zeitwortbildung in Frage.

● Beispiele: *bröckeln, lächeln, tröpfeln, zuckeln*

Einige Zeitwörter der deutschen Sprache sind aus älteren – in der Regel stark gebeugten – Zeitwörtern abgeleitet worden, indem der Wortstamm verändert wurde. Dies drückt sich bei den heutigen Formen im unterschiedlichen Stammselbstlauten aus.

● Beispiele: *drängen* (→ dringen), *gelangen* (→ gelingen), *legen* (→ liegen), *schwanken* (→ schwenken), *setzen* (→ sitzen), *senken* (→ sinken), *staken* (→ stecken), *tränken* (→ trinken), *wogen* (→ wägen), *zwängen* (→ zwingen)

Bedeutung der Ableitungsmittel

Die Ableitungsmittel verändern immer die Bedeutung des Zeitwortes, das als Grundlage dient. Eine Veränderung der Bedeutung ins Gegenteil können die Vorsilben (Präfixe) „de-", „dis-", „ent-", „miß-" und „wider-" bewirken.

● Beispiele: *Er hat die geheime Botschaft dekodiert.*
= Gegenteil von kodieren (verschlüsseln)
Sie wurde leider disqualifiziert.
= Sie ist demnach nicht qualifiziert (=berechtigt) zur Teilnahme an einer bestimmten Veranstaltung.
Das Tier ist uns entkommen.
Ich mißbillige sein Verhalten. = Ich billige es nicht.
Es widerstrebt mir, dir zu widersprechen.

Um die bezeichnete Handlung als „fehlerhaft oder verkehrt“ einzustufen, kann man „ver-“ oder „miß-“ verwenden.

● Beispiele: *Ich habe mich verfahren.*
Sie hat die Milch verschüttet.
Du hast das wahrscheinlich mißverstanden.

Die Vorsilben „durch-,“ „über-“, „um-“ und auch „ver-“ können die Grundhandlung in räumlicher Hinsicht beeinflussen.

● Beispiele: *Der Pfeil durchbohrte die Wand.*
In einem großen Satz übersprang er den Graben.
Sie umwickelte die Blumen mit Zeitungspapier.
Er ist leider verreist.

Den Beginn eines Geschehens oder einer Handlung kann man mit „er-“ oder „ent-“ als Vorsilbe deutlich machen.

● Beispiele: *Plötzlich erklang leise Musik aus dem Raum.*
Der Fels erglühte im ersten Sonnenlicht.
Sie entzündete eine Kerze.

Um einer Handlung die Bedeutung „Ende“, „bis zum Ende“ oder „bis zum endgültigen Ergebnis“ zu geben, kann man die Vorsilben „er-“, „ver-“ oder „zer-“ verwenden.

● Beispiele: *Der Schrei erstarb ihm auf den Lippen.*
Von wem wurde dieser Palast erbaut?
Es gelang ihm, das Loch zu verstopfen.
Sie verbrannte den Brief.
Das hat all unsere Pläne zerstört.

Abgesehen von rein inhaltlichen Veränderungen der Grundbedeutung, können Ableitungsmittel auch die grammatischen Eigenschaften des ursprünglichen Zeitwortes verändern.

- Änderung der Wertigkeit (Valenz)

● Beispiele: *Susi geht ins Kino.* (= + Ergänzung)
Die Zeit vergeht. (= + 0) = Minderung
Das Kind spielt.(= + 0)
Er verspielt sein ganzes Geld. (= + Ergänzung) = Minderung

Hier verändert das Ableitungsmittel jeweils die Forderung nach einer nachfolgenden Satzergänzung.

- Veränderung des regierten Falles (Kasus)

● Beispiele: *Er folgte dem Wagen.* (3. Fall)
Er verfolgte den Wagen. (4. Fall)

Durch die Vorsilbe „ver-" ändert die Satzergänzung (Objekt) ihren Fall (Kasus).

Eigenschaftswörter (Adjektive) als Grundlage der Ableitung

Bildung der Ableitungen
Die Bildung von Zeitwörtern (Verben) aus Eigenschaftswörtern (Adjektiven) bezeichnet man als „Verbalisierung".
Die Verbalisierung von Eigenschaftswörtern kann mit Hilfe von Vorsilben (Präfixen), Nachsilben (Suffixen) oder auch ohne Ableitungsmittel – in einigen Fällen mit Umlaut – erfolgen. Der Verbalisierung von Eigenschaftswörtern durch Vorsilben dienen dabei vor allem „be-", „ent-", „er-", „ver-".

● Beispiele: *befeuchten, begrünen, beruhigen, bewachen*
entblößen, enthärten, entpersönlichen, entwürdigen
erblinden, ergrauen, erkranken, ermüden
verblöden, verdunkeln, verkürzen, verschärfen

Als Nachsilben zur Verbalisierung von Eigenschaftswörtern können „-ig", „-ier" und „-l" verwendet werden.

● Beispiele: *festigen, reinigen*
brüskieren, sublimieren, stolzieren
blödeln, frömmeln

Als weiteres Ableitungsmittel kann die Verbindung der Vorsilbe „be-" mit der Nachsilbe „-ig" gebraucht werden.

● Beispiele: *belobigen, begradigen, beschönigen*

Schließlich ist die Verbalisierung von Eigenschaftswörtern auch ohne Ableitungsmittel möglich. Die Beugungsendung (Konjugationsendung) tritt dann unmittelbar an das Ende des Eigenschaftswortes.

● Beispiele: *bleichen, faulen, gleichen, grünen, schärfen, weiten*

Verbalisierte Eigenschaftswörter können die Grundlage für weitere Ableitungen sein, gehören dann aber zu den von Zeitwörtern abgeleiteten Wörtern.

● Beispiele: *entschärfen, vertrocknen, verdunkeln, auflockern*

Bedeutung der Ableitungsmittel
Die Verbalisierung von Eigenschaftswörtern (Adjektiven) ist geeignet, die Handlung zu bezeichnen, die zu der jeweiligen Eigenschaft führt, oder eine Handlung bzw. einen Zustand näher zu beschreiben.
Um die Handlung, deren Ergebnis das Eigenschaftswort benennt, zu bezeichnen, können folgende Ableitungsmittel verwendet werden:

- die Vorsilben (Präfixe) „be-", „be-" (+ „-ig"), „er-", „ver-"

● Beispiele: *Sie hat das Tuch befeuchtet.* (das Tuch ist feucht)
Die Straße wurde begradigt. (sie ist gerade)
Er ist aus dem Schlaf erwacht. (er ist wach)
Ich habe den Raum verdunkelt. (er ist dunkel)

- die Nachsilbe (Suffix) „-ig"

● Beispiele: *Er hat seine Englischkenntnisse gefestigt.* (sie sind fest)
Der Teppich wird gereinigt. (er wird rein sein)

- Verbalisierung ohne Ableitungsmittel

● Beispiele: *Mutter wärmt das Essen.* (das Essen wird warm)
Die Sonne hat das Hemd getrocknet. (es ist trocken)
Ich mußte die Schraube lockern. (sie ist locker)

Die Ableitung mit der Vorsilbe „ent-" bezeichnet eine Handlung, die die Beseitigung der bezeichneten Eigenschaft zum Ergebnis hat.

● Beispiele: *Die Situation hat sich entschärft.* (ist nicht mehr scharf)
Er läßt sich leicht entmutigen. (ist dann nicht mehr mutig)

Zur Bildung von Ableitungen, die eine Handlung mit der im Stamm benannten Eigenschaft beschreiben, stehen vor allem die Vorsilben „be-", „er-", „ver-" sowie die Nachsilben „-ier" und „-l" zur Verfügung. Auch Wortbildungen ohne Ableitungsmittel gehören zu dieser Gruppe.

● Beispiele: *Hat er dich belästigt?* (lästiges Verhalten)
Sie haben sich erdreistet, nochmal eine Mahnung zu

schicken. (dreiste Handlung)
Du solltest sie nicht vernachlässigen. (nachlässiges Verhalten)
Schau mal, wie er stolziert. (stolzes Verhalten)
Er albert mir zuviel. (albernes Verhalten)
Ab und zu macht es Spaß, so richtig zu blödeln. (blödes Verhalten)

Hinweis: Ableitungen mit „-l", die vor allem in der Umgangssprache gebräuchlich sind, haben zumeist eine abwertende Nebenbedeutung.

● Beispiele: *blödeln, frömmeln, hüsteln*

Schließlich können Verbalisierungen von Eigenschaftswörtern auch eine Zustandsänderung bezeichnen. Hier werden vor allem die Vorsilben „er-" und „ver-" verwendet.
Die Verbalisierung kann allerdings auch völlig ohne Ableitungsmittel erfolgen.

● Beispiele: *Diese ständige Fahrerei ermüdet ihn.* (frisch → müde)
Der sogenannte Mittelstand verarmt immer mehr. (wohlhabend → arm)
Bei diesem Wetter reifen die Erdbeeren schnell. (unreif → reif)

Hauptwort (Nomen) als Grundlage der Ableitung

Bildung der Ableitungen
Bildet ein Hauptwort (Nomen) den Stamm einer Ableitung, so kann man diesen Ableitungsvorgang auch als „Verbalisierung eines Hauptwortes" bezeichnen. Als Ableitungsmittel dienen Vor- oder / und Nachsilben. Es gibt auch Ableitungen, bei denen die Beugungsendung (Konjugationsendung) ohne Ableitungsmittel direkt an das Hauptwort tritt.

Für Ableitungen mit Hilfe von Vorsilben (Präfixen) stehen „be-", „ent-", „er-" und „ver-" zur Verfügung.

● Beispiele: *beeindrucken, begrenzen, bekleiden, bemitleiden, bemuttern*
entgiften, entkeimen, entsalzen, entsteinen, entwässern
erkämpfen, erschwindeln, erstürmen, erzürnen
verbluten, verdampfen, verdursten, versumpfen, verschmutzen

Als Nachsilben (Suffixe) werden „-ier", „-ig" und „-l" verwendet.

● Beispiele: *bandagieren, buchstabieren, diktieren, prozessieren, sortieren*
ängstigen, huldigen, kreuzigen, peinigen, schädigen
frösteln, näseln, witzeln, züngeln

Als Ableitungsmittel dient hier – wie bei der Verbalisierung von Eigenschaftswörtern (Adjektiven) – auch die Vorsilbe „be-" in Verbindung mit der Nachsilbe „-ig".

● Beispiele: *beerdigen, begnadigen, bekräftigen, beschuldigen*

Die Bildung von Zeitwörtern (Verben) aus Hauptwörtern (Nomina) ist auch ohne Ableitungsmittel möglich. Manchmal kommt es dabei zu einer Umlautung des Stammselbstlauts (Stammvokals).

● Beispiele: *ackern, eitern, feuern, filtern, hämmern, mauern, pumpen, schäumen*

Bedeutung der Ableitungsmittel
Die Bedeutungen der aus Hauptwörtern abgeleiteten Zeitwörter (Verben) sind zahlreich. Und da nur wenige Ableitungsmittel zur Verfügung stehen, muß auch die inhaltliche Beeinflussung der Ableitungsmittel entsprechend vielfältig sein. Daher werden nachfolgend nur einige wichtige Bedeutungen der Ableitungsmittel beispielhaft aufgeführt.

Die Ableitung benennt die Handlung oder den Vorgang, der zu einem vom Stamm ausgedrückten Ergebnis führt. Als Ableitungsmittel kann hier die Nachsilbe (Suffix) „-ier" verwendet werden. Die meisten Ableitungen dieser Bedeutungsgruppe haben jedoch kein Ableitungsmittel.

● Beispiele: *Sie hat ihn portraitiert.* (Ergebnis = Portrait)
Er will tatsächlich prozessieren. (Ergebnis = Prozeß)
Ich würde protestieren. (Ergebnis = Protest)
Das Bier schäumt. (Ergebnis = Schaum)
Er hat die Szene gefilmt. (Ergebnis = ein Film)
Die Stute hat gefohlt. (Ergebnis = ein Fohlen)

Die Ableitung drückt eine Handlung aus, bei der das Ausgangswort das Mittel oder Instrument der Handlung ist. Neben der Ableitung ohne gesondertes Mittel gelangen hier vor allem die Vorsilben „er-", „ver-" sowie die Nachsilben „-ier" und „-l" zur Anwendung. Auch Ableitungen mit „be-" + „-ig" sind möglich.

● Beispiele: *Er hätte nicht hupen dürfen.* (Instrument = Hupe)
Hast du den Kaffee gefiltert? (Instrument = Filter)
Wir haben uns den Sieg hart erkämpft. (Mittel = Kampf)
Caesar wurde erdolcht. (Instrument = Dolch)
Die Mörderin hatte den Mann vergiftet. (Mittel = Gift)
Du mußt den Wein nicht verwässern. (Mittel = Wasser)
Hast du mit ihr telefoniert? (Instrument = Telefon)
Sie haben mir aus den USA telegraphiert (Instrument = Telegraph)

Die Ableitung drückt eine Zustandsveränderung aus. Diese Bedeutung wird vornehmlich durch die Vorsilbe (Präfix) „ver-" erzielt.

● Beispiele: *Das Wasser ist verdampft.* (Wasser → Dampf)
Die Wiese versumpft allmählich. (Wiese → Sumpf)
Er vergreist total. (→ Greis)

Die Ableitung drückt aus, daß etwas mit der Grundlagenbedeutung ausgestattet oder ihrer beraubt bzw. von ihr befreit wird. Die Bedeutung „ausstatten mit" wird ohne Ableitungsmittel oder mit Hilfe der Vorsilben (Präfixe) „be-", „ver-" sowie der Nachsilbe (Suffix) „-ier" ausgedrückt. Die Bedeutung „etwas entfernen" wird durch die Vorsilbe „ent-" oder ohne Ableitungsmittel erreicht.

● Beispiele: *Er teert sein Boot.* (= + Teer)
Man muß hier lüften. (= + Luft)
Das Unternehmen wird bezuschußt. (= + Zuschuß)
Ich muß die Akten noch beschriften. (= + Schrift)
Du könntest die Veranda auch verglasen. (= + Glas)
Viele Frauen waren verschleiert. (= + Schleier)
Sie hat den Entwurf hübsch koloriert. (= + colour [Farbe])
Wir haben das Bein bandagiert. (= + Bandage)
Hast du die Kirschen schon entsteint? (= – Stein)
Diese Anlage entkeimt das Wasser. (= – Keime)

Die Ableitung drückt die Vernichtung von etwas aus. Hier dienen vor allem die Vorsilben (Präfixe) „er-" und „ver-" als Ableitungsmittel.

● Beispiele: *Das Tier hat sich in der Drahtschlinge erwürgt.*
Man fand ihn erstochen im Gebüsch.
Der König soll im See ertrunken sein.
Wer hat den Brief verbrannt?
In der Wüste ist so mancher verdurstet.
Mir ist die Lust vergangen.

Die Bedeutung der wichtigsten Vorsilben (Präfixe) im Überblick

be- = Bewirken *(begreifen),* Beurteilen *(beschuldigen),* Ausstatten *(begrenzen),* Beeinflussung *(beschwatzen)*
de- = kennzeichnet Gegensatz oder Entfernung (*degradieren*); nur an Grundlagen fremdsprachlichen Ursprungs
dis- = Gegenteil *(disqualifizieren)* oder Trennung *(distrahieren)*
durch- = vollständig *(ein Buch durchlesen)* oder Bewegung durch etwas *(durchlaufen)*
ent- = Entfernen *(entlüften)* oder Bewegung von etwas weg *(entfliehen)*
er- = Beginn eines Geschehens *(erröten)* oder Ende eines Geschehens *(ertrinken)*
in- = Eindringen *(infiltrieren);* nur an Grundlagen fremdsprachlichen Ursprungs
miß- = fehlerhaft, verkehrt *(mißbrauchen)*
re- = zurück zu früherem Zustand *(rehabilitieren),* zurückhalten *(retardieren),* nur an Grundlagen fremdsprachlichen Ursprungs
über- = räumlich höher *(überspringen),* jenseits einer Norm *(übertreiben),* eine Gesamtheit betreffend *(überschauen)*
um- = räumliches Ausweichen *(umleiten),* räumliches Umgeben *(umzäunen)*
unter- = räumlich unterhalb *(untertunneln),* Hinderung *(untersagen)*
ver- = verkehrt *(verformen),* Fort-, Wegbewegen *(verschleppen),* bis zum Schluß *(verbrauchen),* Bewirken *(vernebeln),* Ausstatten *(verzieren),* Todesursache *(verdursten)*
zer- = auseinander *(zerstreuen),* Vernichten *(zerquetschen)*

Die Bedeutung der wichtigsten Nachsilben (Suffixe) im Überblick

-l = schwach, leicht *(lächeln),* Abwertung *(frömmeln)*
-ier = dient allgemein zur Verbalisierung fremdsprachlicher Grundlagen *(montieren)*
-ig = Bewirken *(festigen),* psychischer Zustand oder psychische Beeinflussung *(sich / jemanden ängstigen),* jemandem etwas geben *(huldigen)* oder zufügen *(schädigen)*

Zeitwörter (Verben) mit Zusatz

Manche Zeitwortbildungen stehen zwischen Ableitungen und Zusammensetzungen. Sie bestehen aus einem Zeitwort als Grundlage oder Grundwort und einem Zusatz, der die Bedeutung der Grundlage oder des Grundwortes beeinflußt (modifiziert). Dieser Zusatz (Verbzusatz) unterscheidet sich von Vorsilben allerdings dadurch, daß er bei bestimmten Personalformen (finiten Formen) vom Zeitwort getrennt steht.

● Beispiel: einreichen:
Frau Wegener wollte das Gesuch gestern einreichen.
Sie reichte *es dann doch nicht* ein.
Herr Kratz hatte ihr empfohlen, es zu einem günstigeren Zeitpunkt ein*zu*reichen.

Solche Zeitwortzusätze – häufig auch „trennbare" Vorsilben (Präfixe) genannt – können aus unterschiedlichen sprachlichen Elementen gewonnen werden. Ein Großteil der gängigen Zusätze ist aus einfachen Umstandswörtern des Ortes (Lokaladverbien) hervorgegangen, wie z.B. „an-", „ab-", „auf-", „bei-", „dar-", „durch-", „ein-", „her-", „hin-", „inne-", „mit-", „nach-", „über-", „um-", „unter-", „wider-", „wieder-", „zu-".

● Beispiele: *angeben, abheben, aufheben, beitreten, darlegen, durchbrechen, einschicken, herbringen, hinlegen, innehalten, mitmachen, nachdenken, übertreten, umfahren, unterlegen, widerhallen, wiedergeben, zuschlagen*

Aus Eigenschaftswörtern (Adjektiven) hervorgegangen sind Zusätze wie z.B. „fest-," „frei-", „hoch-", „los-", „weiter-".

● Beispiele: *festbinden, hochheben, loslaufen, weitermachen*

Und auch Hauptwörter (Nomina), die nicht mehr als selbständige Wörter benutzt werden, jedenfalls nicht in der gleichen Bedeutung, können als (Verb-)Zusatz dienen.

● Beispiele: *achtgeben, fehlgehen, heimwerken, teilnehmen*

Gelegentlich können solche (Verb-)Zusätze isoliert stehen, d.h. das Grundwort / die Grundlage kann fehlen.

● Beispiele: *Die Tür ist zu(-geschlagen).*
Er ist schon weiter(-gefahren).
Mein Schlüssel ist weg(-gekommen).

Einige dieser Zeitwörter mit Zusatz gleichen äußerlich gewissen Zeitwortableitungen bzw. Zusammensetzungen, unterscheiden sich aber in ihrer Bedeutung von ihnen. In gesprochener Form ist eine Unterscheidung möglich. So werden Zeitwörter mit Zusatz in der Grundform (Infinitiv) auf der ersten Silbe betont im Gegensatz zu ihren untrennbaren Gegenstücken.

● Beispiele: *durchbrechen / durchbrechen*
übersetzen / übersetzen
wiederholen / wiederholen

Zur Verdeutlichung sind nachfolgend die wichtigsten Formen zweier sich gleichender Zeitwörter zusammengestellt, die sich jedoch durch die unterschiedliche Betonung unterscheiden.

Grundform:	unterstellen	unterstellen
Personalform:	ich unterstelle	ich stelle unter
Grundform mit „zu“:	zu unterstellen	unterzustellen
Mittelwort II:	ich habe unterstellt	ich habe untergestellt

Da die Betonung in geschriebener Sprache nicht zum Ausdruck kommt, kann häufig an der Zeitwortform nicht festgestellt werden, welches der beiden Zeitwörter vorliegt. Die Klärung muß dann aus dem Textzusammenhang erfolgen.

● Beispiele: *Das Boot durchschnitt die Wellen.* (untrennbar)
Der Präsident schnitt das Band durch. (trennbar)
Sie übersetzte das Buch ins Englische. (untrennbar)
Wir setzten über den Fluß. (trennbar)
Sie kann die Prüfung wiederholen. (untrennbar)
Du hast geschossen, also hol den Ball wieder. (trennbar)

Zusammengesetzte Zeitwörter (Verbale Komposita)

Zusammengesetzte Zeitwörter bestehen aus einem Zeitwort als Grundwort und einem vorangestellten Bestimmungswort, welches auch zu einer anderen Wortart gehören kann.

● Beispiele: *streckdehnen* (Zeitwort + Zeitwort)
heißmangeln (Eigenschaftswort + Zeitwort)
punktschweißen (Hauptwort + Zeitwort)

Echte zusammengesetzte Zeitwörter sind äußerst selten. Wir finden sie zumeist in Fachsprachen. Und häufig sind auch die Wortbildungen dort nicht immer eindeutig „echte Zusammensetzungen“.
Viele der scheinbaren Zusammensetzungen stellen sich bei genauerer Untersuchung als Ableitungen oder Zeitwörter mit (Verb-)Zusatz heraus.

● Beispiele: *hinterfragen* (= Ableitung)
teilnehmen (= Zeitwort mit trennbarem Zusatz)

Auch Formen wie z.B. „blaumachen", „glatthobeln", „klarstellen", „schönfärben" sind keine echten Zusammensetzungen, sondern werden nur zusammengeschrieben, verhalten sich ansonsten wie Zeitwörter mit einem (Verb-)Zusatz.

Einige der echten Zusammensetzungen – vor allem im allgemeinsprachlichen Bereich – werden in der Regel nur wie Hauptwörter, also in ihrer nominalisierten Form verwendet.

● Beispiele: *Kopfrechnen, Probebohren, Rückenschwimmen*

Die Bildung von Eigenschaftswörtern (Adjektiven)

Es gibt viele ursprüngliche Eigenschaftswörter (Adjektive), wie z.B. „brav", „fein", „schlecht". Der weitaus größere Teil der heute gebräuchlichen Eigenschaftswörter jedoch ist aus anderen Wörtern und sprachlichen Bestandteilen gebildet worden. Beide grundsätzlichen Verfahren, Ableitung und Zusammensetzung, gelangen auch heute noch zur Anwendung, sind also noch „produktiv". Bei der Ableitung wird das neue Eigenschaftswort durch Anfügen einer Vorsilbe (Präfix) oder einer Nachsilbe (Suffix) an ein bereits vorhandenes Wort gebildet.

● Beispiele: *un- + genau → ungenau* (Vorsilbe + Eigenschaftswort)
süß + -lich → süßlich (Eigenschaftswort + Nachsilbe)
les(en) + -bar → lesbar (Zeitwortstamm + Nachsilbe)
Tod + -lich → tödlich (Hauptwort + Nachsilbe)

Bei der Bildung von Eigenschaftswörtern durch Zusammensetzung ist das Grundwort stets ein Eigenschaftswort oder ein als solches gebrauchtes Mittelwort (Partizip). Das Bestimmungswort kann aus einer anderen Wortklasse stammen.

● Beispiele: *bös(e) + artig → bösartig* (Eigenschaftswort + Eigenschaftswort)
schwer + verdient → schwerverdient (Eigenschaftswort + Mittelwort)
stink(en) + reich → stinkreich (Zeitwort + Eigenschaftswort)
Welt + weit → weltweit (Hauptwort + Eigenschaftswort)

Abgeleitete Eigenschaftswörter (Adjektive)

Bei der Bildung von Eigenschaftswörtern durch Ableitung tritt eine Vorsilbe (Präfix) oder eine Nachsilbe (Suffix) an das Grundlagenwort. Der Gebrauch von Mittelwörtern (Partizipien) als Eigenschaftswörter kann als eine Sonderform der Ableitung ohne Ableitungsmittel angesehen werden. Die Ableitung von Eigenschaftswörtern mit Hilfe von Vorsilben ist nur möglich, wenn die Grundlage ein Eigenschaftswort ist. Die Vorsilbe beeinflußt oder verändert (modifiziert) die Bedeutung der Grundlage ohne Wortartwechsel. Die Ableitung von Grundlagen anderer Wortarten ist nur mit Hilfe von Nachsilben möglich.

Zeitwörter (Verben) als Grundlage der Ableitung

Bildung der Ableitungen
Sieht man einmal davon ab, daß Mittelwörter (Partizipien) ohne Ableitungsmittel zu Eigenschaftswörtern (Adjektiven) werden können, so lassen sich Eigenschaftswörter nur mit Hilfe einer Nachsilbe (Suffixes) aus einem Zeitwortstamm ableiten.
Die gebräuchlichsten Nachsilben sind hier „-abel", „-bar", „-fähig", „-haft", „-ig", „-lich" und „-sam". Davon sind „-abel", „-bar", „-fähig" und „-haft" noch heute sehr lebendig (produktiv).

Zu den verbreitetsten Ableitungsmitteln bei der Bildung von Eigenschaftswörtern aus Zeitwörtern gehören die Nachsilben „-bar" und „-lich".

● Beispiele: *belastbar, denkbar, greifbar, haltbar, vertretbar, deutlich, fraglich, löblich, verdaulich, zerbrechlich*

Beide haben als inhaltliches Merkmal „Möglichkeit oder Fähigkeit" und so gibt es auch Doppelformen, die sich nicht oder nur unwesentlich voneinander unterscheiden.
Dies gilt vor allem für ihre mit der Vorsilbe „un-" verneinten Formen.

● Beispiele: *unüberwindlich / unüberwindbar*
unvermeidlich / unvermeidbar
unwiederbringlich / unwiederbringbar

In jüngerer Zeit haben diese beiden Nachsilben Konkurrenz durch die Nachsilbe „-fähig" bekommen.

● Beispiele: *denkfähig, gehfähig, strapazierfähig, streichfähig*

Die Ableitungen mit „-bar“, „-lich“, „-fähig“ haben ihren Ursprung häufig in Aussagen in der Leideform (passivischen Aussagen).

● Beispiele: *Die Früchte können gegessen werden. → eßbar*
Sein Verhalten kann (muß) gelobt werden. → löblich
Die Hose kann strapaziert werden. → strapazierfähig

Für Ableitungen, die aus einer Aussage in der Tatform (Aktiv) gewonnen werden können, stehen vor allem die Nachsilben „-haft“, „-ig“, „-lich“ und „-sam“ zur Verfügung.

● Beispiele: *Sie schwatzt gerne. → schwatzhaft*
Der Stoff läßt (Luft) durch. → (luft)durchlässig
Die Speise bekommt einem gut. → bekömmlich
Er folgt gut. → folgsam

Für Ableitungen von Eigenschaftswörtern mit einer fremdsprachlichen Grundlage (meist Zeitwörter auf „-ieren“) wird das Ableitungsmittel „-abel“ verwendet oder seine Nebenform „-ibel“.

● Beispiele: *blamabel, diskutabel, spendabel, variabel*
kompatibel, konvertibel, reversibel

Da diese Nachsilbe in den meisten Fällen dem einheimischen Ableitungsmittel „-bar“ entspricht, gibt es hier manche Doppelformen, die sich inhaltlich (noch) nicht immer unterscheiden.

● Beispiele: *akzeptabel / akzeptierbar*
diskutabel / diskutierbar
konvertibel / konvertierbar

Bedeutung der Ableitungsmittel
Ableitungen mit „-bar“ und zum Teil auch Ableitungen mit „-lich“ und „-fähig“ drücken aus, was gemacht werden kann oder sollte.

● Beispiele: *Die Ware ist lieferbar.* (kann geliefert werden)
Die Farbe ist wasserlöslich. (kann in Wasser gelöst werden)
Die Butter ist streichfähig. (kann gestrichen werden)
Dein Plan ist verwerflich. (sollte verworfen werden)

Das Ableitungsmittel „-abel (-ibel)“ drückt die Eignung oder Fähigkeit für die in der Grundlage bezeichnete Handlung aus. Es tritt an Zeitwörter (Verben) fremder Herkunft.

● Beispiele: *Das ist ein akzeptabler Vorschlag.* (annehmbar)
Das Angebot ist diskutabel. (kann besprochen werden)
Das ist eine praktikable Lösung. (durchführbar)

Die Ableitungsmittel „-haft", „-ig", „-lich" und „-sam" verleihen der Grundlage oft die zusätzliche Bedeutung von „immer / häufig", „gerne", „gut". Zumeist verändern sie jedoch lediglich die Wortart.

● Beispiele: *Sie ist naschhaft.* (nascht gerne / häufig)
Die Vorstellung ist einfach lachhaft. (zum Lachen)
Der Film war gruselig. (zum Gruseln)
Dieses Gerät ist nützlich. (Eigenschaft zu nützen)
Vater ist sparsam. (spart immer / gerne)

Hauptwörter (Nomina) als Grundlage der Ableitung

Bildung der Ableitungen

Eigenschaftswort-Ableitungen aus Hauptwörtern (Nomina) sind sehr zahlreich. Sie werden in der Regel mit Nachsilben (Suffixen) gebildet. Die gebräuchlichsten Nachsilben zur Ableitung von Eigenschaftswörtern mit Hauptwörtern als Grundlage sind „-ig", „-isch", „-lich" und „-sam".

● Beispiele: *artig, bärtig, fleißig, geduldig, prächtig, würzig*
amerikanisch, biblisch, himmlisch, irdisch, kindisch
bürgerlich, freundlich, gründlich, herrlich, winterlich
arbeitsam, furchtsam, duldsam, mühsam, sorgsam

Weitere Ableitungsmittel sind hier die Nachsilben „-bar", „-en" / „-ern", „-haft" und „-mäßig".

● Beispiele: *dankbar, ehrbar, fruchtbar*
bleiern, golden, hölzern, metallen, seiden
bildhaft, boshaft, grauenhaft, märchenhaft, traumhaft
fahrplanmäßig, mittelmäßig, regelmäßig, verhältnismäßig

An Hauptwörter fremdsprachlicher Herkunft treten „-al" / „-ell", „-anisch", „-ant" / „-ent", „-iv" und „-ös" als Nachsilben.

● Beispiele: *fatal, formell, genial, ideal, kollegial, normal, reell*
charmant, evident, intelligent, interessant, markant
definitiv, demonstrativ, induktiv, instinktiv, normativ
generös, monströs, mysteriös, muskulös, skandalös

Bedeutung der Ableitungsmittel
Die Bedeutungen der Ableitungsmittel bei der Bildung von Eigenschaftswörtern (Adjektiven) aus Hauptwörtern (Nomina) sind sehr vielfältig. Häufig kann man die genaue Bedeutung erst im Zusammenhang wirklich erfassen. Man kann sie jedoch nach ihrer Grundbedeutung in die folgenden Gruppen einteilen.

- Zugehörigkeit oder Besitz drücken die Nachsilben (Suffixe) „-haft", „-ig" und „-isch" aus. Für Hauptwörter fremdsprachlicher Herkunft steht hier vor allem „-ös" zur Verfügung.

● Beispiele: *Der Vorgang ist rätselhaft.* (gehört zu den Rätseln)
Sie ist tugendhaft. (hat Tugenden)
Das Tier ist kräftig. (besitzt Kraft)
Hier die bibliographischen Angaben. (gehören zur Bibliographie)
Er ist muskulös. (hat Muskeln)

- Mit „-ig", „-isch", „-lich" und den fremdsprachlichen Nachsilben „-al", „-ant", „-iv" kann man eine Eigenschaft als typisch darstellen.

● Beispiele: *Dieser Tabak ist würzig.* (Würze typisches Merkmal)
Die Bergstämme waren kriegerisch. (Krieg führen als typisches Merkmal)
Diese Tiere sind friedlich. (Friedlichkeit als tyisches Merkmal)
Das Bauwerk ist monumental. (Größe als typisches Merkmal)
Sie hat ein markantes Profil. (Gesichtszug als typisches Merkmal)
Die Wand ist porös. (Poren als Merkmal)

- Nachsilben, die Empfindungen andeuten, sind vor allem „-ig", „-isch", „-lich" und „-sam".

● Beispiele: *Bist du hungrig?* (Empfindung von Hunger)
Er ist ganz neidisch. (Empfindung von Neid)
Sie ist glücklich. (Empfindung von Glück)
Sei nicht so furchtsam. (Empfindung von Furcht)

- Das Material bzw. den Stoff bezeichnen Ableitungen mit „-en" / „-ern".

● Beispiele: *Er trägt gerne wollene Socken.*
Sie trug einen ledernen Umhang mit kupfernen Knöpfen.

- Auf Entsprechung oder Übereinstimmung weisen Ableitungen mit „-lich" und „-mäßig" hin.

● Beispiele: *Unser Vorgehen ist gesetzlich.* (entspricht dem Gesetz)
Er hat einen rechtmäßigen Anspruch auf das Haus.

- Ableitungen, die auf die Herkunft von etwas hinweisen, haben meist die Nachsilbe „-isch" bei sich.

● Beispiele: *Dies ist ein fränkisches Rezept.* (kommt aus Franken)
Er trinkt nur irischen Whiskey. (aus Irland)

Hinweis: Bei Ländernamen ist dieses Ableitungsmuster mit Vorsicht anzuwenden, denn nicht immer bildet der Ländername die Grundlage für die Ableitung in unveränderter Form.

● Beispiele: *Guatemala → guatemaltekisch*
Malta → maltesisch
Monaco → monegassisch
Zaire → zairisch

Die umfangreichste Gruppe von Ableitungsmitteln dient der Bildung von vergleichenden Eigenschaftswörtern. Hierher gehören die Nachsilben „-haft", „-ig", „-isch" und „-lich" sowie für Grundlagen fremder Herkunft „-al", „-iv" und „-ös".

● Beispiele: *Die Schatten waren geisterhaft.* (wie von Geistern)
Der Rettich war leider holzig. (wie Holz)
Euer Verhalten ist kindisch. (wie Kinder)
Ich sehe sie bildlich vor mir. (wie ein Bild)
Sei doch etwas kollegial. (wie ein Kollege)
Sie sind einfach primitiv. (wie die ersten Menschen)
Ihr Verschwinden war mysteriös. (wie ein Mysterium)

Um die immer größer werdende Vielfalt des Lebens sprachlich zu bezeichnen, werden häufig von einer Grundlage mehrere Eigenschaftswörter abgeleitet, die dann zu Verwechslungen führen können. Im Zweifelsfall sollte man sich vor dem Gebrauch solcher Wörter über die genaue Bedeutung anhand eines Wörterbuches informieren.

● Beispiele: *elektrisch / elektronisch, farbig / farblich, formal / formell*
geschäftig / geschäftlich, halbjährig / halbjährlich
kindisch / kindlich, mündig / mündlich, rational / rationell
real / reell, technisch / technologisch

Eigenschaftswörter (Adjektive) bilden die Grundlage

Bildung der Ableitungen

Bei diesem Wortbildungsmuster bleibt die Wortart erhalten, d.h. das zugrundeliegende Eigenschaftswort (Adjektiv) wird verändert (modifiziert). Als Ableitungsmittel dienen vor allem Vorsilben (Präfixe), wobei die Vorsilben fremder Herkunft die einheimischen an Zahl weit übertreffen. Von den Nachsilben (Suffixen) sind eigentlich nur noch „-haft" und vor allem „-lich" bei der Ableitung von Eigenschaftswörtern aus Eigenschaftswörtern üblich. Ableitungen mit „-sam", z.B. „langsam", stammen aus früherer Zeit und sind für den normalen Sprachbenutzer nicht mehr nachvollziehbar.

Bedeutung der Ableitungsmittel

Bedeutungsveränderungen mit Hilfe von Vorsilben sind so zahlreich, daß aus Gründen der Übersichtlichkeit hier nur die wichtigsten einheimischen Ableitungsvorsilben (Ableitungspräfixe) dargestellt werden sollen (vergl. dazu das Kapitel „Bedeutung der wichtigsten Vorsilben im Überblick").

Die gebräuchlichste Form der Veränderung von Eigenschaftswörtern durch Vorsilben ist die Verneinung einer Eigenschaft durch die Vorsilbe „un-".

● Beispiele: *unbedenklich, unehrenhaft, ungleich, untreu, unverzagt*

Die Vorsilbe „un-" kann sowohl an abgeleitete Eigenschaftswörter treten wie auch an solche, die nicht abgeleitet sind.

● Beispiele: *unannehmbar, unehrlich, unheilbar, unnahbar, unnachgiebig, unbekannt, unecht, undicht, unfrei, ungenau, unreif*

„Un-" wird nicht verwendet bei Eigenschaftswörtern, die nicht abgeleitet sind und zu denen es ein gegensätzliches Eigenschaftswort gibt.

● Beispiele: *alt / jung, arm / reich, groß / klein, langsam / schnell*

Auch darf die Grundlage keine negative Bedeutung haben.

● Beispiele: *böse, gering, übel*

● **Hinweis:** In jüngerer Zeit ist zum Ausdruck der Verneinung auch das Ableitungsmuster mit „nicht-" gebräuchlich geworden. Dies liegt an dem wachsenden Einfluß der englischen Sprache, in der die Verneinung durch die Vorsilbe „non-" üblich ist.

● Beispiele: *nichtamtlich, nichtbrennbar, nichtöffentlich*

Die wichtigsten fremden Vorsilben zur Verneinung von Eigenschaftswörtern von Grundlagen fremden Ursprungs sind „a-"/„an-", „de(s)-", „dis-", „il-"/„in-"/„ir-" sowie „non-".

● Beispiele: *anormal, ahistorisch, amoralisch, anorganisch*
desinfiziert, desillusioniert, destruktiv, deviant
disjunktiv, diskontinuierlich, dissonant
illegal, illiquid, inaktiv, indiskutabel, irregulär
nonfigurativ, nonkonformistisch, nonverbal

Sehr gebräuchlich sind auch Ableitungen, bei denen die Vorsilbe die Bedeutung der Grundlage verstärkt.
Als gängige Ableitungsmittel dienen hier vor allem die Vorsilben „grund"-, „hoch"-, „ober"-, „sau"- (vulgärsprachl.), „tief"-, „über"-, „ur-" sowie „voll-".

● Beispiele: *grundanständig, grundehrlich, grundverkehrt*
hocherfreut, hochgebildet, hochverehrt
oberfaul, obergescheit, oberschlau,
saublöd, saudumm, saugrob, sauwohl
tieferlebt, tieferschüttert, tiefgekränkt
überbreit, übereifrig, überlang
uralt, urenglisch, urkomisch, urmenschlich
vollautomatisch, vollgültig

Das Bedürfnis zur Verstärkung von Eigenschaftswörtern ist in der Gegenwartssprache besonders stark. Durch den gleichzeitigen Einfluß des Englischen bzw. Amerikanischen sind auch viele verstärkende Vorsilben aus diesem Bereich übernommen worden.

Dazu gehören vor allem „extra-", „hyper-", „super-", auch wenn diese ursprünglich aus der lateinischen („extra-", „super-") bzw. griechischen („hyper-") Sprache stammen.

● Beispiele: *extrafein, extrahoch, extragroß, extravagant, extraweich*
hyperaktiv, hypermodern, hypersensibel
superfein, superintelligent, superleicht, superschlau

Beliebt sind auch Ableitungen, die räumliche oder zeitliche Beziehungenausdrücken.
Hier finden Vorsilben wie „außer-", „inner-", „neu-", „über-", „vor-" und „zwischen-" Verwendung.

● Beispiele: *außerdienstlich, außergerichtlich, außergewöhnlich, außerirdisch*
innerparteilich, innerschulisch, innerstaatlich
neubekehrt, neudeutsch, neumodisch, neureich, neuvermählt
überbetrieblich, überfachlich, überparteilich
vorehelich, voreilig, vorgeschichtlich, vorsintflutlich
zwischenmenschlich, zwischenstaatlich, zwischenzeitlich

An Eigenschaftswörter fremder Herkunft treten u.a. die Vorsilben „extra-“, „inter-“, „intra-“, „neo-“, „post-“, „prä-“, „sub-“ „supra-“ und „trans-“.

● Beispiele: *extrakommunikativ, extraterrestrisch*
interdisziplinär, interfraktionell, intergalaktisch
intramuskulär, intravenös, intrazellulär
neofaschistisch, neoimpressionistisch, neolithisch
postglazial, postkommunistisch, postmodern
präglazial, prähistorisch, präjudizial
subalpin, subaltern, subarktisch, submarin, subpolar
supranational, supranaturalistisch
transfinit, transkontinental, transportabel, transversal

Das inhaltliche Merkmal „verkehrt“ fügt die Vorsilbe „miß-“ der Bedeutung der Grundlage hinzu.

● Beispiele: *mißbehaglich, mißfällig, mißgestimmt, mißverständlich, mißtrauen*

Ein Teil der mit Hilfe von Vorsilben gewonnenen Eigenschaftswörter enthält eine Grundlage, die nicht unabhängig im Sprachgebrauch vorkommt.

● Beispiele: *unverbesserlich* (es gibt kein „verbesserlich“) *mißliebig* (es gibt kein „liebig“)

Bei der Veränderung (Modifizierung) von Eigenschaftswörtern durch Nachsilben (Suffixe) spielt hauptsächlich das Ableitungsmittel „-lich“ eine Rolle.
Inhaltlich drückt es eine Annäherung an die von der Grundlage bezeichnete Eigenschaft aus.

● Beispiele: *bläulich, bräunlich, gelblich, grünlich, rötlich*
bitterlich, säuberlich, säuerlich, süßlich, zärtlich

Als Grundlage kommen hier vor allem Farbeigenschaftswörter in Frage. Ableitungen von anderen Eigenschaftswörtern werden häufig in übertragenem Sinne verwendet und verändern dann die Bedeutung „Annäherung an die bezeichnete Eigenschaft".

● Beispiele: *eine süßliche Melodie* (sentimental oder kitschig)
zärtliche Musik (gefühlvoll)
kleinliche Überprüfung (genauer als nötig)

Bedeutung der wichtigsten Vorsilben (Präfixe) im Überblick

a(n)-	= Verneinung oder Ausschluß des Grundlageninhaltes; nur an fremde Grundlagen *(anormal, anorganisch)*
ab-	= weg von *(abstrakt)* oder verkehrt *(abartig)*
alt-	= vor oder seit langer Zeit *(althergebracht)*
ant(i)-	= ausschließender Gegensatz *(antikapitalistisch),*
außer-	= außerhalb des benannten Bereiches *(außerberuflich)*
bi-	= zwei, doppelt; nur an fremde Grundlagen *(bichrom)*
binnen-	= innerhalb eines Bereichs *(binneneuropäisch)*
des-	= auseinander; nur an fremde Grundlagen *(desorganisiert)*
dia-	= durch, hindurch; nur an fremde Grundlagen *(diachronisch, diagonal)*
dis-	= entzwei, auseinander; nur an fremde Grundlagen *(disharmonisch*)
erz-	= Verstärkung *(erzfaul)*
extra-	= außerhalb, über hinaus *(extraterrestrisch)*, besonders *(extragünstig)*
grund-	= Verstärkung *(grundehrlich)*
hetero-	= ungleich, verschieden ; nur an fremde Grundlagen *(heteromorph)*
hoch-	= Verstärkung *(hochmotiviert)*
homo-	= gleichartig, entsprechend; nur an fremde Grundlagen *(homonym)*
hyper-	= Verstärkung bis hin zu Übertreibung; nur an fremde Grundlagen *(hyperkorrekt)*
il-/in-/ir-	= Verneinung; nur an fremde Grundlagen *(illegal, indiskutabel, irregulär)*
inner-	= innerhalb des bezeichneten Bereiches *(innerstaatlich)*
inter-	= Zustand / Vorgang zwischen Gleichartigem; nur an fremde Grundlagen *(interkontinental)*
intra-	= innen, innerhalb; nur an fremde Grundlagen *(intravenös),*
iso-	= gleich; nur an fremde Grundlagen *(isotonisch)*
miß-	= verkehrt, falsch *(mißliebig)*
mono-	= allein, einzeln; nur an fremde Grundlagen *(monoton)*

Bedeutung der wichtigsten Vorsilben (Präfixe) im Überblick

multi-	= viel; nur an fremde Grundlagen *(multifunktional)*
nach-	= zeitlich nach oder in einer Reihe hinter etwas *(nachträglich, nachfolgend)*
neo-	= neu, erneut; nur an fremde Grundlagen *(neohumanistisch)*,
nicht-	= Verneinung *(nichtmilitärisch)*
non-	= Verneinung; nur an fremde Grundlagen *(nonkonform)*
pan-	= gesamt, völlig; vornehmlich an fremde Grundlagen *(pantheistisch)*
para-	= neben, entlang *(parallel)*, gegen, abweichend *(paradox)*, ähnlich *(paramilitärisch)*
poly-	= viel; nur an fremde Grundlagen *(polyphon)*
post-	= hinter, nach; nur an fremde Grundlagen *(postmodern)*
prä-	= vor, voraus; nur an fremde Grundlagen *(prähistorisch)*
pro-	= vor, hervor *(produktiv)*, für etwas oder jemanden *(proeuropäisch)*, an Stelle von *(pronominal)*; meist an fremde Grundlagen
pseudo-	= unecht, vorgetäuscht *(pseudoprofessionell)*
quasi-	= gleichsam, als ob; nur an fremde Grundlagen *(quasiprogressiv)*
sau-	= [vulgärsprachlich!] Verstärkung *(saugrob)*
semi-	= halb; nur an fremde Grundlagen *(semipermeabel = halbdurchlässig)*
sub-	= unter, unterhalb; nur an fremde Grundlagen *(subaltern)*
super-	= Verstärkung *(superstark)*
supra-	= oberhalb, übergeordnet; nur an fremde Grundlagen *(supranational)*
syn-	= gemeinsam, gleichartig, gleichzeitig; nur an fremde Grundlagen *(synergetisch = zusammenwirkend)*
tief-	= Verstärkung *(tieftraurig)*
trans-	= hindurch, jenseits, über – hinaus; nur an fremde Grundlagen *(transatlantisch)*
über-	= oberhalb, übergeordnet *(„überbetrieblich")*, höherer Grad *(überlang)*
ultra-	= jenseits von, über – hinaus *(ultraviolett)*
unter-	= in zu schwachem Maße *(unterbelichtet)*
ur-	= Verstärkung *(urkomisch)*
voll-	= Verstärkung *(vollmundig)*
vor-	= zeitlich vorher *(vorwinterlich)*, in einer Reihe vorher *(vorletzte)*, höher im Rang *(vorrangig)*
zwischen-	= räumliche Beziehung *(zwischenmenschlich)*, zeitliche Beziehung *(zwischenzeitlich)*

Bedeutung der wichtigsten Nachsilben (Suffixe) im Überblick

-abel	= fähig, geeignet; nur an fremde Grundlagen *(praktikabel)*
-al	= so wie, derartig; nur an fremde Grundlagen *(monumental),*
-ar/-är	= [inhaltlich nicht festgelegt] nur an fremde Grundlagen *(lunar)*
-bar	= fähig, geeignet *(trinkbar)*
-ell	= [inhaltlich nicht festgelegt] nur an fremde Grundlagen *(rationell)*
-en/-ern	= bestehend aus *(knöchern)*
-ent	= in bezeichneter Weise handelnd oder sich verhaltend; nur an fremde Grundlagen *(konsequent)*
-esk	= in der Art von; nur an fremde Grundlage oder Eigennamen *(kafkaesk)*
-haft	= Neigung zu *(schwatzhaft),* Art und Weise des Verhaltens *(sprunghaft),* vergleichend (*krankhaft*), sowie weitere Bedeutungsmerkmale
-ig	= [inhaltlich nicht festgelegt] *(dunstig)*
-isch	= Beschaffenheit *(zylindrisch)*, Eigenart *(kindisch),* Herkunft *(englisch),* Zugehörigkeit *(politisch),* sowie weitere Bedeutungsmerkmale
-iv	= Eigentümlichkeit *(massiv),* Zugehörigkeit *(instinktiv);* tritt nur an fremde Grundlagen
-lich	= [inhaltlich vielfältige Bedeutungen] *(dümmlich)*
-mäßig	= artbenennend *(gefühlsmäßig)*, Entsprechung *(regelmäßig),*
-ös	= in der Art; nur an fremde Grundlagen *(skandalös)*
-sam	= Neigung *(strebsam),* sowie weitere Bedeutungsmerkmale

Zusammengesetzte Eigenschaftswörter (adjektivische Komposita)

Zusammengesetzte Eigenschaftswörter bestehen aus mindestens zwei Wörtern, wobei das zweite Wort stets ein Eigenschaftswort (Adjektiv) ist. In der Regel bestimmt das erste Wort (Bestimmungswort) den Inhalt des zweiten Wortes (Grundwortes) näher. Es gibt aber auch Zusammensetzungen, bei denen beide Wortinhalte sich einfach addieren (Additionswörter oder Kopulativkomposita). Diese sind jedoch zahlenmäßig sehr begrenzt.

● Beispiele: *naßkalt — naß und kalt* (Beschaffenheit)
schwarzweiß — schwarz und weiß (Farbzusammensetzung)
fünfzehn — fünf und zehn (Zahlwort)

Eigenschaftswort als Bestimmungswort (Adjektiv + Adjektiv)

Die meisten Formen, die aus zwei Eigenschaftswörtern (Adjektiven) bestehen, sind keine echten Zusammensetzungen, sondern lediglich zusammengeschriebene Ausdrücke.

● Beispiele: *das Ei ist hart gekocht → hartgekochtes Ei*
das Buch ist leicht verständlich → leichtverständliches Buch
das Auto ist schwer beladen → schwerbeladenes Auto

Echte Zusammensetzungen finden sich hier vor allem mit einem Mittelwort der Gegenwart (Partizip Präsens).

● Beispiele: *fernliegend, hochfliegend, weitgehend*

Bei den meisten der echten Zusammensetzungen von zwei Eigenschaftswörtern (Adjektiven) bezieht sich das Bestimmungswort auf den Grad der im Grundwort bezeichneten Eigenschaft.

● Beispiele: *altklug, dunkelblau, feinsinnig, hochanständig, schöngeistig*

Viele der echten Zusammensetzungen von Eigenschaftswörtern (Adjektiven) haben ein Grundwort, das nicht selbständig vorkommt.

● Beispiele: *dickköpfig* (es gibt nicht „köpfig“)
heißblütig (es gibt nicht „blütig“)
vierbeinig (es gibt nicht „beinig“)

Zeitwort als Bestimmungswort (Verb + Adjektiv)

Bei Zusammensetzungen von Eigenschaftswörtern (Adjektiven) mit Zeitwörtern (Verben) dient der Zeitwortstamm als Bestimmungswort. Ein Fugenzeichen tritt nicht auf.

● Beispiele: *bettelarm, lernintensiv, singfreudig, trinkfest*

Die meisten dieser Zusammensetzungen beziehen sich auf Lebewesen.

● Beispiele: *lernwillig* = jemand, der willig lernt
gehbehindert = jemand, der beim Gehen behindert ist
rauflustig = jemand, der gerne rauft

In der Werbesprache werden heute jedoch viele dieser Zusammensetzungen, die sich eigentlich auf Lebewesen beziehen, auf Sachen übertragen.

● Beispiele: *der drehfreudige Ski*
der saugfreundliche Teppichboden
die wanderfesten Schuhe

Hauptwort als Bestimmungswort (Nomen + Adjektiv)

Die meisten zusammengesetzten Eigenschaftswörter (adjektivischen Komposita) haben ein Hauptwort (Nomen) als Bestimmungswort. Ihre Bedeutung ergibt sich aus den Bedeutungen der zusammengesetzten Teile.
Ein großer Teil dieser Zusammensetzungen sind Vergleichsbildungen, d.h. sie stammen aus einem Vergleich.

● Beispiele: *butterweich* = weich wie Butter
glasklar = klar wie Glas
strohdumm = dumm wie Stroh
zuckersüß = süß wie Zucker

Die zweite wichtige Gruppe besteht aus den Ergänzungsbildungen (Valenzbildungen). Hier stammt das Bestimmungswort aus einer Satzergänzung. Die Bedeutung der Zusammensetzung läßt sich meist leicht aus der Umschreibung erkennen.

- Das Bestimmungswort entspricht einer Ergänzung im 4. Fall (Akkusativobjekt).

● Beispiele: *naturliebend* = (jemand), der die Natur liebt
ohrenbetäubend = (Lärm), der die Ohren betäubt
menschenverachtend = (jemand), der die Menschen verachtet
wasserabstoßend = (etwas), das das Wasser abstößt

- Das Bestimmungswort entspricht einer Ergänzung im 3. Fall (Dativobjekt).

● Beispiele: *artverwandt* = (etwas), das einer Art verwandt ist
kinderfeindlich = (jemand/etwas), das den Kindern feindlich ist
schockähnlich = (etwas), das einem Schock ähnlich ist
zangengleich = (etwas), das einer Zange gleicht

- Das Bestimmungswort entspricht einer Ergänzung im 2. Fall (Genitivobjekt).

● Beispiele: *lebensüberdrüssig* = (jemand), der des Lebens überdrüssig ist
siegessicher = (jemand), der sich des Sieges sicher ist
tatverdächtig = (jemand), der einer Tat verdächtigt wird
zielbewußt = (jemand), der sich eines Ziel bewußt ist
selbstbewußt = (jemand), der sich seiner selbst bewußt ist

- Das Bestimmungswort entspricht einer von einem Verhältniswort eingeleiteten Ergänzung (Präpositionalobjekt).

● Beispiele: *angsterfüllt* = (jemand), der von Angst erfüllt ist
hilfsbereit = (jemand), der zur Hilfe bereit ist
neiderfüllt = (jemand), der von Neid erfüllt ist
streßgeplagt = (jemand), der von Streß geplagt wird
tränenüberströmt = (jemand), der von Tränen überstömt ist
zeitgemäß = (etwas), was der Zeit entspricht

Die Bildung von Partikeln

Auch Wörter, die nicht gebeugt werden, können durch Ableitung oder Zusammensetzung gebildet werden.
Zumeist handelt es sich bei diesen Wortbildungen um Umstandswörter (Adverbien).

● Beispiele: *anfangs, dorthin, kopfüber, wahrlich, zusehends*

Abgeleitete Partikeln

Bilden Hauptwörter die Grundlage der Ableitung, so entsprechen die neugebildeten Partikeln dem 2. Fall / Einzahl (Genitiv / Singular) des jeweiligen Hauptwortes (Nomina).

● Beispiele: *abends, anfangs, flugs, morgens, nachts*

Diesem Muster entsprechend, gibt es auch Ableitungen von anderen Wortarten mit dem Ableitungsmittel „-s".

● Beispiele: *bestens, eilends, nächstens, zusehends*

Schließlich können Partikeln auch mit Hilfe der Nachsilben (Suffixe) „-lich" und „-ling" abgeleitet werden. Die Grundlage bilden dabei meistens Eigenschaftswörter (Adjektive).

● Beispiele: *ewiglich, gänzlich, wahrlich*
blindlings, jählings, rücklings

Zusammengesetzte Partikeln

Bei diesen Zusammensetzungen handelt es sich in der Regel um Umstandswörter (Adverbien) oder um Bindewörter (Konjunktionen). Sie setzen sich meist zusammen aus:

- Partikel + Partikel

● Beispiele: *daran, gegenüber, herab, hiermit, immerhin, obwohl, nachher*

- Verhältniswort + Hauptwort (Präposition + Nomen)

● Beispiele: *anstatt, beiseite, imstande, zufolge, zugunsten*

- Verhältniswort + Fürwort (Präposition + Pronomen)

● Beispiele: *außerdem, auseinander, miteinander, ohnedies, währenddessen*

- Verhältniswort + Eigenschaftswort (Präposition + Adjektiv)

● Beispiele: *beinahe, fürwahr, insgeheim, vorlieb*

Bildung einer Wortfamilie

Mit dem Begriff „Wortfamilie" bezeichnet man alle ihrer Herkunft nach zusammengehörenden Wörter, also alle Ableitungen und Zusammensetzungen von ein und demselben Wortstamm als Ursprung. Dabei ist die wortgeschichtliche (etymologische) Entwicklung maßgebend, nicht jedoch die inhaltliche Verwandschaft der Wörter. So kann es durchaus sein, daß zwei Wörter zu derselben Wortfamilie gehören, deren inhaltliche Beziehung nicht mehr erkennbar ist.

● Beispiel: *fahrig* (zerstreut) *fertig* (erschöpft)

Nachfolgend soll der Aufbau einer Wortfamilie an einem Beispiel veranschaulicht werden. Die Vollständigkeit der Wortfamilie wurde dabei nicht angestrebt und auch nicht annähernd erreicht, denn mit dem Beispiel soll lediglich der Aufbau einer Wortfamilie deutlich gemacht werden.

● Beispiel: fahren (fahr-, fuhr)

- Ableitungen:

Ableitungen von „fahr-“ oder „fuhr-“:

Hauptwörter (Nomina)	*Ableitungsmittel*
die Fahrt, die Fähre die Fuhre, die Furt	Anfügen von Mitlaut, Ablaut, Umlaut
die Gefahr, das Gefährt,der Gefährte,	Vorsilbe (Präfix)
der Fahrer, die Fahrerin, die Fahrerei, die Fährte	Nachsilbe (Suffix)
Zeitwörter (Verben):	
befahren, erfahren, (sich) verfahren,	Vorsilbe (Präfix)
führen (besitzt eigene Wortfamilie)	Umlaut
Eigenschaftswörter (Adjektive):	
fahrbar, fahrig, erfahren, verfahren	Nachsilbe (Suffix)

Zusammensetzungen (Komposita)

Hauptwörter (Nomina):

- „fahr“ oder „fuhr“ als Bestandteil des Grundwortes:
  Autofahrt, Bahnfahrt, Raumfahrt, Schlittenfahrt, Auffahrt, Durchfahrt, Überfahrt, Zufahrt, Freifahrt, Rundfahrt, Schwarzfahrt, Autofahrer, Bahnfahrerin, Radfahrer, Rennfahrerin, Beifahrer, Mitfahrerin, Vorfahrer, die Vorfahren, die Nachfahren, Heufuhre, Holzfuhre, Sandfuhre, Ausfuhr, Einfuhr, Zufuhr

- „fahr“ oder „fuhr“ als Bestandteil des Bestimmungswortes:
  Fahrbahn, Fahrgast, Fahrkarte, Fahrstil, Fahrstuhl, Fahrzeug
  Fahrtenbuch, Fahrtdauer, Fahrtrichtung, Fahrtroute
  Fährmann, Fährhafen, Fährlinie, Fährschiff
  Fuhrmann, Fuhrleute, Fuhrunternehmen, Fuhrwerk

Zeitwörter (Verben)

- „fahr" als Bestandteil des Grundwortes:
  heimfahren, motorradfahren, radfahren
  festfahren, kaputtfahren, schwarzfahren, totfahren
  ausfahren, beifahren, durchfahren, entgegenfahren, mitfahren

Achtung: Bei „durchfahren, überfahren, umfahren" hängt die Bedeutung von der jeweiligen Betonung des Wortes ab.

- „fahr" als Bestandteil des Bestimmungswortes:
  fahrenlassen (aufgeben)

Eigenschaftswörter (Adjektive)

- „fahr" als Bestandteil des Grundwortes:
  fahrbereit, fahrtauglich, fahrtechnisch

- „fahr" und „fuhr" als Bestandteil bei der Bildung von Namen:
  Erfurt, Frankfurt, Furth, Fürth, Schweinfurt
  Eckernförde, Herford, Oxford, Verden

Besondere Bildungen und Ableitungen von „fahr" oder „fuhr":
Fahrende (mittelalterliche Spielleute, umherziehende Gaukler)
die Fährnis (dichterisch: Gefahr)
der Ferge (dichterisch: Fährmann)
fertig (fahrbereit) → eigene Wortfamilie
Förde (lange schmale Bucht)

Der Satz

Begriffserklärung

Der Satz ist eine relativ selbständige und inhaltlich geschlossene Einheit. Er ist der gesprochene oder geschriebene Ausdruck einer Absicht, Beobachtung, eines Gedankens, Gefühls, Wunsches oder einer Beschreibung von inneren und äußeren Vorgängen.

● Beispiel: *Ich werde heute abend in das Theater gehen.*
Wir haben gesehen, wie es zum Unfall kam.
Wir freuen uns über deinen sportlichen Erfolg.
Das ist ja fantastisch!

Das Verständnis eines Satzes ist von verschiedenen Gesichtspunkten abhängig.

1. Die Stellung der Satzglieder zueinander bestimmt, was mit dem Satz ausgedrückt wird.

● Beispiel: *Der Blitz schlug in den Bauernhof ein.*

Eine Umstellung der einzelnen Satzglieder könnte zu folgendem Satz führen:
Schlug der Blitz in den Bauernhof ein?

Das erste Beispiel ist ein Aussagesatz über ein Geschehen, das sich tatsächlich ereignet hat.
Durch die Umstellung der Satzglieder im zweiten Beispiel wurde aus dem Aussagesatz ein Fragesatz.

2. Das Zeitwort (Verb) in einem Satz bestimmt die Anzahl der einzelnen Satzglieder. Dies ist bei jedem Verb unterschiedlich.

● Beispiel: *Hans lebt.*

Erklärung: Das Zeitwort „leben“ benötigt in diesem Beispiel keinen weiteren Zusatz, wenn es als Gegenteil von „er ist nicht tot“ verstanden wird.

Aber: *Hans lebt in Dortmund.*

Erklärung: Das Zeitwort „leben“ ist in diesem Beispiel im Sinne von „wohnen“ zu verstehen. Es benötigt eine zusätzliche Information, die durch die Frage „Wo?“ hervorgerufen wird.

Die Weglaßprobe (Eliminierung) zeigt an, ob die Ortsangabe „in Dortmund“ notwendig ist.

● Beispiel: *Hans wohnt.*

Dieser Satz ist ohne die Ortsangabe sinnlos.

3. Zuletzt wird das Verständnis eines Satzes im mündlichen Sprachgebrauch durch die Tonhöhe der Stimmführung ermöglicht.

● Beispiele:

Aussagesatz: *Der Autofahrer fuhr zu schnell.*
Satzzeichen: Punkt
Stimmführung: abfallend

Fragesatz: *Wo ist denn mein Portemonnaie?*
Satzzeichen: Fragezeichen
Stimmführung: steigend

Befehlssatz: *Jenny, komm!*
Satzzeichen: Ausrufezeichen
Stimmführung: stark betonte, in gleicher Tonhöhe befindliche Klangführung

Im folgenden werden die Satzarten, ihre Kennzeichen und Funktionen näher untersucht.

Satzarten

Jede Satzart beschreibt die entsprechende Absicht des Sprechers.

Der Aussagesatz

Der Aussagesatz vermittelt dem Leser oder Hörer eine Information. Diese Information kann richtig oder falsch sein.

● Beispiel: *Er reist morgen nach London.*
Tanja kommt heute zu mir.

Der Satzbau hat dabei immer dasselbe Schema:

S	+	P	+	O
Subjekt		Prädikat		Objekt (Ergänzung des Ortes, der Zeit, der Art und Weise)

Der Ausrufesatz

Eng verwandt mit dem Aussagesatz ist der Ausrufesatz. Er bringt neben der Sachinformation auch die innere Bewegung des Sprechers zum Ausdruck.

● Beispiele: *Das ist eine Überraschung!* → Ausdruck der Freude
Darauf habe ich mich so gefreut! → Ausdruck der Enttäuschung
Das ist ein echter Tausendsassa! → Ausdruck der Bewunderung

Der Ausrufesatz erlaubt eine völlig beliebige Umstellung der Satzglieder.

● Beispiele: *Eine Überraschung ist das!*
oder: *Ist das eine Überraschung!*
oder: *Das ist eine Überraschung!*

Das Verb kann auch entfallen (vergl. dazu das Kapitel „Sonderformen des Attributs“).

● Beispiel: *Was für eine Überraschung!*

Der Aufforderungsatz (Imperativ)

Der Aufforderungssatz (Imperativ) drückt einen Befehl, eine höfliche Bitte oder eine Aufforderung aus.

● Beispiele: Befehl: *Schweig! Lauf!*
Höfliche Bitte: *Zeigen Sie bitte Ihren Ausweis!*
Aufforderung: *Spiel doch mit mir!*

Achtung: Das Zeitwort (Verb) steht in der gebeugten Form immer am Anfang des Satzes.

Der Aufforderungssatz hat aber noch weitere Funktionen:

● Beispiele: Wunsch: *Möge das Kunststück gelingen!*
Warnung: *Hütet euch vor dem Hund!*

Eine weitere Möglichkeit, um einen Aufforderungssatz einzuleiten, ist das Empfindungswort (Interjektion). Es ermöglicht dem Sprecher, Gefühle verschiedener Art wie z.B. Angst, Ekel, Freude, Schmerz, Sehnsucht, Verachtung, Zärtlichkeit usw. auszudrücken (vergl. dazu das Kapitel „Das Empfindungswort").
Innerhalb eines Aufforderungssatzes stehen Empfindungswörter meist am Satzanfang, um die Gemütshaltung des Sprechers auszudrücken.

● Beispiel: *Ach, laß mich in Ruhe!* (= Ablehnung)
Igitt, das ist ja scheußlich! (= Ekel)
Aua, das tut weh! (= Schmerz)

Empfindungswörter treten häufig in Form von lautmalerischen Wörtern auf (Onomatopöie), um

- Tiere in Bewegung zu bringen,

● Beispiele: *Ksch, hau ab!* (zu Hund, Katze, Vogel)
Hü, lauf schon! (zum Pferd, Esel)

- Menschen aufzufordern, ruhig zu sein,

● Beispiele: *Pst / Pscht, scht / sst, seid leise! Das Baby schläft schon!*

- die Aufmerksamkeit der Menschen auf sich zu ziehen.

● Beispiele: *He / Heda / Hallo, kommen Sie mal her!*

Der Fragesatz

Bei einem Fragesatz wird ein Sachverhalt unter einem bestimmten Aspekt in Frage gestellt.
Man unterscheidet zwischen Entscheidungsfragen, Ergänzungsfragen, Vergewisserungsfragen und rhetorischen Fragen.

Die Entscheidungsfrage

Sie fragt nach dem gesamten Inhalt eines Sachverhaltes. Das gebeugte Zeitwort (finite Verb) steht am Anfang des Satzes.

● Beispiele: *Spielst du morgen mit mir Tennis?*
Kommt der Mechaniker nächste Woche?

Die erwartete Antwort lautet: *ja / nein* oder *doch.*

Die Ergänzungsfrage

Sie fragt nach einem Teil des Sachverhaltes unter einem bestimmten Aspekt. Das gebeugte Zeitwort (finite Verb) steht an zweiter Stelle nach dem Fragepronomen (Interrogativpronomen).

● Beispiele: *Wer kann mir die Uhrzeit sagen?*
Was ist das?

Die Vergewisserungsfrage

Die Vergewisserungsfrage wird dann gestellt, wenn die Richtigkeit einer bereits gegebenen Antwort überprüft werden soll.
Die Satzstruktur entspricht dem Aussagesatz, aber entscheidend ist in diesem Fall die Satzmelodie.

● Beispiele: *Du hast deine Hausaufgaben gemacht?*
Er hat seine Führerscheinprüfung bestanden?

Die rhetorische Frage

Die rhetorische Frage ist keine echte Frage (vergl. dazu das Kapitel „Stilmittel"). Der Sprecher erwartet keine Antwort, weil er diese bereits kennt. Sie ist ein rhetorischer Kunstgriff, um eine Aussage noch einmal besonders hervorzuheben.
Vor allem in politischen Reden tritt die rhetorische Frage häufig auf.

● Beispiele: *Hat nicht unsere Partei in all den Jahren vor den Gefahren des Kommunismus gewarnt? Hat sie nicht den Bundesbürger immer wieder vor Blauäugigkeit in der Bewertung der Außenpolitik gewarnt?*

Bei beiden Fragen geht der Sprecher von der Zustimmung seines Publikums aus. Der Zuhörer wird auf eine Aussage nochmal besonders aufmerksam gemacht.

Die Satzglieder

Jeder Satz besteht aus Elementen, die ihm durch ihren inhaltlich-gedanklichen und grammatikalischen Zusammenhang einen Sinn ergeben. Diese Elemente sind Wörter oder Wortgruppen, die im Satz verschoben werden können, ohne den Sinn zu verändern.
Wörter bzw. Wortgruppen, die innerhalb eines Satzes nicht verschiebbar oder umstellbar sind, gelten nicht als Satzglieder, sondern nur als Teile von Satzgliedern.

● Beispiel: *In diesem Jahr/feiert/die Post/ihr 500jähriges Bestehen.*
= *Die Post/feiert/in diesem Jahr/ihr 500jähriges Bestehen.*
= *Ihr 500jähriges Bestehen/feiert/die Post/in diesem Jahr.*

Aber: *Die/feiert/Post in diesem Jahr/ihr 500jähriges Bestehen.*

Diese Umstellung des Satzes ergibt keinen Sinn und ist somit grammatikalisch falsch.
Das Beispiel zeigt, daß der Satz eine feste Struktur hat, die durch die Satzglieder bestimmt wird.
Im folgenden werden die einzelnen Satzglieder aufgeführt und beschrieben.

Die Satzaussage (Prädikat)

Die Satzaussage (Prädikat) besteht aus einem gebeugten Zeitwort (finiten Verb) und beschreibt entweder die Eigenschaft des Satzgegenstandes (des Subjekts) oder welche Tätigkeit er ausübt. Von der Satzaussage hängen die Satzglieder ab.
Man unterscheidet die einfache Satzaussage von der zusammengesetzten Satzaussage.

Kennzeichen der Satzaussage (des Prädikats)

1. Die Beugung (Konjugation) des Zeitwortes (Verbs) richtet sich nach der Person (Einzahl oder Mehrzahl = Numerus) und nach der Zeit (Tempus).

● Beispiele:	*Das Konzert beginnt.*	Gegenwart (Präsens)
	Das Konzert begann.	1. Vergangenheit (Präteritum)
	Das Konzert hat begonnen.	2. Vergangenheit (Perfekt)
	Das Konzert hatte begonnen.	3. Vergangenheit (Plusquamperfekt)
	Das Konzert wird beginnen.	1. Zukunft (Futur I)
	Das Konzert wird begonnen haben.	2. Zukunft (Futur II)

2. Die Satzaussage steht in der Wirklichkeitsform (Indikativ), Möglichkeitsform (Konjunktiv) oder in der Befehlsform (Imperativ).

● Beispiele: *Herr Meier wäscht das Auto.* (Indikativ)
Herr Meier würde das Auto waschen. (Konjunktiv)
Wasch das Auto! (Imperativ)

3. Das Prädikat kann in der Tätigkeitsform (Aktiv) oder in der Leideform (Passiv) stehen.

● Beispiele: *Die Frau* füttert *die Enten im Park.* (Aktiv)
Die Enten werden *von der Frau* gefüttert. (Passiv)
Die Mutter ruft *Sabine.* (Aktiv)
Sabine ist *von der Mutter* gerufen worden. (Passiv)

Die einfache Satzaussage (Das einfache Prädikat)

Die einfache Satzaussage (das einfache Prädikat) entspricht dem gebeugten Zeitwort (finite Form).

● Beispiele: *Werner* schläft.
Die Vögel zwitscherten *im Garten.*

Die zusammengesetzte Satzaussage (Das zusammengesetzte Prädikat)

Die zusammengesetzte Satzaussage (das zusammengesetzte Prädikat) besteht aus:

a) dem gebeugten Zeitwort (finite Form) und
b) aus einem oder mehreren Prädikatsteilen (infinite Prädikatsteile).

● Beispiele für infinite Prädikatsteile:

- Grundform (Infinitiv): *Du darfst jetzt* gehen.
- Mittelwort (Partizip): *Wir haben ihn mehrmals* angerufen.
- Vorsilben von trennbaren Vollverben:

ab-:	*abfliegen, abführen, abkochen*
an-:	*ankommen, ansehen, angehen*
auf-:	*aufsetzen, aufbauschen, auflehnen,*
aus-:	*austreten, aussehen, auskommen*
ein-:	*einkaufen, einladen, eintreten*

● Beispiele: *Sie sieht immer gut* aus.
Sie traten in unseren Verein ein.
Sie sah ihn stundenlang an.

- freie Verbzusätze:
kennenlernen, spazierengehen, schlafen gehen, blaumachen.

● Beispiele: *Dieter macht heute schon wieder* blau.
Sie lernten sich beim Tanzen kennen.

Bei Hilfsverben in Verbindung mit Vollverben wird das Partizip Perfekt durch einen Infinitiv ersetzt.

● Beispiele: *Er hat ihn beleidigt, aber er hätte es nicht gesollt.*
→ *Er hätte ihn nicht beleidigen* sollen.

Bei Verben der sinnlichen Wahrnehmung + Vollverb wird in der 2. und 3. Vergangenheitsstufe anstatt des Mittelwortes II (Partizips Perfekt) die Grundform (Infinitiv) verwendet.

● Beispiele: *Sie hat gehört, wie er Klavier spielt.*
→ *Sie hat ihn Klavier spielen hören.*

Achtung: Die einfache Satzaussage steht im Aussagesatz immer an zweiter Stelle.

● Beispiel: *Das Schiff* verläßt *den Hafen.*

Bei der zusammengesetzten Satzaussage steht der gebeugte Teil an zweiter Stelle, der ungebeugte Teil am Schluß.

● Beispiel: *Das Schiff* hat *den Hafen* verlassen.

Der Satzgegenstand (Subjekt)

Der Satzgegenstand (Subjekt) gibt an, wer oder was etwas tut oder ist. Der Satzgegenstand steht immer im ersten Fall (Nominativ).

● Beispiele: *Erich spielt Trompete.*
Der Schüler ist fleißig.
Tina und Sven reisen nach Australien.
Die Kinder sind artig.

Der Satzgegenstand kann in verschiedenen Wortarten auftreten:

- Eigenname: Regina *heiratet nächste Woche.*
- Hauptwort: Das Fahrrad *wurde gestohlen.*
- Bestimmte Fürworter (z. B. persönliches Fürwort, hinweisendes Fürwort, die Fragefürwörter „wer/was", „welcher", „welches", „welche" (Mehrzahl), unbestimmtes Fürwort):
  Er *ist immer pünktlich.*
  Dieser *hat es getan.*
  Niemand *hat den Dieb beobachtet.*
- Zahlwort: Viele *kennen Berlin.*
- Eigenschaftswort: Interessantes *ist zu berichten.*
- Substantiviertes Adverb, Präposition und Konjunktion:
  Das Gestern *bekümmert mich nicht.*
  Das Hin und Her *habe ich satt.*
- Grundform: Vorbeugen *ist besser als Bohren.*
- Mittelwort: *Schlecht* gefahren *ist besser als gut* gelaufen.
- Teilsatz: Stundenlang in der Sonne zu liegen *ist gesundheitsschädlich.*
- (Was?): *Es ist gesundheitsschädlich, stundenlang in der Sonne zu liegen.*

Hinweis: In der gesprochenen und geschriebenen Sprache gibt es zahlreiche Beispiele dafür, daß Subjekt und Prädikat in Person und Numerus nicht immer übereinstimmen. Hierbei unterscheidet man die folgenden zwei Gruppen.

a) Das gebeugte Zeitwort (finite Verb) steht im Singular:

- wenn bestimmte und unbestimmte Mengenangaben in der Einzahl stehen und darauf ein Hauptwort (Substantiv) in der Mehrzahl (Plural) folgt.

● Beispiele: *Anzahl, Bande, Dutzend, ein Gramm, Hälfte, Handvoll, Heer, Herde, Horde, ein Kilogramm, Masse, Mehrzahl, Menge, ein Paar, Reihe, Rudel, Schar, Teil, Unmenge, Zahl.*
Eine große Anzahl Zuschauer verfolgte das Autorennen.
Ein Rudel Wölfe wurde im Nationalpark gesichtet.
Dieses Paar Schuhe ist sehr preiswert.
Die Mehrzahl der Bewohner lehnt den Vorschlag des Stadtrats ab.

Achtung: In der Schriftsprache ist auch die Mehrzahl möglich. Dabei geht es nicht um einen grammatikalischen Aspekt, sondern um die Konstruktion nach dem Sinn.

● Beispiel: *Eine Horde Randalierer demonstrierte (demonstrierten) gegen das Versammlungsverbot.*

- nach dem Gebrauch der Fürwörter (Pronomen) „jeder", „kein", „mancher"

● Beispiele: *Jeder Bewohner kennt die Hausordnung.*
Mancher Zeitungsleser wundert sich über den schlechten Stil der Journalisten.

- wenn zwei Satzgegenstände (Subjekte) einen Begriff bilden

● Beispiele: *Hinz und Kunz kennt diesen Film.*
(= Jeder kennt diesen Film.)
Das gesamte Hab und Gut wurde durch das Großfeuer zerstört.

- wenn die Satzgegenstände durch substantivierte Verben gebildet werden

● Beispiel: *Surfen und Angeln ist an diesem See verboten.*

- nach dem Gebrauch von Satzgegenstand + Verhältniswort + Hauptwort als Beifügung (Subjekt + Prädikat + Substantiv als Attribut)

● Beispiel: *Mein Vater hat mit mir den Garten angelegt.*

- wenn der Gattungsname vor Eigennamen in der Mehrzahl, Buch-, Film- und Theatertitel ohne Geschlechtswort (Artikel) verwendet werden

● Beispiel: *Ein deutscher Fahrzeughersteller baut in Amerika die modernste Automobilfabrik.*
Das Theaterstück „Die Räuber" wurde ein großer Erfolg.
„Kolonien der Liebe" ist das neueste Buch von Elke Heidenreich.

• nach folgenden Bindewörtern (Konjunktionen):

nicht nur ... sondern auch
weder ... noch
beziehungsweise (bzw.)
} + Subjekt im Singular

● Beispiele: *Nicht nur der Torwart, sondern auch der Mittelstürmer erhielt die rote Karte.*
Tina bzw. ihre Schwester bereitete das Gartenfest vor, auf dem wir heute sind
Den Weg zur Berghütte kannte weder Werner noch Ulrike.

Achtung: Wenn der Satzgegenstand vor dem gebeugten Zeitwort steht, wird der Plural verwendet.

● Beispiel: *Weder Werner noch Ulrike kannten den Weg zur Berghütte.*

b) Das gebeugte Zeitwort steht in der Mehrzahl:

• nach Mengenangaben in der Mehrzahl + Stoffnamen in der Einzahl

● Beispiele: *Zweihundert Hektoliter Bier wurden während des Herbstfestes getrunken.*
Zwei Kilogramm Rinderlende kosten dreißig Mark.

• nach Mengenangaben und Stoffnamen in der Mehrzahl

● Beispiel *Drei Kilo Tomaten müssen enthäutet werden.*

• nach Gradangaben

● Beispiel: *Es herrschten 35° Grad Hitze im Schatten.*

• nach Prozent, Bruch- und Dezimalstellen in der Mehrzahl

● Beispiel: *Nur 6 % der Wähler entschieden sich für die Liberalen.*
Fast zwei Drittel seiner Doktorarbeit sind vollendet.

Achtung: Im mündlichen Sprachgebrauch ist auch die Einzahl möglich.

● Beispiel: *Fast zwei Drittel seiner Doktorarbeit ist fertig.*

- nach Eigennamen, Titeln von Büchern, Filmen oder Theaterstücken sowie Abkürzungen von Mehrzahlbegriffen

● Beispiele: *„Die Räuber“ von Friedrich Schiller sind ein typisches Drama des Sturm und Drang.*
Die USA wollen ihren Einfluß auf Europa stärken.

- nach dem Gebrauch von Subjekt in der Mehrzahl + Beifügung in der Einzahl

● Beispiel: *Die Bewohner der Stadt, eine ethnische Minderheit, fürchten um ihre Existenz.*

- nach dem Gebrauch von „sowie" im Sinne von „und"

● Beispiel: *Christian sowie sein Freund Florian spielen jeden Tag Fußball.*

- nach mathematischen Aufgaben steht die Form von „sein" in der Mehrzahl

● Beispiel: *Zehn und zwanzig sind dreißig.*
Aber: *Zehn und zwanzig ergibt/macht dreißig.*

Sonderform: das Fürwort (Pronomen) „es“
(vergl. auch Kapitel „Das persönliche Fürwort „es“)

Das Fürwort (Pronomen) „es“ steht an der ersten Stelle des Satzes. Es nimmt die Stelle des Satzgegenstandes (Subjekts) ein und entfällt bei einer Verschiebeprobe.
Das Fürwort „es“ übernimmt die Aufgabe eines **Platzhalters.**

● Beispiel: *Es hat sich ein Unfall ereignet.*
→ *Ein Unfall hat sich ereignet.*

Achtung: Steht die Satzaussage in der Mehrzahl, so muß das gebeugte Zeitwort auch in der Mehrzahl stehen.

● Beispiele: *Es läutet an der Tür. Wer mag das sein? Es sind Werner und Ulrike.*

Es haben mehrere Personen im Schutz der Dunkelheit versucht, in das Gebäude einzudringen.

Achtung: Der Satzgegenstand steht im Aussagesatz an erster Stelle.
Im Fragesatz dagegen steht es hinter der Satzaussage.

● Beispiele: *Kommst du um acht Uhr?*
Wann ruft sie mich an?
Warum gehst du schon?

Wird ein anderes Satzglied an die erste Stelle (d. h. an die Stelle des Satzgegenstandes) gesetzt, um einen Sachverhalt besonders hervorzuheben, rückt der Satzgegenstand an die dritte Stelle. In diesem Fall liegt eine Satzumstellung (Inversion) vor (vergl. dazu das Kapitel „Die ungerade Satzstellung“ (Inversion).

● Beispiel: *Wir sind schon seit vielen Jahren miteinander befreundet.*
Schon seit vielen Jahren sind wir miteinander befreundet.

Die Satzergänzung (Objekt)

Ein Satz kann neben den Hauptbestandteilen Satzgegenstand und Satzaussage (Subjekt + Prädikat) zusätzlich aus einer oder mehreren Satzergänzungen (Objekten) bestehen. Die Satzergänzung ist von der Satzaussage abhängig.
Es kann im 2. Fall (Genitiv), 3. Fall (Dativ) oder im 4. Fall (Akkusativ) stehen.

Das Genitivobjekt

Das Genitivobjekt antwortet auf die Frage **wessen?** Sein Gebrauch ist im Deutschen heutzutage ziemlich begrenzt. Häufig wird ein Genitivobjekt durch ein Präpositionalobjekt oder durch einen Nebensatz ersetzt.

● Beispiele: *Ich erinnere mich seiner.* (veraltet)
→ *Ich erinnere mich* an ihn. (erinnern + Präposition + Akkusativ)
Er wurde des Diebstahls beschuldigt.
→ *Er wurde beschuldigt, den Diebstahl begangen zu haben.*

Das Genitivobjekt tritt dagegen in formelhaften Wendungen oder in Redewendungen auf.

● Beispiele: *Die Abgeordneten enthielten sich der Stimme.*
Er besann sich eines Besseren.
Diese Behauptung entbehrt jeder Grundlage.

Die folgenden Zeitwörter (Verben) können ein Genitivobjekt nach sich ziehen:

anklagen, überführen, verdächtigen, belehren, versichern, vergewissern, jeder Beschreibung spotten, sich seiner Haut wehren.

Die folgende Übersicht zeigt Zeitwörter (Verben), die das Genitivobjekt verlangen.

Übersicht:

Verben + Genitivobjekt
sich jemandes / einer Sache annehmen sich einer Sache bedienen jemandes / einer Sache bedürfen sich jemandes / einer Sache bemächtigen sich einer Sache enthalten sich jemandes / einer Sache entledigen sich jemandes / einer Sache erfreuen sich jemandes / einer Sache erwehren jemandes / einer Sache gedenken sich einer Sache rühmen sich jemandes / einer Sache schämen sein (Beispiel: Er ist des Teufels!) jemanden einer Sache überführen jemanden / etwas einer Sache unterziehen sich einer Sache unterziehen jemanden einer Sache verdächtigen sich jemandes / einer Sache vergewissern

Achtung: Viele Genitivkonstruktionen werden zugunsten einer Präpositionalkonstruktion aufgegeben.

● Beispiel: *Ich erfreue mich am Sonnenuntergang.*
Er schämt sich wegen seines Verhaltens.

Das Dativobjekt

Das Dativobjekt antwortet auf die Frage **wem?** Es steht bei Verben, die kein Objekt im 4. Fall erfordern.

● Beispiele: *Latein liegt* mir *nicht.*
Das Buch wird euch *sehr nützen.*
Verzeihst du ihr?

Die folgende Übersicht zeigt Zeitwörter (Verben), die das Dativobjekt verlangen.

Verben + Dativ	
jemandem abraten	jemandem gehören
jemandem absagen	jemandem gratulieren
jemandem ähneln	jemandem grauen
jemandem angehören	jemandem grollen
jemandem anhängen	jemandem helfen
sich jemandem anschließen	jemandem imponieren
jemandem antworten	jemandem kondolieren
jemandem applaudieren	jemandem kündigen
jemandem assistieren	jemandem lauschen
jemandem auffallen	jemandem liegen
jemandem ausgehen	jemandem mißglücken
jemandem ausweichen	jemandem mißlingen
jemandem begegnen	jemandem mißtrauen
jemandem beistimmen	jemandem nachgeben
jemandem beitreten	sich jemandem nähern
jemandem danken	jemandem nützen
jemandem dienen	jemandem passen
jemandem drohen	jemandem reichen
es jemandem eilen	jemandem schaden
jemandem einfallen	jemandem stellen
jemandem entfliehen	jemandem trauen
jemandem entgegengehen	jemandem trotzen
jemandem entgehen	jemandem unterliegen
jemandem entsprechen	sich jemandem unterordnen
jemandem fehlen	jemandem unterstehen
jemandem folgen	jemandem vertrauen
sich jemandem fügen	jemandem verzeihen
jemandem gefallen	jemandem weichen
jemandem gegenübersitzen	jemandem widersprechen
jemandem gehorchen	jemandem widerstehen

jemandem zuhören	jemandem zusetzen
jemandem zuraten	jemandem zustehen
jemandem zureden	jemandem zürnen
jemandem zuschauen	jemandem zuvorkommen

Das Akkusativobjekt

Das Akkusativobjekt antwortet auf die Frage **wen** oder **was?** Es steht nach Verben, die die vollendete Gegenwart (Perfekt) mit „haben" bilden (transitive Verben).

● Beispiele: *Ich schaue* dich *an.*
Die Mücke ärgert ihn.
Hans feiert seinen Namenstag.

Die folgende Übersicht zeigt Zeitwörter (Verben), die das Akkusativobjekt verlangen.

Übersicht:

Verben + Akkusativobjekt	
etwas abändern	etwas abwarten
etwas abbezahlen	etwas/jemanden achten
etwas abbrechen	etwas anbauen
etwas abdrucken	etwas/jemanden anblicken
etwas abfotografieren	etwas anbrennen
etwas/jemanden abfragen	etwas/jemanden anbringen
etwas abgeben	jemanden anbrüllen
etwas abgrenzen	etwas/jemanden ändern
jemanden abhängen	etwas andeuten
etwas/jemanden abholen	etwas androhen
etwas abkürzen	jemanden anfahren
etwas/jemanden abladen	etwas anfangen
etwas ablegen	etwas anfertigen
etwas/jemanden ablehnen	jemanden anflehen
etwas ableiten	etwas angeben
etwas abmachen	etwas angehen
etwas abnehmen	etwas/jemanden angreifen
etwas abschalten	etwas anhängen
etwas/jemanden abschleppen	etwas/jemanden anhören
etwas/jemanden absetzen	jemanden anklagen
etwas/jemanden abtrocknen	etwas ankleben

etwas annehmen
etwas anpassen
jemanden anreden
jemanden anregen
jemanden anrufen
etwas/jemanden ansagen
etwas/jemanden anschauen
etwas/jemanden ansehen
jemanden ansprechen
etwas/jemanden anstellen
jemanden anstoßen
jemanden antreffen
jemanden anweisen
etwas/jemanden anzeigen
jemanden ärgern
etwas aufarbeiten
etwas aufbauen
etwas aufdecken
etwas aufessen
etwas aufführen
etwas/jemanden aufgeben
etwas/jemanden aufhängen
etwas anheben
etwas/jemanden aufklären
etwas aufladen
etwas aufmachen
etwas/jemanden aufnehmen
etwas aufräumen
jemanden aufregen
etwas/jemanden aufrufen
etwas aufschließen
etwas aufschreiben
etwas aufsetzen
etwas aufspalten
etwas aufstapeln
etwas/jemanden aufstellen
etwas aufteilen
etwas/jemanden auftragen
etwas/jemanden aufziehen
etwas ausarbeiten
etwas ausbauen
etwas ausbessern
jemanden ausbilden
etwas ausfahren
jemanden ausfragen
etwas ausgeben
etwas ausgraben
etwas ausladen
etwas/jemanden ausliefern
etwas ausmachen
etwas ausmalen
etwas/jemanden ausnutzen
etwas auspumpen
jemanden ausrufen
etwas/jemanden ausschließen,
etwas aussprechen
etwas ausstellen
etwas/jemanden aussuchen
etwas ausüben
etwas backen
etwas bauen
etwas/jemanden beachten
etwas/jemanden beanspruchen
etwas beantragen
etwas beantworten
etwas bearbeiten
etwas/jemanden bedauern
etwas bedeuten
jemanden bedienen
etwas beenden
etwas befahren
jemanden befragen
jemanden befreien
etwas beginnen
jemanden begleiten
jemanden beglückwünschen
jemanden begrüßen
etwas behalten
jemanden behandeln
etwas behaupten
jemanden beißen
etwas/jemanden bekämpfen
etwas bekanntgeben
etwas beklagen
etwas bekommen
jemanden beliefern
jemanden belohnen
etwas bemalen

etwas bemängeln
etwas bemerken
jemanden benachrichtigen
jemanden beneiden
etwas/jemanden benutzen
jemanden beobachten
etwas bepflanzen
jemanden beraten
etwas berichten
jemanden berufen
jemanden beruhigen
jemanden beschäftigen
jemanden beschimpfen
etwas/jemanden beschreiben
jemanden beschuldigen
etwas/jemanden beschützen
jemanden beschwören
etwas besetzen
etwas besichtigen
etwas bestellen
jemanden bestrafen
etwas/jemanden besuchen
etwas betonen
etwas/jemanden betrachten
jemanden betrügen
etwas/jemanden beurteilen
etwas/jemanden bewahren
etwas/jemanden bewegen
etwas/jemanden bewerten
etwas/jemanden bewundern
etwas/jemanden bezahlen
etwas bezeichnen
etwas beziehen
etwas bieten
jemanden bilden
jemanden bitten
etwas/jemanden brauchen
etwas brechen
etwas/jemanden bringen
etwas drucken
etwas/jemanden drücken
etwas durcharbeiten
etwas durchdenken
etwas durchfahren
jemanden durchschauen
etwas/jemanden durchsuchen
etwas dürfen
etwas einbauen
sich etwas einbilden
etwas/jemanden einführen
etwas einkaufen
etwas/jemanden einladen
etwas einpacken
etwas einschreiben
etwas/jemanden einsetzen
jemanden entführen
jemanden entschädigen
etwas entscheiden
etwas/jemanden entschuldigen
jemanden enttäuschen
etwas entwickeln
etwas erarbeiten
etwas erfinden
etwas erfragen
jemanden erfreuen
etwas erhalten
jemanden erinnern
jemanden erkennen
etwas erklären
etwas erlernen
jemanden ermahnen
jemanden ermorden
jemanden ermutigen
jemanden ernennen
etwas eröffnen
etwas erreichen
jemanden erschrecken
etwas erwähnen
etwas/jemanden erwarten
etwas erzählen
jemanden erziehen
etwas essen
etwas/jemanden fassen
etwas fegen
etwas/jemanden feiern
etwas feilen
etwas feststellen
etwas/jemanden finden

etwas/jemanden fragen
jemanden freisprechen
etwas fühlen
jemanden führen
etwas füllen
etwas/jemanden fürchten
etwas gestehen
etwas gewinnen
jemanden grüßen
etwas/jemanden haben
etwas/jemanden halten
etwas/jemanden heben
jemanden heilen
etwas hoffen
etwas/jemanden holen
etwas/jemanden hören
jemanden informieren
jemanden interessieren
jemanden kämmen
etwas kaufen
jemanden kennen
jemanden kennenlernen
etwas kleben
etwas können
jemanden kontrollieren
etwas/jemanden kritisieren
etwas außer acht lassen
etwas bleiben lassen
jemanden in Ruhe lassen
etwas lecken
etwas legen
jemanden lehren
etwas lenken
etwas lesen
jemanden lieben
jemanden loben
etwas machen
etwas/jemanden malen
etwas/jemanden melden
etwas mieten
etwas mischen
etwas montieren
etwas nachlesen
etwas nehmen
sich etwas nehmen
etwas nennen
etwas nutzen
etwas öffnen
jemanden operieren
etwas/jemanden opfern
etwas organisieren
etwas/jemanden packen
etwas/jemanden pflegen
etwas planen
etwas pressen
etwas probieren
etwas produzieren
etwas/jemanden prüfen
etwas putzen
jemanden quälen
sich quälen
jemanden rasieren
etwas/jemanden raten
etwas reinigen
jemanden reizen
etwas/jemanden retten
etwas/jemanden rufen
etwas sagen
etwas sammeln
etwas schaffen
jemanden schimpfen
etwas/jemanden schlagen
etwas schleifen
etwas schmecken
etwas schneiden
etwas schreiben
etwas/jemanden schützen
etwas sehen
etwas senden
etwas singen
etwas sparen
etwas spielen
etwas spülen
etwas/jemanden spüren
etwas stellen
etwas stillegen
etwas stimmen
jemanden stören

jemanden stoßen	jemanden verhaften
etwas streichen	etwas verhindern
etwas/jemanden studieren	etwas verkaufen
etwas/jemanden stürzen	etwas verlangen
etwas/jemanden suchen	etwas/jemanden verlassen
jemanden täuschen	etwas/jemanden verletzen
etwas teilen	etwas verlieren
etwas/jemanden tragen	etwas vermieten
jemanden treffen	etwas vermuten
etwas trennen	etwas/jemanden vernachlässigen
etwas trinken	etwas veröffentlichen
jemanden trösten	etwas verschenken
etwas tun	etwas/jemanden versichern
etwas überarbeiten	etwas verstehen
etwas/jemanden überfahren	jemanden verstoßen
jemanden überführen	etwas versuchen
etwas/jemanden übergeben	etwas/jemanden verteidigen
etwas/jemanden überholen	etwas verteilen
etwas überlegen	etwas/jemanden verurteilen
etwas/jemanden überprüfen	etwas/jemanden verwechseln
jemanden überraschen	etwas vollziehen
jemanden überreden	etwas/jemanden vorbereiten
etwas überreichen	etwas/jemanden vorstellen
etwas überspringen	etwas wagen
jemanden überzeugen	etwas/jemanden wählen
etwas umgeben	etwas wechseln
jemanden unterbrechen	jemanden wecken
jemanden unterbringen	etwas werfen
etwas/jemanden unterhalten	etwas wiederholen
etwas unternehmen	etwas/jemanden wiegen
etwas/jemanden unterrichten	etwas wissen
etwas unterschreiben	etwas wollen
etwas/jemanden unterstützen	etwas wünschen
etwas/jemanden untersuchen	etwas zahlen
jemanden verabschieden	etwas zählen
etwas/jemanden verachten	etwas/jemanden zeichnen
etwas verändern	etwas zerbrechen
etwas veranlassen	etwas zerdrücken
etwas veranstalten	etwas zerreißen
jemanden verärgern	etwas zerschlagen
etwas/jemanden verbessern	etwas ziehen
etwas/jemanden verbieten	etwas/jemanden zudecken
etwas verdienen	jemanden zwingen
etwas/jemanden vergessen	

Einige Zeitwörter (Verben) benötigen sowohl ein Dativ- als auch ein Akkusativobjekt.

Übersicht:

Verben + Dativ + Akkusativ	
jemandem etwas	
abgewinnen	*liefern*
abgewöhnen	*melden*
abkaufen	*mißgönnen*
abnehmen	*mitteilen*
absprechen	*nachrufen*
androhen	*nachschicken*
angewöhnen	*nehmen*
anlasten	*passieren*
anvertrauen	*raten*
ausziehen	*reichen*
beantworten	*sagen*
bedeuten	*schenken*
befehlen	*schicken*
beibringen	*schreiben*
beichten	*überbringen*
bekanntgeben	*übergeben*
berichten	*überlassen*
bescheinigen	*untersagen*
beschreiben	*unterstellen*
besorgen	*veranschaulichen*
borgen	*verbieten*
empfehlen	*verdanken*
erklären	*vererben*
erlauben	*verleiden*
eröffnen	*vermieten*
erzählen	*verschaffen*
geben	*verschreiben*
genehmigen	*versprechen*
gestatten	*verübeln*
gestehen	*verwehren*
gewähren	*vorlegen*
gönnen	*vorlesen*
glauben	*vorstellen*
klarmachen	*widmen*
leihen	*wünschen*

zeigen	*zutrauen*
zubilligen	*zuwerfen*
zugestehen	*zurückerstatten*
zumuten	*zurückzahlen*
zusagen	

Das Präpositionalobjekt

Das Präpositionalobjekt steht nach Verben, die stets ein bestimmtes Verhältniswort (Präposition) bei sich führen. Dieses dient als notwendiges Bindeglied zwischen Satzausage (Prädikat) und Satzergänzung (Objekt.)

● Beispiel: *Ich interessiere mich für diese Geschichte.*
Sie beklagt sich über den Kollegen.

Achtung: Die Satzergänzung nach dem Verhältniswort steht entweder im Dativ oder im Akkusativ.

Im folgenden sind die wichtigsten Zeitwörter (Verben) mit ihren Verhältniswörtern und Fällen dargestellt.

Mit dem Akkusativ stehen	
achten auf	*sich handeln um*
sich anpassen an	*herrschen über*
sich ärgern über	*hoffen auf*
sich beklagen über	*sich interessieren für*
sich bemühen um	*kämpfen gegen*
sich beschweren über	*kämpfen für*
sich bewerben um	*ankommen auf*
jemanden bitten um	*sich konzentrieren auf*
bürgen für	*sich kümmern um*
jemandem danken für	*lachen über*
denken an	*nachdenken über*
sich entschuldigen bei	*sich rächen für*
sich erinnern an	*rechnen auf*
jemanden erinnern an	*schreiben über*
sich freuen auf	*sorgen für*
sich freuen über	*sich sorgen um*
geraten in	*sprechen über*
sich gewöhnen an	*staunen über*
glauben an	*sich streiten um*

sich unterhalten über	verzichten auf
sich verlassen auf	warten auf
sich vertiefen in	sich wundern über
vertrauen auf	

Mit dem Dativ stehen	
abhängen von	kämpfen mit
anfangen mit	leiden an/unter
jemanden ärgern mit	etwas liegen an
aufhören mit	sich rächen an
sich befreien aus/mit/von	rechnen mit
jemanden befreien aus/mit/von	schreiben an
sich beschäftigen mit	sich schützen vor
jemanden beschäftigen mit	sich sehnen nach
sich beschweren bei	sprechen mit/von
sich entschuldigen bei	teilnehmen an
sich erkundigen bei/nach	jemandem raten zu
jemanden fragen nach	sich unterhalten mit
sich fürchten vor	jemanden warnen vor
gehören zu	zweifeln an
sich irren in	

Die adverbiale Bestimmung

Die adverbiale Bestimmung bezieht sich nicht auf das Zeitwort (Verb), das sie näher beschreibt, sondern auf die gesamte Aussage des Satzes. Die adverbiale Bestimmung ist im Gegensatz zur Satzergänzung Objekt vom Verhältniswort (Prädikat) unabhängig.

Funktion der adverbialen Bestimmung

1. Sie beschreibt, wie eine Handlung ausgeführt wird.

● Beispiel: *Er las den Text* fehlerlos.

2. Sie bezieht sich auf den Satzinhalt.

● Beispiel: *Sie kehrten* nach vier Wochen *aus dem Urlaub zurück.*

Man unterscheidet folgende Arten der adverbialen Bestimmung:

1. Die adverbiale Bestimmung der Absicht (Frage: *Wozu?)*

● Beispiel: *Er liest* zur Entspannung.

2. Die adverbiale Bestimmung der Art und Weise (Frage: *Wie? Wieviel?)*

● Beispiele: *Er bestand das Examen* mit viel Glück.
Dieter arbeitet zuviel.

3. Die adverbiale Bestimmung der Bedingung (Frage: *Wann? Unter welcher Bedingung?)*

● Beispiel: Nach wiederholter Störung *brach der Referent den Vortrag ab.*

4. Die adverbiale Bestimmung der Folge (Frage: *Mit welcher Wirkung?)*

● Beispiel: *Es ist* zum Verzweifeln.

5. Die adverbiale Bestimmung der Einräumung (Frage: *Trotz welcher Umstände?)*

● Beispiel: Trotz der Hitze *spielten sie Tennis.*

6. Die adverbiale Bestimmung des Grundes (Frage: *Warum? Weshalb?)*

● Beispiel: *Er wurde* wegen Mordes *verurteilt.*

7. Die adverbiale Bestimmung des Mittels (Frage: *Womit? Wozu?)*

● Beispiel: *Die Schüler mußten* mit dem Füller *schreiben.*

8. Die adverbiale Bestimmung des Ortes (Frage: *Wo? Woher? Wohin?)*

● Beispiel: *Unsere neuen Nachbarn stammen* aus Istanbul.

9. Die adverbiale Bestimmung der Zeit (Frage: *Bis wann? Seit wann? Wann? Wie oft? Wie lange?)*

● Beispiel: *Ulrike steht* jeden Tag um sechs Uhr auf.

10. Umstandswort + Verhältniswort (Adverb + Präposition = Pronominaladverb)

● Beispiel: *Seine Stärke ist die Ausdauer.*
Damit *hat er schon viel erreicht.*

Weitere Beispiele für Pronominaladverben sind:
Dabei, dafür, dagegen, damit, darin, darunter, darüber
und analog: *woran, hieran, worauf, hierauf.*

Das Prädikativum

Das Prädikativum ist eine zusätzliche Angabe zum Subjekt. Es steht bei folgenden Verben: „bleiben", „heißen", „scheinen", „sein", „werden".

● Beispiele: *Er heißt Peter Obermeier.*
Unsere Tochter wird Zahnärztin.
Eure Katze ist unruhig.
Er scheint hungrig zu sein.

Das Prädikativum kann als Eigenschaftswort (Adjektiv), Umstandswort (Adverb), Hauptwort (Nomen), Zahlwort (Numerale), Fürwort (Pronomen) oder als Vergleich auftreten.

Tabellarische Übersicht der besprochenen Satzglieder

1. *Das*	*Baby*	*lacht.*	
	Subjekt	Prädikat	
2. *Ich*	*lobe*	*ihn.*	
Subjekt	Prädikat	Akkusativobjekt	
3. *Sie*	*schenkt*	*ihrem Mann*	*eine Krawatte.*
Subjekt	Prädikat	Dativobjekt	Akkusativobjekt
4. *Sie*	*schenkt*	*ihm*	*eine Krawatte.*
Subjekt	Prädikat	Dativobjekt	Akkusativobjekt

Achtung: Das Fürwort steht immer vor dem Hauptwort.

5. *Sie*	*schenkt*	*sie*	*ihm.*
Subjekt	Prädikat	Akkusativobjekt	Dativobjekt

Wenn beide Satzergänzungen (Objekte) persönliche Fürwörter (Personalpronomen) sind, dann steht das Fürwort des Akkusativobjekts vor dem Dativobjekt.

6. *Er*	*beschuldigte*	*seinen Bekannten*	*der Lüge.*
Subjekt	Prädikat	Akkusativobjekt	Genitivobjekt

Achtung: Keine andere Satzgliedstellung möglich!

7. Nur bei Satzumstellungen (Inversionen) steht die Satzergänzung am Satzanfang.

Der Lüge	*beschuldigte*	*er*	*seinen Bekannten.*
Genitivobjekt	Prädikat	Subjekt	Akkusativobjekt

Satzstellung bei mehrteiligen Satzaussagen (Prädikaten)

1. *Wir*	*werden*	*Paris*	*nächstes Jahr*	*besuchen.*
Subjekt	Prädikat finites	Akkusativ-objekt	Adverbiale der Zeit	Prädikat infinites

2. *Sie*	*haben*	*uns*	*aus Thailand*	*eine Karte*	*geschrieben.*
Subjekt	Prädikat finites	Dativ-objekt	Adverbiale des Ortes	Akkusativ-objekt	Prädikat infinites

Hinweis: Die mehrteilige Satzaussage schließt die Satzergänzungsteile ein.

Das Prädikativum und seine Ergänzungen

Eine Reihe von Eigenschaftswörtern (Adjektiven) und Zeitwörtern (Verben) erfordern im Deutschen eine Ergänzung zum Prädikativum. Diese kann im Genitiv, Dativ oder Akkusativ stehen oder mit einem Verhältniswort (Präposition) verbunden sein.

Prädikativum + Genitivergänzung
Wichtige Eigenschaftswörter (Adjektive), die den Satzbau

Subjekt + Prädikat + Genitivergänzung + Adjektiv (Prädikativum)

bilden, sind z.B.: *bewußt, fähig, kundig, ledig, müde, schuldig, überdrüssig, würdig.*

● Beispiele: *Nun bin ich aller Sorgen ledig.*
Bist du dir deiner Schuld bewußt?
Er ist sich seiner Sache sehr sicher.
Wir sind ihrer ständigen Launen überdrüssig.

Prädikativum + Dativergänzung

Wichtige Eigenschaftswörter (Adjektive), die den Satzbau

Subjekt + Prädikat + Dativergänzung + Adjektiv (Prädikativum)

bilden, sind z.B.: *ähnlich, angemessen, angenehm, bekannt, bekömmlich, schwerlich, dankbar, egal, erwünscht, fremd, gefährlich, klar, peinlich, recht, treu, überlegen, willkommen.*

● Beispiele: *Das sieht ihm ähnlich.*
Das ist mir egal.
Diese Bergstraße war mir zu gefährlich.
Wirst du ihr immer treu bleiben?
Ihr seid uns immer willkommen.

Prädikativum + Akkusativergänzung

Einige wichtige Zeitwörter (Verben) und Eigenschaftswörter (Adjektive) bilden den Satzbau:

Subjekt + Prädikat + Akkusativergänzung + Prädikativum

Zu den Zeitwörtern gehören z.B.: *finden, heißen, nennen, rufen;*
zu den Eigenschaftswörtern gehören z.B.: *leid, los, groß, schwer.*

● Beispiele: *Man ruft ihn „Timmy".*
Ich fand diesen Brief eine Frechheit.
Sein Vater ist 1,96 m groß.
Er ist 115 Kilogramm schwer.
Ich bin es so leid.

Prädikativum + Präpositionalergänzung

Häufiger als mit einer Genitiv- oder Akkusativergänzung wird im Deutschen die Präpositionalergänzung an das Prädikativum angehängt.

● Beispiele: *Ich erachte das Strafmandat* als einen Irrtum.
Wir müssen den Pfarrer mit „Herrn Rektor" anreden.
Mein Freund Robert wurde zum Gemeinderat gewählt.
Heutzutage werden immer mehr Felder in Brachland umgewandelt.

Beispiele für Zeitwörter (Verben) + Verhältniswort (Präposition):

aus: *backen, fabrizieren, herstellen, kochen, machen*
für: *erklären, halten (als)*
in: *umbauen, verwandeln, zerschneiden, zerteilen*
zu: *befördern, machen, wählen*

● Beispiele: *Man beförderte sie zur Oberstudienrätin.*
Mein Kollege hält meinen Vorschlag für falsch.
Er zerteilte alles in kleine Stücke.
Sie verwandelte sich in eine gute Fee.

Beispiele für Eigenschaftswörter (Adjektive) + Verhältniswort:

für: *angenehm, gefährlich, geeignet, ungesund*
in: *beheimatet, wohnhaft*
über: *ärgerlich, aufgeregt, aufgebracht, froh, glücklich, traurig*
um: *besorgt, bekümmert*
von: *abhängig, erschöpft, müde, überzeugt, voll*
vor: *blaß, rot, starr, stumm*
zu: *bereit, entschlossen, fähig, freundlich, geeignet, geschaffen, vorbereitet*

● Beispiele: *Der Schüler ist für das Gymnasium geeignet.*
Ihr Gesicht war rot vor Scham.
Die Verbrecher waren zu allem entschlossen.

Die Satzgliedreihe

Satzglieder können im Satz in Form von verbundenen und unverbundenen Reihungen auftreten.

● Beispiele: Satzgegenstand (Subjekt): *Werner und Ulrike geben jedes Jahr ein großes Sommerfest.*

Achtung: Die Satzgliedreihe als Satzgegenstand eines Satzes muß mit der Satzaussage (Prädikat) in Zahl und Person übereinstimmen.

Aber: *Werner veranstaltet mit Ulrike jedes Jahr ein großes Sommerfest.*

Prädikat: *Sie aßen und tranken nach Herzenslust.*
Akkusativ: *Wir sahen im Naturpark viele seltene Tiere wie den Fischotter, den Seeadler, Kraniche, Schwarzstörche und sogar Flamingos.*

Die unverbundene Reihung bezeichnet man als Asyndeton (Plural: Asyndeta). Die mit Bindewörtern (Konjunktionen) verbundene Reihung ist ein Polysyndeton (Plural: Polysyndeta).
Beispiele für Bindewörter sind: „und“, „sowohl ... als auch“, „oder“, „entweder ... oder“.

Sonderformen der Satzglieder

Neben den bisher besprochenen Satzgliedern und Satzgliedteilen treten auch Satzelemente auf, die mit dem Satzbau kaum verbunden sind. Man kann sie sogar weglassen, ohne den Satzbau oder die Bedeutung zu verändern.

Die Anrede

Die Anrede steht entweder am Anfang des Satzes, wobei ein Beistrich (Komma) Anrede und Hauptsatz trennt, oder sie wird als Einschub mitten in den Hauptsatz gesetzt.

● Beispiel: *Frau B., Sie haben soeben den Hürdenlauf gewonnen.*
oder: *Sie haben, Frau B., soeben den Hürdenlauf gewonnen.*

Der absolute Nominativ

Während die Anrede innerhalb des Satzes keine feste Position einnimmt, ist der absolute Nominativ, der weder zum Satzgegenstand (Subjekt) noch zur Satzaussage (Prädikat) eine Bindung eingeht, am Satzende zu finden.

● Beispiele: *Der Trainer wechselte in der Halbzeit den Mittelstürmer aus, ein folgenreicher Fehler.*
Gestern waren 34° im Schatten, eine unerträgliche Hitze.

Der absolute Akkusativ

Das unverbundene und unabhängige Satzglied tritt auch als Akkusativ auf.

● Beispiele: *Sie hörte ihm aufmerksam zu, den Kopf in beide Hände gestützt.*
Sie starrte zum Fenster hinaus, die Lippen zusammenzugepreßt, und verharrte minutenlang in dieser Haltung.

Der absolute Nominativ und der absolute Akkusativ verkürzen die Aussage, da sie wie unvollständige Sätze wirken.

● Beispiele: *Gestern waren 34° im Schatten.*
Es herrschte eine unerträgliche Hitze.

Das Satzgliedteil Beifügung (Attribut)

Das **Attribut** (Plural: die Attribute) bedeutet die Beifügung, das Beigefügte. Es charakterisiert das Satzglied, dem es beigefügt ist. Vom Zeitwort (Verb) des Satzes ist es unabhängig.

● Beispiele: *Das Blumenbeet wurde mit Rosen bepflanzt.* (Satzglied ohne Attribut)
Das Blumenbeet wurde mit gelben Rosen bepflanzt. (*gelben* = Attribut)
Sie geht ins Kino.(ohne Attribut)
Sie geht gerne ins Kino. (gerne = Attribut)
Hans feiert seinen Geburtstag. (ohne Attribut)
Hans feiert seinen 19. Geburtstag. (*19.* = Attribut)

Das Satzglied kann durch ein oder mehrere Beifügungen näher beschrieben werden.

● Beispiel: *Die soeben gerodete Lichtung wurde von freiwilligen Helfern mit gesunden, von renommierten Baumschulen gezogenen Bäumen bepflanzt.*

Das Beispiel zeigt, daß durch eine Häufung von Beifügungen der Satz umfangreicher, aber auch informativer wird. Solche Sätze kommen häufig in Nachrichtensendungen und in Zeitungen vor.
Beifügungen können im Gegensatz zu den Satzgliedern innerhalb eines Satzes nicht verschoben werden.

● Beispiel: *Das hübsche Mädchen lächelte ihn an.*
Umstellprobe: *Ihn lächelte das hübsche Mädchen an.*

Das Beispiel zeigt, daß Satzglied und Beifügungen eine Einheit bilden. Beifügungen können grundsätzlich wegfallen. Aber es gibt Fälle, in denen die Beifügungen aus grammatikalischen und inhaltlichen Gründen beibehalten werden muß.

● Beispiel: *Ein Haus stürzte ein.* (grammatikalisch notwendig)

Das Geschlechtswort (Artikel) „ein“ ist grammatikalisch notwendig und kann nicht wegfallen. Als Zeitungsüberschrift wäre jedoch derselbe Satz ohne Beifügung denkbar: *Haus stürzte ein.*

● Beispiel: *Es wurde eine fliegende Untertasse gesichtet.* (inhaltlich notwendig)

Der Satz ergibt ohne die Beifügung „fliegende“ keinen Sinn und ist daher ein notwendiger Bestandteil.

Zuordnungen der Beifügung (des Attributs)

Eine Beifügung kann sich auf folgende Wortarten beziehen:

- Substantiv: *das grüne Gras, der hohe Baum, die gebrechliche Frau*
- Pronomen: *keiner von uns, derjenige von ihnen*
- Zahlwörter: *manche von ihnen, mehrere von uns, ich allein*
- Adjektive: *etwas blaß, ziemlich klein, dunkelblau*
- Adverb: *sehr gern, ganz oben, gerade dort*
- Verben: (Partizip Präsens, Partizip Perfekt) *vollkommen vernichtet, ein wenig stotternd, völlig abgebrannt, lichterloh brennend.*

Formen der Beifügung (des Attributs)

Man unterscheidet Beifügungen (Attribute) im gebeugten (deklinierten) Satzglied von Beifügungen, die ungebeugt (unflektiert) Bestandteil eines Satzes sind.

a) Eine gebeugte Beifügung kann auftreten als:

- Eigenschaftswort/Mittelwort (Adjektiv/Partizip)

● Beispiele: *Ein* kräftiger *Wurf schleuderte den Speer über die 80-Meter- Grenze.*
Das mißglückte *Experiment enttäuschte das Publikum sehr.*
Die siegreichen *Athleten wurden vom Bundespräsidenten ausgezeichnet.*

- Geschlechtswort/Fürwort (Artikel/Pronomen)

● Beispiele: Die *Dressurreiter errangen zwei Goldmedaillen.*
Der *Schüler erbat sich meine Hilfe.*

- Hauptwort im 2.Fall (Substantiv im Genitiv)

● Beispiele: *Der Norden* Deutschlands *leidet unter der Trockenheit.*
Die Amtszeit des Präsidenten *läuft ab.*

Wichtige Hinweise zum Genitiv

Bei Mengenangaben entfällt der Genitiv (Genitivus partitivus = Genitiv des geteilten Ganzen), wenn kein Geschlechtswort (Artikel) oder Eigenschaftswort (Adjektiv) vor der Beifügung (Attribut) steht.

● Beispiel: *eine Scheibe Braten* anstatt: *eine Scheibe Bratens*
eine Kiste Wein anstatt: *eine Kiste Weines*

Der deutsche Sprachgebrauch verzichtet aber auch auf den Genitiv, obwohl ein Geschlechtswort oder Eigenschaftswort vor der Beifügung steht.

● Beispiele: *eine Kiste badischer Wein*
nicht: *eine Kiste badischen Weines*
ein halbes Pfund gekochter Schinken
100 Gramm dieser Leberwurst wird im alltäglichen Sprachgebrauch eher mit einem Präpositionalgefüge verwendet: *100 Gramm von dieser Leberwurst*

Beifügungen in Substantivform stehen ohne Geschlechtswort (Nullartikel) und ohne erkennbare Form des Falles (Kasus) nach Maßangaben.

Folgende Maßangaben können in der Einzahl (Singular) und in der Mehrzahl (Plural) stehen:
Flasche, Jahr, Kiste, Million, Monat, Portion, Tag, Tasse, Kanne

● Beispiele: *eine Portion Kaffee → zwei Portionen Kaffee*
eine Tonne Getreide → drei Tonnen Getreide

Folgende Maßangaben stehen nur in der Einzahl:
Blatt, Bund, Dutzend, Faß, Fuß, Glas, Grad, Gramm, Kilo, Maß, Paar, Pfund, Sack, Satz, Stück

● Beispiele: *zwei Bund Petersilie*
drei Glas Bier
100 Gramm Emmentaler
fünf Kilo Kartoffeln
ein Faß Gurken
ein Dutzend Eier

- Konstruktion mit den Satzteilbindewörtern (Satzteilkonjunktionen) „als“ und „wie“

● Beispiele: *Du als intelligenter Mensch solltest es besser wissen.*
Ich bin genauso klug wie vorher.
Anne arbeitet als Ärztin.

- Präpositionalgefüge

● Beispiele: *Der Louvre in Paris ist sehenswert.*
Sein Zimmer im Dachgeschoß ist winzig.

- Relativsatz

● Beispiele: *Der Mieter, der gegenüber wohnt, ist ein Inder.*
Der Polizist, den ich heute traf, war mein Klassenkamerad.

Achtung: Da der Relativsatz das Satzglied näher beschreibt, spricht man auch von einem bestimmenden (determinierenden) Attributsatz.

Man unterscheidet außerdem:

- den erklärenden (explizierenden) Attributsatz

Man erkennt ihn an den typischen Bindewörtern (Konjunktionen) „daß“ und „ob“ sowie am erweiterten Infinitiv.

● Beispiele: *Die Tatsache, daß er ein Lügner ist, beweist sein Verhalten.*

Der Hinweis, ob der Gesuchte als Täter in Frage kommt, muß noch überprüft werden.
Bei dieser Wohnung hat man den Vorteil, in zwei Minuten zur U-Bahn zu gelangen.

- den auf den Ort bezogenen (lokalen) Attributsatz

Man erkennt ihn an den typischen Umstandswörtern (Adverben) „dort", „dorthin", „oben", „unten ... wo".

● Beispiele: *Oben, wo sich die Dachmansarde befindet, höre ich nachts immer Geräusche.*
Dort, wo die drei Eichen stehen, befindet sich ein alter Grenzstein.

- den auf die Art und Weise bezogenen (modalen) Attributsatz, der mit „wie" eingeleitet wird

Im Hauptsatz steht daher vor Eigenschaftswörtern (Adjektiven) „so", vor Hauptwörtern (Substantiven) „solch".

● Beispiele: *Er war ein solcher Held, wie ihn die Frauen noch nie gesehen hatten.*
Die Insel war so schön, wie ich sie mir vorgestellt hatte.

Wichtig: Der relative Satzanschluß mit „wo" ist bei artikellosen Ortsnamen verpflichtend.

● Beispiel: *Barcelona, wo ich drei Jahre gewohnt habe, ist meine zweite Heimat.*

b) Attribute in **nicht gebeugten (deklinierten)** Satzgliedern können auftreten als:

- Eigenschaftswort/Mittelwort (Adjektiv/Partizip)

● Beispiele: *Das Zimmer ist* ausreichend *beleuchtet.*
Der Garten wirkt äußerst *gepflegt.*

- Eigenschaftswort/Mittelwort + Satzteilbindewort (Adjektiv/Partizip + Satzteilkonjunktion)

● Beispiele: *Er fuhr schneller* als *erlaubt.*
Sie ist mehr breit als *hoch.*

- Hauptwort + Satzteilbindewort (Substantiv + Satzteilkonjunktion)

● Beispiele: *Mein Auto fährt schneller* als der Jaguar.
Sie ist intelligenter als ihre Schwester.
Er läuft schneller als sein Bruder.
Ich rauche mehr als Du.

- Präpositionalgefüge

● Beispiele: *Links* von dieser Tankstelle *steht das Kaufhaus.*
Am meisten gefreut *haben sich die Eltern des Turniersiegers.*

- Partikel

● Beispiele: *Was macht ihr* denn *hier?*
Schreib bloß *sorgfältig!*
Warum ist diese Aufgabe wohl *so schwierig?*

- Umstandswörter (Adverben)

● Beispiele: *Das Haus* gegenüber *wurde abgerissen.*
Die Nachbarn nebenan *sind sehr hilfsbereit.*

Die Stellung der Beifügung (des Attributs)

Die bisher aufgeführten Beispiele haben gezeigt, daß Beifügungen (Attribute) sowohl vor als auch nach dem Satzglied stehen können, auf das sie sich beziehen.

a) Die Beifügung wird stets *vorangestellt* bei:

- Eingenschaftswörtern (Adjektiven)

● Beispiele: *das prächtige Schloß, die mächtige Eiche, der stolze Pfau*

- Geschlechtswörtern und Fürwörtern (Artikeln und Pronomen)

● Beispiele: *jenes Haus, mein Mantel, kein Grund*

- Eigennamen mit besitzanzeigendem (possessivem) Genitiv

● Beispiele: *Frankreichs Staatspräsident, Spaniens König*

b) Im Regelfall steht jedoch die Beifügung nach dem Satzglied als:

- Satzteilbindewort (Satzteilkonjunktion)

● Beispiele: *Elisabeth II. als Königin von England*
Herr Will als neuer Hausmeister

- Maßangabe

● Beispiele: *ein Pfund dieser Äpfel* (von diesen Äpfeln)
ein Dutzend dieser Austern (von diesen Austern)

- Präpositionalattribut

● Beispiele: *die Villa an der Costa Brava*
die Hütte in den Bergen

- attributiver Genitiv (er bezeichnet einen Besitz oder eine Zugehörigkeit)

● Beispiele: *das Haus meiner Eltern*
die Rede des Ministers

- Eigenschaftswort (vor allem im mündlichen Sprachgebrauch: „Schuft, elender!" oder Zeitungsanzeigen)

● Beispiele: *Schäferhund, gutmütig, treu und kinderlieb*
BMW, neuwertig, silbermetallic, sehr gepflegt

- Attributsatz

● Beispiele: *Der neue Verteidiger, der von Inter Mailand kam, erwies sich als Totalausfall.*
Die Katze, die uns zugelaufen ist, hat fünf Junge bekommen.

Die Apposition

Eine Apposition ist in der Regel eine nachgestellte Beifügung (Attribut), das mit dem Bezugswort im Fall (Kasus) übereinstimmt. Im Schriftlichen kann die Apposition durch Beistriche (Kommas) oder Gedankenstriche vom Bezugswort getrennt werden. Man unterscheidet zwei Arten der Apposition: die Apposition im engeren Sinn und die Apposition im weiteren Sinn.

Die Apposition im engeren Sinn

Sie steht vor oder nach dem Bezugswort. Ihre Aufgabe ist es, das Bezugswort genauer zu beschreiben und zu charakterisieren.

● Beispiele: *Ein Mann in seinem Alter sollte sich mehr schonen.*
Friedrich der Große schaffte in Preußen die Folter ab.

Sie dient außerdem dazu, Verwandtschaftsbeziehungen aufzuzeigen.

● Beispiele: *Tante Gertrud kommt zu Besuch.*
Onkel Ernst hat sein Haus verkauft.

Oft bestehen Appositionen aus Eigennamen, die mit Titeln oder Begriffen verbunden sind.

● Beispiele: *die Hauptstadt Berlin*
der Dramatiker Friedrich Dürrenmatt
das Hotel Bellevue

Achtung: Gewöhnlich stehen bei Appositionen im engeren Sinn weder Beistrich (Komma) noch Gedankenstrich.

Apposition im weiteren Sinn

Die Apposition im weiteren Sinn steht in der Regel hinter dem Bezugswort und ist von ihm durch Beistrich (Komma) oder Gedankenstrich getrennt.

● Beispiele: *Susanne, meine Studienkollegin, wohnt heute in Amerika.*
Madrid, die Hauptstadt Spaniens, weist viele Sehenswürdigkeiten auf.
Der Unterricht beginnt wieder am Dienstag, den 15. September.
Der Eiffelturm – ich habe so ein Bauwerk vorher noch nie gesehen – ist äußerst imposant.

Sonderformen der Beifügung (des Attributs)

Von den verschiedenen Sonderformen der Beifügung (Attributs) sollen die wichtigsten und gebräuchlichsten im folgenden behandelt werden.
Die **Ellipse** ist ein unvollständiger Satz. Sie verzichtet auf Satzglieder, ohne die Textaussage zu verschleiern. Als nachgestellte Beifügung stimmt sie mit dem Bezugswort nicht im Fall (Kasus) überein und bildet somit einen unabhängigen Satzgliedteil.

● Beispiele: *Studienrat Eichler, Schiller-Gymnasium Marbach, tritt dieses Jahr in den Ruhestand.*
Fritz Walter, Vfb Stuttgart, schoß zwei Tore.

Im mündlichen Sprachgebrauch wird die nachgestellte Beifügung durch die Stimmführung hervorgehoben, d.h. der Sprecher macht eine kurze Pause. Im Schriftlichen wird die Ellipse durch Beistriche (Kommas) vom Bezugswort getrennt.
Die **Reihung** ist eine weitere Sonderform der Beifügung. Sie tritt entweder unverbunden (**asyndetisch**), d.h. ohne Bindewort, oder in Form einer durch Bindewörter verbundenen Aufzählung (**syndetisch**) auf. Wird nur das letzte Glied einer Reihung mit einem Bindewort verbunden, spricht man von einer **monosyndetischen Reihung.**

Asyndetische Reihung (oder Wortreihe)

● Beispiele: *Das war ein spannender, künstlerisch wertvoller, anspruchsvoller Film.* (Unverbundene Reihung von Adjektiven)
Herr Prof. Dr. Werner Seidl (Reihung von Titeln)
Johann Sebastian Bach, Wolfgang Amadeus Mozart (Reihung von Eigennamen)

Syndetische Reihung

● Beispiele: *Karl ist ein guter und treuer und zuverlässiger Freund.*
Wir hatten nicht nur sonniges, sondern auch regnerisches Wetter.

Monosyndetische Reihung

● Beispiele: *Karl ist ein guter, treuer und zuverlässiger Freund.*
Frau Müller ist eine tüchtige, fleißige und zuverlässige Mitarbeiterin.

Der einfache Satz

Der einfache Satz besteht aus zwei Satzgliedern: Satzgegenstand + Satzaussage (Subjekt + Prädikat). Zur Satzaussage können aber noch verschiedene Ergänzungen hinzutreten, was von der Wertigkeit des jeweiligen Zeitwortes (Verbs) abhängt.
Diese Ergänzungen sind in einer bestimmten Reihenfolge angeordnet.
Die Satzaussage ist gebeugt (finites Verb); es können jedoch im einfachen Satz auch mehrere Zeitwortformen auftreten.

Die häufigste Form ist die Kombination Hilfszeitwort + Grundform (Hilfsverb + Infinitiv).

● Beispiele:	*Ich*	*möchte*	*ihm*	*einen Witz erzählen.*
	Sie	*könnte*	*ihr*	*etwas ausrichten.*
	Er	*konnte*	*ihr*	*nichts bieten.*
	Sie	*wollte*	*ihn*	*nie mehr sehen.*
	Ich	*will*	*ihnen*	*etwas schenken.*
		Hilfsverb		Infinitiv

Eine zweite Kombination lautet: Hilfszeitwort + Mittelwort (Verb + Partizip).

● Beispiele:	*Fluchend*	*verließ er das Büro.*
	Partizip Präsens	finites Verb
	Er hat zuviel Bier	*getrunken.*
	Hilfsverb	Partizip Perfekt
	Sie wären gerne	*geblieben.*
	Hilfverb	Partizip Perfekt

Das Zeitwort in einem Satz entscheidet darüber, ob eine oder mehrere Ergänzungen erfolgen müssen (vergl. Übersicht der Verben mit den jeweiligen Objektfällen im Kapitel „Die Satzaussage“ (Das Prädikat).

● Beispiele: *Ich gehe.*
Du schreibst.

Beide Sätze sind vollständig und bedürfen keinerlei Ergänzung. Diese ist nur dann notwendig, wenn der Sprecher den Informationsgrad des Satzes erhöhen will.

● Beispiele: *Ich gehe in die Stadt.* (adverbiale Ortsergänzung)
Du schreibst dem Onkel einen Brief. (Dem Zeitwort „schreiben“ folgt in diesem Beispiel ein Dativ- und ein Akkusativobjekt.)

In manchen Fällen ist eine Ergänzung notwendig, um keine Mißverständnisse hervorzurufen.

● Beispiele: *Ich sehe.* (Ich bin nicht blind.)
Ich sehe einen Film. (Ich schaue mir einen Film an.)

Die folgende Übersicht zeigt verschiedene Baumuster des einfachen Satzes.

Übersicht:

(A = Akkusativ, Adverbiale = adverbiale Bestimmung, D = Dativ, O = Ort, Z = Zeit)

1. *Sie singt.*
Subjekt + Prädikat

2. *Sie singt ein Lied.*
Subjekt + Prädikat + Objekt (A)

3. *Sie singt ihnen ein Lied.*
Subjekt + Prädikat + Objekt (D) + Objekt (A)

4. *Sie singt ihnen in der Aula ein Lied.*
Subjekt + Prädikat + Objekt (D) + Adverbiale (O) + Objekt (A)

5. *Sie hat ihnen in der Aula ein Lied gesungen.*
Subjekt + Hilfserb + Objekt (D) + Adverbiale (O) + Objekt (A) + Partizip Perfekt

6. *Sie hat ihnen gestern in der Aula ein Lied gesungen.*
Subjekt + Hilfsverb + Objekt (D) + Adverbiale (Z) + Adverbiale (O) + Objekt (A) + Partizip Perfekt

oder
Satzumstellung (vergl. dazu das Kapitel „Die ungerade Satzstellung“ (Inversion).

● Beispiel: *Gestern hat sie ihnen in der Aula ein Lied gesungen.*

Der einfache Satz beschränkt sich nicht auf die Form des Aussagesatzes allein, sondern kann alle Satzarten (Aufforderungssatz, Befehlssatz, Fragesatz) führen:

- Aufforderungssatz: *Gehen wir tanzen!*
- Befehlssatz: *Sei endlich still!*
- Fragesatz: *Wieviel Uhr ist es?*

Die Unterschiede in diesen Satzarten liegen in der Wortstellung und in der Absicht des Sprechers.

Der zusammengesetzte Satz

Unter einem zusammengesetzten Satz versteht man die Verbindung von zwei oder mehreren Hauptsätzen bzw. Sätzen gleichen Grades. Man spricht in diesem Fall von einer Satzverbindung.
Wenn dagegen ein Hauptsatz und ein oder mehrere untergeordnete Nebensätze miteinander verbunden werden, handelt es sich um ein Satzgefüge.

● Beispiel: *Hans hat eine Erkältung, und er muß zu Hause bleiben.*

In diesem Beispiel werden zwei selbständige Hauptsätze durch das Bindewort „und" miteinander verbunden. Es liegt somit eine Satzverbindung vor.

● Beispiel: *Da Hans eine Erkältung hat, die ihn hindert ins Büro zu gehen, muß er zu Hause bleiben.*

Das zweite Beispiel stellt ein Satzgefüge dar, weil mehrere Nebensätze mit einem Hauptsatz verbunden werden.

Zwischen dem Hauptsatz und dem bzw. den Nebensätzen besteht/bestehen unterschiedliche Verhältnisse, die in den folgenden Kapiteln genauer untersucht werden sollen.
Zunächst erfolgt ein kurzer Überblick über die Möglichkeiten eines zusammengesetzten Satzes:

- Ein Hauptsatz wird mit einem Nebensatz verbunden, der eine notwendige Ergänzung zum Zeitwort des Hauptsatzes darstellt. Man spricht in diesem Fall von einem Ergänzungssatz.

● Beispiele: *Daß jemand die Autoschlüssel gestohlen hat, ist eine Lüge.* = Ergänzungssatz als Subjektsatz
Hans behauptet, daß jemand seinen Autoschlüssel gestohlen hat. = Ergänzungssatz als Objektsatz

- Ein Hauptsatz wird mittels eines Bindewortes (Konjunktion) mit einem untergeordneten Nebensatz verbunden. In diesem Fall liegt ein Gliedsatz vor.

● Beispiele:
Hans bleibt zu Hause, weil er erkältet ist.
Ich schreibe Dir, da Du kein Telefon hast.
Er ruft an, wenn er angekommen ist.
Sie meldet sich, falls etwas dazwischen kommt.
} Gliedsatz

Achtung: Das Bindewort bestimmt die jeweilige Art des Gliedsatzes (vergl. dazu das Kapitel „Die Arten des Nebensatzes").

- Ein Satzglied des Hauptsatzes wird durch einen Attributsatz näher bestimmt.

● Beispiel: *Hans, der seit zehn Jahren im Finanzamt arbeitet, wurde gestern befördert.*

In diesem Beispiel wird der Satzgegenstand (Subjekt) durch den Relativsatz näher bestimmt.

● Beispiel: *Die Landstraße, häufig nur notdürftig repariert, wird im nächsten Jahr endlich neu geteert.*

Hier tritt der Attributsatz in Form einer Partizipialkonstruktion auf.

● Beispiel: *Es bleibt dem Leser unklar, weshalb die Geschichte so plötzlich endet.*

Das dritte Beispiel zeigt den Attributsatz in Form eines indirekten Fragesatzes.

Formen der Satzverbindung

Eine Satzverbindung stellt die lockere Verknüpfung von zwei oder mehreren Hauptsätzen oder Sätzen gleichen Grades dar. Jeder Teilsatz kann für sich allein stehen. Da alle Teilsätze gleichberechtigt nebeneinander-

geordnet stehen, spricht man von einer **Parataxe.**
Parataktische Satzverbindungen können **mit** oder **ohne** Bindewort (Konjunktion) verbunden werden.
Bei Satzverbindungen ohne Bindewort spricht man von einer **asyndetischen Satzverbindung,** werden aber Teilsätze durch Bindewörter miteinander verknüpft, spricht man von einer **syndetischen Satzverbindung.**

Die asyndetische Satzverbindung

Die asyndetischen Satzverbindungen stellen häufig Satzmuster dar, die aus dem Bereich der Rhetorik stammen. Sie finden sich daher in Reden und literarischen Texten (z. B. in Gedichten, dramatischen und erzählerischen Texten).

● Beispiele: *Was heute modern ist, kann morgen schon veraltet sein.*
Antithese
Hoch ist er gestiegen, gefallen ist er tief.
Chiasmus
Schön ist der Morgen, schön ist der Gesang der Lerche ...
Anapher
Der See – sein Blau betörte den Betrachter – lag glatt wie ein Spiegel da.
Parenthese

Die syndetische Satzverbindung

Die gebräuchlichere Form der Satzverbindung ist die syndetische Satzverbindung. Dabei werden Sätze gleichen Grades durch Bindewörter (Konjunktionen) wie z.B. „und“, „oder“, „aber“, „bzw.“, „d.h.“, „denn“, „jedoch“, „sondern“, „nicht nur … sondern auch“, „sowohl … als auch“, „weder … noch“ usw. miteinander verbunden.
Ein inhaltlicher Zusammenhang zwischen den beiden oder den einzelnen Teilsätzen ist dabei nicht notwendig.

● Beispiele: *Die Sonne brannte, und eine unerträgliche Hitze brütete über dem Land.* Bindewort
Sie fahren nicht nach Griechenland, sondern sie fliegen in die Türkei. Bindewort

Die Aussage einer syndetischen Satzverbindung ist abhängig von dem jeweiligen Bindewort bzw. dem Umstandswort (Adverb).

Hierbei stehen für

- Gegensätze: *aber, doch, jedoch, sondern*
- Einschränkung: *freilich, nur, zwar, aber usw.*
- Grund/Ursache: *weil, denn*
- Folge: *also, daher, darum, deshalb*
- Einräumung: *trotzdem, gleichwohl, obwohl, nichtsdestoweniger*

Satzverbindungen, in denen ein gemeinsames Zeitwort (Verb) unterschiedliche inhaltliche Bedeutungen enthält, rufen sprachkomische Wirkungen hervor.

● Beispiel: *Zuerst fiel ich vom Stuhl und dann aus allen Wolken.*

Eine Sonderform innerhalb der syndetischen Satzverbindung ist der Schaltsatz. Dabei werden zwei Hauptsätze ineinander geschaltet. Der zweite Hauptsatz kommentiert den ersten und ist durch Gedankenstriche von ihm getrennt.

● Beispiel: *Der neue Film – er lief gestern zum ersten Mal im Kino – begeisterte die Zuschauer.*

Man könnte diese Satzverbindung auch durch einen Relativsatz darstellen.

● Beispiel: *Der neue Film, der gestern zum ersten Mal im Kino lief, begeisterte die Zuschauer.*

Eine andere Sonderform stellt der Anakoluth dar. Er unterbricht den Hauptsatz bzw. führt ihn falsch weiter. Der Satzbau wird dadurch gestört.

● Beispiele: *Die Prüfung habe ich – so ein Glück – gerade noch bestanden.*
Der Entschluß – und darauf will ich noch einmal hinweisen – ist nicht mehr rückgängig zu machen.

Das Satzgefüge

Unter einem Satzgefüge versteht man die Verknüpfung von einem Hauptsatz und einem oder mehreren untergeordneten Nebensätzen. Man spricht in diesem Fall von einer Hypotaxe. Bevor wir genauer auf die unterschiedlichen Formen der Satzgefüge eingehen, erfolgt ein

Überblick über die verschiedenen Möglichkeiten, Haupt- und Nebensätze miteinander zu verknüpfen:

Übersicht:

- *Ich gehe nicht ins Konzert, weil ich keine Zeit habe.*
  Konjunktion + finites Verb

- *Das Haus, das gestern abgerissen wurde, war 250 Jahre alt.*
  Relativpronomen + finites Verb

- *Ich möchte wissen, wohin Du gehst.*
  Fragepronomen + finites Verb

- *Daß ich die Prüfung bestanden habe, macht mich stolz.*
  Teilsatz als Subjekt

- *Er benahm sich, als sei er nicht bei Trost.*
  finites Verb in zweiter Position nach der Konjunktion „als"

- *Sie wollte wissen, wie hoch der Betrag sei.*
  finites Verb im Konjunktiv bei indirekter Rede

- *Ich beabsichtige, mit euch nach Amerika zu fahren.*
  Infinitivsatz als Objekt

Die Verknüpfung aus mehreren Haupt- und Nebensätzen ergibt eine Satzperiode. Sie findet sich in der geschriebenen Sprache nur noch in anspruchsvollen Reden oder in literarischen Texten.
Viele Massenmedien und Politiker in ihren Wahlreden geben den hypotaktischen Satzbau in zunehmendem Maße zugunsten von einfachen Sätzen (engl.: one-liners) auf, um ihre Leser (bzw. Zuhörer) nicht zu überfordern.

● Beispiel für eine Satzperiode:

> *Zu Port au Prince, auf dem französischen Anteil der Insel St. Domingo, lebte, zu Anfange dieses Jahrhunderts, als die Schwarzen die Weißen ermordeten, auf der Pflanzung des Herrn Guillaume von Villeneuve, ein fürchterlicher alter Neger, namens Congo Hoango.* (aus: Heinrich v. Kleist, Die Verlobung in St. Domingo)

Der Ergänzungssatz

Unter einem Ergänzungssatz versteht man einen Teilsatz, der die Funktion von Satzgliedern übernimmt. Er kann in Form von Satzgegenstand (Subjekt) oder Satzergänzung (Objekt) auftreten.
Die häufigste Form, in der Ergänzungssätze auftreten, sind die „daß"-Sätze und die Grundformkonstruktionen (Infinitivkonstruktionen).

● Beispiele: *Daß du intelligent bist, weiß jedes Kind.*
Objektsatz
Daß du intelligent bist, ist jedem Menschen bekannt.
Subjektsatz

In beiden Beispielen steht der „daß"-Satz an der Spitze des Satzes. Er kann aber auch am Ende des Satzgefüges stehen.

● Beispiel: *Jedem Menschen ist bekannt, daß du intelligent bist.*

Der Infinitivsatz kann als Vorder- und auch als Nachsatz verwendet werden.

● Beispiele: *Nach Italien zu reisen ist sein größter Wunsch.*
Sein größter Wunsch ist, nach Italien zu reisen.

Der Ergänzungssatz läßt sich mit dem Hauptsatz zu einem einfachen Satz umwandeln.

● Beispiele: *Eine Reise nach Italien ist sein größter Wunsch.*
Deine Intelligenz ist jedem Menschen bekannt.

Die Notwendigkeit, wann ein „daß"-Satz verwendet werden muß, ist an bestimmte grammatikalische Regeln gebunden.

1. Der „daß"-Satz steht, wenn die Satzgegenstände im Haupt- und Nebensatz unterschiedlich sind.

● Beispiel: *Ich dachte, daß du mir helfen könntest.*

2. Der „daß"-Satz steht nach Pronominaladverbien, die mit bestimmten Zeitwörtern (Verben) verbunden sind (z.B. „jemand daran erinnern", „davon abhängen", „darüber ärgern", „darauf achten", „damit beschäftigen", „sich darüber beschweren", „sich dafür entschuldigen").

● Beispiel: *Es liegt mir daran, daß wir wieder Freunde sind.*
Er rechnet damit, daß er die Prüfung nicht besteht.

3. Der „daß"-Satz folgt nach unpersönlichen Zeitwörtern (z.B. „es freut mich", „es stört uns", „es amüsiert ihn").

● Beispiel: *Es freut mich, daß du gekommen bist.*
Es stört mich, daß sie mich ständig unterbricht.

Der Infinitivsatz steht nach folgenden Regeln:

1. Wenn der Hauptsatz und der Nebensatz in einem Satzglied (in der Regel ist dies das Subjekt) übereinstimmen.

● Beispiel: *Sie hoffen, daß sie den Zug noch erreichen.*
• *Sie hoffen, den Zug noch zu erreichen.*
Ich schlage vor, daß ich den Termin absage.
• *Ich schlage vor, den Termin abzusagen.*

Achtung: Bei zusammengesetzten Zeitwörtern wie „abfahren", „absagen", „einwilligen", „zusammenkommen" usw. wird der Bestandteil „-zu-" in den Infinitiv eingebaut.

● Beispiel: *Es ist zu spät, das Spiel abzusagen.*
Wir haben beschlossen, alle vier Wochen zusammenzukommen.

2. Häufig nach

• Zeitwörtern, die eine Handlung weiterführen oder abschließen (z.B. „anfangen", „beginnen", „beabsichtigen", „fortfahren", „aufhören", „es versäumen", „es unterlassen").

● Beispiel: *Sie fuhr fort, die Zeitung zu lesen.*
Er hörte auf, Fußball zu spielen.

• Zeitwörtern, die eine Absicht, einen Plan, Wunsch usw. ausdrücken (z.B. „es ablehnen", „glauben", „hoffen", „vergessen", „verlangen", „versprechen", „streben", „sich weigern", „wünschen").

● Beispiel: *Er wünschte sich, nach Hause gehen zu können.*

3. Zeitwörter des Sagens, Befehlens, Bittens, Warnens usw. (z.B. „befehlen", „bitten", „erlauben", „ermahnen", „ersuchen", „auffordern", „raten", „überzeugen", „verbieten", „warnen").

● Beispiel: *Sie warnte ihn davor, weit hinaus zu schwimmen.*

Achtung: Die Inifinitivkonstruktion ist auch bei unpersönlichen Verben möglich, wenn das Subjekt des Hauptsatzes mit dem des Nebensatzes übereinstimmt.

● Beispiele: *Es freut mich, daß ich dich hier treffe.*
• Es freut mich, dich hier zu treffen.
Es gefällt mir, daß ich im Garten lese.
• Es gefällt mir, im Garten zu lesen.

Wichtig: Man unterscheidet zwei Infinitivformen:
1. den Infinitiv Präsens: *zu machen, zu fahren, zu kaufen*
2. den Infinitiv Perfekt: *gemacht zu haben, gekauft zu haben*

1. Wenn die Handlungen im Haupt- und Nebensatz gleichzeitig erfolgen (Gleichzeitigkeit) steht im Infinitivsatz der Infinitiv Präsens.

● Beispiele: *Sie bemüht sich, ...*
Sie bemühte sich, die Klaviersonate fehlerlos zu spielen.
Sie hat sich bemüht, ...

2. Lag aber die Handlung des Infinitivsatzes vor der Zeit des Hauptsatzes (Vorzeitigkeit), so wird der Infinitiv Perfekt verwendet.

● Beispiel: *Sie behauptet, ...*
Sie behauptete, den Mann nie zuvor getroffen zu haben.
Sie hat behauptet, ...

Achtung: Nach Zeitwörtern des Bekennens, Erinnerns, Gestehens, Leugnens usw. steht häufig der Infinitiv Perfekt.

● Beispiel: *Er erinnerte sich, sie schon mal gesehen zu haben.*
Er gestand, sie bestohlen zu haben.

Der Nebensatz

Dieses Kapitel beschäftigt sich mit dem „Nebensatz", der je nach Ausrichtung auch „Gliedsatz", „Adverbialsatz" oder „Angabesatz" genannt wird. Auf diese äußerst feine grammatikalische Unterscheidung wird hier verzichtet, da sie für den alltäglichen Sprachgebrauch nicht wichtig ist. Wichtig ist, daß alle Teilsätze ein Merkmal gemeinsam haben: Sie sind untergeordnet, hängen vom Hauptsatz ab und sind mit ihm durch ein Bindewort (Konjunktion) verbunden.

Die Arten des Nebensatzes

Der Nebensatz der Zeit (temporaler Nebensatz)

Zwischen dem Haupt- und Nebensatz besteht eine zeitliche Beziehung, die durch die Begriffe Vorzeitigkeit, Nachzeitigkeit und Gleichzeitigkeit ausgedrückt werden. Es geht also um die Frage, ob die Handlung im Nebensatz vor der des Hauptsatzes (Vorzeitigkeit), danach (Nachzeitigkeit) oder zur gleichen Zeit (Gleichzeitigkeit) abläuft.

Vorzeitigkeit: Bindewörter (Konjunktionen) – *nachdem, seit, seitdem, sobald, wenn*

● Beispiele: *Die Komödie begann, nachdem sich der Applaus gelegt hatte.*
Seitdem er geheiratet hat, ist er ein anderer Mensch.
Sobald er gegessen hatte, verlangte er die Rechnung.

Nachzeitigkeit: Bindewörter – *bevor, bis, ehe*

● Beispiele: *Ehe er sich versah, ging das Licht aus.*
Ich lese stets ein Buch, bevor ich zu Bett gehe.

Gleichzeitigkeit: Bindewörter – *indem, indessen, seitdem, sobald, solange, sooft, sowie, während, wenn, wie*

● Beispiele: *Sie pflegte ihn, solange er krank war.*
Sobald wir fertig sind, spielen wir Fußball.

Achtung: Das Bindewort „wenn“ wird im temporalen und konditionalen Nebensatz häufig falsch angewandt.

- „Wenn“ + temporaler Nebensatz

● Beispiel: *Wenn er betrunken ist, fängt Heinz zu singen an.*

Das Bindewort „wenn“ kann durch die Partikel „immer“, „jedesmal wenn“ ersetzt werden. Damit wird auf eine regelmäßig wiederkehrende Handlung hingewiesen.

- „Wenn“ + konditionaler Nebensatz (Bedingungssatz)

● Beispiel: *Wenn das Wetter schön ist, fahren wir in die Berge.*

Das Bindewort „wenn“ kann durch die Wörter „falls“, „vorausgesetzt“ ersetzt werden und bezeichnet eine einmalige Handlung.

Übersicht:

Der Nebensatz

Satz	Konjunktion	Beispiel
Adversativsatz (Gegensatz)	anstatt daß, während, wohingegen	*Ich arbeite wie verrückt, während du faul auf dem Sofa liegst.* *Anstatt daß du mir zuhörst, blickst du aus dem Fenster.*
Finalsatz (Absicht)	damit, daß, um … zu	*Damit du dich nicht erkältest, solltest du dir etwas Warmes anziehen.* *Du mußt dich beeilen, um rechtzeitig in der Schule zu sein.*
Kausalsatz (Grund)	da, weil, zumal	*Die Nachbarin steht gern am Fenster, weil sie sehr neugierig ist.*
Konditionalsatz (Bedingung)	falls, sofern, wenn	*Falls du dich nicht beeilst, versäumen wir den Bus.* *Sofern du Zeit hast, solltest du dir diesen Film anschauen.*
Konsekutivsatz (Folge)	so daß, so … daß, als, daß, ohne … zu, um … zu, dermaßen … daß	*Er war dermaßen betrunken, daß er nicht mehr gehen konnte.* *Er mußte stark bremsen, so daß sein Auto ins Schleudern geriet.*
Konzessivsatz (Einräumung)	obgleich, obschon, obwohl, selbst wenn, ungeachtet daß, wenn … auch noch so	*Obgleich er über 80 Jahre ist, unternimmt er jedes Jahr Reisen.* *Wenn du auch noch so jammerst, du wirst jetzt den Rasen schneiden.*
Modalsatz (Art und Weise)	so … wie, als, genauso … wie, je … desto je … um so, indem, dadurch … daß, ohne daß, außer daß, außer wenn, außer … um zu	*Je länger du telefonierst, desto höher die Telefonrechnung.* *Indem sie schwieg, vermied sie einen Streit.*

Satz	Konjunktion	Beispiel
Relativsatz (Bezug)	der, die, das, welcher, welche, welches	*Das Buch, das ich neulich erstanden habe, ist 200 Jahre alt.*
	wer, was, wo	*Weniges, das du sagst, ist richtig.*
Temporalsatz (Zeit)	nachdem, seit, seitdem, sobald, bevor, bis wenn,	*Bis er die Lage begriff, war der Dieb über alle Berge.*
	ehe, sobald, solange, sooft, während sowie	*Die Jungen hielten die Luft an, solange sie es aushielten.*

Regeln zum Gebrauch der Bindewörter (Konjunktionen):

wenn	+ Präsens/Vergangenheit	wiederholte Handlung
als	+ Vergangenheit	einmalige Handlung
während / solange	+ Präsens/Vergangenheit	gleichzeitige Handlungen
bevor / ehe	+ Präsens/Vergangenheit	nachzeitige Handlung
nachdem / sobald	+ Perfekt	Präsens im Hauptsatz
	+ Plusquamperfekt	Perfekt im Hauptsatz
bis	+ Präsens / Futur	zukünftige Handlung
seit / seitdem	+ Präsens	bis in die Gegenwart andauernde Handlung
seit	+ Vergangenheit	einmalige Handlung

Der Nebensatz der Art und Weise (modaler Nebensatz)

Der Nebensatz der Art und Weise (modaler Nebensatz) beschreibt, auf welche Weise eine Handlung im Hauptsatz ausgeführt wird bzw. wurde. Der Nebensatz der Art und Weise weist verschiedene Aspekte auf, die im folgenden untersucht werden.

1. Aspekt des Vergleiches

Bindewörte (Konjunktionen): *so … wie, als, genauso … wie, je … desto, je … umso*

● Beispiel: *Er arbeitet so fleißig, wie ich es erwartet habe.*
Er arbeitet fleißiger, als wir es erwartet haben.

Achtung: „wie“ folgt immer einem Umstandswort (Adverb) in der Grundform.
„als“ steht dagegen immer nach dem Umstandswort im Komparativ.

2. Aspekt der Methode

Bindewörter: *indem, dadurch … daß*

● Beispiele: *Er nahm zehn Kilo ab, indem er keinen Alkohol trank.*
Er nahm zehn Kilo dadurch ab, daß er keinen Alkohol trank.

3. Aspekt der Ausschließung

Bindewort: *ohne daß*

● Beispiel: *Er verließ sie, ohne daß er sie eines Blickes würdigte.*

Achtung: Wenn Subjekt im Haupt- und Nebensatz gleich sind, kann der Konjunktionalsatz durch eine Infinitivkonstruktion ersetzt werden.

● Beispiel: *Er verließ sie, ohne sie eines Blickes zu würdigen.*

4. Aspekt der Einschränkung

Bindewörter: *außer daß, außer wenn, außer … um zu, soviel, soweit*

● Beispiele: *Soweit ich informiert bin, landet das Flugzeug erst um 18.15 Uhr.*
Er hat nichts zu mir gesagt, außer daß er es sehr eilig habe.
Sie hat nicht mehr vor nach Hause zu gehen, außer um zu packen.

Der Nebensatz der Absicht (finaler Nebensatz)

Der Nebensatz der Absicht (finaler Nebensatz) beschreibt eine Absicht oder einen Zweck, womit eine Handlung im Hauptsatz erreicht werden soll.

Bindewörter: *damit, daß, um … zu*

● Beispiele: *Ich habe das Telefon abgeschaltet, damit mich niemand bei der Arbeit stört.*
Er benutzt die Lupe, damit die Schrift zu lesen ist.

Achtung: Das Bindewort „damit" wird immer dann verwendet, wenn im Haupt- und im Nebensatz unterschiedliche Satzgegenstände (Subjekte) auftreten.
Falls der Satzgegenstand im Hauptsatz das gleiche wie im Nebensatz ist, kann eine Infinitivkonstruktion erfolgen:

● Beispiel: *Ich fahre langsam, um die spielenden Kinder auf der Straße nicht zu gefährden.*

Der Nebensatz des Grundes (kausaler Nebensatz)
Der Nebensatz des Grundes (kausaler Nebensatz) begründet oder erklärt durch eine entsprechende Konjunktion, weshalb die Handlung im Hauptsatz (nicht) stattfand.

Bindewörter (Konjunktionen): *da, weil, zumal*

● Beispiele: *Der Schüler muß das Klassenzimmer verlassen, weil er ständig stört. Da ich seit Jahren in der Stadt wohne, macht mir der Verkehrslärm nichts aus.*

● **Achtung**: Das Bindewort „weil" steht für das Neue, während das Bindewort „da" für das Bekannte oder Gewohnheitsmäßige steht.

Der Nebensatz der Folge (konsekutiver Nebensatz)
Der Nebensatz der Folge (konsekutiver Nebensatz) drückt ein Folgegeschehen aus, das sich durch eine Handlung oder durch einen Zustand im Hauptsatz ergeben hat.

Bindewörter (Konjunktionen): *so daß, so ... daß, als daß, ohne ... zu, um ... zu, dermaßen ... daß*

● Beispiele: *Der Wirbelsturm war so verheerend, daß Tausende von Bewohnern obdachlos wurden.*
Sie schläft täglich nur vier Stunden, ohne daß sie am anderen Tag müde ist.

Achtung: Da der Satzgegenstand (Subjekt) im Haupt- und Nebensatz gleich ist, kann auch die Infinitivkonstruktion verwendet werden.

● Beispiel: *Sie schläft täglich nur vier Stunden, ohne am anderen Tag müde zu sein.*

Der Nebensatz der Bedingung (konditionaler Nebensatz)

Der Nebensatz der Bedingung (konditionaler Nebensatz) beschreibt die Bedingung oder Voraussetzung, die notwendig ist, um eine Handlung oder einen Zustand im Hauptsatz durchzuführen.

Bindewörter (Konjunktionen): *falls, sofern, wenn*

● Beispiele: *Wenn es mir zu heiß wird, ziehe ich den Pullover aus.*
Falls du morgen nicht kommst, ruf mich bitte vorher an.
Sofern du Zeit hast, kannst du mitkommen.

Achtung: Das Bindewort kann im Bedingungssatz in manchen Fällen auch wegfallen.

● Beispiel: *Kommst du morgen nicht, ruf mich bitte vorher an.*

Der Nebensatz steht in solchen Fällen immer am Satzanfang.

Besonderheiten:
a) Der Konditionalsatz als Parenthese

● Beispiele: *Dieses Haus ist – wenn ich Sie recht verstehe – einsturzgefährdet.*
Der Bau der Umgehungsstraße ist – wenn man die Sache nüchtern betrachtet – für die Gemeinde unumgänglich.
Diese Entscheidung hat – wenn wir uns nichts vormachen – für beide Seiten unabsehbare Folgen.

Andere Parenthesen sind „wenn man ehrlich ist“, „wenn ich es richtig sehe“, „wenn wir uns recht erinnern“ usw.

b) Der Konditionalsatz als Partizipialkonstruktion

● Beispiele: *Vorausgesetzt, Sie entscheiden sich für dieses Auto, würde ich Ihnen 10% Rabatt geben.*
Dieser Unfall ist, bei Licht betrachtet, äußerst mysteriös.

Andere Ausdrücke sind „angenommen“, „vorausgesetzt“, „theoretisch betrachtet“, „einfacher formuliert“, „anders ausgedrückt“, „bei Licht besehen“, „offen gesagt“ usw.

Der Nebensatz der Einräumung (konzessiver Nebensatz)
Der Nebensatz der Einräumung (konzessiver Nebensatz) schränkt die Erwartung, die sich aus der Handlung oder dem Zustand im Hauptsatz ergibt, ein, oder er steht im Widerspruch zum Hauptsatz.

Bindewörter (Konjunktionen): *obgleich, obschon, obwohl, selbst wenn, ungeachtet, wenn ... auch noch so*

● Beispiele: *Obwohl er steinreich ist, wohnt er in einer bescheidenden Mietswohnung.*
Sie liebt ihn abgöttisch, selbst wenn er sie häufig betrügt.

Achtung: Das Adverb „trotzdem" kann nicht als Bindewort im Nebensatz der Einräumung verwendet werden. Es taucht nur in einigen literarischen Texten auf.
Falsch: *Trotzdem es regnete, nahm er keinen Regenschirm mit.*
Richtig: *Obwohl es regnete, nahm er keinen Regenschirm mit.*

Wenn jedoch aus dem Satzgefüge zwei selbständige Hauptsätze gebildet werden, ist die Verwendung von „trotzdem“ korrekt.

● Beispiel: *Es regnete. Trotzdem nahm er keinen Regenschirm.*

Das Bindewort „wenn“ kann im Nebensatz der Einräumnung grundsätzlich entfallen.

● Beispiel: *Wenn es noch so heiß wäre, er würde nie kurze Hosen tragen.*
Wäre es noch so heiß, er würde nie kurze Hosen tragen.

Der Nebensatz des Gegensatzes (adversativer Nebensatz)
Ein Sachverhalt im Hauptsatz steht zu dem im Nebensatz im Gegensatz.

Bindewörter (Konjunktionen): *anstatt daß, während, wohingegen*

● Beispiele: *Anstatt im Unterricht aufzupassen, schaute der Schüler aus dem Fenster.*
Während Hans mit dem Bus zur Schule fährt, muß ich laufen.

Achtung: Das Bindewort „während“ im temporalen Nebensatz bezieht sich auf eine Handlung, die gleichzeitig mit der des Hauptsatzes abläuft.

● Beispiel: *Die Kinder spielten im Garten, während die Mutter einkaufen ging.*

Der Relativsatz (rückbezüglicher Nebensatz)

Der rückbezügliche Nebensatz (Relativsatz) ist ein determinierender Attributsatz, d. h. er beschreibt ein Hauptwort (Substantiv), das entweder als Satzgegenstand (Subjekt) oder Satzergänzung (Objekt) im Satz verwendet wird, genauer (vergl. die Ausführungen über den Attributsatz im Kapitel „Formen der Beifügung"). Rückbezügliche Nebensätze werden durch die rückbezüglichen Fürwörter (Relativpronomen) „der", „die", „das" (Veraltet: „welcher", „welche", „welches") oder durch Umstandswöter (Adverbien) („wo", „wohin", „woher" usw.) eingeleitet. Das rückbezügliche Fürwort richtet sich stets nach Zahl (Numerus) und Geschlecht (Genus) des Satzgegenstandes (vergl. folgende Übersicht).

Übersicht:

DAS RELATIVPRONOMEN IN DEN EINZELNEN FÄLLEN

I. Männlich / Maskulinum

Einzahl / Singular

Nominativ: *Der Junge, der den gelben Pullover trägt, ist mein Bruder.*
Genitiv: *Der Junge, dessen Vater Bankdirektor ist, wird zu Hause sehr verwöhnt.*
Dativ: *Der Junge, dem wir zum Geburtstag gratulierten, lud uns zum Grillen ein.*
Akkusativ: *Der Junge, den ein Hund gebissen hat, mußte vom Arzt behandelt werden.*

II. Weiblich / Femininum

Nominativ: *Die Studentin, die Sprachen studiert, will Dolmetscherin werden.*
Genitiv: *Die Studentin, deren Wohnung so teuer ist, will bald ausziehen.*
Dativ: *Die Studentin, der ich meine Unterlagen geliehen habe, war mir sehr dankbar.*
Akkusativ: *Die Studentin, die das Examen bestanden hat, will ein großes Fest veranstalten.*

III. Sächlich / Neutrum

Nominativ: *Das Kätzchen, das mit dem Ball spielt, ist erst drei Monate alt.*
Genitiv: *Das Kätzchen, dessen Besitzer erkrankte, mußte verschenkt werden.*
Dativ: *Das Kätzchen, dem der Tierarzt eine Spritze gab, wurde wieder gesund.*
Akkusativ: *Das Kätzchen, das unser Hund erschreckte, verkroch sich unter dem Sofa.*

Mehrzahl / Plural (für alle Personen)

Nominativ: *Die Leute, die den Unfall beobachteten, alarmierten die Polizei.*
Genitiv: *Die Tiere, deren Stall abgebrannt war, wurden in der Nachbarschaft untergebracht.*
Dativ: *Die Hungernden, denen man zahlreiche Hilfspakete geschickt hatte, waren sehr dankbar.*
Akkusativ: *Die Menschen, die man für ihre Leistung lobt, arbeiten doppelt so gern.*

Der Fall, in dem das rückbezügliche Fürwort steht, hängt von der jeweiligen Satzkonstruktion ab.

● Beispiele: *Ich traf unseren Nachbarn, der Fußballtrainer ist, auf dem Sportplatz. Die Arbeiter, denen der Lohn zu gering erschien, legten die Arbeit nieder.*

Achtung: Die Verwendung des Umstandswortes (Adverbs) „wo" gibt es nur in der Umgangssprache; sie wird aus stilistischen Gründen vermieden.

● Beispiel: *Das Schloß, wo ich war, ist renoviert worden.*

An seine Stelle tritt eine Präpositionalkonstruktion:

● Beispiel: *Das Schloß, in dem ich war, ist renoviert worden.*

Achtung: Wenn in einem Relativsatz ein Verhältniswort (Präposition) verwendet wird, steht sie immer vor dem rückbezüglichen Fürwort. Der Relativsatz kann auch mit „wer" oder „was" konstruiert werden.
In diesen Fällen stehen „wer" oder „was" am Satzanfang.

● Beispiele: *Wer ihn kennt, der weiß, was wir an ihm haben.*
Was er gesagt hat, das wurde protokolliert.
Was er vor der Kamera gesagt hatte, wurde protokolliert.

Achtung: „Der / das" kann entfallen, wenn das Subjekt in beiden Teilsätzen gleich ist.
„Was" bezieht sich immer auf unbestimmte Zahlwörter wie „alles", „einiges", „manches", „vieles" usw. und auf Superlative.

● Beispiele: *Es gibt noch vieles in Italien, was ich nicht gesehen habe.*
Das Schönste, was ich je gesehen habe, war ein Sonnenuntergang in Südchina.
Manches, was er mir erzählt hat, habe ich wieder vergessen.

Das Wörtchen „was" kann sich aber auch auf einen ganzen Hauptsatz beziehen.

● Beispiele: *Er behauptet, er habe schon mehrmals das Matterhorn bestiegen, was ich nicht glaube.*
Er wurde wegen verbotenen Überholens bestraft, was mich sehr freut.

Der Fragesatz als Nebensatz (Der indirekte Fragesatz)

Man unterschiedet zwischen zwei Arten des indirekten Fragesatzes:

- Fragesätze ohne Fragepronomen, die mit „ob" eingeleitet werden
- und Fragesätze mit Fragepronomen, bzw. mit einer Verbindung von Verhältniswörtern (Präpositionen) und Fragepronomen.

● Beispiele: *Er wollte wissen, ob wir dieses Jahr in den Urlaub fahren.*
Er wollte wissen, wann wir zurückkämen.
Er wollte wissen, warum wir nicht mit dem Auto verreisten.
Ich weiß nicht, ob es ihm gut geht.
Ich weiß nicht, wie es ihm geht.
Ich weiß nicht, wo sie jetzt wohnen.
Ich weiß nicht, wohin sie gerannt sind.
Ich weiß nicht, an wen ich mich wegen des Diebstahls wenden soll.
Ich weiß nicht, mit wem ich Tennis spielen soll.
Sie weiß, worauf es morgen in der Prüfung ankommt.
Sie weiß, womit man den Fleck entfernen kann.

Die Zeitenfolge im Nebensatz

Wie im Abschnitt über den temporalen Nebensatz beschrieben wurde, unterscheidet man zwischen Vorzeitigkeit, Gleichzeitigkeit und Nachzeitigkeit.
Es geht dabei um das zeitliche Verhältnis zwischen dem Haupt- und dem dazugehörigen Nebensatz.
Bei den meisten Nebensatzformen tritt in der Regel kein Zeitwechsel auf. Im folgenden sollen jedoch die wichtigsten Gesichtspunkte für die Zeitenfolge im Nebensatz erörtert werden.

Temporaler Nebensatz

Vorzeitigkeit: *Er ging nach Hause, nachdem er die Arbeit erledigt hatte.*
Imperfekt – Plusquamperfekt
Er geht nach Hause, nachdem er die Arbeit erledigt hat.
Präsens – Perfekt

Gleichzeitigkeit: *Während ich einen Brief schrieb, tobte draußen ein Gewitter.* Imperfekt – Imperfekt

Nachzeitigkeit: *Ich bleibe zu Hause, bis es aufgehört hat zu regnen.*
Präsens – Perfekt

Modaler Nebensatz

Vorzeitigkeit: *Sie ist für die Oper so talentiert, wie wir es gehofft haben.*
Präsens – Perfekt
Sie sangen so schlecht, wie es niemand erwartet hatte.
Imperfekt – Plusquamperfekt

Kausaler Nebensatz

Die Bindewörter (Konjunktionen) „als", „da", „weil" ermöglichen gleiche und unterschiedliche Zeitebenen zwischen den Haupt- und Nebensätzen. Entscheidend dafür ist der Sinn der Satzaussage.

Gleichzeitigkeit: *Weil es heute regnet, gehen wir in das Museum.*
Präsens – Präsens

Nachzeitigkeit: *Weil er mich unfreundlich bedient hatte, verließ ich den Laden ohne Gruß.*
Plusquamperfekt – Imperfekt

Konditionaler Nebensatz

Im konditionalen Nebensatz steht im Deutschen für das Futur häufig das Präsens.

Nachzeitigkeit: *Ich werde schneller mit der Arbeit fertig sein, wenn du mir hilfst.*
Futur I – Präsens

Der Gebrauch der Möglichkeitsform (Konjunktivs) im Nebensatz
Die Möglichkeitsform (Konjunktiv) bezeichnet in Gliedsätzen Unwahrscheinliches, Ungewisses, Mögliches, Absichten und Wünsche. Dagegen drückt die Wirklichkeitsform (Indikativ) aus, daß eine Sachlage tatsächlich eingetreten ist.

Unwirkliche Folgesätze (Irreale Konsekutivsätze)
Der unwirkliche Folgesatz wird verwendet, wenn eine Folge ausbleibt.

● Beispiel: *Seine Leistungen in der Schule sind zu schlecht, als daß er das Klassenziel erreichen könnte.*

Achtung: In der Wirklichkeitsform lautet der Satz folgendermaßen: *Seine Leistungen waren so schlecht, daß er das Klassenziel nicht erreichen konnte.*
oder: *Seine Leistungen sind so schlecht, daß er das Klassenziel nicht erreichen kann.*

Auch in den folgenden Beispielsätzen wird die Folge ausbleiben.

● Beispiele: *Wir sind zu tierlieb, als daß wir unseren Hund zu Hause ließen.* (= lassen würden)
• die Folge kann nicht eintreten;
Er betrat das Zimmer, ohne daß er angeklopft hätte.
• die Folge ist gar nicht eingetreten (Konjunktiv II)
Er ist so stark, daß er Bäume ausreißen könnte.
• die genannte Folge wird nicht eintreten (Vorhersage)

Unwirkliche Bedingungssätze (Irreale Konditionalsätze)
Der unwirkliche Bedingungssatz steht entweder am Satzanfang oder am Satzende. Wenn es sich bei dem Bedingungssatz um einen Fragesatz handelt, steht er immer am Satzende. Das Bindewort „wenn" kann entfallen.

● Beispiele: *Was würdest du sagen, wenn man dich zum Filmstar machte?* (= machen würde)
Wenn mein Fuß nicht verletzt wäre, würde ich rennen.
oder: *Wäre mein Fuß nicht verletzt, würde ich rennen.*
Wenn ich reich wäre, würde ich aufhören zu arbeiten.

Unwirkliche Vergleichsätze (Irreale Komparationssätze)
Die Bindewörter (Konjunktionen) „als" oder „als ob" leiten unwirkliche Vergleiche ein. Nach dem Bindewort „als" folgt unmittelbar das Zeitwort (Verb), sonst steht es am Satzende.

● Beispiele: *Sie sahen mich an, als ob ich von einem fremden Planeten käme.*
Man behandelte ihn, als sei er der Kaiser von China.
Er begrüßte mich, als wenn wir die dicksten Freunde wären.

Achtung: Unwirkliche Gliedsätze werden immer mit der Möglichkeitsform II (Konjunktiv II) gebildet.

Die ungerade Wortstellung (Inversion)

Die Grundstellung des einfachen Satzes sieht den Satzgegenstand (Subjekt) an erster Stelle.

● Beispiel:	*Er*	*öffnet*	*die Konservendose.*
	Subjekt	Prädikat	Objekt (hier Akkusativ)

Wenn diese Struktur geändert wird, indem an die Stelle des Satzgegenstandes ein anderes Satzglied getreten ist, spricht man von einer Umstellung (Inversion).

● Beispiel: *Ernst hat sich gestern ein neues Radio gekauft.* (Grundstruktur)

Inversion 1: *Ein neues Radio hat Ernst sich gestern gekauft.*
Inversion 2: *Gestern hat sich Ernst ein neues Radio gekauft.*

In der Inversion 1 ist die Satzergänzung (Objekt) an die erste Stelle des Satzes getreten, in der Inversion 2 steht die adverbiale Bestimmung der Zeit an erster Stelle.

Achtung: Die Stellung der Satzaussage (des Prädikats) bleibt immer gleich (die zweite Stelle des Satzes).
Der Sinn des Satzes hat sich durch die Umstellung nicht geändert.

Aus diesem Beispiel folgt:
Wenn ein Sachverhalt besonders betont oder hervorgehoben werden soll, wird die Umstellung verwendet. Das, was betont werden soll, steht an erster Stelle des Satzes.
Sie ist vor allem ein wichtiges rhetorisches Mittel bei politischen Reden, in der Werbesprache oder in der Literatur.

● Beispiele: *In mein erstgeborenes Land,*
in den Süden zog ich ... (Ingeborg Bachmann: Das erstgeborene Land; in Italien: Dichtung II, Stuttgart 1988, S. 359)
Ruhe will ich haben.

Die Satzstellung ändert sich bei der Umstellung durch den Gebrauch von Fürwörtern (Pronomen):

● Beispiele: *Ich gebe Juliane einen guten Rat.* (Grundstruktur)

Aber: *Ich gebe ihn ihr.*

Achtung: Bei Fürwörtern steht das Akkusativobjekt vor dem Dativobjekt.

Der verneinte Satz (Negation)

Eine Aussage wird häufig mit dem Negationswort „Nein" verneint. Ohne weiteren Zusatz klingt „Nein" im Gesprächszusammenhang schroff und unhöflich. In der Regel erfolgt eine Richtigstellung.

● Beispiel: *Der Zug trifft um 14.30 in Köln ein.*
Nein, er kommt schon eine Viertelstunde früher.
Sie geht in die Küche.
Nein sie geht ins Wohnzimmer.

Die bloße Antwort „Nein" würde den Irrtum des Sprechers nicht aufklären, sondern ihn eher irritieren.

Im Deutschen gibt es verschiedene Möglichkeiten der Verneinung.

a) Verneinung durch Umstandswörter (Adverbien):

keinesfalls, keineswegs, nie / niemals,
nirgends, nirgendwo, nirgendwoher,
nirgendwohin, nie und nimmer

b) Verneinung durch das Bindewort (Konjunktion): *weder ... noch*
c) Verneinung durch Negationswörter: *kein, nicht*
d) Verneinung durch eine Reihe von Vorsilben (Präfixe):

- bei Adjektiven/ Substantiven: a- *amoralisch, Amoralität, amusisch, asozial, asyndetisch, Asyndeton*

• bei Verben/ Substantiven:	des-	*desavouieren, desillusionieren, Desillusionierung, desensibilisieren, Desinfektion, desinfizieren, Desinteresse*
• bei Adjektiven/ Substantiven:	in-	*indezent, indifferent, indiskret, Indiskretion, indiskutabel, inkonsequent, Inflexibilität, inkompetent, inoperabel,*
• bei Adjektiven/ Verben/ Substantiven:	miß-	*mißachten, Mißachtung, Mißbehagen, Mißbrauch, mißbrauchen, mißbräuchlich, mißdeuten, Mißgeschick, mißgelaunt, mißgestaltet, mißglücken, mißhandeln, Mißheirat*
• bei Adjektiven/ Partizipien/ Substantiven:	nicht-	*Nichtbeachtung, nichtehelich, Nichterfüllung, nichtorganisiert, Nichtraucher, nichtrostend, Nichtschwimmer, nichtswürdig*
• bei Adjektiven/ Partizipien/ Substantiven:	un-	*undatiert, unendel, uneins, unendlich, unerfahren, Unergiebigkeit, unerlaubt, ungültig, unpädagogisch, Unsumme, untalentiert*

Bei der Satzstellung der Negationswörter gelten folgende Regeln:

- „Kein“, „niemand“, „nichts“ können als Satzgegenstand (Subjekt) oder Satzergänzung (Objekt) auftreten.

● Beispiele: *Niemand hört mir zu.*
Ich sehe nichts.
Keiner half dem Verletzten.

- „Kein“, „niemand“, „nichts“ können als Beifügung (Attribut) gebraucht werden.

● Beispiele: *Ich habe kein Glück.*
Wir haben niemand anderen gesehen.
Konntest du nichts Dümmeres tun?

- Negationspartikel können allein im Satz stehen.

● Beispiele: *Er verreist nie / niemals.*
Ich leugne dies keineswegs.

- Negationswörter verneinen einen Sachverhalt, wenn sie vor bestimmte

Satzglieder (z. B. Satzadjektive, Satzpartikel oder Präpositionalgefüge) treten.

● Beispiele: *Tina ißt nie viel.*
Er ist keineswegs betrunken.
Sie arbeiten keinesfalls heute.
Ich würde niemals mit dem Auto nach Afrika fahren.

- Die Negationswörter „nicht", „keineswegs", „keinesfalls" bilden in den Antwortsätzen häufig unvollständige Sätze (Ellipsen).

● Beispiel: *Hat er dir bei der Gartenarbeit geholfen?*
Überhaupt nicht! Keineswegs!

- Das Negationswort „nicht" verneint Aussagen, die mit einem Vollzeitwort (Vollverb) gebildet werden.

● Beispiele: *Ich fahre nicht Auto.*
(d.h.: Es ist falsch, daß ich Auto fahre. Der Sprecher kann damit ausdrücken, daß er diese Fähigkeit nicht beherrscht, oder daß er momentan nicht bereit ist, Auto zu fahren.)
Karl spielt nicht Skat.
Mein Vater spricht nicht Französisch.

Achtung: Diese Beispielsätze werden erst verständlich, wenn der Sprecher Gesprächssituation und Tonfall berücksichtigt.

Der Satz „Mein Vater spricht nicht Französisch." kann unterschiedlich betont werden:
- *Mein* Vater *spricht nicht Französisch.* (d. h. aber meine Mutter oder mein Bruder usw.)
- Mein *Vater spricht nicht Französisch.* (d.h. aber deiner usw.)
- *Mein Vater spricht nicht* Französisch. (d.h. aber er spricht Englisch, Spanisch usw.)

In diesem Beispiel wird also nicht der ganze Satz verneint, sondern nur ein Satzteil. Man spricht von einer Satzteilnegation.

Hinweis: Das Negationswort „kein" wird verwendet:

- als Antwort auf Fragesätze mit „ein" + Hauptwort (Substantiv)

● Beispiel: *Ist das ein Roman? – Nein, das ist kein Roman, sondern ein Drama.*

- als Antwort bei bestimmten Zeitwort- (Verb)verbindungen (z.B. „Hunger haben“, „das Bedürfnis haben“, „Sehnsucht verspüren“)

● Beispiel: *Hast du Hunger? – Nein, ich habe keinen Hunger.*

- bei Angaben von Berufsbezeichnungen, Nationalität, Titel, Religionszugehörigkeit usw.

● Beispiele: *Er ist kein Arzt.*
Sie ist keine Italienerin.
Er ist kein Doktor. (d.h. er besitzt keinen Doktortitel.)

- bei Präpositionalkonstruktionen

● Beispiel: *Er spielte die Hauptrolle mit keinem großen Erfolg.*

Achtung: Aus stilistischen Gründen verwendet man ein treffendes Eigenschaftswort (Adjektiv).

● Beispiel: *Er spielte die Hauptrolle mit mäßigem Erfolg.*

Achtung: Vor Eigennamen wird immer das Negationswort „nicht“ verwendet. Das Negationswort „kein“ steht, wenn Eigennamen eine Gattung bezeichnen.

● Beispiel: *Ist das nicht Constanze dort drüben? – Nein, das ist nicht Constanze.*
Aber: *Hör auf zu singen. Du bist kein Pavarotti!*

- Das Negationswort „nicht“ tritt in Verbindung mit „ein“ häufig am Satzanfang auf, um einen Sachverhalt hervorzuheben.

● Beispiel: *Nicht ein Wort des Dankes hat er zur ihr gesagt.*

Die doppelte Verneinung kommt im täglichen Sprachgebrauch nur noch im Dialekt und als rhetorisches Stilmittel vor.

● Beispiel: Dialekt: *Du hast ihn niemals nicht gesehen.*
Stilmittel: *Er hat nicht schlecht gesungen.* (er hat gut gesungen)

Ein Stilmittel, das einen Sachverhalt durch die bewußte Verwendung eines Negationswortes positiv hervorhebt, nennt man Litotes (vergl. dazu das Kapitel „Stilmittel“).

Eine positive Satzaussage ergibt sich, wenn einem verneinten Hauptwort (Substantiv) ein verneinter Relativsatz folgt.

● Beispiel: *In dieser Klasse gibt es keinen Schüler, der diese Geschichte nicht schon einmal gehört hat.*

Achtung: Nach einem verneinten Hauptsatz folgt bei einem temporalen Gliedsatz mit den Bindewörtern (Konjunktionen) „bevor", „bis", „ehe" kein Negationswort.

● Beispiele: *Ich leihe dir kein Geld, bevor / bis / ehe du mir die Schulden gezahlt hast.*
Ich gehe nicht ins Bett, ehe es finster ist. (d.h. Ich gehe erst ins Bett, wenn es finster ist).

Im literarischen Text tritt die doppelte Verneinung lediglich als Mittel der Verstärkung auf. Da sie auf die Gegenwartssprache keinen Einfluß besitzt, soll es bei diesem Hinweis bleiben.

Achtung: Die häufige Verwendung des Ausdrucks „in keinster Weise" ist grammatikalisch falsch. Das Negationswort „kein" kann nicht gesteigert werden.
Es muß also heißen: *Ich bin mir keiner Schuld bewußt.*
anstatt: *Ich bin mir keinster Schuld bewußt.*

Der Text

Was ist ein Text?

Der **Text** ist ein sprachliches Gebilde, das entweder in schriftlicher oder in hörbarer Form vorliegt.
Bei dem Begriff „Text" geht man in der Regel von einem **geschriebenen sprachlichen Gebilde** aus, dessen Verfasser sich an einen oder mehrere **Leser** wendet. Der Leser eines schriftlichen Textes kann das Geschriebene entweder

- kritisch überprüfen
- oder in seiner sprachlichen Gestaltung genießen, d.h. am Text verweilen
- oder sogar nachgestalten.

Dies gilt jedoch nicht für den im Fernsehen eingeblendeten Text oder für den im Hörfunk ausgestrahlten Text.
Bei dem **hörbaren sprachlichen Gebilde** erscheint der Text z.B. in Form einer Rede, eines Hörspieles oder eines Bühnendialoges, der im selben Moment **vom Hörer** akustisch wahrgenommen wird wie er vom Sprecher produziert wird.
Als Voraussetzung für das richtige Verstehen eines gesprochenen Textes gelten richtige Aussprache (= Artikulation) und Betonung (= Intonation).
Die Reaktion des Hörers auf einen gesprochenen Text ist spontaner als die des Lesers, der sich mit Inhalt und Sprache eines geschriebenen Textes beliebig oft beschäftigen kann.
Da im Alltag Texte in der beschriebenen Weise vorkommen, soll in der folgenden Übersicht zwischen lesbaren und hörbaren Texten unterschieden werden. Als Voraussetzung für diese Unterscheidung gilt die **Absicht der Verfasser** solcher Texte. Ein Zeitungsredakteur schreibt z.B. eine Reportage, damit sie gelesen wird. Zum hörbaren Text wird die Reportage dann, wenn sie einer anderen Person oder Personengruppe vorgelesen wird. Aber das war nicht die ursprüngliche Absicht des Redakteurs.
Der Text steht immer im Zusammenhang mit anderen außersprachlichen Faktoren wie z.B. Schreib- und Redeanlaß, Ort der gehaltenen Rede sowie Absicht des Verfassers und Aufnahme durch das Publikum. Man spricht von einem **Kontext**, in den ein solcher Text eingebettet ist.
Einzelne Sätze, die dem Text entnommen werden, ohne den Kontext zu berücksichtigen, können daher sinnentstellend sein und zu Mißverständnissen führen.

Übersicht:

LESBARE TEXTE		HÖRBARE TEXTE	
Literatur	*Sachtext*	*Literatur*	*Sachtext*
z.B.	z.B.	z.B.	z.B.
Roman	Bericht	Dramentext	Vorlesung
Novelle	Reportage	Hörspiel	Predigt
Erzählung	Kommentar	Fernsehspiel	Referat
Gedicht	Glosse	Sketch	Telefonat
Fabel	Gebrauchs-	Witz	Interview
Autobio-	anweisung	Lied	Plädoyer
graphie	Brief		

Warum schreibt man Texte?

Die Absicht eines Verfassers, einen Text zu schreiben, hängt von seinem Schreibanlaß ab.
Der Autor eines **literarischen Textes** (z.B. eines Romanes, einer Erzählung oder eines Gedichtes) will seinem Leser ein ihm wichtiges Anliegen auf künstlerische und unterhaltsame Weise mitteilen. In seinem Werk schafft er eine eigene Welt, die der tatsächlichen gegenübergestellt wird. Es bleibt dem Leser überlassen, inwieweit er Parallelen und Unterschiede der beiden Welten erkennen kann. Es gibt genügend Beispiele in der Literatur, die von den Autoren mit auffallenden Signalen im Text versehen wurden, daß der Leser unschwer erkennen konnte, daß die Zeit, in der er gerade lebt, beschrieben wird.
Der Autor eines **Sachtextes** kann dagegen zwei verschiedene Absichten hegen:

- er informiert den Leser durch **Berichte, Nachrichten, Anzeigen** usw.
- oder er **kommentiert** Geschehnisse mittels **Kommentaren, Glossen oder Rezensionen.**

Bei den informativen Textsorten soll der Leser sachlich und objektiv über ein bestimmtes Ereignis informiert werden. Der Text verzichtet dabei auf persönliche Meinungen und Wertungen.
Diesen begegnet der Leser in den kommentierenden Textsorten. Ein Kommentar informiert über eine wichtige tagespolitische Begebenheit, aber er wertet gleichzeitig das Geschehen und fordert den Leser auf,

sich mit der dargestellten Meinung kritisch auseinanderzusetzen.
Der Verfasser von Texten verfolgt in der Regel mehrere Absichten gleichzeitig. Das gilt auch für Textsorten wie z.B. **Werbeanzeigen, Briefe, politische Reden oder Festreden.**
Neben der Information zeichnen sich diese Textsorten durch ihren appellativen Charakter aus. Das heißt, der Leser/Hörer soll überredet oder aufgefordert werden, eine bestimmte Handlung auszuführen. (Z.B. die Werbeanzeige fordert den Leser zum Kauf einer Ware auf. Die bloße Information, daß es diese Ware gibt, ist nicht ihr eigentliches Ziel.)
Bei **Vorlesungen** in der Universität, **Fachvorträgen** in der Firma oder **Referaten** in der Schule soll der Hörer über ein Thema **unterrichtet** oder **belehrt** werden.
Im folgenden werden Textsorten vorgestellt, die vorzugsweise gelesen werden. Jeder Definition einer Textsorte folgt ein Beispiel, das die **typischen** Kennzeichen aufweist, die es charakterisieren.
Die nachfolgende Graphik soll noch einmal das Verhältnis zwischen Text und Leser / Hörer veranschaulichen.

Übersicht:

DAS VERHÄLTNIS ZWISCHEN TEXT UND LESER/HÖRER

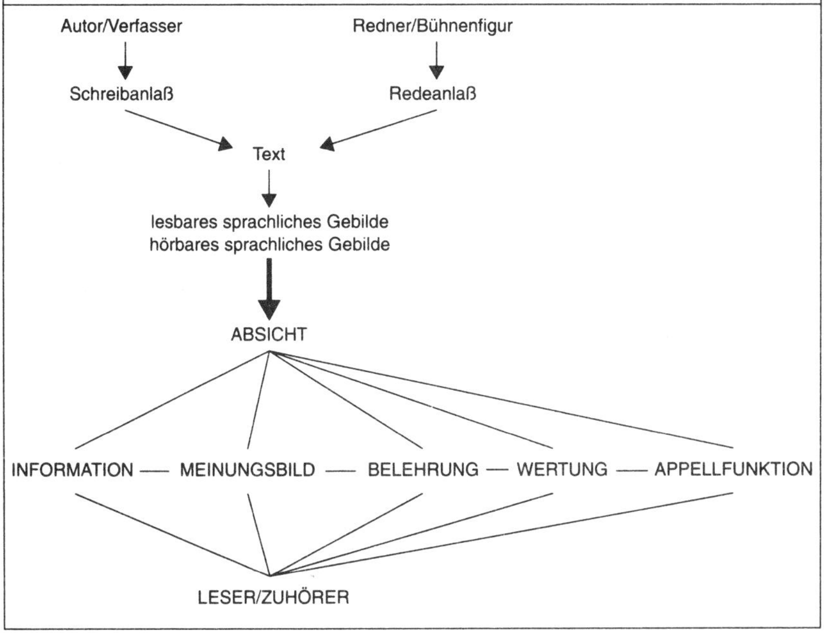

Wichtige Textsorten: Kennzeichen – Aufgaben – Beispiele

Informierende Textsorten

Die Nachricht

Die wichtigste informative Textsorte ist die **Nachricht**, die täglich in den Massenmedien (Rundfunk, Fernsehen, Zeitung) verbreitet wird und den Hörer/Leser über aktuelle Neuigkeiten im In- und Ausland sachlich, übersichtlich und vor allem umfassend informiert. Sie verzichtet auf jede Form von Wertung.
Die Nachricht beantwortet die Fragen „Wer?“, „Was?“, „Wo?“, „Mit welcher Hilfe?“, „Warum?“, „Wie?“, „Wie lange?“.

● Beispiel: *Wieder Jagd auf Singvögel in Italien*

Rom *Gestern begann in Italien wieder die Jagdsaison. Auf Tausende von Lerchen, Staren, Drosseln und Rotschwänzen lauern Leimruten und Fangnetze. Wie italienische Tierschützer, die vergeblich gegen die Wiederaufnahme der Jagd auf Singvögel in der Lombardei protestierten, vor der Presse erklärten, bedrohen auch zahlreiche Wilderer und Hobbyjäger das Leben der Zugvögel, die entweder lebend gefangen und auf dem Markt verkauft werden oder den Speisezettel der italienischen Feinschmeckerrestaurants bereichern.*

Der Bericht

Bearbeitete Nachrichten erscheinen in den Tageszeitungen, Zeitschriften und Magazinen (Printmedien). Der Verfasser geht bei einem Bericht vom Wesentlichsten zum Unwesentlicheren über, wie im sogenannten „Tatsachenbericht”, oder strukturiert den Text bei einem spannenden Ereignis durch Absätze, wie z.B. beim sogenannten „Handlungsbericht“.
Im Gegensatz zur Nachricht darf der **Bericht** direkte Rede von Personen enthalten, die mit dem Geschehen zu tun haben. Der Sprachstil ist aufgelockerter als bei der Nachricht.

● Beispiel: *Gelungener Auftakt des Maintaler Weinfests*

Würzburg *Strahlendes Herbstwetter begleitete die Eröffnung des traditionellen Maintaler Weinfestes, das am vergangenen Wochenende zum 75. Mal von Landrat Hubert Molz eröffnet wurde. Fünftausend begeisterte Zuschauer verfolgten zuerst den Einzug der Winzer auf das Festgelände und genossen anschließend den diesjährigen Federweißen.*

Ein Glas Federweißer kostet wie in den vergangenen Jahren 3,00 DM. Darauf ist der Landrat besonders stolz: „Das Maintaler Weinfest war von jeher ein Fest für alle, ob arm oder reich. Die ursprüngliche Idee war, nach der Weinernte, die nach wie vor eine schwere körperliche Arbeit ist, ein Fest zu feiern, an dem sich alle Weinbauern und die Einwohner der umliegenden Weinorte beteiligten. Das gesellige Beisammensein ist uns wichtiger als die wachsende Geschäftemacherei." Die Besucher dankten dem Landrat für seine Worte mit donnerndem Applaus.

Natürlich haben die Organisatoren auch die Kinder nicht vergessen. Viele Karussels, ein kleiner Ponyreithof sowie zahlreiche Überraschungen warten auf die jungen Besucher.

Als eine besondere Attraktion erwies sich die Ausstellung „400 Jahre Weinbau in Mainfranken", die der unterfränkische Heimatverein zum ersten Mal veranstaltet. Dabei wird über die Entwicklung des Weinbaus und die Lebensbedingungen in den Weinorten informiert. Eine kurzweilige Ton-Bild-Schau gibt einen interessanten Einblick in das Leben eines Weinbauern im 18. Jahrhundert.

Das Weinfest dauert in diesem Jahr bis zum 20. Oktober.

Die Reportage

Bei der **Reportage** werden Ereignisse und Personen aus unmittelbarer Nähe betrachtet und beschrieben. Der Verfasser rundet das Bild durch Aussagen anderer Beteiligter, fachlicher Autoritäten und durch persönliche, wertende Äußerungen ab.

Obwohl der Verfasser in der Regel nach einer objektiven Darstellung strebt, lassen die Auswahl seiner Quellen und ihre Kommentierung Rückschlüsse auf die Meinung des Autors zu.

Die Reportage ist in der Regel im Präsens geschrieben.

● Beispiel: *Hamlet in Feuchtwangen*

Man muß als Autofahrer höllisch aufpassen, wenn man nicht an Feuchtwangen auf der Romantischen Straße vorbeifahren will. Zwischen Dinkelsbühl und Rothenburg o.d. Tauber gelegen, bietet Feuchtwangen jedes Jahr mit seinen Kreuzgangspielen eine Attraktion ganz besonderer Art.

In diesem Jahr stehen Hamlet *(Shakespeare),* Der zerbrochene Krug *(Kleist) und* Die kleine Hexe *(Preußler) auf dem Programm. Hamlet, gespielt vom hoffnungsvollen Nachwuchsschauspieler Werner P. aus Bochum, sitzt mit mir im Cafe Kreuzgang und läßt sich sein Weißbier schmecken. Wie ihm die Kreuzgangspiele gefielen, möchte ich wissen. Hamlet deutet mit einer theatralischen Bewegung auf den beleuchteten romanischen Kreuzganghof:*

„Sehen Sie sich doch diese Bühne an!" sagt er. „Gibt es etwas Schöneres, als in dieser Kulisse Theater zu spielen? Dann die warmen Sommerabende, die Mauersegler, die um den Kirchturm fliegen, oder die Fledermäuse, die um die Scheinwerfer huschen, da lebt doch alles. Für mich macht das Arbeiten unter solchen Bedingungeng großen Spaß." Während Hamlet schwärmt, bereiten auf der halbbeleuchteten Bühne einige Helfer die Requisiten für das Märchenspiel Die kleine Hexe *vor, das am kommenden Vormittag für die Kinder gespielt wird. „Vor Kindern spiele ich am liebsten," sagt Doris F., die gerade ihre Prüfung an der Schauspielschule in Hamburg mit „sehr gut" abgeschlossen hat. „Kinder sind so herrlich spontan. Neulich kletterte so ein Knirps während der Vorstellung auf die Bühne und wollte wissen, ob man auf dem Besen wirklich fliegen könne."*

Anekdoten wie diese gibt es viele, und kaum eine Vorstellung läuft ohne eine kleine Panne ab, die das Publikum mit Humor nimmt. Es muß ja nicht alles so schrecklich perfekt sein. Jetzt ist es kurz vor Mitternacht, und auf der Bühne liegt noch immer der Totenkopf aus der Friedhofsszene im Hamlet. Werner P. bemerkt das und lacht laut auf: „Den vergessen die Bühnenarbeiter jedes Mal, damit die Putzfrauen, die früh im Cafe sauber machen, einen tüchtigen Schrecken bekommen." Wozu Totenköpfe alles dienen können ...

Der Leserbrief

Der **Leserbrief** richtet sich in erster Linie an die Redaktion einer Zeitung und gibt die persönliche Meinung eines Zeitungslesers zu einem bereits veröffentlichten Beitrag wieder. Er kann zustimmenden oder ablehnenden Charakter haben. Ein guter Leserbrief begründet sachlich den Standpunkt des Verfassers, macht Verbesserungsvorschläge, kritisiert, lobt, ergänzt den veröffentlichten Beitrag mit interessanten Zusatzinformationen oder korrigiert falsche Aussagen und Irrtümer.

● Beispiel: *Wenn Sätze Mode werden*

*Seit Monaten verfolge ich im Fernsehen, wie geflügelte Wörter hartnäckig falsch verwendet werden, oder wie plötzlich ein Satz ohne jegliche Aussage zum Modesatz des Jahres wird. An das „last not least", das kein Showmaster in seiner Sendung vergessen darf, hat sich der Fernsehzuschauer wohl schon gewöhnt. Unruhig wird er erst, wenn tatsächlich die richtige Form „last **but** not least" verwendet wird. Hoppla, da ist einer, der sich endlich einmal über den richtigen Ausdruck Gedanken macht.*
Aber der Modesatz des Jahres, ja der unsinnigste Satz des Jahres, lautet: „Wenn Sie so wollen." Beispiel: „Der FC Bayern München hat mit seinem Unentschieden gegen Werder Bremen – wenn Sie so wollen – einen Punkt verloren." Frage: Was ist aber, wenn ich nicht so will? Dann hat der FC Bayern einen Punkt gewonnen, nicht wahr? Welche Logik hinter diesem „wenn Sie so wollen" steckt, vermochte mir noch kein Mensch zu verraten. Aber die nichtssagende Phrase ist in aller Munde, bei Reportern, bei Talkshowgästen und bei Politikern. Also sprach neulich ein Minister in Bonn: „Die Autobahngebühr wird sicher in Deutschland eingeführt werden. Das Autofahren wird also, wenn Sie so wollen, in Zukunft teurer." Manchmal wünschte ich mir von Menschen, die in der Öffentlichkeit sprechen, daß sie zuerst überlegen, was sie sagen wollen.

G. Mustermann, Hamburg

Der Werbetext

Eine Besonderheit unter den Textsorten stellt der **Werbetext** dar. Die Information, die er dem Leser vermittelt, geschieht nicht allein durch den

Text, sondern häufig durch die Kombination von Bild und Text. Nicht selten nimmt das geschriebene Wort eine untergeordnete Rolle ein, da das Produkt mit dem Produktnamen in einer Umgebung abgebildet wird, die den Leser anspricht (z.B. exotischer Strand, Gruppe junger, lebensfroher Menschen, die harmonische Familie oder das sportliche Auto). Der Text dient lediglich als eine Ergänzung der bereits gegebenen Information.
Ausführliche Werbetexte hängen vom jeweiligen Produkt ab. Oft handelt es sich um technische Produkte (Auto, Motorräder, Computer, Fernsehgeräte usw.), bei denen eine umfangreiche Information für den Interessenten notwendig ist, damit er von der Qualität des angepriesenen Produktes überzeugt werden kann.
Dasselbe gilt auch für die Reisewerbung, wo Angaben über den Reiseverlauf, Unterbringung, Serviceleistung und Preis für den Leser von Bedeutung sind.
In der Regel findet sich in der Illustriertenwerbung lediglich das abgebildete Produkt mit einem kurzen, leicht einprägsamen Werbespruch, dem „Slogan". Der Slogan war früher die schottische Bezeichnung für „Schlachtruf". Heute kennzeichnet er das Produkt, wofür geworben wird und sorgt dafür, daß es beim Leser im Gedächtnis haften bleibt.

● Beispiele: *Haribo macht Kinder froh,*
Und Erwachsene ebenso.
Katzen würden Whiskas kaufen.
Reden ist Silber, Schweiger ist Gold. (Bierreklame)

1. Aufmerksamkeit für das Produkt erwecken (optisch auffallende Aufmachung, Darstellung einer Landschaft, die Freiheit, Unberührtheit und damit eine echte Alternative zum Alltag darstellt, usw.)
2. Dadurch soll das Interesse des Lesers am Produkt geweckt werden. Je reizvoller und spektakulärer die Aufmachung ist, umso eher wird von der Werbeanzeige Kenntnis genommen.
3. Der dritte Schritt heißt: Wünsche im potentiellen Kunden erwecken. Das ist nur möglich, wenn er sich mit dem Bild und dem Text des Produktes identifiziert.
4. Zuletzt steht die direkte oder indirekte Aufforderung, das Produkt zu kaufen.

Das folgende Kommunikationsmodell zeigt noch einmal in einem Schema den Ablauf, wie der Sender (= Hersteller = Werber) seine Werbebotschaft in Form von Bild, Sprache und / oder Musik verpackt, damit der so angesprochene Kunde reagiert und, wie es vom Hersteller beabsichtigt ist, das Produkt kauft.

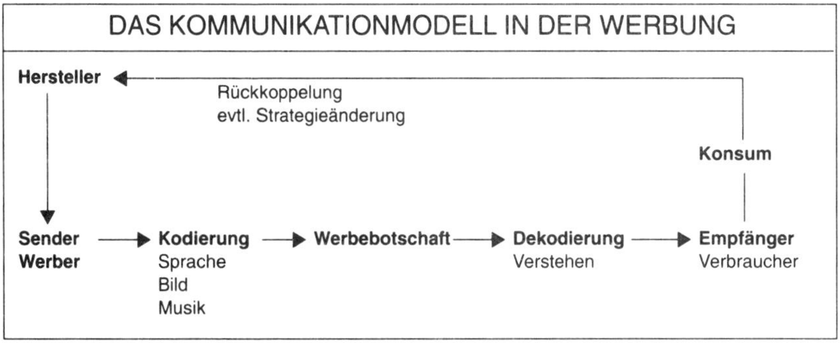

Kommentierende Textsorten

Der Kommentar

Der **Kommentar** informiert über ein aktuelles Tagesereignis und gibt eine subjektive, jedoch sachliche Bewertung ab.
Durch den sachlichen Ton und die fachliche Kompetenz erhebt der Kommentator Anspruch auf Glaubwürdigkeit und Seriosität.
Der Leser eines Kommentars ist aufgefordert, sich mit der Meinung des Verfassers kritisch auseinanderzusetzen, eventuell sich sogar eine eigene Meinung zu bilden.

● Beispiel: *Europa-Abitur*

Weil die meisten europäischen Länder ihren Kindern nur zwölf Jahre Schulzeit zumuten, sehen nicht wenige Politiker und führende Persönlichkeiten aus der Wirtschaft unsere bundesdeutschen Schüler im Nachteil. Sie sind zu alt, wenn sie in das Berufsleben eintreten – so lautet ihre Argumentation. Haben sie in dieser nicht immer sachlich und kompetent geführten Diskussion übersehen, daß das bundesweit praktizierte Kurssystem eine Flut von einseitig gebildeten Schülern erzeugt hat, die in den vergangenen Jahren bei den Hochschullehrern den Ruf nach einer eigenen Aufnahmeprüfung laut werden ließ? Die Mehrheit der ausländischen Schüler beneidet den deutschen Kollegen, der nach der zwölften Klasse noch ein Jahr Zeit hat, sich Gedanken über seinen Beruf zu machen, während in Spanien, Frankreich und England nicht wenige Absolventen der höheren Schule von ihren

Eltern ins Ausland geschickt werden – zu einem Reifejahr, versteht sich.
Anstatt über eine weitere Form von europhiler Gleichmacherei im Bildungswesen nachzudenken, wären unsere verantwortlichen Bildungspolitker gut beraten, das gegenwärtig mangelhafte Bildungswesen mit seiner frühzeitigen Spezialisierung zugunsten einer auf Europa ausgerichteten Allgemeinbildung zu reformieren. Dabei sollten neben Englisch und Französisch auch Spanisch und wenigstens eine slawische Sprache im Fächerkanon enthalten sein. Und wenn dabei der gegenwärtige Trend zum Seichten und Niveaulosen gebremst würde und das Wort „Niveau" an unseren Schulen wieder ein fester Bestandteil der Bildung würde, könnte aus der Schulreform etwas Gutes entstehen. Die Überlegung, ob nicht die übrigen europäischen Länder sich der 13jährigen Schulzeit der Bundesrepublik anschließen möchten, könnte sicher zu interessanteren Diskussionen führen, als das vom Parteidenken geprägte Gezanke um zwölf oder 13 Jahre Schulzeit. Die junge Generation hat einen Anspruch auf solide und wirklichkeitsorientierte Bildung.

Die Glosse

Der ursprüngliche Begriff **Glosse** bedeutete „Randbemerkung", da in früheren Zeiten vor allem Geistliche den Rand von theologischen und wissenschaftlichen Schriften mit Anmerkungen versehen hatten.
Heute versteht man darunter eine kommentierende Textsorte, die sich mit eher belanglosen Themen des Tages befaßt und sie meist witzig und pointiert darstellt. Die Glosse kann angreifen, betrachten, Rückschau halten und in die Zukunft blicken.

● Beispiel: *Willkommen am Gymnasium 1992*

An den ersten Schultag im Gymnasium – es war im Jahre 1962 – erinnere ich mich sehr genau. Wir waren 29 Jungen und hatten uns auf drei Schulbankreihen verteilt. Dann betrat unsere Klassenlehrerin den Raum. Eine kleine, rothaarige, energische Persönlichkeit stieg auf das Podest (Damals gab es in unserer Klasse noch ein Podest!), blickte uns prüfend an und stellte sich vor. „Und dann noch eins," sagte sie, „Ihr habt mich mit „Frau Professor" anzureden." Frau Professor! In unseren zehnjähri-

gen Schülerköpfen war „Professor“ etwas ganz Neues, Abenteuerliches, nachdem wir noch wenige Wochen zuvor unser „Fräulein“ an der Volksschule hatten. Distanz war also geboten, unendliche Distanz zum Lehrer, die rückblikkend gar nicht einmal geschadet hat, kamen wir doch nie auf den Gedanken, unsere Lehrer mit dem Vornamen anzureden, wie es ja heute bei den fortschrittlichen Lehrern Mode ist.

Heute, 1992, haben sich die Rollenverhältnisse geändert. Während wir damals noch mit einem freundlichen „Herr oder Frau Professor“, eigentlich sagten wir „Fessa“, weil uns das Wort zu lang vorkam, die Gunst der Lehrer zu erobern trachteten, sind es heute die Lehrer, allen voran deren Vorgesetzte, die sich bis zur Aufgabe ihrer ursprünglichen erzieherischen Prinzipien bei den Kleinen anbiedern. Lebkuchenherzen mit dem Namen der Schule werden den Fünftklässlern umgehängt, die Eltern werden zu Kaffee und Kuchen eingeladen, und die Noten Fünf und Sechs wurden aus dem Wortschatz der Pädagogen gänzlich gestrichen. Spielerisch lernen – überhaupt steht das Spiel im Mittelpunkt des Unterrichts, Unterricht Marke Sesamstraße *oder* Quärbeet, *alle fünf Minuten etwas anderes. Sobald die Schüler länger als fünf Minuten mit einer Unterrichtsmethode beschäftigt sind, wird es ihnen langweilig, und sie beginnen, den Unterricht zu stören. Als neulich ein Lehrer in einem süddeutschen Gymnasium zu seiner Klasse sagte: „Die Fernbedienung könnt ihr zu Hause lassen. Mein Programm müßt ihr eine ganze Stunde ertragen.“, soll es zu mehrtägigen Unruhen in der Stadt gekommen sein.*

Natürlich wurde der weltfremde Pädagoge sofort seines Amtes enthoben. Gegenwärtig soll er sich in psychiatrischer Behandlung befinden.

Unterhaltende Textsorten

Der (Das) Essay

Beim **Essay** handelt es sich um eine kurze, zumeist literarische oder wissenschaftliche Abhandlung. Sie ist zwar subjektiv, aber dennoch differenziert gestaltet. Das hohe sprachliche und inhaltliche Niveau stellen das Essay über das **Feuilleton**.

Das Feuilleton

Mit dem Begriff **Feuilleton** wird zum einen eine ganze Sparte in der Zeitung bezeichnet, die über kulturelle Ereignisse informiert.
Die Textsorte **Feuilleton** geht auf das französische Wort **feuille** zurück und bedeutet „Beiblättchen". Es wurde früher als Extrablatt der Zeitung beigelegt und enthielt Theaterkritiken oder andere Meldungen aus dem Bereich der Kultur. Im Laufe der Zeit wurde es in die Zeitung integriert und wandelte sich zu einer literarischen Textsorte, die unterhaltsame Betrachtungen oder kurze Geschichten enthielt.
Durch die bewußte Verwendung von rhetorischen Mitteln und einer meist anregenden, brillanten Sprache wird die Lektüre eines feuilletonistischen Textes zum Lesegenuß. Vertreter des Feuilletons: H. Heine, A. Glassbrenner, V. Auburtin, A. Polgar, K. Tucholsky u.a.

Zusammenfassung

Die Beispiele der einzelnen Textsorten haben gezeigt, daß das Verhältnis zwischen Sender (Schriftsteller, Autor) – Text – und Empfänger (Leser, Hörer) bestimmt ist von der jeweiligen Textsorte und der Absicht des Verfassers. Der Kommentar verfolgt eine andere Absicht als der Werbetext oder die Nachricht. Dementsprechend unterschiedlich ist auch die sprachliche Darstellung. Allen Textsorten ist die Verfahrensweise bei ihrer Entstehung gemeinsam. Der Autor entwickelt Ideen und Gedanken, die er in Sprache umsetzt. Er formt aus Wörtern aussagefähige Sätze und verfaßt unter Berücksichtigung der Grammatik, Rechtschreibung und der Satzzeichenlehre einen Text, der den Leser auf Grund seiner Thematik und seiner Gestaltungsweise anspricht und zum Lesen des Textes anregt.
Somit ergibt sich folgendes Schema für das Verhältnis zwischen lesbaren sprachlichen Gebilden und dem Leser.

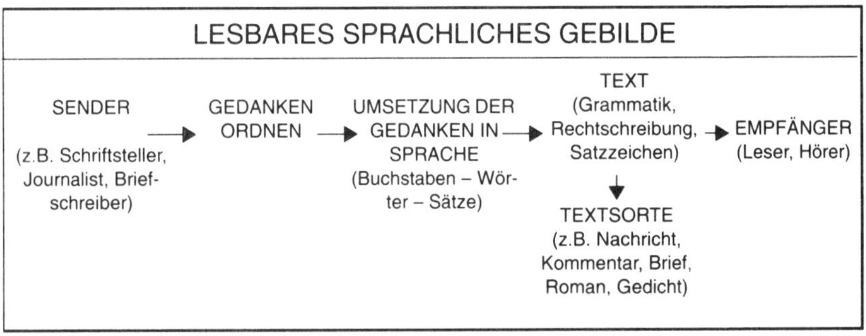

Formen mündlicher Verständigung

Der Sprechakt

Die individuelle Sprechfähigkeit eines Menschen ergibt sich aus einem bestimmten Vorrat an Wortschatz und Kenntnissen in Grammatik, Rechtschreibung und Zeichensetzung. Der Kenntnisstand hängt allerdings ab vom Alter, von der Lernbereitschaft und vom Bildungsstand des einzelnen. In der Sprachwissenschaft spricht man von der Kompetenz des Sprechers.
Diese **Sprachkompetenz** wird im Alltag in verschiedenen Situationen angewandt, z.B. im Beratungsgespräch im Arbeitsamt, im Vorstellungsgespräch in einer Firma, in Diskussionen, Debatten und Reden im Bundestag oder im vertrauten Gespräch im Familienkreis.
Den Sprechvorgang in bestimmten Situationen bezeichnet man als **Performanz**.
Diese beiden Aspekte des Sprechens garantieren aber noch nicht, daß der Dialogpartner bzw. die Zuhörer auch verstehen, was der Sprecher meint. Damit es also auch zu einem **Verstehen des Gemeinten** kommt, muß die Sprache deutliche Signale enthalten, die unmißverständlich anzeigen, was gemeint ist.

● Beispiel: *Ich bin sicher, daß du dich irrst.*
Ich glaube, daß du dich irrst.

Die Ansicht des Sprechers, daß sich sein Dialogpartner irrt, wird in beiden Sätzen unterschiedlich ausgedrückt. Im ersten Fall drückt der Sprecher seine feste Überzeugung aus, im zweiten Beispiel liegt nur eine vage Vermutung vor. Auf beide Sätze kann der Dialogpartner entsprechend reagieren:

- Das erste Beispiel führt zur Verunsicherung des Angesprochenen.
- Das zweite Beispiel gibt ihm noch die Möglichkeit, die Zweifel des Sprechers zu zerstreuen, zumal dieser durch die Einleitung „Ich glaube“ nicht überzeugend klingt.

An diesen Beispielen wird deutlich, daß Formulierungen wie „ich glaube“, „ich garantiere“, „ich schwöre“ usw. wichtige Signale sind, daß es zu einem **Sprechakt** kommt.
Außer den sprachlichen Äußerungen kommen noch außersprachliche Aspekte wie Stimmführung und Körpersprache (Mimik, Gestik) hinzu.

Sie unterstützen das Gesagte und können eventuelle Zweifel beseitigen. Der Satz „Verlassen Sie das Zimmer!“ überzeugt sicher nicht, wenn er ruhig und gelassen gesprochen wird. Mit Hilfe einer kräftigen, erhobenen Stimme sowie dem ausgestreckten Arm des Sprechers, der während des Sprechens auf die Tür zeigt, erkennt der ungebetene Gast unmißverständlich die Absicht des Sprechers.
Wie zahlreich die sprachlichen Möglichkeiten sind, einen einfachen Sachverhalt auszudrücken, zeigt die folgende Szene.

● Beispiel: *Der Sprecher möchte eine Tasse Kaffee. Folgende Möglichkeiten sind denkbar:*

1. Fragesatz: *Hast du noch eine Tasse Kaffee übrig?*
Gibt es noch Kaffee?
Die Kaffeekanne ist schon leer, oder?

2. Befehl, Bitte: *Gib mir noch eine Tasse Kaffee.*
Noch eine Tasse!
Kaffee!
Schenk mir bitte noch eine Tasse Kaffee ein.

3. Aussage: *Der Kaffee tut gut.*
Eine Tasse Kaffee ist gut für den Kreislauf.

4. Wunschsatz: *Ich hätte gern noch eine Tasse Kaffee getrunken.*
Wenn ich doch nur noch einen Kaffee bekäme!

5. Anspielung: *Ihr habt wohl den ganzen Kaffee ausgetrunken.*
Eine Tasse Kaffee würde mir jetzt guttun.

6. Ironie: *Hauptsache, ihr habt Kaffee. Ich kann ja sehen, wo ich bleibe.*
Es freut mich, daß euch der Kaffee schmeckt.

7. Schmeichelei – Hyperbel:
Bei dir trinke ich den Kaffee am liebsten.
Niemand versteht so viel vom Kaffee wie du!
Ich habe schon seit einer Ewigkeit keinen so guten Kaffee mehr getrunken wie heute.

Diese Beispiele sind denkbar, wenn der Sprecher sich seinen Wunsch nach einer Tasse Kaffee erfüllen möchte. Zu Problemen kann es bei ironischen Aussagen kommen. Der Satz: „Es freut mich, daß euch der Kaffee schmeckt.“, kann von den Zuhörern zunächst als gutgemeinter

Aussagesatz aufgefaßt werden. Wenn der Sprecher allerdings als einziger vor einer leeren Tasse sitzt, wird der scheinbar sachliche Aussagesatz als pointierte, ironische Bemerkung verständlich. Es können auch außersprachliche Mittel wie gespielte Höflichkeit in der Stimme oder ein entsprechender Gesichtsausdruck hinzukommen, um die Ironie zu verdeutlichen.
Der Sprechakt kann aber auch Konflikte vermeiden, indem die „Wahrheit“ verschwiegen wird oder das Gegenteil dessen gesagt wird, was gemeint ist. Einem geschmacklos gekleideten Menschen wird man aus Gründen des Taktes oder der Höflichkeit nicht sagen:
„In diesem Pullover sehen Sie unmöglich aus!“
Dieser Satz wäre allenfalls zwischen Eheleuten oder unter guten Freunden denkbar, da es der Sprecher in der Regel nicht darauf anlegt, seinen Gesprächspartner zu beleidigen oder zu kränken. Vielmehr möchte er nicht, daß sich der Angesprochene in der Öffentlichkeit blamiert.
Gegenüber einem fremden Menschen würde man diesen Satz niemals verwenden. Am besten übergeht man die peinliche Situation mit Stillschweigen. Denkbar wäre aber auch die Frage, wie dem Sprecher denn der Pullover gefalle.
Folgende Antwort ist denkbar: „Bezaubernd, ich bewundere immer wieder Ihren Geschmack und Ihren Einfallsreichtum.“
Natürlich entspricht diese Reaktion nicht der eigentlichen Absicht des Sprechers, und man könnte ihm Verlogenheit oder Falschheit vorwerfen. In Wirklichkeit liegt jedoch eine alltägliche Situation vor, in der es ratsam ist, auf einen unmittelbaren Sprechakt zu verzichten. Wenn also Gesagtes und Absicht des Sprechers nicht übereinstimmen, spricht man von einem **indirekten Sprechakt.**
Er vermeidet Konflikte, Verstimmungen oder Mißverständnisse. Diese kann man sich in bestimmten Situationen des Alltags nicht leisten, wenn man eine bestimmte Redestrategie verfolgt, um sein Redeziel zu erreichen.
Im folgenden wird zwischen zwei Formen des Sprechens unterschieden: dem **monologischen** und dem **dialogischen Sprechen.**

Monologisches Sprechen

Wenn in diesem Kapitel von monologischem Sprechen und nicht vom Monolog die Rede ist, so hat das seinen Grund. Der Monolog findet sich in erster Linie noch in dramatischen Werken (Komödie, Tragödie, Schauspiel usw.). Dabei spricht eine Bühnenfigur ihre Gedanken laut aus, ohne sich dabei an ein Gegenüber oder an das Publikum zu wenden, das in diesem Fall lediglich Ohrenzeuge dieses Vorgangs wird. Für den weiteren Handlungsverlauf ist der Monolog in der Regel nicht unwichtig, da das Publikum über die Denkweise oder über geplante Handlungen der Bühnenfigur – im Gegensatz zu den übrigen Charakteren – informiert ist und damit Spannung erzeugt wird. Diese Form des Monologs tritt jedoch, wie bereits erwähnt, hauptsächlich in literarischen Werken auf.

Im Alltag werden sehr häufig Formen des monologischen Sprechens verwendet. Darunter versteht man längere Textpassagen, die von einem Sprecher an ein Publikum gerichtet werden, ohne daß dabei – im Gegensatz zum Dialog – eine unmittelbare Reaktion erwartet wird. Ausnahmen sind beispielsweise bei Parlamentsdebatten die Zwischenfragen der Abgeordneten, auf die der Sprecher direkt eingehen kann. Beispiele für monologisches Sprechen sind die Rede, das Referat, die Predigt, die Vorlesung oder der Vortrag. Aus der Gesprächsform, die der Sprecher wählt, läßt sich schon ablesen, welche Absicht er verfolgt. Er kann sein Publikum informieren und belehren (z.B. Referat, Vorlesung, Vortrag), es auffordern, seine Gedanken in die Tat umzusetzen (politische Reden) oder moralisieren (Predigt). Im nächsten Abschnitt soll der Charakter der Rede beschrieben werden.

Der Aufbau der Rede

Der Erfolg oder Mißerfolg einer Rede hängt in erster Linie vom Aufbau ab. Der Redner muß sich lange vorher überlegen, was er seinem Publikum mitteilen und wie er es ihm vermitteln möchte.
Allgemein sind fünf verschiedene Schritte der Vorüberlegung notwendig:
1. Anlaß der Rede (Warum spreche ich?)
2. Thema (Worum geht es?)
3. Zielvorgabe (Was müßte sein?)
4. Möglichkeiten, das Ziel zu erreichen (Wie wäre das möglich?)
5. Appell an das Publikum (Handeln!)

Dieses Aufbauschema entspricht weitgehend dem Konzept der antiken Rhetorik. Einer ihrer Hauptvertreter war der römische Rhetoriklehrer Marcus Fabius Quintilianus (30. n. Chr. — ca. 90 n. Chr.) Er verfaßte das Grundwerk der Rhetorik: „Institutio oratoria". Sein Werk beeinflußte die abendländische Geisteswissenschaft vom Mittelalter bis in die Neuzeit.
Geändert haben sich heute die technischen Voraussetzungen, eine gute Rede zu halten, denn jeder Redner hat sich vorher eine bestimmte Strategie zu überlegen, damit er sein Redeziel erreicht.

Redestrategie

Bei vielen Reden oder Fachvorträgen hat der Sprecher die Möglichkeit, visuelle Hilfsmittel einzusetzen (z.B. Tafel, Flip-chart, Overhead-Pro-

jektor, Diaprojektor, Filmgerät, Videorecorder). Wenn der Redner möchte, daß das Publikum möglichst viel von seiner Rede behält, muß er diese Möglichkeiten nutzen, denn Untersuchungen haben ergeben, daß der Mensch etwa 50 % aller Informationen (also auch der außersprachlichen) einer Rede behält, dagegen nur 20% dessen, was er lediglich hört.
Wichtig ist aber in erster Linie das Gesagte. Daher muß sich der Redner eine Reihe überzeugender Argumente zurechtlegen, die er in eine logische Anordnung setzt und dem Publikum vorträgt.
Die Argumentation kann etwas behaupten, begründen, oder sie kann moralisieren. Die mögliche Reaktion des Publikums kann daher unterschiedlich ausfallen, da ein Teil der Argumentation zustimmt, der andere ihr jedoch ablehnend oder skeptisch gegenübersteht.

In der Rhetorik gilt daher folgende Faustregel:

- Argumente müssen überzeugen!
- Beweise müssen motivieren!
- Beispiele müssen begeistern!

Diese drei Gesichtspunkte tragen dazu bei, eine Rede überzeugend zu gestalten.

Redesituation

Die Gesprächsform der Rede ist charakterisiert durch einen aktiven Part (den Redner) und einen Part, der auf das Vorgetragene reagiert (z.B. durch Zeichen der Zustimmung wie Applaus, Zwischenrufe usw. oder durch Mißfallensäußerungen wie z.B. Zwischenrufe, Buh-Rufe, Pfiffe).
In der Regel erlaubt jedoch die Rede keinen Dialog. Zu einer Aussprache kann es im Anschluß daran in Form einer offenen Diskussion kommen.
Die Tatsache, daß das Publikum den Text der Rede nicht vor sich hat, sondern sich auf das gesprochene Wort konzentrieren muß, erfordert vom Redner ein hohes Maß an Einfühlungsvermögen und Vortragskunst, um sein Redeziel zu erreichen.
Dazu gehört vor allem die **freie Rede.** Das heißt, der Redner spricht ohne Textvorlage zu seinem Publikum, bemüht sich um ständigen Blickkontakt und formuliert seine Gedanken gleichzeitig aus dem Stegreif.
Mögliche Pannen, z.B. Steckenbleiben, den Faden verlieren, können gemeistert werden, indem
- der letzte Gedanke noch einmal wiederholt wird,
- der fragliche Gesichtspunkt, falls möglich, ausgelassen wird
- oder eine Zusammenfassung des bisher Gesagten erfolgt.

Vortragsweise

Jede Redeform (Vortrag, Referat, Predigt, Festrede, Parteirede) muß mündlich vorgetragen werden. Der beste Redeaufbau und der Einsatz verschiedener Medien nützen nichts, wenn der Redner es nicht versteht, seine Sprechweise zu variieren.
Besonders langweilig und einschläfernd wirkt die **monotone Sprechweise.**
Sie erweckt beim Zuhörer den Eindruck, als ob der Sprecher sich mit dem Thema nicht identifiziere, müde oder gehemmt sei. Vor allem verhindert sie, daß der Funke vom Redner auf den Zuhörer überspringt.
Die **pathetische Sprechweise** findet sich vor allem bei Predigten. Sie ist gekennzeichnet durch ein regelmäßiges Auf- und Absteigen der Stimme. Der geübte Redner baut immer wieder kurze Sprechpausen ein, damit das gesprochene Wort auf den Zuhörer wirken kann. Außerdem verändert er die Stimmlage, um der Gefahr von Monotonie vorzubeugen.
Das Verständnis der Rede wird außerdem durch eine gute **Aussprache** (Artikulation) gefördert. Der Sprecher vermeidet es, Endungen und Silben zu verschlucken und das gesprochene Wort bleibt verständlich. Es ist also nicht so sehr die Lautstärke, die eine Rede gut verständlich macht, sondern die Artikulation. Während im geschriebenen Text die Satzzeichen eine Sinneinheit markieren, ist es im mündlichen Sprachgebrauch die Atmungseinheit. Das heißt, der Sprecher atmet nur an solchen Stellen seiner Rede ein, wo auch eine Sinneinheit beendet wird.
Eine wichtige Regel in der Rhetorik besagt:
Satzzeichen entsprechen nicht immer den Atmungspausen.

Das Referat

Das **Referat** ist eine Vortragsform, die im Alltag an den Schulen, an den Universitäten oder als Fachvortrag im Berufsleben zusätzliche, in der Regel aktuelle Informationen bietet.
Bei einem Referat handelt es sich stets um einen vorbereiteten Beitrag, der sich an ein bestimmtes Publikum richtet. Es muß daher adressatenbezogen sein. Als zeitlicher Rahmen gelten bei einem Schülerreferat 10–15 Minuten, ein Fachvortrag auf der Universität oder im Beruf sollte die Dauer von 60 Minuten, maximal 90 Minuten nicht übersteigen, da die Aufmerksamkeit des Publikums sonst überstrapaziert wird.

Vorbereitung des Referates

Ein gutes Referat benötigt ein klares und begrenztes Thema. Es ist wenig sinnvoll, ein Referat über „Umweltschutz in Deutschland" innerhalb von 45 Minuten halten zu wollen. Das Thema ist viel zu umfassend,

als daß alle Aspekte, die mit Beispielen veranschaulicht werden sollen, in dieser kurzen Zeit berücksichtigt werden können. Denkbar ist dagegen ein Thema wie z.B: „Probleme des Gewässerschutzes am Beispiel des oberen Rheins“. In diesem Fall ist das Thema gleich doppelt begrenzt: Gewässerschutz und oberer Rhein.
Wenn das Thema feststeht, bemüht sich der Referent um Literatur und Anschauungsmaterial (z.B. Dias, Poster, Videofilm, Hörspiel usw.) Durch den Einbau verschiedener Medien gestaltet er das Referat abwechslungsreicher und farbiger.
Der nächste Schritt ist die Auswertung des gesammelten Materials und der Literatur.
Anschließend wird das auf seine Brauchbarkeit überprüfte Material geordnet und ausgearbeitet.

Hinweise für ein gutes Referat

Das Referat ist ein freier Vortrag. Darin unterscheidet es sich von der Vorlesung, die vom Sprecher anhand eines Manuskriptes „vorgelesen“ wird.
Folgende Regeln sollte der Referent beachten:

1. Frühzeitige Vorbereitung des Referates. Ein Referat darf nie unter Zeitdruck entstehen!
2. Zielsetzung:
   Was will ich mit meinem Referat erreichen?
   Wie kann ich das Interesse meiner Zuhörer wecken?
   Welche Hilfsmittel setze ich am wirkungsvollsten ein?
3. Anfertigung eines Manuskriptes in Form eines geschlossenen Textes. Zu ungenaue Ausdrücke durch präzisere ersetzen.
4. Mehrmaliges Durchlesen des Manuskriptes, bis der Inhalt sich eingeprägt hat.

Aber: Das Referat nicht auswendig lernen! Der Zuhörer merkt sofort, wie unnatürlich und steif der Vortrag ist.

5. Anfertigung eines Stichwortzettels (z.B. Karteikarte), auf der nur die wichtigen Stichwörter in der richtigen Reihenfolge aufgeführt sind.

Die Darbietung des Referats

Die folgenden Ratschläge haben sich in der Praxis immer wieder bewährt und können daher empfohlen werden:

1. Überraschen Sie das Publikum durch einen originellen Einstieg (z.B. Zitat einer bekannten Persönlichkeit, aktuelle Begebenheit usw.).

Beginnen Sie aber nicht mit dem Mittelalter, außer wenn es das Thema verlangt.
2. Der neutrale Beginn des Referates beschränkt sich auf das Nennen des Themas und der Gliederungspunkte.
3. Benutzen Sie Ihre Stimme als Hilfsmittel, indem Sie deutlich artikulieren und langsam sprechen. Variieren Sie Ihre Stimme. (Monotonie vermeiden!)
4. Das Referat verlangt vom Vortragenden den Augenkontakt zu seinen Zuhörern.
5. Achten Sie auf lesbare Anschriften (Tafel, Flip-charts, Folien).
6. Inwieweit sind Arbeitsblätter sinnvoll? (Hilfreich sind Kopien von wichtigen Quellen oder Experten.)
7. Leiten Sie deutlich zum Schlußteil über.
   Ein schlechtes Beispiel ist der Satz: „So, das war's."
   Die meisten Redner bedanken sich am Ende für die Aufmerksamkeit des Publikums und bieten ihm die Möglichkeit, im Anschluß an das Referat Fragen zu stellen. Dadurch wird ein enger Bezug zwischen Sender und Empfänger (Redner und Publikum) hergestellt.

Dialogisches Sprechen

Das Gespräch

Das Gespräch ist die alltäglichste Form menschlicher Kommunikation. Es kann an jedem Ort, zu jeder Zeit und über jedes Thema geführt werden, ohne dabei an soziale Schranken zu stoßen. Trotz dieser allgemeinen Beschreibung können Unterschiede zu jedem dieser Aspekte festgestellt werden.
Ein Gespräch wird in der Familie, unter Gleichaltrigen, Freunden, Kollegen oder mit sozial Höhergestellten geführt. Es unterscheidet sich dann jeweils vor allem in der Stilebene (vergl. dazu das Kapitel „Stilebenen").
Die Gesprächssituation kann entweder privat (Gespräch in der Familie oder unter vertrauten Personen) oder öffentlich (Beruf, Gericht, Politik usw.) sein.
Das Gespräch wird entweder informativ, beratend oder kontrovers geführt.
Die Gesprächspartner können sich bezüglich des Alters, der Bildung, der sozialen Rolle oder in der Beziehung zueinander unterscheiden.
Auch das Medium, das bei einem Gespräch gewählt wird, unterscheidet sich bei der jeweiligen Gesprächssituation. Neben der üblichen Gesprächsform von Angesicht zu Angesicht, kann es mittels eines Telefons, eines Briefes oder eines Bildschirms geführt werden.
Unabhängig von Thema, Ort, Zeit oder Person steht hinter jedem

Gespräch die Überlegung: An wen richtet sich der Sprecher? Davon hängt die Sprachgebung ab.
Das heißt, der Sprecher hält sich an bestimmte Normen und Regeln, um das Gespräch zu einem für sich befriedigenden Ende zu führen. Daher wird sich das Gesprächsverhalten je nach Gesprächssituation und dem Gesprächspartner (Fachgespräch, Partygespräch, Beratungsgespräch, Verhör, Prüfungsgespräch, Diskussion, Debatte usw.) ändern.

Hinweise, ein erfolgreiches Gespräch zu führen

Das erfolgreiche Gespräch erfordert drei Voraussetzungen:

- das gemeinsame Interesse am Thema,
- die gegenseitige Sympathie der Gesprächspartner
- und die Kunst des Zuhörens, die es dem Gesprächspartner ermöglicht, seine Gedanken ohne Unterbrechung auszusprechen.

Vorbildlich sind in dieser Hinsicht die Bewohner des europäischen Mittelmeerraumes. Sie beginnen das Gespräch zunächst mit belanglosen Themen wie dem Wetter oder der Frage nach dem persönlichen Wohlergehen. Damit schaffen sie die positiven Voraussetzungen für ein harmonisches Gesprächsklima. Erst wenn dieses geschaffen ist, kommen sie zum eigentlichen Thema. Wie beim Redebeginn geht es zunächst darum, möglichst viele Übereinstimmungen zwischen den Gesprächspartnern zu schaffen.
Das eigentliche Gesprächsthema wird von beiden Seiten mit verschiedenen Argumenten beleuchtet. Beide Parteien versuchen dabei, durch ihre Argumente ihren jeweiligen Standpunkt zu verdeutlichen. Je sachlicher und emotionsfreier das Gespräch verläuft, umso befriedigender kann es für beide Seiten enden. Durch Nachfragen bzw. Rückäußerungen, die Zustimmung, Ablehnung oder Skepsis beinhalten können, signalisieren die Gesprächspartner jeweils, daß sie an den Aussagen ihres Gegenübers Anteil nehmen.
Die Schlußphase eines Gespräches kann entweder eine Terminvereinbarung für ein nächstes Treffen beinhalten, Hilfen oder Angebote. In einem kontrovers geführten Gespräch müssen beiden Seiten kompromißfähig sein. Ein Beharren auf dem individuellen Standpunkt führt weniger zu einem befriedigenden Gesprächsverlauf, sondern eher zu einer Konfrontation.
Für beide Gesprächspartner muß am Schluß eines gut geführten, kontroversen Gesprächs der Eindruck überwiegen: das Gespräch hat sich für mich gelohnt.

● Beispiel für ein kontrovers geführtes Gespräch:

Die Mutter eines Schülers sucht den Englischlehrer ihres Sohnes in der Sprechstunde auf, um sich über die schlechte Benotung in der letzten Schulaufgabe zu beschweren.
Dieses Gespräch beginnt von der Elternseite her damit, daß das Anliegen ohne jegliche Einleitung in einem aggressiven Tonfall vorgetragen wird:
„Ich bin gekommen, um mich über die viel zu strenge Benotung in der letzten Schulaufgabe zu beschweren. So geht das nicht!"
In diesem Fall wird der oder die so Angesprochene Distanz annehmen und wenig Lust verspüren, das Gespräch in dieser Atmosphäre fortzusetzen. Oft ist eine ebenso aggressiv vorgetragene Antwort die unmittelbare Reaktion. Unter diesen ungünstigen Vorzeichen wird es kaum zu einem befriedigenden Gespräch kommen. Geschickter ist es von der Elternseite, den Lehrer nach seinem Eindruck zu fragen, den er vom Schüler hat:
„Ich möchte gerne wissen, wie mein Sohn/meine Tochter im Unterricht mitarbeitet. Welchen Eindruck haben Sie?"
Die Lehrkraft wird dies bereitwillig beantworten und dabei die Stärken und Schwächen des Schülers aufführen. In der Regel ergeben sich dann Hinweise auf das Versagen in der letzten Schulaufgabe. Nachdem beide Seiten die Gründe für das Versagen ermittelt haben, suchen sie am besten gemeinsam nach Lösungsmöglichkeiten.

Konfliktgespräche kommen häufig vor. Sie können jedoch vermieden werden, wenn beide Seiten bereit sind, Verständnis für die Interessen des anderen zu zeigen. Drohungen, Warnungen, Vorwürfe oder Kritik eignen sich dabei nicht, den Konflikt zufriedenstellend zu lösen. Wichtig ist in solchen Fällen, daß man sich nicht vom aggressiven Tonfall des Gesprächspartners anstecken läßt, sondern im Gegenteil betont ruhig, sachlich und emotionslos seine Vorstellungen darlegt.
Die Regeln der Gesprächsführung beeinflussen somit – wenn auch unbewußt – einen Großteil des Alltagslebens.

Das Interview

Das Interview vermittelt Meinungen und Tatsachen aus erster Hand. Der Aufbau des Interviews besteht aus einem ständigen Wechsel von Frage und Antwort. Der informative Grad der Antwort hängt unter anderem von der Präzision der Fragestellung des Interviewers ab.
Dieser Anspruch steigt besonders beim Fernsehinterview, da die Sendezeit innerhalb eines Nachrichtenblocks mit 45 bis 60 Sekunden äußerst begrenzt ist.

● Beispiel: *Die Redakteure der Schülerzeitung* Penne *interviewen* Frau A., *Studienrätin, die die Fächer Deutsch und Englisch unterrichtet und neu am Hermann-Hesse-Gymnasium ist.*

Penne: *Frau A., Sie haben die Fächer Deutsch und Englisch studiert, um anschließend in das Lehramt zu gehen. Welche Gründe haben Sie dazu bewogen?*
Frau A.: *Mir macht es großen Spaß, jungen Menschen die Kenntnisse weiterzugeben, die ich in der Schule und später auf der Universität erworben habe.*
Penne: *Seit wann wollten Sie Lehrerin werden?*
Frau A.: *Das wollte ich eigentlich schon immer. Konkret wurde der Wunsch, Lehrerin zu werden, als ich 16 Jahre war. Damals erzählte mir mein Deutschlehrer, wie vielseitig und interessant der Lehrberuf sei.*
Penne: *Welchen Eindruck haben Sie von Ihrer neuen Schule?*
Frau A.: *Bisher gefällt es mir sehr gut. Aber ich wünsche mir mehr Eigeninitiative der Schüler. Mir kommt es manchmal vor, als ob die Schüler nur vom Lehrer Aktivität verlangen und selber völlig teilnahmslos bleiben.*
Penne: *Liegt es denn nicht auch ein bißchen an den Lehrern, daß viele unserer Schüler so passiv sind?*
Frau A.: *Vielleicht, so genau kann ich das noch nicht sagen. Aber ich glaube, daß die meisten Schüler mehr können, als man ihnen zutraut.*
Penne: *Wir wünschen Ihnen viel Glück und Erfolg an unserer Schule und bedanken uns vielmals für das Interview.*

Schematische Darstellung des Interviews:

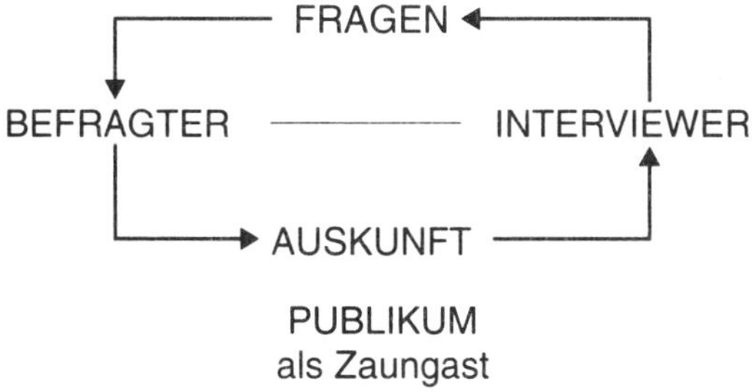

Das Interview ist an kein Thema gebunden. Um es für den interessierten Zuhörer oder Leser informativ zu gestalten, muß sich der Interviewer vor

dem Gespräch über die zu befragende Person und die Thematik gründlich unterrichten. Oft hängt es von der Geschicklichkeit des Interviewers ab, wie bereitwillig der oder die Befragte Auskunft gibt. Gerade bei politischen Interviews geben sich die Befragten eher zurückhaltend, da konkrete Aussagen, wie sie vom Zuhörer erwartet werden, später nicht mehr zurückgenommen werden können. In solchen Fällen wird eine unverbindliche Auskunft vorgezogen.
Das Publikum (z.B. bei Talkshows in den Fernsehstudios, bei öffentlichen Auftritten, der Fernsehzuschauer am Bildschirm) nimmt während des Interviews eine passive Rolle ein. Er kann sich abwechselnd der Meinung des Interviewers oder des Befragten anschließen.

Die Bedeutung der Stimme in Sprechsituationen

Die folgenden Hinweise können bei besonderen Sprechanlässen (Referat, Vortrag, Vorlesung oder in Konfliktgesprächen) nützlich sein. Es handelt sich häufig um Selbstverständlichkeiten, die aber gerade in entscheidenden Situationen oft vernachlässigt werden.

1. Auf eine gute Resonanz der Stimme achten. Eine piepsige Stimme verrät in der Regel Angespanntheit oder Nervosität und läßt den Sprecher nicht gerade überzeugend wirken.
2. Klar und deutlich sprechen. Eine undeutliche Aussprache (Nuscheln) zeigt, daß der Sprecher nicht unbedingt interessiert ist, ob ihn sein Gesprächspartner versteht oder nicht.
   Merke: Wer nuschelt, ist ein rücksichtsloser Gesprächspartner.
3. Monotones Sprechen vermeiden. Indem man Sprechtempo und Lautstärke variiert, wird die Sprechweise dynamischer. Wer dynamisch spricht, zeigt, daß er sich für sein Thema engagiert und begeistert.
   Der dynamische Sprecher begeistert auch seine Zuhörer!
4. Auf die Lautstärke der Stimme achten. Man hat nicht unbedingt recht, indem man laut spricht.
   Merke: Auch wer leise spricht, wirkt auf seine Gesprächspartner.
5. Hastiges Sprechen vermeiden. Es signalisiert dem Zuhörer Unsicherheit und Nervosität: Häufig beobachtet man bei Fachreferaten, daß der Sprecher seine Präsentation möglichst schnell „hinter sich" haben will. Wer jedoch schnell spricht, überfordert sein Publikum.
   Daher ist es besser, kleine Sprechpausen einzubauen, damit das Gesagte auf das Publikum wirken kann.
7. Der Redende kann zeigen, aus welchem Teil Deutschlands er kommt. Sprache wirkt ohne Dialektfärbung leicht farblos und steril. Dabei sollte aber immer an den Gesprächspartner gedacht werden: dialektgefärbtes Sprechen darf nicht zu Sprachbarrieren führen, d.h. man sollte keinen Wortschatz verwenden, der nur für Bewohner einer Region verständlich ist.

Nicht-sprachliche Signale

Bisher wurde davon ausgegangen, daß die Menschen sich nur durch Sprache verständigen. Natürlich verwenden wir auch während eines Gespräches nichtsprachliche Signale, um unsere Aussagen zu bekräftigen.
Wir bedienen uns dabei der Handbewegungen (Gestik) und unserer Gesichtszüge (Mimik). Nicht immer sind wir uns dabei bewußt, was wir unserem Gesprächspartner signalisieren. Im folgenden werden verschiedene Signale aufgeführt und mögliche Bedeutungen in Stichworten angeführt.

Übersicht:

GESTIK/MIMIK	*MÖGLICHE BEDEUTUNG*
1. Die Augenbrauen heben	a) Wachsamkeit b) Jetzt sage ich etwas sehr Wichtiges.
2. Fehlender Blickkontakt	Unsicherheit
3. Den Mund nach unten verziehen	Zeichen der Kränkung
4. Durch das Haar fahren oder Strähnen aus der Stirn streichen	Zeichen der Nervosität und Verlegenheit
5. Sich an die Nase fassen	Verlegenheit, Verunsicherung
6. Sich am Ohrläppchen zupfen	Unsicherheit
7. Die Brille zurechtrücken	Sprecher denkt nach oder will Zeit gewinnen
8. Die Brille hastig abnehmen	Zeichen der Erregung
9. Den Kopf zwischen die Schultern stecken	Zeichen der Verkrampfung Abwartehaltung, Angst vor etwas Unerfreulichem
10. Den Kopf senken	Niedergeschlagenheit, Enttäuschung
11. Die Hand vor den Mund halten	Unsicherheit, Verlegenheit
12. Die Hand zur Faust ballen	Zeichen der Wut, Entschlossenheit, Selbstbehauptung
13. Den Daumen und Zeigefinger berühren	Das Gesagte wird sehr genau ausgedrückt.
14. Den Zeigefinger heben	Bitte um Aufmerksamkeit Zeichen für Belehrung oder Tadel
15. Die Arme verschränken	Abwartehaltung oder Zeichen der Abwehr, bzw. Unsicherheit

GESTIK/MIMIK	*MÖGLICHE BEDEUTUNG*
16. Die Hände hinter den Rücken verstecken	Zeichen der Nachdenklichkeit oder Passivität
17. Die Handfläche nach oben halten	Bitte um Zustimmung oder Verständnis
18. Die Handfläche nach unten halten	Zeichen, um den Partner zu beruhigen
19. Die Handfläche nach vorn strekken	Zeichen der Abwehr oder Ablehnung
20. Beide Hände nach vorn strecken, die Handfläche nach innen, den Handrücken nach außen (Haltung der Umarmung)	Der Gesprächspartner soll auf die Seite des Sprechers gezogen werden.
21. Mit dem Bleistift/Kugelschreiber/Füller und anderen Gegenständen spielen	Zeichen der Unsicherheit oder Verlegenheit
22. Die Hand in die Hosentasche stecken	Zeichen der Überheblichkeit oder Unsicherheit
23. Die Hand in die Sakkotasche stecken	Zeichen der Verkrampfung
24. Die Beine im Stehen verschränken	Zeichen der Unsicherheit
25. Die Beine um die Stuhlbeine legen	Zeichen der Unsicherheit
26. Mit den Füßen wippen	Ungeduld, Angespanntheit
27. Die Beine übereinanderschlagen	Dem Partner zugewandt: Aufgeschlossenheit Dem Partner abgewandt: Ablehnung
28. Die Schultern nach vorn hängen lassen	Zeichen der Resignation
29. Aufrechte Körperhaltung	Selbstbewußtsein, Stolz
30. Sich mit dem Oberkörper zurücklehnen	Zeichen des Desinteresses, Abwehrhaltung

Der hörbare Text im Rundfunk

Bisher war nur vom hörbaren sprachlichen Gebilde im Zusammenhang mit der alltäglichen Kommunikation die Rede. Man muß jedoch auch die übrigen Medien wie Rundfunk und Fernsehen berücksichtigen, will man dieses Kapitel nicht unvollständig behandeln. Es soll an dieser Stelle keine detaillierte Abhandlung über die Formen des Hörspiels erfolgen. Vielmehr konzentrieren wir uns auf eine alltägliche Form des akustisch wahrgenommenen Textes im Hörfunk: die Hörfunkwerbung.

Beispiel für eine Hörfunkwerbung

Der einzelne Werbespot erscheint in der Regel innerhalb eines Blocks, der in Musiksendungen, Ratespielen oder Sportsendungen eingebaut ist. Ein Werbespot dauert durchschnittlich 30 Sekunden. Innerhalb dieser Zeit soll er den Zuhörer auf das Produkt aufmerksam machen, sein Interesse dafür wecken, so daß er am Ende das angepriesene Produkt kauft. Damit es möglichst lange im Gedächtnis des angesprochenen Kunden haften bleibt, bedarf es zahlreicher Kunstgriffe, um dieses Produkt attraktiv darzustellen.
Das ist im Hörfunk nicht ganz einfach, da die Hörfunkwerbung nur akustische Signale aussendet, d.h. sie ist „monosensorisch". Im Gegensatz zum Fernsehen fehlt das Bild.

- Beispiel: *Compifix – ein Name, der Millionen fasziniert.*
  Mit dem Compifix kann jeder das Computern spielend lernen.
  Ideal zum Einstieg, Tausende von preiswerten Programmen zum Arbeiten, EDV-lernen oder für spannende Unterhaltung – mit Musik und Supergraphiken.
  Alles in Farbe.
  Compifix – der meistgekaufte Computer der Welt.
  Von Compifix – dem Technologiekonzern.

Das vorliegende Beispiel handelt von einem Werbespot für Computer. Er beginnt mit einem Orchesterakkord, um die Aufmerksamkeit des Hörers (z.B. Hausfrau, vor allem bei Werbesendungen am Vormittag) zu erregen. Dann erfolgt die sachliche Information über das Produkt durch eine Männerstimme. Bis zum Ende des Werbespots bleibt die Musik im Hintergrund.
Die Sprache ist durch Verdichtung gekennzeichnet: Es überwiegen unvollständige Sätze (Ellipsen) und Wiederholungen. Der Produktname wird viermal genannt, damit ihn der Hörer im Gedächtnis behält.
Hinzu kommt ein werbepsychologischer Effekt: Dem Hörer wird eingeredet, daß ein Computer in jeden Haushalt gehöre. Die Formulierung, daß „jeder das Computern spielend lernen" könne, soll dem möglichen Kunden, der sich für technisch unbedarft hält, jegliche Bedenken nehmen. Zum Schluß erfährt der Hörer noch einmal, daß der Computer Compifix als meistgekaufter Computer der Welt für ihn eine Garantie für Zuverlässigkeit und Solidität darstellt.

Dieses eine Beispiel zeigt, daß Sprache nicht nur dazu dient, um über etwas zu informieren oder jemanden zu belehren. Sie eignet sich im Fall der Werbung dazu, den Adressaten (hier: den Radiohörer) zu beeinflussen. Auch hier spielen die rhetorischen Mittel eine wichtige Rolle, da sie gezielt eingesetzt werden, um die beabsichtigte Wirkung (den Kauf des Produktes) zu erreichen.
Die bewußt auf Beeinflussung konstruierte Sprache soll Wünsche und Bedürfnisse wecken: man will auch zu den „Millionen" gehören, die vom Compifix begeistert sind.
Die wesentlichen Merkmale der Hörfunkwerbung werden in dem folgenden Schaubild noch einmal zusammengefaßt

Merkmale der Rundfunkwerbung

1. Die Rundfunkwerbung ist monosensorisch (nur akustische Signale).
2. Einbettung in Musiksendungen, Ratespiele usw.
3. Gestaltung
   - Sprechsendung
     - anonymer Off-Sprecher (Information über das Produkt)
     - Verbraucherinterviews (Darstellung von Realität)
     - Szenen (Fiktion)
   - Verstärkung der Sprache durch Geräusche (Realitätsnachahmung)
   - Dialogszene (Schema: der Kluge – der Unkundige)
   - Funktion der Musik
     - Erkennungssignal und Leitmotiv
       Funktion: Identifizierung der jeweiligen Werbung
     - Musik als Untermalung (Aussagen über das Produkt werden „abgetönt".)
     - Einblendung von klassischer Musik
       Funktion: Stilisierung des Werbeproduktes
4. Adressat
   - Zielgruppen, die zeitlich in der Lage sind, solche Sendungen zu hören, z.B. Hausfrauen am Vormittag, Kinder und Jugendliche am Nachmittag

Der Werbespot im Fernsehen

Informationen werden durch das Fernsehen mittels akustischer und optischer Signale vermittelt (multisensorisch). Im Gegensatz zum Hörfunk kann der Gebrauch der Sprache weiter eingeschränkt werden, da bewegte Bilder, Geräusche und Musik ausreichend Information vermitteln.
Für die Werbung stellt das Fernsehen das effektivste und effektvollste Medium dar, um ihre Ziele zu erreichen.

Der Aufbau des Fernsehspots unterscheidet sich kaum von dem des Hörfunkspots: beide Male werden Musik und Geräusche eingesetzt.
Die kurze Sendezeit erfordert jedoch beim Werbespot eine ansprechende Präsentation. Diese wird in erster Linie durch die bewegten Bilder erreicht. Um die Attraktivität des Produktes, für das geworben wird, zu steigern, wird die Anzahl der Filmschnitte erhöht. Daraus ergibt sich eine Vielzahl an Kurzszenen, die beim Betrachter den Eindruck hervorrufen, daß dieses Produkt nur in dieser Umwelt (z.B. Partyszene mit jungen Leuten) verwendet werden kann. Solche Produkte sind zumeist Getränke.
Daneben überwiegen die Fernsehspots, in denen für Haushaltsartikel (z.B. Spülmittel, Waschmittel, Babynahrung, Babypflege) geworben wird, und in denen die Frau in ihrer Klischeerolle als Hausfrau oder Mutter gezeigt wird.
Der als emanzipiert dargestellte Frauentyp (jung, dynamisch, selbstbewußt, hübsch) wirbt entweder für Körperpflege oder Autos.
Diese wenigen Beispiele zeigen, daß die Sprache im Fernsehen in den Hintergrund getreten ist, da der Adressat sieht, was er erfahren soll. Die Sprache hebt das bewegte Bild lediglich hervor, sie übernimmt aber nicht mehr die führende Rolle wie in der Hörfunkwerbung oder in der Illustriertenwerbung, wo der Text gelesen werden muß.
Durch die Einbettung des Fernsehspots in Spielfilmen oder Unterhaltungsshows, die oft auch von Kindern gesehen werden, erreicht der Werbespot jederzeit ein breites Publikum jeden Alters und jeder sozialen Schicht.
Der Fernsehspot spricht den Betrachter umso mehr an, je mehr sich dieser mit der dargestellten Welt und den gezeigten Personen identifizieren kann. Gerade für Kinder und Jugendliche spielt der Nachahmungstrieb („So groß/stark/schön/sportlich usw. will ich auch sein.") eine große Rolle.
Die wichtigsten Merkmale der Fernsehwerbung zeigt das folgende Schaubild.

Merkmale der Fernsehwerbung

1. Die Fernsehwerbung ist multisensorisch. (akustische und optische Signale)
2. Effektive Darstellung des Werbeprodukts durch:
   – Bewegte Bilder – Sprache – Musik – Gespräche
3. Gestaltung
   - Echtheitseindruck durch Darstellung von Alltagsszenen
   - Kurze Sendezeit steigert die Zahl der Filmschnitte.
     – Funktion: Assoziation von Lebensfreude, Dynamik etc.

- Einsatz und Funktion von Musik und Geräuschen entsprechen jenen der Rundfunkwerbung.
- Unthematische Informationen (z.B. Partyaufnahmen) leiten zum Werbeobjekt über.
- Klischeedarstellungen (z.B. die Frau als Mutter, Ehefrau, Geliebte, Putzfrau)

4. Adressat
– breites Fernsehpublikum (Sendezeit zwischen 18.00 und 20.00 Uhr)
– Kinder (Mainzelmännchen im ZDF)

Zusammenfassung

Der mündliche Sprachgebrauch unterscheidet zwischen monologischem und dialogischem Sprechen. Im Gegensatz zum geschriebenen Text werden außer den sprachlichen Signalen noch andere Hilfsmittel wie Mimik und Gestik verwendet, um das Gesagte zu unterstützen. Man setzt also neben der gesprochenen Sprache die Körpersprache ein. Beide Ausdrucksformen garantieren ein Höchstmaß an Verständigung, schließen aber keineswegs Mißverständnisse aus.

HÖRBARES SPRACHLICHES GEBILDE

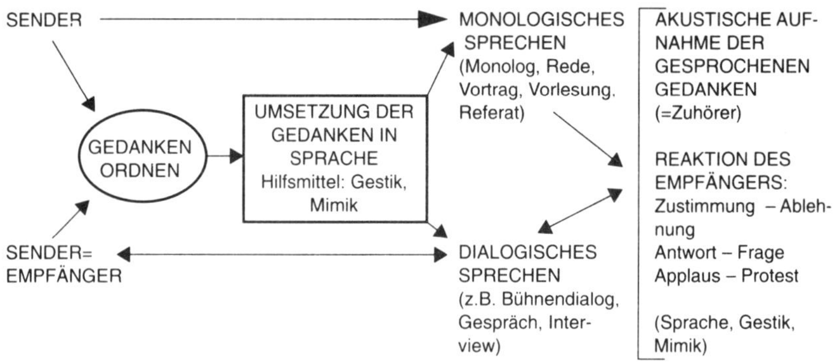

Leises Sprechen, undeutliche Artikulation oder Geräusche (z.B. Motorengeräusche von Kraftfahrzeugen und Flugzeugen, laufende Maschinen in einer Fabrik) können die Ursache sein, daß das gesprochene Wort beim Empfänger nicht oder nur teilweise ankommt.
Mit diesen und anderen Problemen der Verständigung befassen sich die folgenden Kapitel.

Der Stilbegriff

- Beispiele: *Wenn jemand bei einer festlichen Gelegenheit in Jeans und T-Shirt erscheint, würde man seine Kleidung als unpassend oder stillos bezeichnen.*

  Ein Mensch, der bei Tisch das Messer ableckt, besitzt in den Augen seiner Zeitgenossen keinen Stil.

  In der Schule kritisiert der Deutschlehrer den Stil, in dem der Schüler den Aufsatz geschrieben hat.
  „So sagt man das im Deutschen nicht“,
  heißt es dann oft, oder:
  „Kein Mensch würde heutzutage in diesem Stil schreiben.“

Die Beispiele zeigen, daß **Stil** ein Begriff ist, der sich nicht nur auf unsere Sprache bezieht, sondern unseren Alltag bestimmt. Was ist also mit dem Begriff Stil gemeint?
Er leitet sich aus dem Lateinischen ab (stilus) und bedeutet Griffel und Schreibstift der alten Römer. Außerdem hat stilus die Bedeutung „Schreibart“.
Stil bezeichnet darüber hinaus eine individuelle Eigenart, die regelmäßig mit den Normen, die die Öffentlichkeit im Laufe der Zeit aufgestellt hat, in Bezug gesetzt und auf ihre Akzeptanz hin untersucht wird. Entspricht der Stil nicht den Erwartungen der Öffentlichkeit, so wird er mißbilligt, kritisiert oder der Lächerlichkeit preisgegeben.
Die Normen in der Sprache lernt der Mensch in frühester Jugend im Elternhaus, in der Schule oder auf der Universität, bevor er, darauf aufbauend, versucht, sich einen eigenen Schreib- und Sprechstil anzueignen. Als Vorbereitung zum Erwerb des eigenen Stils dienen ihm dabei Gespräche aller Art, das Verfassen verschiedener Aufsätze und Abhandlungen und das Lesen von Büchern, wobei er ständig mit unterschiedlichen Schreibstilen konfrontiert wird.
Bevor von den einzelnen Stilebenen die Rede ist, soll kurz die Überlegung angestellt werden, wer eigentlich die Sprachnormen, an die wir uns halten, aufstellt.

Die Sprachnorm

Schon in frühester Vergangenheit haben Gelehrte und in der Redekunst (Rhetorik) bewanderte Menschen über die Sprache nachgedacht und subjektive Urteile aufgestellt, was sprachlich gut oder schlecht ist.

Genauso verhält es sich heutzutage, wenn Literaturkritiker ein Buch verdammen oder in den höchsten Tönen loben, weil der Stil überzeugt. Dennoch gilt: für den Stil gibt es keine festen Regeln. Wer den Stil einer Rede oder eines Textes beurteilen will, muß die Aspekte Sprech- bzw. Schreibanlaß, den sozialen Rahmen und das Publikum berücksichtigen. Wenn der Schüler im Unterricht zum Lehrer sagt:
„He, ich hab' 'ne Frage", so liegt zwar ein grammatikalisch richtiger Satz vor, der das Anliegen des Sprechers klar formuliert, aber der Stil ist unpassend. In diesem Ton kann der Schüler zu einem Gleichaltrigen sprechen, aber nicht zu einer erwachsenen Person. Der Lehrer wird ihn also darauf hinweisen, daß seine Wortmeldung folgendermaßen lauten sollte:
„Bitte, Herr/Frau Soundso, ich habe eine Frage."
Dieses Beispiel zeigt, daß wir täglich mit verschiedenen Stilebenen umgehen müssen und sie deshalb auch beherrschen sollten. Den Vorgesetzten grüßt man in der Regel nicht mit dem vertraulichen „Hallo!" oder „Servus!" sondern mit einem höflichen, wenn auch etwas distanzierten „Guten Tag, Herr/Frau XY!"

Bei feierlichen Anlässen achtet der Redner darauf, daß seine Sprache Stil besitzt (vergl. dazu die Kapitel „Redestrategie" und „Redesituation"). Der Redeanlaß (Eröffnung einer Ausstellung, Ehrung, usw.) stimmt das Publikum besonders festlich und weckt in ihm eine entsprechende Erwartungshaltung. Diese muß der Redner erfüllen, indem er sich an die erwarteten Sprechnormen zu halten versucht.

In einem weiteren Beispiel soll das Verhältnis zwischen Norm und Sprache aufgezeigt werden. In Traueranzeigen gelten als übliche Synonyme für „sterben" die Wörter „entschlafen", „dahinscheiden ", „verscheiden", „von uns gehen" usw. Völlig undenkbar wäre also der Wortlaut in einer Traueranzeige:
„Unser lieber Vater ist verendet."

Der Stil ist also immer an Sprechsituationen und an die Leser-/Hörererwartung gebunden. Wenn diese Stilebene bewußt unterbrochen wird, sei es absichtlich im Kabarett, im Theater oder im Film, oder durch persönliche Ungeschicklichkeit, so spricht man von einem **Stilbruch**.

Auswahl beim Sprachgebrauch

Im Umgang mit dem richtigen Stil bedienen wir uns des erlernten Wortschatzes. Dabei wählen wir das stilgerechte und somit passende Wort aus: wir „selektieren".

● Beispiel: Der Sprecher möchte, daß wegen der stickigen Luft im Raum das Fenster geöffnet wird. Folgende Möglichkeiten, seinen Wunsch auszudrücken, bieten sich an:

1. Fenster auf!
2. Fenster öffnen!
3. Hier stinkt es! Frische Luft!
4. Würden Sie bitte das Fenster öffnen?
5. Könnten wir für einige Minuten frische Luft ins Zimmer lassen?
6. Finden Sie nicht auch, daß es hier etwas stickig ist?
7. Sind Sie einverstanden, wenn ich ein wenig das Fenster öffne?
8. Ich öffne jetzt für fünf Minuten das Fenster, um frische Luft einzulassen.
9. Ich wäre Ihnen sehr dankbar, wenn Sie vorübergehend das Fenster öffneten.
10. Ich glaube, wir könnten alle etwas frische Luft vertragen.
11. Bitte öffnen Sie das Fenster. usw.

Der Wortschatz allein bestimmt noch nicht den Stil. Man muß ebenso berücksichtigen, in welchem Ton und welchem Sprechtempo das Gesagte vorgetragen wird.
Je nach Situation wird der Sprecher im oben genannten Beispiel sein Anliegen stilgerecht vortragen.
In der Auswahl des Sprachgebrauchs spielt auch eine Rolle, ob in ganzen Sätzen oder in Kurzsätzen gesprochen wird. Handelt es sich dabei um Aktiv- oder Passivsätze? Werden konkrete Subjekte oder wird das unverbindliche „man“ verwendet? Bevorzugt der Sprecher die Wirklichkeits- (Indikativ) oder die Möglichkeitsform (Konjunktiv)?
Je nach Wortschatz und Satzbau entscheidet der Sprecher bei der Auswahl, welche Stilebene er in einer bestimmten Situation verwenden will. Sowohl im Schriftlichen als auch im Mündlichen wird er darum bemüht sein, die Erwartungen des Lesers bzw. Hörers zu erfüllen.

Stilebenen

Die antike Rhetorik unterscheidet drei Stilarten im Sprachgebrauch (ars dicendi):

1. den einfachen Stil (stilus humilis)
   Informationen und Belehrungen werden auf eine einfache Art (schmucklose Sprech- oder Schreibweise) vorgetragen. Die Alltagsrede und die Mitteilung entsprechen dieser Stillage.

2. den mittleren Stil (stilus mediocris)
   Man unterhält sich auf geistvolle und witzige Art.
3. den hohen Stil (stilus gravis)
   Der Zuhörer soll durch diese Stillage bewegt werden (Aspekt des movere). Text und Sprache weisen ein hohes Maß an rhetorischer Kunstfertigkeit auf.

Der Stil des Sprechers bzw. Autors hängt vom Alter, der Bildung, der Sprech- oder Schreibsituation, dem Umfeld und seiner Rolle ab.
Wie verschieden der Sprachgebrauch sein kann, zeigen die unterschiedlichen Formen des Funktionalstils, eines Begriffes aus der Sprachwissenschaft. Er verweist auf die unterschiedlichen Sprachmerkmale im Alltag.

1. Mündlicher Sprachgebrauch im Alltag

Die Merkmale des Privatgespräches sind Ungezwungenheit und Spontaneität, die durchaus Verstöße gegen die Sprachlehre einschließen. Hinzu kommt die Vorliebe für Redefloskeln und Redewendungen.

● Beispiel: *Wegen dem starken Rückenwind bin ich viel schneller gerannt wie Hans.*

In diesem Satz befinden sich zwei gängige Fehler, die regional sogar als korrekt gelten:
1. wegen + Genitiv: *wegen des starken Rückenwinds* (süddeutsch: wegen + Dativ)
2. Komparativ + als: *schneller gerannt als Hans*

2. Amtliche Sprache

Im Schriftverkehr mit Banken, Versicherungen, Ämtern, Notaren usw. gilt eine formelhafte Sprache, die vorzugsweise Substantive, Passivkonstruktionen und das unpersönliche „man" verwendet. Der folgende Ausschnitt aus einer Hausordnung soll das belegen.

● Beispiel: *Pflege des gemeinschaftlichen Eigentums*
Die Reinigung der Treppen und der Treppenhausfenster wird durch eine Reinigungsfrau durchgeführt. Ihr obliegt auch die Sauberhaltung der Mülltonnenräume und die regelmäßige Reinigung der Gehwege innerhalb des Grundstücks. Über das normale Maß hinausgehende Verunreinigungen, auch wenn sie durch Besucher, Kinder, Lieferanten oder Haustiere verursacht wurden, sind durch den Eigentümer bzw. Wohnungsinhaber zu beseitigen.

3. Schreibstil in wissenschaftlichen Arbeiten

Die Sprache in wissenschaftlichen Arbeiten (Dissertationen, Habilitationen, wissenschaftlichen Essays usw.) ist durch ein Höchstmaß an Abstraktion bestimmt. Die Darstellung ist überwiegend argumentativ, enthält notwendigerweise Ausdrücke aus der Fachsprache und setzt im allgemeinen einen kundigen Leser bzw. Zuhörer voraus.
Das folgende Beispiel zeigt sehr deutlich, wie ein einfacher Vorgang auf wissenschaftliche Weise ausgedrückt werden kann.

● Beispiel: *Im konkreten Sprachgebrauch aktualisiert ein Sprecher seine linguistische und kommunikative Kompetenz in jeweils divergierender Weise.*

Allgemein verständlich lautet der Satz so:

Wenn jemand in bestimmten Situationen spricht oder schreibt, setzt er seine Sprachkenntnisse und seine Fähigkeiten, sich verständlich zu machen, unterschiedlich ein.

Die Wissenschaftssprache vermag also einen Sachverhalt viel abstrakter und knapper auszudrücken.

4. Zeitungsstil

In diesen Bereich gehören Formen journalistischen Schreibens (vergl. dazu die Kapitel „Informierende Textsorten“ und „Kommentierende Textsorten“). Der Stil ist abhängig von der jeweiligen Tageszeitung, der Textsorte und der Leserschaft. So ist die Sprache der Zeitschriften auf Jugendliche abgestimmt. Es überwiegen englische Ausdrücke, der Jargon der Jugendsprache (vergl. dazu das Kapitel „Fachsprachen und Gruppensprachen“) und kurzer, einfacher Satzbau.
Die Boulevardblätter erheben keinen Anspruch auf hohes Niveau, da argumentative Texte wie Kommentare und Glossen entweder nur sehr verkürzt oder überhaupt nicht erscheinen. Aber auch angesehene Tageszeitungen und Magazine verwenden immer häufiger Umgangssprache, um zwischen Text und Leser ein engeres Verhältnis zu erzeugen.

5. Literarischer Stil

Der Schriftsteller ist an keine sprachlichen Normen gebunden. Um der ästhetischen Wirkung willen kann er auf beliebige Weise mit Sprache experimentieren. Stilmittel werden bewußt eingesetzt, um die Aussageabsicht hervorzuheben. Das gilt besonders für Gedichte.

Es gibt gelegentlich Fälle, in denen der Leser im ersten Moment nicht weiß, ob er es mit dem individuellen Schreibstil des Autors zu tun hat oder ob der Stil eine bewußte Parodie darstellt. Der folgende Textausschnitt ist ein Beispiel dafür:
„Ein Herr lustwandelt auf dem Perron, in Gamaschen und gelbem Herbstpaletot, einen Hund an der Leine führend. Nie sah ich ein hübscheres Hündchen. Es ist eine gedrungene Dogge, blank, muskulös, schwarz gefleckt und so gepflegt und drollig wie die Hündchen, die man zuweilen im Zirkus sieht und die das Publikum belustigen, indem sie aus allen Kräften ihres kleinen Leibes um die Manege rennen."
aus: Thomas Mann, Das Eisenbahnunglück, in: Erzählungen, Band 1, Frankfurt/M. 1985, S. 318

Die einzelnen Beispiele zu den verschiedenen Stilebenen zeigen, daß der Sprecher bei der Auswahl des jeweiligen Stilregisters die Sprech- bzw. Schreibsituation und sein Publikum berücksichtigen muß. Die Erwartungshaltung des Zuhörers bzw. Lesers richtet sich dabei stets nach der jeweiligen Textsorte bzw. Gesprächsform.

Stilmittel

Wer auf einen guten Sprachstil achtet, verfügt gleichzeitig auch über das notwendige Handwerkszeug: die Stilmittel. Im Alltag werden sie oft unbewußt verwendet.

● Beispiele: *Das Stuhlbein ist gebrochen.* (Metapher)
Der Flußarm wurde begradigt.
Die Sonne lacht vom Himmel. (Personifikation)
Mein Auto streikt heute.

Die Werbesprache kann auf Stilmittel nicht verzichten, wenn sie ihr Produkt werbewirksam anpreisen will:

● Beispiele: *Licher Bier. Aus dem Herzen der Natur.* (Metapher, Ellipse)

Postbank. Die einfachste Bankfiliale der Welt. (Hyperbel)

Hotel Maritim. Mehr Meer. (Alliteration, Wortspiel)

Wenn die Milch den Kaffee küßt, kommt Leben in die Tasse. (Personifikation)

Die Milch macht's. (Personifikation)

Stilmittel lassen sich in zwei Gruppen unterteilen.

1. Stilmittel, die den Satzbau betreffen:

- z.B. Ellipse
  Chiasmus
  Parallelismus
  Polysyndeton
  Asyndeton
  Rhetorische Frage

2. Stilmittel, die die Wortwahl betreffen:

- z.B. Metapher
  Vergleich
  Formen der Wiederholung
  Steigerung

Durch die bewußte Verwendung von Stilmitteln wird das Gesagte anschaulicher, lebendiger und verständlicher. Um die Schnelligkeit eines Menschen anschaulich zu beschreiben, ist der Vergleich: „Er / Sie ist flink wie ein Wiesel." anschaulicher als die trockene Feststellung: „Er / Sie rennt schnell."
Gerade bei Hörfunkreportagen (z.B. Fußballübertragungen) ist eine lebendige Schilderung der Ereignisse auf dem Spielfeld wichtig, um den Zuhörer in Spannung zu versetzen.

● Beispiel: *Und die deutsche Elf greift wieder an. Wer hätte sich das träumen lassen! Mit ein, zwei Spielzügen ist sie schon im Feld der Italiener. Schulze führt das Leder. Er klebt an ihm wie eine Klette und stürmt unaufhaltsam vorwärts. Spielt den ersten Gegenspieler aus, den zweiten, den dritten. Wie Slalomstangen umspielt er sie. Jetzt Flanke in den gegnerischen Strafraum. Und Hansen ist da! Kopfball! Glanzparade vom italienischen Torwart! Wie ein Panther sprang er ins bedrohte Eck und fischte sich das runde Leder gerade noch vor der Torlinie.*

In diesem Beispiel überwiegen kurze, unvollständige Sätze, Aufzählungen und Ausrufe.
Fußballerische Fähigkeiten werden mit Vergleichen veranschaulicht, damit das Geschehen, das ja nur akustisch mitverfolgt wird, leichter vorstellbar wird.

Übersicht:
Die wichtigsten rhetorischen Stilmittel

Alliteration Stabreim, gleicher Anlaut (Klang) der Stammsilben aufeinanderfolgender Wörter
● Beispiel: *bei Wind und Wetter*

Allusion Anspielung; andeutend umschreibende Erwähnung bestimmter Personen bzw. Darstellung eines bestimmten Sachverhalts
● Beispiel: *Wer das hören könnt!* (Aus: Enzensberger, freizeit) (Anspielung auf Büchner, Woyzeck: *„Wer das lesen könnt!"*)

Anakoluth Ein Satz wird bewußt oder unbewußt durch einen Einschub unterbrochen, um das Gesagte stärker hervorzuheben.
● Beispiel: *Und unser Streben nach Frieden – und das will ich in aller Deutlichkeit sagen – muß ein Streben aller Völker sein.*

Anapher Wiederholung von Worten bzw. Wortgruppen am Anfang aufeinanderfolgender Sätze, um die Wirkung zu steigern
● Beispiel: *Das Wasser rauscht',*
Das Wasser schwoll ...

Antiklimax Umkehrung der Klimax (Steigerung), absteigende Stufenfolge
● Beispiel: *Vorgestern hörten mich alle,*
gestern waren es viele,
heute noch einige.

Antithese Zusammenstellung entgegengesetzter Begriffe
● Beispiel: *Der Geist ist willig, aber das Fleisch ist schwach.* (Neues Testament)
Die Lyrik des Barock verwendet mit Vorliebe die beiden durch die Zäsur getrennten Hälften des Alexandriners zur Darstellung des antithetischen Inhalts.
● Beispiel: *Was dieser heute baut,*
reißt jener morgen ein. (Gryphius)

Antonomasie (griech.: Umbenennung)
Ein Gattungs- oder Eigenname wird durch einen Sympathiebegriff oder Spitznamen ersetzt.

● Beispiel: *der Macher* (ehem. Bundeskanzler Helmut Schmidt)
Ich bin doch nicht der Onassis. (griech. Reeder, bekannt wegen seines Reichtums)

Chiasmus Kreuzweise bzw. spiegelbildartige Stellung von Satzgliedern
● Beispiel: *Die Kunst ist lang und kurz ist unser Leben.* (Goethe)

Correctio Selbstberichtigung des Redners zur Verstärkung seiner Aussage
● Beispiel: *Sie lieben Madame? Nein, Sie anbeten, auf Händen tragen ...* (H. Heine)

Emblem Kennzeichen, Sinnbild
● Beispiel: *Ölzweig* für *Friede* (vergl. auch: Symbol)

Emphase Hervorhebung, Mittel zur Erhöhung der Eindringlichkeit
● Beispiel: *Seht, ein Mensch!*

Epanalepse Wörtliche Wiederholung eines Einzelwortes oder einer Wortgruppe
● Beispiel: *Geh! Geh! Tu was er sagt!* (Schiller)

Epipher Wiederholung eines Wortes oder einer Wortgruppe am Ende eines Satzes oder Verses
● Beispiel: *Ihr überrascht mich nicht, erschreckt mich nicht.* (Schiller)

Epitheton Zum Substantiv hinzugefügtes Adjektiv (oft Epitheton ornans = schmückend), um das Einmalige, Unverwechselbare auszudrücken
● Beispiel: *rotes Blut*
weißer Schnee

Euphemismus Beschönigende Umschreibung einer unangenehmen oder anstößigen Sache
● Beispiel: *entschlafen, heimgehen* für *sterben*
Häufig in politischen Reden:
Es besteht Handlungsbedarf. für *Wir müssen dringend etwas tun.*

Figura Etymologica Verbindung zweier Wörter desselben Stammes, um Nachdrücklichkeit zu erreichen
● Beispiel: *einen Kampf kämpfen, eine Grube graben*

Hendiadyoin Verbindung zweier gleichbedeutender Substantive oder Verben zur Verstärkung der Ausdruckskraft

● Beispiel: *an Leib und Leben*

Hyperbel Positive oder negative Übertreibung

● Beispiel: *für die Dauer einer kleinen Ewigkeit*
Auch in der Umgangssprache:
Man kann dir alles hundertmal sagen!

Inversion Veränderung der regelmäßigen Wortfolge, z.B. Nachstellung des Subjekts hinter das Prädikat

● Beispiel: *Dich frage ich nicht!* anstatt: *Ich frage dich nicht.*

Ironie Verstellung, Vorwand; im Gegensatz zum Humor eher kritisch, aggressiv und auf komische Weise vernichtend. Die höchste Kunst der Ironie besteht in der unauffälligen Distanz zum Gesagten.

● Beispiel: *Das ist mir ja ein schönes Wetter,*
sagt der Sprecher, wenn es regnet.
Er meint eigentlich das Gegenteil des Gesagten.

Klimax Reihung von Wörtern oder Sätzen mit steigender Aussageintensität, um den Effekt zu verstärken

● Beispiel: *Ich kam, sah und siegte.*
(Caesar: Veni, vidi, vici.)

Kyklos Einrahmung, Wiederkehr des Anfangswortes eines Satzes oder Verses als dessen Schlußwort

● Beispiel: *Ein Pferd, ein Pferd, mein Königreich für ein Pferd.* (William Shakespeare)

Litotes Steigerung eines Begriffes durch Abschwächung oder Verneinung seines Gegenteils

● Beispiel: *nicht schlecht* für *gut*

Metapher Bild, dient zur Verwandlung und Steigerung eines Ausdrucks in dichterischer Sprache; bekannte Wortbedeutungen werden in einem „übertragenen Sinne" gebraucht, der ihnen ursprünglich nicht zukommt

● Beispiel: *das Haupt der Familie* (in der Regel für Vater)
Häufig in der Umgangssprache:
der Gipfel der Unverschämtheit, am Fuße des Berges

Metonymie Umbenennung, Vertauschung inhaltlich oder zueinander in Beziehung stehender Begriffe

● Beispiel: *Mosel trinken* (für ein Glas Moselwein trinken)

Onomatopöie Lautmalerei, Klangnachahmung

● Beispiel: *summen, brummen, plätschern*

Oxymoron Verbindung zweier Begriffe, die sich dem Wortsinn nach widersprechen oder ausschließen:

● Beispiel: *beredtes Schweigen, bittere Süße* (für Liebe)

Parallelismus Symmetrische (parallele) Anordnung der Wörter in aufeinanderfolgenden Satzteilen bzw. Sätzen

● Beispiel: *Was ihr nicht tastet, steht euch meilenfern;*
Was ihr nicht faßt, das fehlt euch ganz und gar ... (Goethe)

Pars pro toto Der Teil für das Ganze

● Beispiel: *unter einem Dach* (Dach für Haus)

Personifikation Vermenschlichung von Begriffen oder Dingen

● Beispiel: *die Sonne lacht,*
blinder Zufall,
Lügen haben kurze Beine.

Pleonasmus Häufung gleicher oder ähnlicher Begriffe

● Beispiel: *weißer Schimmel, alter Greis*

Rhetorische Frage Unechte Frage, da sie nicht auf Antwort zielt

● Beispiel: *Wer weiß, bin ich vielleicht ein Narr?* (Altes Testament)

Synästhesie Die Synästhesie verbindet unterschiedliche Formen der sinnlichen Wahrnehmung (z.B. das Hören von Farben).

● Beispiel: *Golden wehn die Töne nieder,*
Stille, stille, laßt uns lauschen. (Clemens Brentano)

Synekdoche Die Synekdoche bezeichnet einen Teil für das Ganze und verengt den Begriff, der für das Umfassende steht.

● Beispiele: *Das ist ein guter Tropfen.* (Das ist ein guter Wein.)
Die Amseln hatten fünf hungrige Schnäbel zu füttern.
(Fünf hungrige Junge.)

Zeugma Verbindung eines Prädikats mit mehreren, oft unpassenden Objekten

● Beispiel: *Nicht nur meine Mutter, auch der Ofen war ausgegangen.* (Heinz Erhard)

Fachsprachen und Gruppensprachen

Sprache soll – so wurde in den bisherigen Kapiteln festgestellt – der Verständigung dienen. Die Wirklichkeit zeigt jedoch oft das Gegenteil.

● Beispiel: *Im Sprechzimmer des Hals-Nasen-Ohrenarztes erfährt der Patient, daß seine Tonsillen entzündet seien. Und der Zahnarzt behauptet, der zweite Molar rechts oben müsse extrahiert werden.*

Der Laie muß erst durch Zusatzfragen klären, daß im ersten Fall seine Mandeln entzündet sind und daß im zweiten Fall der Backenzahn gezogen werden muß. Ärzte verkehren, wie andere Berufsgruppen auch, mit ihren Patienten nicht selten in der Fachsprache. In Fachgesprächen unter Kollegen bilden sie sprachlich eine eigene soziale Gruppe, die sich von den übrigen (bewußt) abgrenzt. Das gilt für alle gesellschaftlichen Gruppen, die sich beruflich, altersmäßig oder sozial von den übrigen unterscheiden.
Jugendliche entwickeln relativ frühzeitig eine eigene Sprache, in der sie miteinander verkehren. Dabei werden stets neue Ausdrücke erfunden oder aus dem Englischen in den deutschsprachigen Wortschatz eingebaut. Anregungen erhalten sie in der Regel aus Jugendzeitschriften. So sind bestimmte Verhaltens- oder Denkweisen nicht mehr „altmodisch", sondern „out" oder gar „mega-out". Wenn den Jugendlichen etwas stört, dann fühlt er sich „genervt", oder „es geht ihm etwas auf den Geist."
Auffallend ist dabei, wie zumeist englische Wörter in die deutsche Grammatik problemlos eingebaut werden.

● Beispiele: *ein cooler Typ* (ein Mensch, den nichts aus der Fassung bringt)
Sie relaxte eine Stunde auf der Terrasse. (sie entspannte sich ...)
Ich habe heute genug gepowert. (... gearbeitet)
Die Regel habe ich noch nicht gecheckt. (... verstanden)

Die Sprache, die nur in sozialen Gruppen gesprochen wird, bezeichnet man als **Soziolekt**. Die Sprecher der jeweiligen Soziolekte sondern sich

bewußt von den anderen Mitgliedern der Gesellschaft ab, da sie wenigstens in der Sprache unter sich bleiben wollen. Diese Abgrenzung fand in der Vergangenheit vor allem bei den sozialen Randgruppen statt. Das Rotwelsch stellt eine solche Gruppensprache dar, die in vereinzelten Gebieten der Bundesrepublik noch heute gesprochen wird.
Eine andere Form, um sozialen Zusammenhalt auszudrücken, ist der **Dialekt**. Diese Sprachform ist auf einen regionalen Bezirk begrenzt und unterscheidet sich von der gebräuchlichen Standardsprache in vielerlei Hinsicht.

Der Dialekt kennt beispielsweise:

- unterschiedliche Aussprache der Wörter

● Beispiele: *sagen – sajen* (berlinerisch), *sachen* (langes a; rheinisch)
sogn (süddeutsch), *viel – fill* (fränkisch), *vui* (süddeutsch)

- unterschiedlichen Wortschatz

● Beispiele: *schwätzen* – besonders im schwäbischen Raum Ausdruck für „reden, sich unterhalten"
schaffen – im fränkischen Raum Ausdruck für „arbeiten"
Deern – norddeutsch für „Mädchen"
lütt – norddeutsch für „klein"
knorke – berlinerisch für „fein, tadellos"

- unterschiedliche Grammatik

– Verwechslung der einzelnen Fälle (Dativ/Akkusativ)

● Beispiele: *Mir ham' se beklaut.* (berlinerisch für: Ich wurde bestohlen.)

– doppelte Verneinung

● Beispiel: *Koan Menschen hob i net g'hört.* (süddeutsch für: Ich habe niemanden gehört.)

- unterschiedliche Verwendung des Geschlechts

● Beispiele: *die Butter – der Butter* (schwäbisch, bayrisch)
das Gummi – der Gummi (süddeutsch, österreichisch)

Durch die Verwendung des Dialekts identifiziert sich der Sprecher mit seiner Region und deren Bevölkerung. Allerdings kann eine zu starke Fixierung auf den Dialekt Probleme bei Sprech- und Schreibsituationen hervorrufen, wo die Regeln der Standardsprache verlangt werden.

Probleme der Verständigung — Sprachbarrieren

Die Sprachentwicklung eines Kindes hängt von seinem sozialen Umfeld ab. Das regelmäßige Gespräch mit dem Kind und vielfältige Anregungen zu lesen fördern zweifellos den Spracherwerb, d.h. die Erweiterung des Wortschatzes und die Fähigkeit, Gedanken in vollständigen Sätzen auszudrücken. Die Beschränkung auf die Gruppensprache (Soziolekt) bzw. Regionalsprache (Dialekt) kann in bestimmten Situationen zu Problemen führen (z.B. beim Verfassen eines Briefes oder eines Aufsatzes). Außerdem laufen viele Kinder heutzutage Gefahr, durch einen zu hohen Fernsehkonsum, die ausschließliche Beschäftigung mit dem Computer oder die ständige Hingabe an den Walkman, die Kommunikationsfähigkeit zu verlieren. In allen genannten Fällen nimmt das Kind nur noch auf (es „rezipiert"), aber es beteiligt sich nicht mehr aktiv und kreativ am Sprechen und Schreiben.
Die Sprachwissenschaft unterscheidet zwischen zwei Modellen der Sprechfähigkeit: dem **restringierten Code** und dem **elaborierten Code**.

Als Merkmale des restringierten Codes gelten:

- kurze, einfache und unvollständige Sätze
- das Fehlen von Konjunktionen zwischen Haupt- und Nebensätzen
- begrenzte Kenntnis von Adjektiven und Adverbien
- Floskeln, Sprichwörter, Redensarten
- Probleme, logisch und zusammenhängend zu argumentieren
- häufige Verwendung von Bestätigungsfloskeln wie „nicht wahr?" „gell?" „stimmt's?"

Der restringierte Code eines Sprechers zeigt aber auch Zurückhaltung bei der Bildung von selbständigen Formulierungen. Aus Unsicherheit klammert sich der Sprecher lieber an bestehende Satzmuster.

Als Merkmale des elaborierten Codes gelten:

- Fähigkeit, Gedanken auf sprachlich differenzierte Weise vorzutragen
- Fähigkeit, über Sprache zu reflektieren

● Beispiel: Heißt es: *Er ist* anscheinend *schwerhörig.* (Er ist schwerhörig.)
oder: *Er ist* scheinbar *schwerhörig.* (Er hört in Wirklichkeit tadellos.)

- Richtige Verknüpfung von Satzteilen
- sicherer Umgang mit den Konjunktivformen (besonders bei der Verwendung der indirekten Rede)

● Beispiel: Falsch: *Er sagte, er bleibt noch 8 Tage auf der Insel Rügen.*
Richtig: *Er sagte, er bleibe noch 8 Tage auf der Insel Rügen.*

Im ersten Fall handelt es sich um die Aussage des Sprechers, im zweiten Fall wird die Meinung einer zweiten Person wiedergegeben.
Die Unterscheidung beider Codes ist heute in der Sprachwissenschaft umstritten, da nicht jeder Sprecher eines restringierten Codes auch zwangsläufig einer bestimmten sozialen Schicht angehören muß.
Die Verwendung des jeweiligen Codes hängt vielmehr auch vom Sprechanlaß ab. Ein Gespräch unter Fußballanhängern verläuft auf einer einfacheren Sprachebene als ein Fachgespräch unter Wissenschaftlern.
Beim Aufeinandertreffen der beiden Codes kann es allerdings zu sogenannten **Sprachbarrieren** kommen. Der Sprecher des restringierten Codes reagiert auf ihm unbekannte Begriffe mit Fragen wie: „Wie meinen Sie das? Das habe ich jetzt nicht verstanden. Was verstehen Sie unter „Transparenz"? Das Wort habe ich noch nie gehört. Wie heißt das?"
Andere Beispiele von Sprachbarrieren treten immer dann auf, wenn Angehörige unterschiedlicher Nationalitäten aufeinandertreffen und die Heimatsprache ihres Gesprächspartners nicht beherrschen. Mit Hilfe von Gestik und Mimik können aber jene Sprachbarrieren in der Regel gemildert werden.

Die Zeichensetzung (Interpunktion)

Der gesprochene Satz gliedert sich durch Betonung, Satzmelodie, Rhythmus und Geschwindigkeit. Die geschriebene Sprache gliedert den Satz durch Satzzeichen. Manche Satzzeichen kennzeichnen die Satzart: das Fragezeichen den Fragesatz, das Ausrufezeichen den Ausrufesatz und der Punkt den Aussagesatz.

Satzzeichen am Satzende

Das Ausrufezeichen

Das Ausrufezeichen wird verwendet:

1. nach Aufforderungs-, Wunsch- und Befehlssätzen

● Beispiele: *Hör sofort auf!*
Wenn das Spiel bloß schon aus wäre!

2. nach Ausdrücken oder Sätzen der Gemütsbewegung

● Beispiele: *Wie schön! So ein Jammer! Schade!*

Achtung: Wenn mehrere Ausrufe nacheinander folgen, steht das Ausrufezeichen erst am Ende des Satzes.

● Beispiel: Nein, nein!

3. nach Anreden in Briefen (inzwischen jedoch veraltet)

● Beispiel: *Liebe Christine!*
heutzutage üblich:
Liebe Christine, vielen Dank für Deine Karte ...

Achtung: In der modernen Fassung beginnt der Brief nach der Anrede mit der Kleinschreibung.

4. nach Ausrufen, die wie eine Frage konstruiert werden

● Beispiel: *Wie groß du schon bist!* (Ausruf des Erstaunens oder der Überraschung)
Aber: *Wie groß bist du?* (Antwort: Fast zwei Meter.)

Das Ausrufezeichen wird nicht verwendet:
5. nach Grußformeln am Briefende

● Beispiele: *Hochachtungsvoll, mit herzlichen Grüßen*

Das Fragezeichen

Das Fragezeichen wird verwendet:

1. nach direkten Fragen

● Beispiel: *Wohin gehst du?*

2. nach allen Fragewörtern:
   Wer? Wie? Was? Wem? Wen? Wessen?

Das Fragezeichen wird nicht verwendet:
1. nach indirekten Fragesätzen

● Beispiel: *Er fragte, ob jemand zuhause sei.*

2. nach Ausrufen, die wie eine Frage konstruiert sind

● Beispiel: *Ja, glaubt man denn das!*

Der Punkt

Der Punkt wird verwendet:

1. nach Aussagesätzen

● Beispiel: *Sie arbeitet bei einer Firma.*

2. nach Frage-, Ausrufe-, Wunsch- und Befehlssätzen in der indirekten Rede

● Beispiele: *Sie fragte ihn, ob er etwas trinken wolle.*
Er rief ihr zu, sie solle sich beeilen.
Er wünschte sich, daß alles gut gehe.
Sie befahlen ihm, sofort zu verschwinden.

3. nach Wunsch- und Befehlssätzen, wenn sie ohne Nachdruck gesprochen werden

● Beispiel: *Bitte geben Sie mir etwas zu trinken.*

4. nach Ordnungszahlen

● Beispiele: *13. Juni, Ludwig I., König von Bayern*

5. nach Abkürzungen

● Beispiel: *z.B.* (gesprochen: zum Beispiel), *usw.* (gesprochen: und so weiter), *Rothenburg o.d. Tauber* (gesprochen: Rothenburg ob der Tauber)

Diese Regel gilt auch für Abkürzungen von Zahlwörtern und fremdsprachige Abkürzungen im deutschsprachigen Text.

● Beispiel: *Tsd.* (für: Tausend), *Mill./Mio.* (für: Million), *Mr. Watson* (für: Mister Watson)

Achtung: Die Abkürzung „Co.“ (für: Compagnie) kann mit oder ohne Punkt verwendet werden.

Der Punkt wird nicht verwendet:

1. nach Abkürzungen, die als selbständige Wörter gesprochen werden

● Beispiele: *GmbH* (für: Gesellschaft mit beschränkter Haftung), *BRK* (für: Bayerisches Rotes Kreuz), *ADAC* (für: Allgemeiner Deutscher Automobil-Club)

2. nach Abkürzungen von chemischen Zeichen, Maßen, Gewichten, Himmelsrichtungen und vielen Münzbezeichnungen

● Beispiele: *cm* (für: Zentimeter), *SW* (für: Südwesten), *ÖS* (für: Österreichische Schillinge)

Achtung: Bei herkömmlichen Einheiten wie *Pfd.* (Pfund) oder *Ztr.* (Zentner) steht der Punkt.

3. nach Abkürzungen in bestimmten Fachbereichen

● Beispiele: *CD* (für: Corps diplomatique oder: Compact Disc)

4. nach selbständigen Datumsangaben

● Beispiel: *Berlin, den 5.8.1992*

5. nach Unterschriften am Briefende

● Beispiel: *Mit freundlichen Grüßen*
Ihr Peter Schwab

6. nach Anschriften in Briefen oder auf Briefumschlägen

● Beispiel: *Frau*
Ursula Gärtner
Fuchsweg 9
Stuttgart

7. nach Überschriften, Buch- und Zeitungstiteln

● Beispiele: *Stille Zeile 6*
Iphigenie auf Tauris
Geiseln endlich frei

Satzzeichen innerhalb des Satzes

Der Beistrich (Komma)

Das **Komma** (Plural: die Kommas oder die Kommata) erfüllt im Deutschen zwei Aufgaben:
- es gliedert den Satz grammatikalisch, und
- es markiert die beim Sprechen entstehende Pause.

Oft stimmen beide Aufgaben nicht miteinander überein, da die Satzzeichenregeln dort ein Komma vorschreiben, wo keine Sprechpause vorliegt.

Das Komma wird verwendet:

1. zwischen den Gliedern einer Aufzählung

Kommas stehen bei der Aufzählung von gleichrangigen Satzgliedern, wenn sie nicht durch „und“, „oder“, „sowohl ... als auch“, „entweder ... oder“, „weder ... noch“ oder „sowie“ verbunden sind.

Dasselbe gilt für Aufzählungen, die mit „nämlich“, „wie“, „und zwar“, „z.B.“, „d.h.“ eingeleitet werden.

● Beispiele: *Neckar, Main und Mosel münden in den Rhein.* (mehrere Subjekte)
Alles rennet, rettet, flüchtet. (mehrere Prädikate)

Achtung: Vor dem letzten der aufgezählten Eigenschaftswörter oder Mittelwörter steht kein Komma, wenn es mit dem Hauptwort einen Begriff bildet.

● Beispiel: *ein Glas trockener badischer Wein*

2. Zwischen vollständigen Hauptsätzen (Satzreihen), auch wenn sie mit „und“, „oder“, „aber“, „deshalb“, „denn“ und anderen nebenordnenden Konjunktionen verbunden sind. Dazu gehören auch eingeschobene Hauptsätze.

● Beispiele: *Hans liest ein Buch, und seine Schwester spielt Geige.*
Eines Abends, es war im Sommer, sang eine Nachtigall in unserem Garten.

3. zwischen Haupt- und Nebensätzen (Satzgefüge)

● Beispiele: *Da morgen die Pfingstferien beginnen, bekommen die Schüler keine Hausaufgaben.*
Er erinnerte sich an alles, was er gelernt hatte.

4. vor und nach Wortgruppen, die den Platz von Nebensätzen einnehmen

a) Infinitiv mit „um ... zu“, „ohne ... zu“, „statt ... zu“

● Beispiele: Statt Tennis zu spielen, *solltest du mir im Garten helfen.*
Wir lernen diese Regeln, um immer weniger Fehler zu machen.

b) Erweiterter Infinitiv

● Beispiele: *Er lud mich ein,* zu seinem Fest zu kommen.
Denk daran, deinen Freund anzurufen.

5. vor und nach Beifügungen im gleichen Fall

● Beispiele: *Am Freitag,* dem 13. Oktober, *findet das Seminar statt.* *Oliver,* ein begeisterter Fußballanhänger, *besuchte jedes Heimspiel seiner Mannschaft.*

6. vor Gegensätzen, die mit „aber", „sondern", „jedoch", „nicht nur ... sondern auch" eingeleitet werden

● Beispiel: *Er ist gescheit,* aber faul.
Nicht nur im Sommer, sondern *auch im Herbst macht Reisen Spaß.*

7. bei Ausrufen

● Beispiel: *Ach, das ist ein Jammer!*
Nein, das sollte er unterlassen!

8. nach erweiterten Mittelwörtern und Eigenschaftswörtern

● Beispiele: Heftig mit den Flügeln schlagend, *stürzte sich der Schwan auf den Rivalen.* (Erweitertes Mittelwort der Gegenwart)
Er trug eine Krone, reich an Edelsteinen, *auf seinem Haupt.* (Erweitertes Eigenschaftswort)

Das Komma wird nicht verwendet:

1. bei der Verbindung von kurzen oder zusammengehörenden Hauptsätzen mit „und" oder „oder"

● Beispiel: *Er dachte nach und er dachte nach.*
Gehen wir zu Fuß oder nehmen wir uns ein Taxi?

2. bei der Verbindung von einem vollständigen mit einem unvollständigen Satz

● Beispiel: *Der Vater liest die Zeitung und* streichelt den Hund. (Nach „und" fehlt das Subjekt. Es handelt sich also um einen unvollständigen Satz.)

3. bei der Verbindung von zwei gleichrangigen Gliedsätzen mit „und" oder „oder"

● Beispiel: *Alles,* was für die Klassenfahrt nötig *ist und* was du sonst noch mitnehmen mußt, *steht auf diesem Merkblatt.*

4. vor einfachem Infinitiv zu „zu“

● Beispiel: *Er bat mich* zu bleiben.

Achtung: Das Komma wird gesetzt, wenn der Infinitiv mit „zu“ die Satzaussage bildet.

● Beispiel: *Sein Ehrgeiz war, zu gewinnen.*

5. nach Mittelwörtern, die nur kurz oder gar nicht näher bestimmt sind

● Beispiele: Grinsend *drehte er sich um und ging weg.*
Er begab sich laut pfeifend *in den dunklen Keller.*

6. nach erweitertem Infinitiv, wenn er Subjekt eines Satzes ist

● Beispiele: *Seiner Schwester einen Streich zu spielen ist sein größtes Vergnügen.*
Frische Brötchen beim Bäcker zu holen gehört zu seinen gewohnheitsmäßigen Handlungen am Morgen.

Aber: Wenn die Infinitivkonstruktion durch ein hinweisendes Fürwort (Demonstrativpronomen) wie z.B. „der“, „die“, „das“, „dieser“, „diese“, „dieses“ usw. betont wird, steht ein Komma.

● Beispiele: *Seiner Schwester einen Streich zu spielen, das ist sein größtes Vergnügen.*
Zu faulenzen, das ist sein Höchstes.

7. wenn ein Glied des erweiterten Infinitivs am Satzanfang steht und der erweiterte Infinitiv den Hauptsatz einschließt

● Beispiel: *Dieses Schreiben bitten wir Sie zur Kenntnis zu nehmen.*

Aber: *Wir bitten Sie, dieses Schreiben zur Kenntnis zu nehmen.* (vergl. dazu den Punkt „Erweiterter Infinitiv“)

● Beispiel: *Die Gutscheine rate ich dir bald einzulösen.*

Aber: *Ich rate dir, die Gutscheine bald einzulösen.*

Besonderheiten bei den Kommaregeln

1. Das Komma steht vor dem Bindewort.

Bei folgenden Ausdrücken steht das Komma vor dem Bindewort:

abgesehen davon, angenommen, ausgenommen, es sei denn, gesetzt den Fall, in der Annahme, Erwartung, Hoffnung, vorausgesetzt, unter der Bedingung,	} daß

- Beispiele: *Ich nehme gern an der Wanderung teil, vorausgesetzt, daß es nicht regnet.*
  Der Direktor genehmigte das Schulfest unter der Bedingung, daß kein Alkohol ausgeschenkt würde.

2. Das Komma steht vor einer Wortgruppe, die aus Bindewort + Umstandswort/Mittelwort u.a. besteht.

Bei folgenden Ausdrücken steht das Komma vor der Wortgruppe:
als daß, anstatt daß, außer daß, nämlich daß, ohne daß, ungeachtet daß, auch wenn, nämlich wenn, selbst wenn

- Beispiele: *Er käme ohnehin nicht zu deiner Party, auch wenn du ihn bitten würdest.*
  Es war viel zu heiß, als daß man einen Stadtbummel unternehmen könnte.

3. Zweifelsfälle

Bei folgenden Ausdrücken kann das Komma entweder in oder nach der Wortgruppe stehen:

besonders wenn	besonders, wenn
geschweige denn, daß	geschweige, daß
gleichviel ob/wenn, wo	gleichviel, ob, wenn, wo
insbesondere wenn	insbesondere, wenn
insofern/insoweit als	insofern/insoweit, als
umso mehr/weniger als	umso mehr/weniger, als
vor allem wenn	vor allem, wenn

● Beispiel: *Unser Hund bellt immer,* vor allem wenn *man ihn ärgert.*

Erklärung: Die Wortgruppe „vor allem wenn" ist als Einheit zu verstehen. Daher steht das Komma vor der Wortgruppe.

● Beispiel: *Wir werden morgen mit dem Fahrrad einen Ausflug machen, gleichviel, ob es regnet oder nicht.*

Erklärung: Das Komma steht zwischen dem Umstandswort und dem Bindewort, da das Wort „gleichviel" als Rest des ersten Satzteils zu sehen ist.

Der Strichpunkt (Semikolon)

Im Gegensatz zu den anderen Satzzeichen gibt es für das Semikolon keine festen, verbindlichen Regeln. Häufig liegen „kann-Regelungen“ vor.

1. Der Strichpunkt kann zwischen zwei Hauptsätzen stehen, wenn sie inhaltlich zusammengehören.

● Beispiel: *Die Schauspieler machten eine Pause; der Regisseur besprach mit seinem Assistenten die nächste Szene.*

2. Der Strichpunkt kann vor Bindewörtern oder Umstandswörtern wie „denn“, „doch“, „darum“, „allein“, „deshalb“ stehen.

● Beispiel: *Es gibt keine Sicherheitsgarantie; daher sind sie auf der Hut.*

3. Der Strichpunkt steht bei Aufzählungen von Gruppen thematisch oder gedanklich zusammengehörender Begriffe.

● Beispiel: *Für den Jugendlichen bedeutet der Besitz eines Autos: durch hohes Tempo Aggressionen abreagieren; durch plötzliche Ortswechsel Mobilität beweisen; allein sein dürfen, wenn man es nötig hat; spontanen Ideen folgend Freunde besuchen können.*

Der Doppelpunkt (Kolon)

1. Der Doppelpunkt steht vor der direkten Rede.

- Beispiel: *Er sagte folgendes zu mir: „Ich möchte dir einen Rat geben.“*
  Sie riet ihm: „Für deine Gesundheit wäre es besser, weniger fett zu essen.“

2. Der Doppelpunkt steht vor angekündigten Sätzen bzw. Satzteilen.

- Beispiel: *Betragen: Ungenügend*
  Das Sprichwort lautet: Morgenstund' hat Gold im Mund.
  Und nun: Die Wettervorhersage.

3. Der Doppelpunkt steht vor angekündigten Aufzählungen.

- Beispiel: *Meine Freunde heißen: Susi, Nicki, Florian, Sascha und Gabi.*
  Zum Backen brauchen wir: Mehl, Eier, Zucker, Milch und Backpulver.

Achtung: Bei Aufzählungen, die durch „d.h.“, „d.i.“, „nämlich“ eingeleitet werden, steht kein Doppelpunkt. In diesem Fall wird ein Komma verwendet.

4. Der Doppelpunkt steht vor Sätzen, die eine Schlußfolgerung oder eine Zusammenfassung des bereits Erwähnten bilden.

- Beispiel: *Einige Frauen empfinden die Doppelbelastung von Haushalt und Beruf als Ansporn: die Aufbruchsstimmung beflügelt sie.*

Der Gedankenstrich

1. Der Gedankenstrich zwischen Sätzen beschreibt den Wechsel der Sprecher oder den Übergang eines Gedankens zum anderen.

- Beispiele: *Auf einem Grabstein steht: Hier ruht N.N. Er hatte Vorfahrt. – Jeder Autofahrer hat diesen Satz schon einmal gehört oder gelesen.*

2. Der Gedankenstrich innerhalb eines Satzes hat folgende Funktionen:

- Er steht zwischen Kommandos, die etwas ankündigen und ausführen.

● Beispiel: *Im Gleichschritt – lauft!*

- Er bereitet den Leser auf etwas Spannendes oder Überraschendes vor.

● Beispiel: *Da – langsam öffnete sich die Tür – ein Schatten schlüpfte in das Zimmer.*
Plötzlich – ohne daß sie sagen konnte, wie es geschah – stand er vor ihr.

- Er steht vor und nach eingeschobenen Satzteilen.

● Beispiel: *Viele Jugendliche weigern sich, gewisse Verhaltensregeln anzuerkennen – sie nicht einmal zu kennen – nach denen man sich bislang orientiert hatte.*

Die Anführungszeichen

1. Die Anführungszeichen stehen vor und am Ende einer wörtlichen Rede, eines Zitates oder eines Begriffes, der hervorgehoben werden soll.

● Beispiele: *John F. Kennedy sagte 1961 in Berlin: „Ich bin ein Berliner."*
Schiller schrieb die Erzählung „Der Geisterseher".
Das deutsche Wort „Pforte" stammt von dem lateinischen Wort „porta".

2. Die Stellung der Satzzeichen in Verbindung mit Anführungszeichen:
- Das Komma steht immer nach den abschließenden Anführungszeichen.

● Beispiel: *„Du hast ja recht", sagte er zu seiner Frau.*

- Punkt, Fragezeichen und Ausrufezeichen stehen dagegen vor den schließenden Anführungszeichen bei der direkten Rede.

● Beispiel: *„Wo ist sie?" fragte der Junge ängstlich.*

Ausnahme: Bei der Verwendung von Zitaten stehen diese Satzzeichen nach den schließenden Anführungszeichen.

● Beispiel: *Wer schrieb „Die Jungfrau von Orleans"?*

Die Auslassungspunkte

1. Die Auslassungspunkte geben an, daß ein Gedanke oder eine Rede abgebrochen wurden. Es werden immer nur drei Auslassungspunkte verwendet.

● Beispiel: *Er rannte los ... scheinbar ziellos in Richtung Wald ... nur fort, nur fort.*

2. Ferner werden die Auslassungspunkte bei Zitaten verwendet, wenn Unwichtiges ausgelassen werden soll. Sie treten vor allem in der Sachbuchliteratur (z.B. in wissenschaftlichen Untersuchungen) auf. Hier stehen sie zumeist in Klammern.

● Beispiel: *Diese Beispiele sollen genügen; sie untermauern die These Müllers, daß „die dargestellten Symptome (...) bei eben dieser speziellen, lange unbeachtet gebliebenen Gruppe von Kranken anzutreffen sind".*

Der Bindestrich

Der Bindestrich verbindet zwei oder mehrere Wörter, die inhaltlich oder grammatikalisch zusammengehören. Im Trennungsfall dient der Bindestrich als Trennungsstrich.

Der Bindestrich wird in folgenden Fällen verwendet:

1. bei zusammengesetzten oder abgeleiteten Wörtern, wenn der gemeinsame Bestandteil nur einmal genannt wird

● Beispiele: *die Vor- und Nachteile, die Hin- und Rückfahrt, die Grundstücks- und Mehrwertsteuer.*

2. bei substantivischen Zusammensetzungen, wenn drei Vokale aufeinander folgen

● Beispiele: *Kaffee-Extrakt, Tee-Ernte, See-Erfahrung*

3. bei Zusammensetzungen und Ableitungen mit Buchstaben und Formeln

● Beispiele: *a-Moll, C-Dur, x-Achse, V-Ausschnitt, pH-neutral*

4. bei Zusammensetzungen mit Abkürzungen

● Beispiele: *AFN-Programm, EG-Staaten, K.-o.-Niederlage*

Aber: Zwischen Ableitungen und Abkürzungen steht kein Bindestrich.

● Beispiel: *CDUler, SPDler, FKKler*

5. bei bestimmten zweigliedrigen Zusammensetzungen

● Beispiel: *Ich-Roman, daß-Satz, Aha-Erlebnis*

6. bei Zusammensetzungen, bei denen ein Teil oder beide abgekürzt sind

● Beispiele: *Bestell-Nr., Abt.-Leiter, IC-Zuschlag, D-Mark, röm.-kath., ev.-luth.*

7. bei Aneinanderreihungen von mehreren Buchstaben oder Wörtern zu einem Begriff

● Beispiele: *DIN-A3-Block, Mensch-ärgere-dich-nicht-Spiel, Go-Go-Girl, Hals-Nasen-Ohren-Arzt*

8. wenn mehrere Wörter als Bestimmung vor einem substantivierten Infinitiv stehen

● Beispiele: *das In-den-April-Schicken, das Auf-die-lange-Bank-schieben*

9. bei Reihungen mit Zahlen, die in Ziffern geschrieben sind

● Beispiele: *0,5-Promille, 20-km-Gehen, 2-Zimmer-Wohnung*

Aber: Kein Bindestrich steht bei Zusammensetzungen mit ausgeschriebenen Zahlen.

● Beispiel: *Dreivierteltakt, Fünfzigpfennigmarke*

Mit oder ohne Bindewort stehen Zusammensetzungen mit Eigennamen und Grundwörtern.

● Beispiele: *Goethehaus, Hölderlinturm, Mozartklaviersonate*

Bei Hervorhebung des Eigennamens wird der Bindestrich verwendet.

● Beispiele: *Carl-Orff-Straße, Lion-Feuchtwanger-Gymnasium*

10. bei Doppelnamen (Orts- oder Familiennamen)

● Beispiele: *Annette von Droste-Hülshoff, Marcel Reich-Ranicki*
Garmisch-Partenkirchen, Castrop-Rauxel
Rhein-Main-Donau-Kanal

Der Apostroph

Der Apostroph zeigt an, daß ein Buchstabe oder eine Buchstabengruppe weggelassen wurde. Im schriftlichen Sprachgebrauch begegnet er dem Leser vor allem in der Literatur (besonders im Gedicht, Drama oder in Sprichwörtern). Im Mündlichen ist der Apostroph ein gängiges Zeichen für die Umgangssprache oder für Dialekt.

Der Apostroph wird verwendet:
1. beim Wegfall des Schluß- „e" von Verben

● Beispiele: *Das denk' ich mir.*
Ich glaubt' zu sterben. (1. Person Präteritum, Indikativ)
Er würd' dir glauben. (Konjunktiv I)
Hätt' sie bloß auf mich gehört. (Konjunktiv II)

2. beim Wegfall von Buchstaben oder Buchstabengruppen, vor allem im Dialekt

● Beispiele: *„'ne Zeitung hätt ick jern!"*
(berlinerisch für: „Ich hätte gern eine Zeitung.")
„Do schaun S' !" (bayerisch für: „Da sehen Sie!")

3. beim Wegfall des „i" in der Wortmitte bei den Silben „-ig/-isch"

● Beispiele: *heft'ge Stürme, sehnsücht'ge Tränen, das Ew'ge* (vor allem in Gedichten, um das Versmaß einzuhalten)

4. im Genitiv nach den Zischlauten „s", „ß", „sch", „z", „x"

● Beispiele: *Max Frisch' „Biedermann und die Brandstifter"*
Günter Grass' „Katz' und Maus"
Paris' Louvre,
Klaus' Verletzung

Hinweis: Im alltäglichen Sprachgebrauch überwiegt die Umschreibung des Genitivs durch ein Präpositionalgefüge.

● Beispiele: *Der Louvre in Paris, die Verletzung von Klaus, Der Roman „Katz und Maus" von Günter Grass*

5. bei der Verkürzung von Ortsnamen

● Beispiele: *1. FC K'lautern* (für Kaiserslautern)
Borussia M'gladbach (für Mönchengladbach)
D'dorf (Düsseldorf)

Der Apostroph wird nicht verwendet:

1. wenn Imperative, Grußfloskeln und unflektierte Adjektive verwendet werden

● Beispiele: *Geh! Bleib! Spring!*
Grüß Gott!
Was ist das für ein groß Geschrei?

2. wenn Präposition und Artikel verschmolzen werden

● Beispiele: *aufs Ganze gehen* (= auf das Ganze gehen)
hinters Licht führen (= hinter das Licht führen)

3. wenn umgangssprachliche Wörter auftreten

● Beispiele: *ran, raus, rein, rüber*
Reinfall, Rausschmeißer

4. wenn der Genitiv verwendet wird

● Beispiele: *Elton Johns Europatournee, Michael Jacksons Lieder, Vaters Kamera*

Beachte: „s“ + Apostroph gibt es nur im Englischen.

● Beispiel: *Elton John’s songs, Britain’s industry*

5. wenn der Genitiv bei Abkürzungen auftritt

● Beispiel: *die Tür des Pkws, die Herstellung neuer LKWs*

6. wenn Eigennamen mit der Endung „sch" verbunden werden

● Beispiele: *Grimmsche Märchen, die Pommersche Bucht*

Übungen

Übungen zu den Wortarten

1. In jedem der folgenden Sätze wurde eine Wortart ganz vergessen. Ergänzen Sie die fehlenden Wörter und bestimmen Sie, um welche Wortart es sich jeweils handelt.
a) Frisch ... ist halb ... .
b) Es ist noch kein ... vom ... gefallen.
c) ... Besen kehren ... .
d) ... ... eine Grube gräbt, fällt ... hinein.
e) Was du ... kannst besorgen, das verschiebe nicht auf ... .

2. Streichen Sie das Wort durch, das nicht in die Reihe paßt, und bestimmen Sie die Wortart der übrigen Wörter in der Reihe.
a) einem - dieser - das - dem - eine
b) mein - etwas - niemand - oder - sich
c) und - oder - mit - weil - aber
d) hier - vorne - jetzt - bei - gerne

Übungen zu den Wortarten: Nomen

3. Ermitteln Sie in den nachfolgenden Sätzen den Kasus (Fall) der jeweiligen Nomina (Hauptwörter) mit Hilfe der Fragemethode.
a) Petras Eltern renovieren das Haus.
b) Der Gärtner kümmert sich um die Beete.
c) Dennis findet den Ordner nicht mehr, in dem er das Schreiben abgelegt hatte.
d) Kannst Du bitte Elke das Buch mitnehmen, damit sie es ihrer Schwester zurückgeben kann.

4. Bestimmen Sie in den nachfolgenden Sätzen jeweils den Kasus (Fall) der unterstrichenen Nomina (Hauptwörter). Wenden Sie dabei die Ersatzproben an.
a) Wer kann mir beim Einsortieren der <u>Waren</u> helfen?
b) Der Junge bastelt leidenschaftlich <u>Segelschiffe</u>.
c) Die <u>Besucher</u> drängten sich vor der Kasse.
d) Würden Sie mir bitte Ihre <u>Ausweise</u> zeigen?
e) So günstige <u>Angebote</u> kommen nicht jeden Tag vor.
f) Es tut mir leid, aber alle <u>Vorräte</u> sind aufgebraucht.
g) Die Nummern unserer <u>Mitglieder</u> stehen alle auf der Liste.

Übungen zu den Wortarten: Artikel

5. Setzen Sie in die Lücken des folgenden Textes, wenn nötig, jeweils die passenden Formen des bestimmten / unbestimmten Artikels ein.
... Schulrat wollte bei ... Lehrprobe in ... kleinen Ort auf ... Lande ...achtjährigen Jungen in Heimat- und Sachkunde prüfen; doch ... Junge stand stumm wie ... Fisch vor ... Landkarte. Da zeigte ihm ... Schulrat, wie leicht es sei, sich auf ...Karte zurechtzufinden, und hielt ihm wegen seiner grenzenlosen Unkenntnis ... Strafpredigt.
Als ... Schulrat am nächsten Tag zu ... weiteren Lehrprobe in ... nächste Ortschaft mußte, stand er vor ... Abzweigung und wußte nicht, welcher ... beiden Straßen er folgen sollte. Da sah er ... Jungen, den er am Vortag so gescholten hatte, ... Weges kommen und bat ihn um Auskunft. Spöttisch sagte ... Junge: „Gestern haben Sie noch alle ... Wege und Straßen auf ... Landkarte gekannt, und heute wissen Sie nicht einmal ... Weg nach Mühlbach."

6. Suchen Sie in den nachfolgenden Sätzen alle Artikel heraus und bestimmen Sie deren Genus (Geschlecht), Numerus (Zahl) und Kasus (Fall).
a) Die Axt im Haus erspart den Zimmermann.
b) Gibt man ihr den kleinen Finger, so nimmt sie gleich die ganze Hand.
c) Der frühe Vogel fängt den Wurm.
d) Gib dem Kaiser, was des Kaisers ist.
e) Die Worte sind wie ein Pfeil. Hat er einmal die Sehne des Bogens verlassen, so kehrt er nicht zu dem Schützen zurück.

Übungen zu den Wortarten: Verb

7. Schreiben Sie alle Verbformen (Zeitwortformen) aus dem nachfolgenden Text heraus. Ordnen Sie die infiniten(unbestimmten) Formen nach Infinitiv (Grundform), Partizip Präsens (Mittelwort der Gegenwart) und Partizip Perfekt (Mittelwort der Vergangenheit). Bestimmen Sie anschließend alle finiten (bestimmten) Verbformen nach Person, Numerus (Zahl) und Tempus (Zeitstufe).
Wir warteten auf dem Bahnsteig auf die Ankunft unseres Onkels aus Amerika. In meiner Hand hielt ich eine Flagge der USA. Mit der wollte ich winken, damit unser Onkel uns besser erkennen konnte.
Plötzlich tönte es krächzend aus dem Lautsprecher: Vorsicht

auf Bahnsteig 13! Der ICE aus Hamburg fährt in Kürze ein.“
Da tauchte der angekündigte Zug auch schon flimmernd in der schwülen Sommerhitze am Horizont auf, wurde größer und größer, bis er schließlich mit quietschenden Bremsen in der Bahnhofshalle zum Stehen kam. Die verriegelten Türen öffneten sich automatisch, und viele Passagiere strömten auf den Bahnsteig. Wo war unser Onkel? Er wird meine Fahne doch sehen?

8. Bestimmen Sie in den folgenden Sätzen, ob die Verben (Zeitwörter) transitiv (zielend) oder intransitiv (nichtzielend) verwendet werden.

a) Sie hängte das Kleid an den Haken.
b) Eine Kerze nach der anderen erlosch.
c) Der Erfolg hängt ganz vom Einsatz ab.
d) Er schreibt an einem Buch über nordamerikanische Indianer.
e) Arbeit hat mich noch nie abgeschreckt.
f) Sucht sie noch immer ihren Schlüssel?
g) Schreibe den Brief lieber mit der Hand!
h) Die Liste hängt am schwarzen Brett in der Eingangshalle.
i) Die ganze Abteilung suchte schon seit Tagen nach einer Lösung.
j) Hast du das Gedicht mittlerweile auswendig gelernt?
k) Sie kocht den Kaffee für die ganze Belegschaft.
l) Hat das Kaffeewasser schon gekocht?

9. Stellen Sie fest, welche Verben (Zeitwörter) der nachfolgenden Sätze reflexiv (rückbezüglich) gebraucht sind, und bestimmen Sie den Kasus (Fall) des jeweiligen Reflexivpronomens (rückbezüglichen Fürworts).

a) Ich hoffe, du hast dich über deinen großen Erfolg gefreut.
b) Würden Sie mich bitte für einen Augenblick entschuldigen?
c) Stell dir einmal vor, du wärst der Chef hier und keiner hört dir zu.
d) Die Aussichten auf einen günstigen Abschluß haben sich verschlechtert.
e) Sie haben uns mit ihrem Programm nicht enttäuscht.
f) Ich beziehe mich hier auf unser erstes Gespräch.
g) Die ersten Konferenzteilnehmer sind bereits eingetroffen.
h) Wir haben uns an jenem Abend köstlich amüsiert.
i) Ich widerspreche dir nur äußerst ungern.
j) Der Betriebsrat hat sich gegen die Einführung einer dritten Schicht ausgesprochen.
k) Wir können uns kein angenehmeres Betriebsklima vorstellen.
l) Wir werden uns schon zu helfen wissen.

Übungen zu den Wortarten: Adjektiv

10. Bestimmen Sie Kasus (Fall), Numerus (Zahl) und Genus (Geschlecht) der Adjektive (Eigenschaftswörter) in den nachfolgenden Sätzen.
a) Dein Bruder ist aber wirklich ein kräftiger Kerl!
b) Schon manch unerfahrenem Taucher ist die gefährliche Strömung am Riff zum Verhängnis geworden.
c) Genaue Informationen kannst du in den einschlägigen Fachzeitschriften nachlesen.
d) Ich muß noch wichtige Dinge erledigen.
e) Der junge Mann mit dem schnellen Motorrad war ihr kleiner Bruder.
f) Sorge dich nicht um ungelegte Eier!

11. Ermitteln Sie die Adjektive (Eigenschaftswörter) und ihre jeweilige Komparationsstufe (Steigerungsstufe) in den folgenden Werbesprüchen.
a) Schneller, sicherer, besser.
b) Ein zarter Mantel aus sahniger Vollmilchschokolade umhüllt den knusprigen Kern.
c) Ein würziger Geschmack, dank der erlesensten Kräuter der Natur.
d) ... für die gesündere Ernährung.
e) ... der sichere Weg zum Glück.
f) Wir machen Ihr Heim gemütlicher.
g) ... das strahlendste Weiß Ihres Lebens.
h) ... es gibt keinen besseren.
i) ... mit dem Duft frischer Rosen.

12. Stellen Sie fest, ob in den folgenden Sätzen das jeweilige Adjektiv (Eigenschaftswort) attributiv (als Beifügung), prädikativ (als Aussage) oder adverbial (als Umstandswort) verwendet wird.
a) Diese Arbeit ist viel zu schwer für dich.
b) In der schmutzigen Brühe willst du baden?
c) Auf den Straßen der Altstadt herrschte reger Betrieb.
d) Er zögerte nur kurz und griff dann zu.
e) Der Roman blieb leider bis zum Schluß langweilig.
f) Könntest du bitte den Fernseher leiser stellen?
g) An dieser Station hält der Zug ziemlich lang.
h) Ich hasse diese ewige Warterei.

Übungen zu den Wortarten: Pronomen

13. Schreiben Sie aus dem nachfolgenden Text alle Pronomen (Fürwörter) heraus und ordnen Sie diese nach Gruppen, wie z.B. Per-

sonalpronomen (persönliche Fürwörter), Possessivpronomen (besitzanzeigende Fürwörter), Demonstrativpronomen (hinweisende Fürwörter) etc.

Ihr (1) Lieben zu Hause!

Seid herzlich gegrüßt von Euerem (2) Papi und Ehemann, der (3) nach etlichen (4) Verzögerungen und so manchen (5) Strapazen nun endlich doch sein (6) Reiseziel in den USA sicher und wohlbehalten erreicht hat. Ich (7) schreibe Euch (8) hier aus Rehoboth, einem kleinen Ort in Delaware. Reeds Schwiegervater besitzt hier ein Ferienhaus, in welchem (9) wir (10) für einige (11) Tage wohnen und uns (12) selbst verpflegen.

Gestern waren wir (13), das heißt Al, seine (14) Freundin und ich (15), mit unserem (16) Boot auf dem Indian River beim Fischen. Was (17) wir gefangen haben, werdet Ihr (18) sicherlich wissen wollen. Nun, eben das (19), was (20) man hier so angelt. Al hatte kein (21) Glück und fing nur ein paar (22) kleine Fische, die (23) er (24) wieder ins Wasser zurückwarf. Mir (25) bescherte mein (26) Anfängerglück drei ausgewachsene Flundern, die (27) wir (28) uns (29) zum Abendessen grillten. Ihr (30) könnt mir (31) glauben, daß mir (32) Fisch noch nie so gut geschmeckt hatte, wie diese (33) selbstgefangenen Flundern.

Auch abgesehen von jenem (34) Erfolgserlebnis fühle ich (35) mich (36) hier sehr wohl. Heute morgen war ich (37) mit Reed im Cape Henlopen State Park, nur wenige (38) Meilen von unserem (39) Ferienhaus entfernt. Es war herrlich, diesen (40) Naturpark zu durchstreifen, denn so früh war noch kein (41) Mensch unterwegs, und wir (42) hatten den Park fast für uns (43) allein. In dem (44) Park sah ich (45) auch jene (46) seltsamen Hufeisenkrabben, die (47) wie Soldatenhelme aussehen. Was für ein (48) eindrucksvolles Erlebnis das (49) war.

Nun muß ich (50) schließen, denn ich (51) habe versprochen, mich (52) heute um das Frühstück zu kümmern.

Liebe Grüße an Euch (53) alle (54)

Euer (55) „Mr Overseas"

14. Suchen Sie in den folgenden Sätzen alle Pronomen (Fürwörter) heraus und bestimmen Sie jeweils Kasus (Fall), Numerus (Zahl) und Genus (Geschlecht).

a) Jeder ist seines Glückes Schmied.

b) Was ihr da erzählt, ist kaum zu glauben.

c) Herbert war schon an demselben Ort im Urlaub.

d) Wessen Schlüssel ist das?
e) Denselben Leuten sind wir schon einmal begegnet.
f) Angelika? Mit der spreche ich nicht mehr.
g) Wem habe ich denn dieses Chaos zu verdanken?
h) Man soll eben nicht auf jeden hören.
i) Susan hat dasselbe wie gestern an.
j) Mach dir bloß keine Umstände!
k) Leider hat uns das Glück verlassen.
l) Mit diesem Opfer ist niemandem geholfen.

Übungen zu den Wortarten: Numerale

15. Schreiben Sie die in Ziffern ausgedrückten Numeralien (Zahlwörter) in Buchstaben.
a)18 b) 22 c) 85 d) 421 e) 1.237 f) 270.000
g) 3.750.000

Übungen zu den Wortarten: Partikeln

16. Setzen Sie in die Lücken der nachfolgenden Sätze das jeweils passende der in Klammern gegebenen Adverbien (Umstandswörter) ein.
a) Siehst du die Kapelle da ... auf dem Berg? (vorwärts, droben, künftig, derzeit)
b) Wir werden uns bemühen, Ihren Auftrag ... zu erledigen. (überaus, dorthin, sofort, blindlings)
c) Diese Hitze ist unerträglich; ... kühlt es bald einmal wieder ab. (deshalb, wahrscheinlich, abermals, hoffentlich)
d) Sie kann ... um acht Uhr hier eintreffen. (frühestens, allseits, darum, jenseits)
e) Typisch Daniela! ... muß sie zu spät kommen. (manchmal, überaus, jedesmal, vornehmlich)
f) Er ist im August in Schottland und kommt ... als Vertretung nicht in Frage. (meinetwegen, demzufolge, dazwischen, sogleich)
g) Auch wenn er sich nichts anmerken läßt, ... beneidet er uns. (einstweilen, insgeheim, anstandslos, ebenso)
h) Das war keine Glanzleistung, aber er hat sich ... bemüht. (überdies, inzwischen, insofern, immerhin)
i) Der Entwurf entspricht ... nicht unseren Erwartungen. (niemals, vielmehr, leider, daneben)
j) Zur Kundgebung kamen ... dreitausend Leute. (unlängst, ungefähr, ziemlich, andernfalls)
k) Von ... strömten Leute zu der Absturzstelle. (irgendwohin, rundherum, überallher, dorthin)

17. Stellen Sie in den folgenden Sätzen fest, ob die Präpositionen (Verhältniswörter) jeweils eine lokale (örtliche), eine temporale (zeitliche), eine modale (die Art und Weise betreffende) oder eine kausale (begründende) Beziehung ausdrücken.
a) Das Lokal ist *wegen* Krankheit geschlossen.
b) Das Essen steht *auf* dem Tisch.
c) Der Empfang verlief streng *nach* Protokoll.
d) Du solltest das Geld *auf* die Bank bringen.
e) Wir erwarten *in* den nächsten Tagen einen größeren Betrag.
f) Er muß nicht ganz *bei* Verstand gewesen sein, als er das sagte.
g) *Laut* Untersuchungen sind hohe Ozonwerte nicht ungefährlich.
h) Leider habe ich *während* meiner Vorbereitungen auf die Prüfung mich nicht genügend um sie kümmern können.
i) Die Fähre wird *gegen* Abend die Insel erreichen.
j) *Aus* dem Nachbarhaus ertönte laute Musik.
k) Sie hatten ihr Lager *jenseits* des Flusses aufgebaut.
l) Diese Hose ist *aus* echtem Leder.

18. Setzen Sie die Wörter in Klammern in den richtigen Fall.
a) Die Hütte liegt oberhalb (die Baumgrenze).
b) Laßt uns das bei (ein Bier) in Ruhe besprechen!
c) Der Schlüssel muß irgendwo unter (die Bäume) liegen.
d) Sie erledigt alle Einkäufe für (ihr Mann).
e) Wir haben uns seit (Jahre) nicht mehr so gut unterhalten.
f) Fahrt ihr dieses Jahr mit (das Auto) in den Urlaub?
g) Das liegt leider außerhalb (mein Einflußbereich).
h) Komm und setz dich an (unser Tisch)!
i) Entgegen (alle Voraussagen) blieb das Wetter am Wochenende sonnig.
j) Das Schreiben muß in (dieser Ordner) abgelegt sein.
k) Am liebsten saß er auf der Terrasse hinter (das Haus).
l) Ganz braungebrannt kam er gestern aus (sein Urlaub) zurück.

19. Fassen Sie die folgenden Satzpaare mit Hilfe von nebenordnenden Konjunktionen (Bindewörtern) zu jeweils einem Satz zusammen.
a) Er ist nicht Engländer. Er ist Schotte.
b) Sie sammelt Spieluhren. Sie sammelt auch Porzellanfiguren.
c) Der Junge hatte viele Wünsche. Er hatte leider kein Geld.
d) Herr Snyder hob seinen Arm. Er winkte uns zu.
e) Wir suchten uns ein schattiges Plätzchen in dem Biergarten. Wir hatten großen Durst.
f) Sollen wir im Garten grillen? Willst du lieber in einem Restaurant essen?

20. Welche Empfindung drücken die folgenden Interjektionen (Empfindungswörter) jeweils aus?
a) autsch b) hurra c) pfui d) o weh e) juhu f) oho g) igitt
h) uff i) au j) ach k) ui l) bäh

Übungen zur Wortform: Deklination des Nomens

21. Ordnen Sie die folgenden Nomina (Hauptwörter) nach ihrem Genus (Geschlecht). Beachten Sie dabei, daß man bei Pluralformen (Mehrzahlformen) zuerst den Singular (Einzahl) bilden muß, um das Genus (Geschlecht) zu erkennen.

Almosen, Ameisen, Artikel, Asbest, Aspekt, Atome, Auen, Aufdruck, Banjo, Basis, Bescheid, Bilanz, Blesse, Bodybuilding, Charta, Chanson, Chip, Darlehen, Depots, Duft, Ersuchen, Eskapaden, Etui, Eurocheque, Fabeln, Fango, Feature, Fersen, Fladen, Fondue, Geschwulst, Gurte, Harnisch, Hologramm, Inventar, Kalamitäten, Kapitel, Karies, Leasing, Mandanten, Mechanik, Normen, Pedal, Reste, Rheuma, Rolladen, Sandale, Skizzen, Transporte, Umtausch, Utensilien, Vertrieb, Werbung, Zysten

22. In den folgenden Sätzen wurden Begriffe verwendet, die je nach ihrem Genus (Geschlecht) unterschiedliche Bedeutung haben. Bestimmen Sie das zum Sinn der Aussage passende Genus und vervollständigen Sie die Sätze, indem sie die korrekte Form der in Klammern stehenden Ausdrücke und gegebenenfalls den fehlenden Artikel (Geschlechtswort) ergänzen.
a) Und wer ist ... (Erbe) des riesigen Vermögens?
b) ... (Leiter) lehnt an der Rückseite des Hauses.
c) Sie fahren am Wochenende ins Gebirge zu ihrer Hütte an ... (See).
d) Die Blasen an meinen Füßen stammen von ... (Marsch) durch ... (Heide).
e) Dieses Getränk hat ... (hoch / Gehalt) an Aufbaustoffen.
f) Zur Erinnerung an ihre Asienreise pflanzten sie ...(japanisch / Kiefer) in ihren Garten.
g) Und wer ist ... (Leiter) dieses Unternehmens?
h) Und hier ist dann ... (Schild) befestigt, um gegen radioaktive Strahlen zu schützen.
i) Vor ihrer Bekehrung zum Christentum waren die Germanen ... (Heide).
j) ... (Bauer) ist zu klein für einen Raben.
k) Wenn du zum Einkaufen gehst, vergiß nicht, ... (Bund) Karotten mitzubringen.

l) Das Lexikon besteht aus sieben ... (Band).
m) In ihrer neuen Stellung bezieht sie auch ... (höher / Gehalt).
n) Unglaublich! Hat er tatsächlich schon ... (ganz / Erbe) verjubelt?
o) Ein Urlaub an ... (See) ist für Kinder besonders geeignet.
p) Und sei auf ... (Hut) vor Taschendieben!
q) Bei ... (Mast) von Kälbern sollte man mit Medikamenten äußerst zurückhaltend sein.
r) Sie haben ihm zu seinem Jubiläum ... (goldfarben / Schild) mit seinem Namen in altdeutscher Schrift für sein neues Haus geschenkt.
s) Bei jenem Unfall hatte er sich auch ... (Kiefer) gebrochen.
t) Als Glücksbringer bei der Regatta hatte sie ... (rot/ Band) um ... (Mast) des Bootes gebunden.

23. Bilden Sie zu den folgenden Nomina (Hauptwörtern) die korrekten Pluralformen (Mehrzahlformen).

a) die Ader	b) der Atlas	c) das Auge	d) der Autor
e) der Balken	f) der Brief	g) der Boden	h) die Chefin
i) der Chip	j) der Direktor	k) das Essen	l) die Firma
m) die Gabel	n) die GmbH	o) das Hotel	p) die Illusion
q) der Kunde	r) die Leiter	s) der Nagel	t) der Stachel
u) die Tochter	v) der Wald	w) das Wrack	x) das Zeugnis

24. Formen Sie die folgenden Sätze so um, daß die Nomina (Hauptwörter) nicht mehr im Plural (Mehrzahl), sondern im Singular (Einzahl) vorkommen.
a) Mit kleinen Kindern sollte man keine zu langen Reisen unternehmen.
b) In diesen Räumen stehen Regale mit vielen Büchern.
c) Die Gäste schauen sich gerade Fotoalben an.
d) Die Themen der Vorträge beziehen sich auf den Umweltschutz.
e) Die Kinder brauchen noch Paßbilder für ihre Visa.
f) In Lexika kann man nachlesen, daß Wale Säugetiere sind.
g) Bei Vereinsveranstaltungen sind die Mitgliedsnummern der Teilnehmer in die Anmeldeformulare einzutragen.

25. Bilden Sie die folgenden Kasus (Fälle):

a) Genitiv / Singular: das Gitter	b) Dativ / Singular: der Herr
c) Akkusativ / Plural: die Kamera	d) Genitiv / Plural: das Auto
e) Dativ / Singular: der Mensch	f) Nominativ / Plural: das Brett
g) Dativ / Plural: der Wald	h) Akkusativ Singular: das Auge
i) Genitiv / Plural: die Frau	j) Dativ / Plural: das Gebilde
k) Genitiv / Singular: der Bruder	l) Nominativ / Plural: die Hand

m) Dativ / Plural: die Mutter
n) Genitiv Plural: Herr Direktor
o) Nominativ / Plural: der Export
p) Dativ / Singular: die Idee

26. Ergänzen Sie in der folgenden Erzählung die durch Auslassungszeichen gekennzeichnteten, fehlenden Endungen.

Anthony war als Heranwachsend... ein stark... Esser. Als es ein... Tag... Knödel zum Mittagessen gab, wettete er mit sein... Bruder Dennis, daß er mindestens zehn Knödel schaffen würde. Die Wette galt. Schön langsam begann er zu essen. Nach d... sechst... Knödel machte er ein... klein... Pause und lockerte sein... Gürtel. Dann ging es weiter. Beim acht... Knödel würgte es ihn schon etwas. Beim neunt... schließlich standen klein... Schweißperle... auf sein... Stirn, und sein Magen begann zu rebellieren. Da blickte Anthony mit weit aufgerissen... Auge... auf d... übriggebliebenen... Knödel und schrie: „ Du gemein... Biest, wenn ich gewußt hätte, daß du übrigbleibst, hätte ich dich zuerst gegessen.“ Dennis rannen vor Lach... die Trän... aus d... Auge... .

27. Bestimmen Sie Kasus (Fall), Numerus (Zahl) und Genus (Geschlecht) der Nomina (Hauptwörter) in dem folgenden Text.

Meine Frau (1) arbeitet bei einer Firma (2), die ihr Büro (3) in einer kleinen Villa (4) hat. Eines Tages (5) wollte ich sie dort abholen, als mich ein großer Hund (6) ansprang und mir seine Pfoten (7) auf meine Schultern (8) legte. Ich wagte mich keinen Schritt (9) weiter. Da traten meine Frau (10) und ihr Chef (11) aus dem Haus (12). „Ludwig, hierher!“ rief der Besitzer (13) des Hundes (14). Und der Kommentar (15) meiner Frau (16) lautete nur: „Der Hund (17) wollte dich doch nur begrüßen.“ - Seitdem hole ich meine Frau (18) nicht mehr von ihrem Büro (19) ab, denn bei Hunden (20) weiß man nie, wie sie einem Eindringling (21) in ihr Revier (22) gesonnen sind.

Übungen zur Wortform: Konjugation des Verbs

28. Bilden Sie von den folgenden Verben (Zeitwörtern) die Stammformen – also die 3. Person Singular und das Partizip Perfekt (Mittelwort der Vergangenheit) – und bestimmen Sie, ob das jeweilige Verb (Zeitwort) stark oder schwach flektiert (gebeugt) wird.

arbeiten, brechen, empfangen, fragen, genesen, lachen, nennen, preisen, rechnen, reiten, riechen, rinnen, sagen, treiben, weichen, zeichnen

29. Bilden Sie zu jeder Verbform (Zeitwortform) der folgenden Sätze jeweils den Infinitiv.
a) Bei der Sitzung hatte er die ganze Zeit über geschwiegen.
b) Es war so heiß, daß unser Eis im Becher schmolz.
c) Sie flicht wunderschöne Körbchen und verkauft sie an Touristen.
d) Das Surfbrett glitt nur so über die Wellen dahin.
e) Ich glaube, der Fruchtsaft ist bereits gegoren.
f) Was hat dich eigentlich zur Teilnahme an dem Volkslauf bewogen?
g) Sie haben sich schon lange nicht mehr gestritten.
h) In dicken Schwaden quoll der Rauch aus dem Schornstein.
i) Er hatte die Klinge vorher noch extra scharf geschliffen.
j) Ich habe mir einfach den nächstbesten Stift gegriffen.
k) Der Gestank drang durch alle Ritzen.

30. Ersetzen Sie in den folgenden Sätzen den Infinitiv (Grundform) durch die passende Personalform.
a) Warum (kommen) ihr so spät?
b) Wenn du nicht vorsichtig (sein), (zerbrechen) du das Gestell.
c) Ich (sehen) euch nicht mehr, wo (sein) ihr?
d) Er (empfangen) seine Gäste persönlich an der Tür.
e) Was Evelyn dir zum Geburtstag (schenken), (erraten) du nie.
f) Wenn es sehr heiß (werden), (schlafen) er auf dem Balkon.
g) Kerstin (sprechen) so leise, ich (können) sie kaum verstehen.
h) Ein Unglück (geschehen) selten allein.
i) Ihr (dürfen) den Chef nicht warten lassen.

31. Der folgende Text steht im Präsens (Gegenwartsform). Machen Sie einen Zeitungsbericht daraus, indem Sie alle Verbformen ins Präteritum (Vergangenheitsform) setzen.
... Eine riesige Menschenmenge wartet schon stundenlang vor der Kirche auf das Traumpaar des Jahres. Genau um 12 Uhr öffnet sich das große Tor, und unter dem Jubel der Leute verläßt Erwin Schnulze neben Prinzessin Krawolin die Kirche. Erwin trägt einen rosa Anzug. An seinem Arm schreitet Prinzessin Krawolin in ihrem fliederfarbenen Kleid die Stufen hinab. Die Menge tobt vor Begeisterung. ...

32. Setzen Sie das Partizip Perfekt (Mittelwort der Vergangenheit) der in Klammern stehenden Verben in die Lücken ein.
a) Hast du nicht ... (hören), es hat ... (klingeln)?
b) Vor lauter Glück hat sie alle anwesenden Freunde ... (umarmen).
c) Haben Sie unser neues Deodorant schon ... (ausprobieren)?
d) Wir haben in unserem Urlaub hauptsächlich ... (faulenzen) und nur wenig ... (unternehmen).

e) Was auch immer sie sich ... (anschaffen) haben, sie haben alles gleich bar ...(bezahlen).
f) Ich habe mehrmals ... (versuchen), dort anzurufen, aber keiner hat den Hörer ... (abnehmen).
g) Alle Kisten waren mit alten Zeitschriften ... (vollstopfen).
h) Man hat sie bei der Beförderung schon wieder ... (übergehen).
i) Die Kinder hatten am stärksten unter der Trennung ... (leiden).
j) Wir sind nicht naß ... (werden), denn wir hatten uns ... (unterstellen).
k) Wir haben uns glänzend miteinander ... (unterhalten).

33. Setzen Sie in den Text des folgenden chinesischen Märchens die richtigen Verbformen (Zeitwortformen) ein.
Es ... einmal zehn Bauern, die ... miteinander übers Feld (sein / gehen). Da ... sie von einem Gewitter ... und ... sich in einen verfallenen Tempel (überrascht werden / flüchten). Das Gewitter ... aber immer näher, und der Donner ... die Luft ringsum erzittern (kommen / lassen). Kreisend ... ein Blitz fortwährend um den Tempel (fahren). Die Bauern ... sich sehr und ..., es ... wohl ein Sünder unter ihnen sein, den der Blitz erschlagen ... (fürchten/ denken/ muß / wollen). Sie ... sich eine Weile und ... schließlich, ihre Strohhüte vor die Tür zu hängen; wessen Hut ... würde, der sei der Sünder und solle sich seinem Schicksal stellen (beraten / beschließen / wegwehen). Kaum ... die Hüte draußen, da ... auch schon einer ... , und mitleidslos ... die anderen den Unglücklichen vor die Tür (sein / werden / wegwehen / stoßen). Als dieser aber den Tempel ... , da ... der Blitz zu kreisen ... und ... krachend in den Tempel ... (verlassen / aufhören / einschlagen). Der eine, den sie ... , ... der einzige Gerechte ..., um dessentwillen der Blitz das Gebäude ... (verstoßen / sein/ verschonen). So ... die neun ihre Hartherzigkeit mit dem Leben bezahlen (müssen).

34. Bestimmen Sie in den folgenden Sätzen jeweils das Tempus (Zeitstufe) der Verbformen (Zeitwortformen).

a) Diese Vögel leben nur im Sommer hier und ziehen im Herbst in den Süden.
b) Ihr Kollege wird den Termin vergessen haben.
c) Wenn du nicht aufpaßt, wirst du dich noch schmutzig machen.
d) Gestern abend sind wir nicht zum Stammtisch gegangen, obwohl wir es eigentlich vorgehabt hatten.
e) Wir werden etwas später auf der Party eintreffen.
f) Von einer Verschiebung der Veranstaltung stand nichts in der Zeitung.

g) Wenn du dein Zimmer aufgeräumt hast, können wir endlich gehen.
h) Dein Artikel war nur unwesentlich gekürzt worden.
i) Sie wird schon beim Friseur gewesen sein.
j) Die Pizza hat heute besonders gut geschmeckt.
k) Die Operation verlief ohne Komplikationen.
l) Wir fahren am Wochenende zu Freunden aufs Land.

35. Vervollständigen Sie die nachfolgende Tabelle.

a)	Tony kann gut erzählen.	Er hat es gut	Er hat gut erzählen ... .
b)	Ich hörte das Telefon klingeln.	Ich habe es genau	Ich habe das Telefon klingeln ... .
c)	Anette durfte nach Hause gehen.	Warum hat sie das ... ?	Warum hat sie nach Hause gehen ... ?
d)	Jan müßte schon längst auftauchen.	Er hätte das schon längst	Er hätte schon längst auftauchen ... .
e)	Der Angestellte wollte seinem Chef nicht widersprechen.	Der Angestellte hatte das nicht	Er hatte seinem Chef nicht widersprechen ... .
f)	Elke sah das Seil reißen.	Sie hat das zum Glück noch rechtzeitig	Zum Glück hat sie noch rechtzeitig das Seil reißen ... .

36. Stellen Sie fest, ob die Präsensformen (Gegenwartsformen) Gegenwärtiges, Vergangenes, Zukünftiges oder Zeitloses ausdrücken.
a) In drei Wochen fliegen wir nach Korsika.
b) Bei Föhn kann man von hier aus die Alpen sehen.
c) Langsam wird es draußen hell.
d) Mit dem Computer schreibe ich schneller als mit der Schreibmaschine.
e) Nichtsahnend komme ich gestern nach Hause, und was finde ich da vor?
f) Seine Maschine trifft um 14 Uhr auf dem Flughafen ein.
g) 1776 erklären die Vereinigten Staaten von Amerika ihre Unabhängigkeit.
h) Begleitest du mich noch nach Hause?

37. Welches Hilfsverb (Hilfszeitwort) gehört jeweils in die Lücken der folgenden Sätze, „sein“ oder „haben“? Setzen Sie jeweils die korrekte Form ein.
a) Das Konzert ... mir diesmal nicht so gut gefallen.
b) Ihr ... wohl von allen guten Geistern verlassen?
c) Die Werbeaktion ... recht erfolgreich verlaufen.

d) Er ... seine alte Firma verlassen und ... ins Ausland gegangen.
e) Die anderen ... das Büro schon verlassen.
f) Was ... dir denn da eingefallen?
g) Wir ... sie immer „Prinzessin" genannt.
h) Die Kinder ... sich in dem Moor verlaufen.
i) ... ihr gut nach Hause gekommen?
j) Du ... heute schon wieder zu spät gekommen.
k) Und wer ... ihn während seiner Abwesenheit vertreten?
l) Der Einbrecher ... sich ins Lagerhaus geflüchtet.
m) Der Zug ... schon mit Verspätung abgefahren.
n) Wir ... noch nie so früh mit der Arbeit begonnen.
o) Sie ... damit auch sehr vorsichtig umgegangen.

38. Bilden Sie aus den folgenden infiniten Wendungen Imperativsätze (Befehlssätze). Setzen sie dabei den Imperativ (die Befehlsform) in die in Klammern angegebene Person.
a) Bitte den Fernsehapparat ausschalten. (2. Person / Singular)
b) Ihr nicht böse sein. (3. Person / Plural = Höflichkeitsform)
c) Doch sitzen bleiben. (2. Person / Plural)
d) Mich auf dem Laufenden halten. (2. Person / Singular)
e) Den Stift aus dem Mund nehmen. (2. Person / Singular)
f) Sich bitte hinten anstellen. (3. Person / Plural)
g) Endlich auf die Seite kommen. (2. Person / Singular)
h) Sich keine Sorgen um ihn machen. (3. Person / Plural)
i) Endlich ruhig sein. (2. Person / Singular)
j) Es sich gemütlich machen. (2.Person / Plural)
k) Das bitte heute noch erledigen. (2. Person / Singular)
l) Bitte hier entlang kommen. (3. Person / Plural)

39. Machen Sie deutlich, daß es sich bei den folgenden Sätzen um unerfüllbare Wünsche handelt, indem Sie die Verbformen in den Konjunktiv II (Möglichkeitsform II) setzen. Beginnen Sie mit „Ich wünschte, ..."
a) Ich bin auf einer Insel, auf der ich nicht arbeiten muß.
b) Ich kann den ganzen Tag über lesen, spielen oder schwimmen.
c) Das Essen gibt es umsonst und in reichlicher Auswahl.
d) Ich bleibe von Krankheiten oder Verletzungen verschont.
e) Ich habe keine Probleme und Schwierigkeiten.
f) Ich verstehe die Sprache der Tiere.
g) Umweltverschmutzung kommt dort nicht vor.
h) Ich schlafe, wann immer und solange ich will.
i) Ich kann die Insel verlassen und wieder dorthin zurückkehren, wie es mir beliebt.
j) Diese Wünsche gehen in Erfüllung.

40. Setzen Sie die folgenden Äußerungen in die indirekte Rede. Beachten Sie, daß sich dabei auch Personalpronomen (persönliche Fürwörter) sowie Orts- und Zeitangaben ändern können.
a) Der Finanzbeamte sagte zu mir: „Sie müssen Ihre Steuererklärung bis spätestens Ende Mai in diesem Jahr eingereicht haben."
b) In der Zeitung war zu lesen: „Die Bundesbahn nimmt noch Bewerbungen von Auszubildenden an."
c) Er fragte seine Frau: „ Wann bist du denn endlich mit dem Frühjahrsputz fertig?"
d) Auf ihrer Karte schreiben sie: „Wir sind gut angekommen und haben uns bereits hier umgesehen."
e) Olaf behauptet: „In der Kantine gibt es heute als Hauptgericht nur Fisch."
f) Als seine Tochter gestern aus der Schule kam, erzählte sie ihm: „Ich habe morgen keine Schule, weil unser Lehrer einen Orden verliehen bekommt."
g) „Du bist das widerlichste Ekel, das mir jemals in meinem ganzen Leben begegnet ist", schrie sie mir noch nach.
h) Der Wetterbericht sagte gestern: „In den nächsten Tagen wird es wieder kühler. In den Bergen oberhalb 2.000 Meter sinkt die Temperatur auf unter 10 Grad. Mit örtlichen Schauern muß gerechnet werden."

41. Setzen Sie die folgende Zeitungsmeldung – soweit es sinnvoll ist – ins Passiv (Leideform).
In der Nacht zum Sonntag brach ein unbekannter Täter in ein alleinstehendes Haus am Rande der Stadt. Dabei zertrampelte er Blumenbeete und verwüstete das Wohnzimmer. Der Lärm, den er dabei verursachte, weckte die Nachbarn. Sie waren es auch, die die Polizei verständigten. Das Klingeln des Telefons störte den Unbekannten, und er flüchtete noch bevor der Streifenwagen am Tatort ankam. Er hatte nichts aus dem Haus entwendet.

42. Bestimmen Sie jeweils Modus (Aussageweise) und Tempus (Zeitstufe) der Passivformen in den nachfolgenden Sätzen.
a) Zum Glück wurde der Schlüssel noch gefunden.
b) Er hatte einen Pokal überreicht bekommen.
c) Ich dachte, wir würden abgeholt werden.
d) Der Brief ist vom Chef persönlich beantwortet worden.
e) Ihr wurdet schon vermißt.
f) Bei einem Fabrikationsfehler wird das Gerät jederzeit von uns zurückgenommen und durch ein neues ersetzt.
g) Sie behauptete, du wärest verständigt worden.
h) Ihr wart schon zuvor zweimal aufgerufen worden.

i) Man hat uns mitgeteilt, dein Gesuch sei abgelehnt worden.
j) Ihre Ehe wird demnächst geschieden werden.
k) Man munkelt, sie werde befördert.

43. Bilden Sie aus den Verben (Zeitwörtern) in Klammern jeweils das Partizip Präsens (Mittelwort der Gegenwart) und bauen Sie es an geeigneter Stelle in den jeweiligen Satz ein.
a) Die Kinder wanderten durch den Ort. (singen)
b) Mit Bremsen kam der Lastwagen zum Stehen. (kreischen)
c) Ein plötzlicher Sturm überraschte die Urlauber. (baden)
d) Unaufhaltsam wälzte sich der Lavastrom ins Tal. (glühen)
e) Mit Händen öffnete er erwartungsvoll das Päckchen. (zittern)
f) Er warf dem Meister die Autoschlüssel vor die Füße und verließ die Werkstatt. (schimpfen)
g) Als sie die Menge sah, änderte sie ihren Entschluß. (warten)
h) Wir ließen uns durch seinen Blick nicht nervös machen. (prüfen)
i) Eine Stunde später kam auch Eric den Berg herauf. (keuchen)
j) Fern am Horizont tauchte die Sonne wie ein Feuerball ins Meer. (untergehen / glühen)

44. Fassen Sie die nachfolgenden Satzpaare jeweils zu einem Satz zusammen, indem sie einen der beiden Sätze durch das Partizip Perfekt (Mittelwort der Vergangenheit) ersetzen.
a) Sie zeigte mir die Wohnung. Diese war frisch gestrichen.
b) Wir waren überrascht über das Angebot. So ein Angebot hatten wir nicht erwartet.
c) Ungläubig blickte er auf das Papier. Es war verkohlt.
d) Das war ein Salto. Der war wirklich gelungen.
e) Das Haus ist verlassen. Gehe nicht in das Haus.
f) Das sind lauter Rechnungen. Solche, die noch nicht bezahlt sind.
g) Die Eier sind bemalt. Die Eier sind für die Kinder.

45. Bestimmen Sie bei allen finiten Verbformen (bestimmten Zeitwortformen) des folgenden Textes Person, Numerus (Zahl) und Tempus (Zeitstufe).
Axel saß vor dem Fernseher. Die Werbesendungen sahen er und sein kleiner Bruder immer am liebsten. Sie können fast alle Sprüche bereits auswendig, aber das hindert sie nicht daran, immer wieder gebannt auf den Bildschirm zu starren. In dem Werbespot, der gerade lief, forderte eine hübsche junge Dame die Zuschauer gerade auf, eine bestimmte Telefonnummer zu wählen und einen Namen für den neuen Schokoladenriegel der Firma vorzuschlagen. Der beste Vorschlag sollte mit einer Reise nach Hongkong prämiert werden. Eine Woche später erhielt die Familie ein Paket

mit 50 Schokoladenriegeln. Hatte Axel sich doch tatsächlich an dem Werbespiel beteiligt. Er hatte zwar keine Reise nach Hongkong gewonnen, aber an Süßem wird es der Familie in den folgenden Tagen nicht gefehlt haben, und die nächsten Telefonspiele werden auch nicht lange auf sich warten lassen.

46. Bilden Sie die nachfolgend angegebenen Verbformen.
a) 3. Person / Singular / Indikativ / Aktiv / Präteritum von „reiben"
b) 2. Person / Plural / Konjunktiv I / Aktiv / Präsens von „suchen"
c) 1. Person / Singular / Indikativ / Passiv / Perfekt von „empfangen"
d) 2. Person / Singular / Konjunktiv II / Aktiv / Futur von „toben"
e) 3. Person / Plural / Indikativ / Passiv / Plusquamperfekt von „überholen"
f) 1. Person/ Plural / Indikativ / Aktiv / Futur II von „haben"
g) 3. Person / Singular / Konjunktiv I / Aktiv / Perfekt von „werden"
h) 2. Person / Plural / Indikativ / Passiv / Präteritum von „sehen"
i) 1. Person / Singular / Konjunktiv II / Aktiv / Präsens von „können"
j) 1.Person / Plural / Konjunktiv I / Aktiv / Futur II von „sein"
k) 3.Person / Singular / Indikativ / Passiv / Perfekt von „streichen"
l) 2.Person / Plural / Indikativ / Aktiv / Präsens von „geben"

47. Finden Sie aus den nachfolgenden Sätzen alle finiten Verbformen (bestimmten Zeitwortformen) heraus und bilden Sie zu jeder dieser Form den Infinitiv (Grundform).
a) Wann wirst du endlich erwachsen?
b) Muscheln mochte ich noch nie essen.
c) Die Bergwacht hatte ihn noch gerade rechtzeitig geborgen.
d) Er pries ihre Kochkunst über alle Maßen.
e) Der Baum ist ja prächtig gewachsen.
f) Sie dachte schon, sie hätte den Schlüssel verloren.
g) Die alte Ringstraße verlief direkt um den Stadtkern.
h) Brich mir nicht das Brett durch!
i) Sie hat ihm das nie verziehen.
j) In diesem Haus verbrachten sie ihre schönsten Stunden.
k) Was bewog ihn zu dem Verkauf seines Sportwagens?
l) Man hatte ihn darum gebeten.

48. Stellen Sie fest, was die Modalverben (Zeitwörter der Art und Weise) in den folgenden Sätzen jeweils ausdrücken.
a) Er sollte endlich einmal den Rasen mähen.
b) Darf ich mir ein Stück von dem Kuchen nehmen?
c) Die Bank war geschlossen, aber wir konnten etwas Geld im Hotel wechseln.
d) Ohne Brille kann er fast nichts erkennen.

e) Sie soll schon wieder aus dem Krankenhaus entlassen worden sein.
f) Ich möchte mir jetzt in Ruhe das Fußballspiel anschauen.
g) Das Fleisch müßte eigentlich schon fertig sein.
h) Du magst ja ein guter Sportler sein, aber vom Baseball hast du keine Ahnung.
i) Das könnte ein netter Ausflug werden.
j) Mein Nachbar will gestern ein Ufo gesehen haben.
k) Du solltest keinen Wein mehr trinken.
l) Kann ich einmal durch dein Fernglas schauen?

49. Bilden Sie aus den folgenden Sätzen durch Hinzufügen der in Klammern stehenden Modalverben (Zeitwörter der Art und Weise) neue Sätze.

a) Zur Wahl geht man frühestens im Alter von 18 Jahren. (dürfen)
b) Als Frau gehe ich nicht gern allein in ein Lokal. (mögen)
c) Sie kam nicht rechtzeitig, weil sie ihre Kinder noch vom Kindergarten abholte. (können, müssen)
d) Als Belohnung bekommt ihr zehn Mark. (sollen)
e) Diese Aufgabe löst kein Mensch. (können)
f) Man kümmert sich noch mehr um die Erhaltung der Natur. (müssen)
g) Am Sonntag macht er mit seiner Familie einen Ausflug. (wollen)
h) Als Kind ging ich im Sommer immer barfuß. (dürfen)
i) Er sah sich das Theater nicht mehr länger mit an. (mögen)

50. Stellen Sie fest, ob die Verben in den folgenden Sätzen transitiv (zielend) oder intransitiv (nicht zielend) verwendet werden.

a) Diese Verordnung schränkt unseren Entscheidungsspielraum in nicht unwesentlichem Maße ein.
b) Diese Kostbarkeit hat jahrelang unbeachtet im Regal gestanden.
c) Unsere Aktien sind in den letzten Monaten erheblich im Wert gestiegen.
d) Auf diese gute Nachricht habe ich schon seit Wochen gewartet.
e) Du mußt deinen Bruder nicht immer herabsetzen.
f) Die Haare fallen ihr immer wieder in die Stirn.
g) Ich kann sein ständiges Grinsen nicht länger ertragen.
h) Er hat die ganze Strecke bis Montauk zu Fuß zurückgelegt.
i) Der Artikel stammt aus einer amerikanischen Wochenzeitschrift.
j) An seine Lebensweise mußte ich mich erst gewöhnen.
k) Sie kümmerte sich aufopfernd um ihren kranken Schwiegervater.
l) Wir haben den Wagen zur Reparatur gebracht.

51. Setzen Sie in die Lücken der folgenden Sätze das jeweils passende Reflexivpronomen (rückbezügliche Fürwort) ein.
a) Können Sie ... noch einen Augenblick gedulden?
b) Ich mußte ... innerhalb von zwei Wochen entscheiden.
c) Du hast ... sicherlich über meinen Brief gewundert.
d) Ihr solltet ... vor der Fahrt reichlich mit Getränken versorgen.
e) Wir haben ... wirklich große Mühe gegeben.
f) Wer hat ... beim Chef über die mangelnde Zusammenarbeit beschwert?
g) Warum habt ihr ... denn nicht mit den anderen zusammengetan?
h) Ich hoffe, du hast ... bei ihr entschuldigt.
i) Die monatlichen Kosten belaufen ... auf etwa 1.700 Mark.
j) Ihrem Entwurf nach hatte ich ... den Schrank ganz anders vorgestellt.
k) Man kann ... seinen Chef eben nicht aussuchen.
l) An dieses Getränk könnte ich ... gewöhnen.

52. Bestimmen Sie die Verwendungsweise der Verben (Zeitwörter) in den folgenden Sätzen und ordnen Sie diese Verben (Zeitwörter) den persönlich, den unpersönlich oder den subjektlos (satzgegenstandslos) verwendeten Verben (Zeitwörtern) zu.
a) Er fährt jeden Tag mit dem Bus zur Arbeit.
b) Bei diesen Bildern wird mir ganz übel.
c) Es handelt sich um ein vertrauliches Gespräch.
d) Es gibt dieses Modell in drei unterschiedlichen Ausführungen.
e) Ihm war bei dem Gedanken nicht ganz wohl.
f) Ihr sicheres und bestimmtes Auftreten imponiert mir.
g) Es wird sicherlich gleich regnen.
h) Ihr graut vor dem Kater am nächsten Morgen.
i) Es geht um den Praktikanten aus der Registratur.
j) Bei der Überfahrt nach Dover wurde ihnen schlecht.
k) Seine Begeisterung für das neue Projekt kann ich nicht teilen.
l) Kannst du nicht auch eine Pause gebrauchen?

53. Stellen Sie fest, welchen Kasus (Fall) die Verben (Zeitwörter) in den folgenden Sätzen jeweils regieren.
a) Er warf den Fisch wieder ins Wasser.
b) Dieser Fall bedarf einer genaueren Untersuchung.
c) Hat dir das zusätzliche Konditionstrainung beim Wettkampf geholfen?
d) Sie können den Abflug gar nicht mehr erwarten.
e) Du könntest ihn ruhig etwas mehr loben.
f) Seine Kleidung spottet jeder Beschreibung.
g) Sie haben mir gar nichts zu befehlen.

h) Das Buch gehört der Bücherei.
i) Wir haben alle Geräte genau geprüft.
j) Das Gerücht entbehrt jeglicher Grundlage.
k) In diesem Punkt gleicht er seinem Bruder.
l) Mit ihrer neuen Frisur habe ich sie nicht gleich erkannt.

Übungen zur Wortform: Deklination des Adjektivs

54. Setzen Sie die passende Form der in Klammern stehenden Adjektive (Eigenschaftswörter) in die Lücken des folgenden Textes.
a) „Können Sie mir eine ... Beschreibung der ... Dame geben?" sagte der Beamte, nachdem er das Formular für die Vermißtenmeldung in die ... Schreibmaschine gespannt hatte. (genau, jung, alt)
b) „Die ... Küsse ihrer ... Lippen schmeckten nach ... Augenblicken. (zart, weich, verheißungsvoll)
c) Ihr ... Körper ließ mich in ... Ferne entschweben. (warm, weit)
d) Ihr ... Haar streichelte meine ... Wangen, und ein ... Duft hüllte mich in einen ... Schleier. (dunkles, glühend, schwer, samten)
e) ... Blitze aus den ... Tiefen ihrer ... Augen durchbohrten mein ... Ich. (feurig, unergründlich, schwarz, hilflos)
f) Und die ... Klammer ihrer ... Umarmung brannte ... Male in meine Haut." (stählern, unvergeßlich, unauslöschlich)
g) „Ich befürchte", entgegnete der Beamte mit ... Miene, „es wird ... sein, jemanden zu finden, der dieser ... Beschreibung entspricht." (sorgenvoll, schwierig, ungewöhnlich)

55. Suchen Sie aus der nachfolgenden Beschreibung alle Adjektive (Eigenschaftswörter) heraus und bestimmen Sie Kasus (Fall), Numerus (Zahl) und Genus (Geschlecht) der ermittelten Formen. Es bot sich uns ein trauriger Anblick. Im Vordergrund stand eine armselige Bretterhütte mit einer schiefen Tür und zwei schmalen Fenstern. Auf dem flachen Dach lag allerlei rostiges Gerümpel. Der kahle Baum rechts neben der Hütte erinnerte mit seinem knorrigen Ast an einen Galgen. Unter dem alten Baum lagen bleiche Knochen von einem Tier. Über der trostlosen Szene lastete eine unheimliche Stille, die nur hin und wieder von den heiseren Krächzlauten der schwarzen Raben, die in dem staubigen Geäst saßen, zerissen wurde.

56. Ergänzen Sie die fehlenden Endungen in den folgenden Sätzen.
a) Sie kamen mit erheblich... Verspätung in Erlangen an.
b) Bei anhaltend... Regen ist mit größer... Überschwemmungen zu rechnen.

c) Wegen umfangreich... Ausbauarbeiten ist die Anlage zur Zeit geschlossen.
d) Ich soll dir lieb... Grüße von deiner klein... Schwester ausrichten.
e) Dies Buch hat er von seiner Firma als Anerkennung für langjährig... und treu... Dienste erhalten.
f) Schwarz... Tee erweckt die Lebensgeister.
g) Dieser Erfolg konnte mit relativ gering... Aufwand erzielt werden.
h) Im Sportgeschäft an der Ecke gibt es alle Artikel zum halb... Preis.
i) In deinem erhitzt... Zustand solltest du kein kalt... Bier trinken.
j) Ich träume gerade von einem saftig... Steak mit frisch... grün... Salat .
k) Das schrecklich... Unglück soll auf menschlich... Versagen zurückzuführen sein.
l) Trotz verstärkt... Anstrengungen ist noch keine nennenswert... Umsatzsteigerung festzustellen.

57. Welche der folgenden Adjektive (Eigenschaftswörter) bleiben in ihrer Form auch dann unverändert, wenn sie zwischen einem Nomen (Hauptwort) und seinem Begleiter stehen?

arm, blind, breit, dürr, eifrig, eisern, endlos, erfolgreich, falsch, fern, freundlich, froh, gelb, glanzvoll, glitschig, grau, grün, gruselig, hart, herzlich, hohl, holprig, hölzern, jovial, kernig, klasse, kurz, lahm, lässig, lila, mündig, mündlich, naß, neu, nobel, ölig, oliv, prächtig, prima, prunkvoll, rahmig, räudig, reuevoll, rosa, rötlich, sahnig, sandig, schnell, sicher, steuerlich, super, teuer, toll, türkis, verwerflich, wirklich, wunderlich, zahm

58. Ergänzen Sie in den folgenden Sätzen die fehlenden Endungen der nominalisierten Adjektive (als Hauptwort verwendeten Eigenschaftswörter).
a) Sie hat wahrlich genug Schlimm... durchgemacht.
b) Zu etwas Besser... hat es leider nicht gereicht.
c) Über die Veranstaltung kann ich nur Negativ... berichten.
d) Es wimmelte nur so von Schaulustig... .
e) Wenn wir hier aus dem Gröbst... heraus sind, machen wir erst einmal Urlaub.
f) Plötzlich stand ein Fremd... vor ihr und sprach sie an.
g) Ich kann nur Gut... über sie sagen.

h) Schau nur auf dem Speicher nach! Vielleicht findes du etwas Brauchbar... .
i) Bringt er es denn nie fertig, sich auf das Wesentlich... zu beschränken?
j) Die Zahl der Arbeitslos... ist im Winter weiter gestiegen.
k) Etwas Dümmer... ist dir nicht eingefallen?
l) Er hat sich aufgeführt wie ein Wahnsinnig..., als er den Kratzer in seinem neuen Wagen entdeckte.

59. Ordnen Sie die Adjektive (Eigenschaftswörter) des folgenden Textes nach ihrer Gebrauchsweise in drei Gruppen ein: attributive Verwendung, prädikative Verwendung und adverbiale Verwendung.
Die Geldbörse ist schon alt und schließt schlecht. Dennoch ist es ein gutes Stück, das heute nur noch sehr schwer zu bekommen ist. Auf einem Flohmarkt verlangen die Verkäufer schamlos hohe Preise für so eine alte Geldbörse. Nicht nur wegen der Tatsache, daß mein Großvater sie mir geschenkt hat, gefällt sie mir. Sie ist noch in gutem Zustand und sehr hübsch. Mit ihren goldenen Verzierungen ist sie für mich nicht nur wertvoll, sondern sogar unverkäuflich.

Übung zur Wortform: Komparation des Adjektivs

60. Welche der folgenden Adjektive (Eigenschaftswörter) sind nicht steigerungsfähig?
albern, ängstlich, blind, britisch, brüchig, derb, doppelt, dumm, eilig, einzig, falsch, farbig, flauschig, fruchtig, gräßlich, grausam, günstig, gütig, haftbar, hastig, heimlich, hiesig, ideal, innig, irdisch, jung, kauzig, klebrig, lebendig, lieblich, matschig, mehlig, mündlich, nackt, nahrhaft, natürlich, nobel, nützlich, offen, öffentlich, peinlich, polterhaft, privat, reumütig, rundlich, stumm, total, treuherzig, unerträglich, unvergleichlich, vergnüglich, vernünftig, weichherzig, zufrieden

61. Suchen Sie aus den folgenden Werbesprüchen alle Adjektive (Eigenschaftswörter) heraus und bestimmen Sie deren Steigerungsstufe.
a) Besser geht's mit … .
b) Bleib in Schwung und fühl dich jung.
c) Nimm gutes Mehl, nimm besseres Mehl, am besten nimm gleich … .
d) …, keiner wäscht reiner.
e) Mach dir ein paar schöne Stunden - geh ...!

f) Der Größte unter den Kleinen.
g) Mit ... kommt man sich näher.
h) Ein männlicher Duft, der Frauen provoziert.
i) Länger am Baum, kürzer auf Reisen ...
j) ... für das Letzte im Mann.
k) ... für ein gesünderes Leben.
l) ... eine preiswerte, keine billige Grammatik.

62. Bilden Sie zu den folgenden Adjektiven (Eigenschaftswörtern) jeweils den Komparativ (Vergleichsstufe) und den Superlativ (Höchststufe).
alt, arm, brav, bunt, dünn, eifrig, erfreulich, flach, frisch, gesund, hübsch, klar, laut, schlecht, spannend, schwach, würzig

63. Setzen Sie jeweils den Komparativ (Vergleichsstufe) der in Klammern stehenden Adjektive (Eigenschaftswörter) in die entsprechenden Lücken ein.
a) Der Trainer hätte ... durchgreifen müssen. (hart)
b) Am Wochenende soll es wieder ... werden. (warm)
c) Er ist auch nicht ... als seine Kollegen. (klug)
d) Mit dem Auto wären wir ... dort gewesen. (schnell)
e) Nicht jeder wird mit zunehmendem Alter auch ... . (weise)
f) Das Kleid dort drüben ist noch ... . (hübsch)
g) Der Unfall hätte auch noch ... ausgehen können. (schlimm)
h) Die Suppe könnte ruhig etwas ... sein. (heiß)
i) Stellst du bitte den Fernseher etwas ... . (laut)
j) Eine ... Ausrede ist dir nicht eingefallen? (dumm)
k) Er hustet heute wieder ... . (stark)
l) Hatte sie nicht früher ... Haare? (dunkel)

64. Setzen Sie jeweils den Superlativ (Höchststufe) der in Klammern stehenden Adjektive (Eigenschaftswörter) in die entsprechenden Lücken ein.
a) Er war einer der ... Langstreckenläufer seiner Zeit. (schnell)
b) Das war ihr ... Spiel in dieser Saison. (gut)
c) Unser Chef legt ... Wert auf Verschwiegenheit. (groß)
d) Gib es zu, du hast nicht die ... Ahnung davon. (gering)
e) Sie war das ... von sieben Kindern. (jung)
f) Was war eigentlich das ... seiner Werke? (erfolgreich)
g) Welches Land hat die ... Medaillen bei der letzten Olympiade errungen? (viel)
h) Die Kinder trifft so eine Ehescheidung immer ... . (schlimm)
i) Von allen Reisen, die wir bisher unternommen haben, war die Kreuzfahrt auf der Donau die ... . (erholsam)

j) Petra soll die ... Schülerin ihrer Klasse sein. (fleißig)
k) Hendrik hat natürlich wieder ... gelacht. (laut)
l) Selbst bei ... Bemühen können einem Fehler unterlaufen. (sorgfältig)

65. Stellen sie fest, welche der folgenden Adjektive (Eigenschaftswörter) unregelmäßige Steigerungsformen haben, und bilden sie von diesen jeweils den Komparativ (Vergleichsstufe) sowie den Superlativ (Höchststufe).
bedeutend, bleich, durstig, einsam, gut, harmlos, hoch, hügelig, interessant, irrsinnig, komisch, kurvig, langatmig, leutselig, matt, mild, nahe, nebulös, niedlich, prall, plump, rasch, riesig, sachte, sanft, stürmisch, traumhaft, teuflisch, vergeßlich, viel, witzig, zart, zweifelhaft

66. Setzen Sie in die Lücken der folgenden Vergleichssätze entweder „als" oder „wie" ein.
a) Beim Zahnarzt mußte ich weniger lang warten, ... ich gedacht hatte.
b) Und fühlst du dich heute schon besser ... gestern?
c) Die Sitzung war so langweilig, ... ich vermutet hatte.
d) So launisch ... heute war der Direktor schon lange nicht mehr.
e) Dieses Schreiben ist viel wichtiger ... alles andere.
f) Das neue Verfahren ist bei weitem kostengünstiger ... das alte.
g) Diese Vorbereitung ist ebenso aufwendig ... sinnlos.
h) Sie hat bei dem Seminar dieses Jahr eine bessere Figur gemacht ... ihr Vorgänger.
i) Die Strecke über Stuttgart ist nicht weniger weit ... die über Nürnberg.
j) Ich habe dort mehr geschwitzt ... in der Sauna.
k) Jetzt sind wir genauso klug ... vorher.
l) Häufig sind die Augen größer ... der Magen.
m) Ihr habt fast die gleiche Zahl von Punkten erreicht ... wir.
n) Dieses Getränk wirkt eher anregend ... beruhigend.
o) Das neue Werbekonzept kommt weitaus besser an ... das alte.
p) Heute war es fast so heiß ... letztes Jahr auf Korsika.

67. Bestimmen Sie den Kasus (Fall), der von den folgenden Wendungen, mit Adjektiven (Eigenschaftswörtern) als Kern regiert wird.
a) ... behilflich sein
b) besorgt um ... sein
c) sich ... bewußt sein
d) ... kundig sein
e) nachsichtig gegen ... sein

f) ... unwürdig sein
g) ... gewachsen sein
h) begeistert von ... sein
i) neugierig auf ... sein
j) verliebt in ... sein
k) ... willkommen sein
l) ... habhaft werden
m) voll ... sein
n) empfänglich für ... sein
o) ... überlegen sein
p) böse auf ... sein

Übungen zur Wortform: Deklination des Pronomens

68. Verkürzen Sie den nachfolgenden Brief mit Hilfe von Pronomen (Fürwörtern).
Lieber Sohn des Schreibers des vorliegenden Briefes,
der Schreiber des vorliegenden Briefes gratuliert dem Empfänger des vorliegenden Briefes von ganzem Herzen zum Geburtstag des Empfängers des vorliegenden Briefes. Nun hat der Schreiber des vorliegenden Briefes den Empfänger und der Empfänger des vorliegenden Briefes den Schreiber schon einen Monat lang nicht mehr gesehen, aber der Schreiber des vorliegenden Briefes ist ja bald wieder bei dem Empfänger und den Angehörigen des Empfängers, und dann feiern der Schreiber des vorliegenden Briefes und der Empfänger den Geburtstag des Empfängers des vorliegenden Briefes ganz groß.
Grüße auch die Mutter des Empfängers des vorliegenden Briefes und den Bruder des Empfängers des vorliegenden Briefes von dem Schreiber.
Der Vater des Empfängers des vorliegenden Briefes

69. Korrigieren Sie die störenden Wiederholungen, indem Sie – dort, wo es sinnvoll erscheint – Nomina (Hauptwörter) durch Pronomen (Fürwörter) ersetzen.
a) Susi hat von den Eltern einen Hund bekommen. Nun muß Susi sich aber auch um den Hund kümmern. Susi muß den Hund jeden Tag ausführen, denn der Hund braucht viel Auslauf.
b) Edgar hat eine kleine Schwester. Wenn Edgars Eltern ausgehen, muß Edgar auf die kleine Schwester aufpassen. Edgar liest der kleinen Schwester dann meistens ein Märchen vor, und die kleine Schwester lauscht ganz gespannt Edgars Vortrag.
c) Die Schüler der Klasse 5c machen einen Ausflug in den Zoo. Bei den Affen gefällt es den Schülern besonders gut, und die

Schüler wollen gar nicht mehr weiter. Der Lehrer der Schüler ist schon ganz verzweifelt. Da hat der Lehrer eine Idee. Der Lehrer verspricht, den Schülern ein Eis zu spendieren, und schon folgen die Schüler dem Lehrer zum nächsten Kiosk.

70. Ersetzen sie in dem folgenden Text diejenigen Pronomen (Fürwörter), die zu Verwechslungen führen, durch Nomina (Hauptwörter). Christine hat eine Schlange, die heißt Coca. Da sie nicht giftig ist, kann sie gefahrlos mit ihr spielen. Oft nimmt sie sie sogar mit ins Bett. Sie ringelt sich dann gerne um ihr Bein und ruht dort ganz still. Abends muß sie sie jedoch ins Terrarium zurücklegen. Sie gibt ihr noch eine tote Maus, die sie in einem Stück hinunterwürgt, und wünscht ihr dann eine gute Nacht.

71. Verkürzen Sie den jeweils zweiten Satz der folgenden Satzpaare mit Hilfe des passenden Possessivpronomens (besitzanzeigenden Fürwortes).

a) Sieh dir denn Schmetterling einmal an. Die Flügel des Schmetterlings sind hauchdünn.
b) Die Holländer sind gestern spät in der Nacht hier angekommen. Dort hinten steht das Zelt der Holländer.
c) Den Marathonlauf hat ein Läufer aus Kenia gewonnen. Den Namen des Läufers konnte ich mir nicht merken.
d) Patricia habe ich schon gesehen. Und Patricias Verlobter soll auch auf der Party sein.
e) Die Kinder sind bereit. Die Koffer der Kinder sind schon im Wagen.
f) Diese Pflanze ist wirklich sehr hübsch. Wie betörend die Blüten der Pflanze duften.
g) Das Kleid ist phantastisch. Der Preis des Kleides ist es auch.

72. Bestimmen Sie Kasus (Fall), Numerus (Zahl) und – falls Singular (Einzahl) – auch Genus (Geschlecht) der Formen von „dieser", „jener" und „solcher" in den folgenden Sätzen.

a) Mit einem solchen Boot hat er den Kanal von Dover überquert.
b) Diese Bücher habe ich bereits gelesen.
c) Ich meine nicht diese Wurst hier. Von jener dort drüben hätte ich gerne 100 Gramm.
d) Solche Überholmanöver führen immer wieder zu schrecklichen Unfällen.
e) Ich bin gespannt, was sie zu dieser Brosche sagen wird.
f) Er bringt uns wirklich häufig in solche peinlichen Situationen.
g) Erinnerst du dich noch an das, was du dir an jenem Silvesterabend vorgenommen hattest?

h) Sie ist sich dieser Ehre durchaus bewußt.
i) Solches Glück hat man sicher nur selten im Leben.
j) Ich wüßte allzu gern, was sich hinter diesen Mauern abspielt.

73. Verkürzen Sie die folgenden Sätze mit Hilfe von „dessen“, „deren“ oder „derer“. Ändern Sie den Satzbau, falls es notwendig ist.
a) Frau Weghorst hieß ihre Tochter und den Verlobten ihrer Tochter herzlich willkommen.
b) Er bringt gerade seinen Chef und die Frau seines Chefs zum Flugplatz.
c) Auf der Autobahn im Stau zu stecken ist das Schicksal der Leute, die während der Schulferien in den Urlaub fahren müssen.
d) In Hamburg wird er bei seinem Bruder und seines Bruders Familie übernachten.
e) Meike ist weder von ihren neuen Nachbarn noch von dem Hund der Nachbarn besonders angetan.
f) Er hat seinem Bruder das Spiel und die Regeln des Spiels vorher genau erklärt.
g) Das Schloß am Fluß ist der Sommersitz der Familie von Schreckenstein.

74. Setzen Sie die passenden Formen von „derselbe“, „dieselbe“ und „dasselbe“ in die Lücken der folgenden Sätze ein.

a) Wir müssen uns verlaufen haben. An ... Baum sind wir schon einmal vorbeigekommen.
b) Man kann nicht zweimal ... Eis essen, höchstens das gleiche.
c) Das ist ... Kellner, der uns an unserem Hochzeitstag bediente.
d) Er und seine Schwester gehen in ... Klasse.
e) Das sind nur zwei verschiedenen Ausgaben ... Romans.
f) Warum gehst du nicht mit Daniela? Ihr habt doch ... Heimweg.
g) Mit deiner Singerei gehst du mir ganz schön auf die Nerven. Muß es denn immer ... Melodie sein?
h) Sie haben sich beide in ... Mann verliebt.
i) Jetzt ist mir die Hose schon zum zweiten Male an ... Stelle geplatzt.
j) Hast du immer noch ... Auto wie vor zehn Jahren?
k) Jetzt trägt er schon eine Woche lang immer ... Anzug.

75. Bilden Sie aus den folgenden Sätzen mit Hilfe von Interrogativpronomen (Fragefürwörtern) Fragen. Fragen Sie dabei jeweils nach dem Satzteil, der in Klammern steht.
a) Sie haben sich (diesen) Wein bestellt.
b) Der Kurs hatte (fünfzehn) Teilnehmer.

c) Die zehn Mark habe ich von (Opa)geschenkt bekommen.
d) Zum Mittag gibt es heute (Schinkennudeln).
e) Er schenkt Anja einen (Kaschmir)pullover zu Weihnachten.
f) Sie muß vorher noch (Gene) anrufen.
g) (Die Torte) soll eine Überraschung für unsere Chefin sein.
h) (Richie) kennt sich am besten mit Computern aus.
i) Wir müssen mit (etwa 50) Gästen rechnen.
j) Du könntest das (lila) Kleid zu seiner Party anziehen.
k) (Herberts) Motorrad steht in der Einfahrt.
l) (Frau Seubert) könnte Sie nächste Woche vertreten.
m) Wir bestellen alle unsere Büroartikel bei (der Firma Rasch).

76. Bilden Sie aus den folgenden Satzpaaren jeweils ein Satzgefüge, indem Sie das sich wiederholende Nomen (Hauptwort) im zweiten Satz durch ein Relativpronomen (bezügliches Fürwort) ersetzen und den so entstandenen Relativsatz (Bezugswortsatz) in den ersten Satz einfügen.
a) Das Bild ist schon verkauft. Wir haben das Bild gestern im Schaufenster bewundert.
b) Das Honorar für diesen Film ist ein Witz. Für diesen Film habe ich meine ganze Freizeit geopfert.
c) Wir können uns das Haus leider nicht leisten. Das Haus gefiel dir so gut.
d) Wer sind die Leute. Ihr sprecht gerade über die Leute?
e) Der Autor hat letztes Jahr den Nobelpreis für Literatur verliehen bekommen. Das Buch des Autors führt zur Zeit die Bestsellerliste an.
f) Kannst du mir einen hohen kirchlichen Feiertag nennen? Der hohe kirchliche Feiertag beginnt mit dem Buchstaben „K".
g) Übrigens, das sind die Leute. Der Hund dieser Leute bellt immer in der Nacht so laut.

77. Setzen Sie die passende Form der in Klammern stehenden Indefinitpronomen (unbestimmten Fürwörter) in die Lücken ein.
a) Das muß ... doch vorher gesagt werden. (einer)
b) In kürzester Zeit war ... Abfall weggeräumt. (sämtliche)
c) Joggen ist nicht unbedingt ... Sache. (jedermann)
d) Der Präsident begrüßte auch die weibliche Begleitung ... einzelnen Spielers persönlich. (jeder)
e) Ich habe ... gebeten, mir bei der Arbeit zu helfen. (niemand)
f) ... Ausweg werden wir schon noch finden. (irgendein)
g) An diesem Gerät muß noch so ... verbessert werden. (mancher)
h) Zum Glück ist er versetzt worden; wir hatten doch ... Ärger mit ihm. (etliche)

i) Bei allen Schreiben, die ich ihm zur Unterschrift vorlege, sucht er nach ... Fehlern. (irgendwelche)
j) Wir brauchen noch ... für die Abendkasse. (jemand)
k) ... Ärger hatte sich plötzlich in Wohlgefallen aufgelöst. (alle)

Übungen zur Wortbildung: Wortbildungsverfahren

78. Ordnen Sie die folgenden Wortbildungen nach deren Bildungsmuster drei Gruppen zu: Ableitungen – Zusammensetzungen – Verkürzungen.
anstechen, Akku, Blaumeise, Demo, DM, ernsthaft, ertönen, fraulich, Glücksfall, herzensgut, hinbringen, kinderreich, Kripo, Lit., Mondfinsternis, Parkscheibe, runderneuern, teilnehmen, U-Boot, unartig, verarbeiten, wasserdicht, zerbrechlich

79. Nennen Sie die Präfixe (Vorsilben) und Suffixe (Nachsilben) bei den folgenden Wörtern.
Bäckerei, bewundern, diebisch, Eigentum, entwickeln, Freiheit, fruchtbar, Gleichnis, Jüngling, langsam, mitfahren, Unmut, verfehlen, zerspringen, Zufahrt

80. Welchen Wortarten gehören die folgenden Zusammensetzungen an? Ordnen Sie diese in drei Gruppen: Nomina (Hauptwörter), Verben (Zeitwörter) und Adjektive (Eigenschaftswörter). (Beachten Sie, daß in der Liste auch Nomina (Hauptwörter) mit kleinem Anfangsbuchstaben beginnen.)
andersartig, arbeitnehmer, bruchstückhaft, dauerkarten, deckungsgleich, erntefrisch, feuerschutz, gleisbereich, heimsuchen, hochlagern, hundemüde, kundenberater, lachhaft, mauseloch, nennwert, prunkvoll, rastplatz, steuerpflichtig, wunderheiler, vorbereitungsintensiv

81. Ordnen sie die folgenden Verkürzungen nach ihrem Wortbildungsmuster in drei Gruppen: Abkürzungen, Kurzformen und Kurzwörter.

allg., Auto, Azubi, Biogemüse, bzw., Füller, Gau, Jh., Limo, Motel, Ober, TÜV, u.a., Ufo, Uni, z.B.

Übungen zur Wortbildung: Nomina

82. Mit welchen der nachfolgend aufgelisteten Präfixe (Vorsilben) lassen sich von der Basis „-bild“ Nomina (Hauptwörter) ableiten?
Ab-, An-, Auf-, Aus-, Be-, Ein-, Er-, Mit-, Un-, Ur-, Vor-

83. Nennen Sie die Präfixe (Vorsilben) und Suffixe (Nachsilben) fremdsprachlichen Ursprungs, die in der folgenden Wortlistevorkommen und ermitteln Sie deren „allgemeine Bedeutung".
Antithese, Exbürgermeister, Idealismus, Minisender, Psychologe, Regisseur, Vizekanzler

84. Untersuchen Sie das Genus (Geschlecht) der folgenden Ableitungen und ordnen Sie die Suffixe (Nachsilben) nach deren Genus (Geschlecht) einer der drei Gruppen zu: Maskulinum (männlich), Femininum (weiblich), Neutrum (sächlich).

Ambulanz, Ärgernis, Banalität, Bewölkung, Brauchtum, Designer, Diskette, Drogist, Emigrant, Engagement, Fahrzeug, Findling, Finsternis, Friseuse, Fürstentum, Geschäftsführerin, Gewohnheit, Helfer, Heuchelei, Ignoranz, Jurist, Konditor, Körbchen, Kugelschreiber, Laborant, Lagerist, Lieferung, Menschheit, Nähzeug, Organisator, Rarität, Schmeichelei, Schönling, Spielzeug, Torheit, Vakanz, Versammlung, Werkzeug, Zahnärztin

85. Ordnen Sie die folgenden Zusammensetzungen nach der Wortart des jeweiligen Bestimmungswortes in drei Gruppen: Nomina (Hauptwörter), Verben (Zeitwörter), Adjektive (Eigenschaftswörter).
Brecheisen, Breitreifen, Briefumschlag, Bügelbrett, Dienstplan, Eilbote, Elternhaus, Fahrzeug, Großbuchstabe, Grünanlage, Heimtrainer, Kräftespiel, Lachfalten, Muntermacher, Schreibtisch, Seeufer, Wassertiefe, Weißbrot

86. Ersetzen Sie die Klammern in den folgenden Zusammensetzungen durch das jeweils passende Fugenzeichen.
Bild()rahmen, Dorn()vogel, Ei()becher, Freund()kreis, Gebirg()luft, Halt()griff, Kind()zimmer, Meer()früchte, Mensch()freund, Psych()thriller, Schaden()begrenzung, Sonne()schein, Tag()licht, Wald()rauschen, Zeitung()meldung

Übungen zur Wortbildung: Verben

87. Suchen Sie möglichst viele Präfixe, die mit der Basis „-nehmen" ein Verb bilden können, z.B. „ab-" → „abnehmen".

88. Untersuchen Sie die folgenden abgeleiteten Verben (Zeitwörter) und teilen Sie diese in zwei Gruppen ein: Verben mit festem Präfix (Vorsilbe) und Verben mit trennbarem Verbzusatz.
abnehmen, aussprechen, aufbrechen, aussteigen, bewundern, beifügen, disqualifizieren, eintragen, entbinden, erhalten, fehl-

schlagen, hinterziehen, intrigieren, losfahren, mißlingen, nachkommen, reagieren, vorzeigen, weitermachen

89. Untersuchen Sie die nachfolgenden Sätze und stellen Sie fest, welche der verwendeten Verben (Zeitwörter) ein festes Präfix (Vorsilbe) haben und welche einen trennbaren Verbzusatz.

a) Wir sollten unseren Vertrieb auch auf EDV umstellen.
b) Die Polizisten umstellten das Haus.
c) Sein Vorschlag war vielversprechend, aber er wurde leider abgelehnt.
d) Ich hatte Angst, der Hund würde mich umrennen.
e) Er versuchte, sein Gefühl mit Worten zu umschreiben.
f) Wir sollten den Brief besser noch einmal umschreiben.
g) Du mußt auf dem Formular das Nichtzutreffende durchkreuzen.
h) Er will mit seinem Segelschiff das Mittelmeer durchkreuzen.
i) Es regnet zu stark, deshalb sollten wir uns unterstellen.
j) Er unterstellt mir, ich würde nur an meinen Vorteil denken.
k) Er hat wenig Chancen mit seinem Antrag, denn die anderen werden ihn sicherlich überstimmen.
l) Was kann ich tun, um dich umzustimmen?

90. Versuchen Sie zu jedem der folgenden Verben (Zeitwörter) ein durch Vokaländerung (Änderung des Selbstlautes) abgeleitetes Verb (Zeitwort) zu finden.
dringen, ertrinken, fallen, futtern, liegen, sitzen

91. Bilden Sie Verben (Zeitwörter) aus den folgenden Adjektiven (Eigenschaftswörtern). Welche Suffixe (Nachsilben) dienen dabei – neben der Verwendung von Präfixen (Vorsilben) – als Ableitungsmittel?

arm, breit, dünn, eng, flach, groß, hart, klein, lang,
leicht, mutig, neu, schlecht, schön

Übungen zur Wortbildung: Adjektive

92. Bilden Sie Adjektive (Eigenschaftswörter), indem Sie zu jedem Element der Menge A (Basiselemente) das passende Suffix (die Nachsilbe) aus der Menge B heraussuchen und anfügen.
A: atom-, bieg-, dank-, glänz-, korpul-, lach-, log-, mass-, pass-, pittor-, skandal-, stein-, witz-,
B: -abel, -ar, -bar, -end, -ent, -ern, -esk, -haft, -ig, -isch,
-iv, -ös, -sam

93. Ergänzen Sie in den folgenden Sätzen jeweils die korrekte Form der fehlenden Suffixe (Nachsilben) „-ig“ oder „-lich“.

a) Sei bitte vorsicht..., die Vase ist leicht zerbrech... .
b) Kein Mensch ist unersetz... .
c) Er könnte ruh... einmal pünkt... zur täg... Arbeitsverteilung erscheinen.
d) Beschreiben Sie in ihrem Bericht kurz und bünd... nur die wesent... Aspekte des Unfallhergangs und verzichten Sie dabei auf alle unnöt... und überflüss... Einzelheiten.
e) Hoffent... kommt er end..., denn diese läst... Warterei macht mich ganz kribbel... .
f) Eigent... finde ich ihr Verhalten gar nicht so verwerf..., wie es anfäng... den Anschein hatte.
g) Auch wenn er nicht einzigart... ist, so ist er augenblick... für unser Unternehmen doch unentbehr.. .
h) So fürchter... wicht... ist diese Sitzung auch wieder nicht.
i) Meine Teilnahme an der diesjähr... Hauptversammlung kann ich so früh… noch nicht verbind... zusagen.

94. Die nachfolgend aufgeführten Verben (Zeitwörter) sind fremdsprachlichen Ursprungs. Bilden Sie von jedem dieser Verben (Zeitwörter) ein abgeleitetes Adjektiv (Eigenschaftswort). Wie lauten die verwendeten Ableitungssuffixe (-nachsilben)?

blamieren, diskutieren, disponieren, konvertieren, spendieren, variieren

95. Suchen Sie aus den folgenden Präfixen (Vorsilben) diejenigen heraus, welche die Bedeutung eines Adjektivs (Eigenschaftswortes) verneinen. Geben Sie jeweils eine Ableitung als Beispiel.

a-, alt-, des-, dis-, extra-, hoch-, hyper-, in-, intra-, mega-, neo-, neu-, non-, prä-, post-, sub-, super-, trans-, un-, ur-, voll-, vor-, zwischen-

96. Finden Sie aus den nachfolgenden Adjektivkomposita (Eigenschaftswortzusammensetzungen) diejenigen heraus, denen ein Vergleich zugrunde liegt.
blutarm, bildschön, butterweich, dickköpfig, drehfreudig, erbsengroß, feuerfest, glasklar, großporig, hundemüde, jahrelang, kerngesund, krummbeinig, lärmempfindlich, lebensfroh, menschenscheu, naturbelassen, neiderfüllt, ohrenbetäubend, rabenschwarz, rauflustig, schöngeistig, streßgeplagt, strohdumm, vierblättrig, zielbewußt, zweckentfremdet

97. Ordnen Sie die folgenden Zusammensetzungen nach der Wortart des jeweiligen Bestimmungswortes in drei Grupppen: Nomina (Hauptwörter), Verben (Zeitwörter), Adjektive (Eigenschaftswörter) altklug, arbeitsfähig, blutrot, bratfertig, dunkelgrün, feindgliedrig, friedliebend, gehbehindert, geschäftstüchtig, heißblütig, herzkrank, kochfest, kurvenreich, lauffreudig, lernwillig, schöngeistig, schwarzweiß, siegessicher, trinkbereit, wasserdicht

Übungen zur Wortbildung: Wortfamilie

98. Suchen Sie möglichst viele Mitglieder der Wortfamilie „bilden" und gliedern Sie diese nach Wortarten in vier Gruppen: Nomina (Hauptwörter), Adjektive (Eigenschaftswörter), Verben (Zeitwörter), Partizipien (Mittelwörter).

Übungen zum Satz: Satzglieder

99. Wandeln Sie die folgenden Aussagesätze in Fragesätze um. Erfragen Sie dabei die kursiv gedruckten Satzglieder.

a) *Im vergangenen Herbst* besuchten wir Kopenhagen.
b) Sie werden *mit dem Zug* fahren.
c) Er *hat* ein neues Auto *gekauft.*
d) Wir *steigen* im Hotel „Berlin" *ab.*
e) Ich werde in den Ferien *die Wartburg* besichtigen.
f) Sie erwarten den Staatsbesuch *am kommenden Freitag.*
g) Man *darf* die Weißwurst nicht mit dem Messer schneiden.
h) Er wird mit dem Fahrrad *nach Passau und nach Linz* fahren.
i) *Der Direktor* hat ihm eine Medaille verliehen.
j) Man *kann* auf die Zugspitze auch mit der Bergbahn *fahren.*

100. Bilden Sie Aufforderungssätze in der 2. und 3. Person Singular (Einzahl).

a) den Artikel lesen
b) schweigen
c) sich um das Baby kümmern
d) pünktlich kommen
e) die Diskussionsleitung übernehmen
f) die Melodie singen
g) etwas zu trinken anbieten
h) das Radio ausschalten
i) zuhören
j) sich zusammennehmen

101. Bilden Sie Aufforderungssätze in der 2. und 3. Person Plural.

a) sich am Informationsschalter erkundigen
b) einen Fahrschein kaufen

c) die Türe schließen
d) den Text zusammenfassen
e) einen Aufsatz schreiben
f) das Spielzeug zurückgeben
g) das Fenster öffnen
i) das Lied anhören
j) den Mittelstürmer auswechseln
k) die Hinweise beachten

102. Bilden Sie Sätze und setzen Sie die Satzglieder in die richtige Reihenfolge.
a) traurig / in der Ecke / der Pudel / sitzt
b) sehen / um acht Uhr / wir / die Tagesschau / können
c) zum Geburtstag / Helmut / was / du / schenkst
d) im Bett / liegt / seit einer Woche / er / mit Fieber
e) den Beitrag / hast / in der Zeitung / über unser Dorf / gelesen / du
f) verletzt / zwei Personen / bei dem Unfall / sind / in der vergangenen Nacht / worden
g) uns / nachmittags / am Hafen / trafen / bei sengender Hitze / wir
h) an Seen / nicht selten / die Störche / menschlicher Behausungen / brüten/ in der Nähe
i) vorgestellt / uns / dem berühmten Künstler / hat / auf der Party / die Gastgeberin
j) seine Arbeit / sehr zuverlässig / der Mechaniker / immer / verrichtet

103. Bestimmen Sie die einzelnen Satzglieder.
a) Der Pianist mußte das Konzert absagen.
b) Der Bürgermeister hat dem Jubilar mit einem Blumenstrauß gratuliert.
c) Sie haben vor einigen Tagen einen neuen Fernseher gekauft.
d) Die Zwillinge sehen sich sehr ähnlich.
e) Franz Beckenbauer war ein bekannter Fußballstar.
f) Sie steht jeden Tag an ihrem Verkaufsstand.
g) Trotz der Proteste der Zuschauer wurde das Turnier abgebrochen.
h) Mit großer Wucht schoß er den Ball ins Tor.
i) Wir wandern oft in den Bergen.
j) Sie gab jedem ihrer Gäste die Hand.

Übungen zum Satz: Verb + Präposition

104. Setzen Sie die fehlenden Präpositionen (Verhältniswörter) und die fehlenden Endungen ein.
a) Kann ich mich ... dein ... Zusage verlassen, daß du dich ... d ... Flugkosten im Reisebüro erkundigen wirst?

b) Ich bitte dich ... ein ... Gefallen.
c) Wie lange habe ich mich ... ein ... Menschen gesehnt, der sich auch ... das Theater interessiert!
d) Rechne lieber nicht ... ihm, denn er hält nichts ... Versprechungen.
e) Christine hat jetzt keine Zeit, denn sie muß noch einige Briefe ... ihr ... Freunde und Verwandten schreiben und ihn ... ... die Geburtstagswünsche danken.
f) Ich möchte ... mein ... Vater ... dies ... Thema nicht sprechen.
g) Man kann sich nicht mit d ... Mädchen ... dies ... Film unterhalten, weil sie stets ... einige Szenen lachen.
h) Er sorgt sich wirklich ... die Gesundheit seiner Frau.
i) Ich glaube, daß ich mich bei mein ... Nachbarn noch nicht ... d ... Lärm entschuldigt habe, den wir gestern während unseres Festes verursacht haben.
j) Ihr hättet d ... Bergsteiger ... d ... Gefahren dieser Wanderung warnen können.
k) Bitte achte ... d ... Katze, wenn wir im Urlaub sind.
l) Unsere kleine Tochter fürchtet sich ... d ... großen Hund in der Nachbarschaft.
m) Unsere Fußballmannschaft ist am vergangenen Samstag bei dem Tabellenführer schwer ... die Räder geraten.
n) Seine Freundin bewirbt sich seit Wochen ... ein ... gut ... Stelle bei einer Optikerfirma, aber es muß wohl etwas ... ihr ... Abschlußzeugnis zu tun haben, daß bisher jede Firma ... ihr ... Bewerbung verzichtet hat.
o) Es hängt ... sein ... Bewerbungsgespräch ab, ob die Bank ihn nimmt.
p) Hör doch endlich ... dies ... Nörgelei auf! Warum mußt du dich immer ... jed ... Kleinigkeit beschweren?
q) Ich zweifle sehr ... Fähigkeiten.
r) Sie ist ein sehr feines Mädchen. Ich glaube, ich habe mich anfangs ... ihr geirrt.
s) Es tut mir leid, aber ich kann ... Ihr ... Mitarbeit nicht verzichten!
t) Wir haben ... dies ... Sache überhaupt nichts zu tun.
u) Ich halte nichts ... dein ... Vorschlag, ... ein ... Chinesischkurs teilzunehmen.
v) Der König herrscht seit 30 Jahren ... die kleine Insel.
w) Ich muß mich immer wieder ... sein ... Unverfrorenheit wundern.
x) Ihre Freunde gehören ... d ... bekannten Jazzgruppe „Highlight“.
y) Wir raten dir ... ein ... neuen Bausparvertrag.

Übungen zum Satz: Attribut

105. Verwenden Sie das Attribut (Beifügung) mit dem Genitiv, falls es möglich ist.

● Beispiel: *Jemand von den Kindern hat geraucht.*
Lösung: keine Umwandlung mit dem Genitiv möglich.

a) Keine von den Bananen ist frisch.
b) In welche von den Hosen hast du die Schlüssel gesteckt?
c) Etwas von dem Wachs ist auf den Fußboden getropft.
d) Mehrere von den Fußballspielern warfen ihre Trikots in die Zuschauermengen.
e) Keines von den Kaninchen wurde bei dem Großfeuer verletzt.
f) Viele von den Kandidaten wußten die richtige Antwort.
g) Sie aß etwas von dem Zitronensorbet.
h) Sie haben einige von den berühmten Museen besucht.
i) Welches von den Mädchen wurde Schönheitskönigin?
j) Ich habe nichts von dem Theaterstück begriffen.

106. Setzen Sie die Apposition in den richtigen Fall.
a) Joseph Haydn, (der berühmte österreichische Komponist), wurde 1732 in Rohrau geboren.
b) Die Musikwelt begegnete Joseph Haydn, (der berühmte österreichische Komponist), mit großem Respekt.
c) Die späten Messen Joseph Haydns, (der berühmte österreichische Komponist), entstanden Ende des 18. Jahrhunderts.
d) Es gelang den Engländern, Joseph Haydn, (der berühmte österreichische Komponist), noch zu einer zweiten Englandreise zu bewegen.
e) Er bat den Schriftsteller, (der Nobelpreisträger für Literatur), um eine Widmung.
f) Das Bild Picassos, (der spanische Maler), ist unverkäuflich.
g) Ich begegnete Max, (mein Vetter), vor zwei Jahren das letzte Mal.
h) Er hat seinen Nachbarn, (ein bekannter Schlagzeuger), wegen Ruhestörung angezeigt.
i) Wir werden unser Auto, (ein Oldtimer), verkaufen.
j) Wir werden Herrn Schulz, (unser Landtagsabgeordneter), einen Brief schreiben.

Übungen zum Satz: Nebensatz I

107. Verbinden Sie die folgenden Sätze durch eine geeignete temporale Konjunktion (Bindewort).
a) Die Teilnehmer besuchten das Seminar. Danach fuhren sie wieder nach Hause.

b) Der Redner prüfte das Mikrofon. Dann begann er mit seinem Vortrag.
c) Helmut bereitet sich auf das Examen vor. In dieser Zeit kümmert sich seine Frau um den Haushalt.
d) Die Kinder gingen noch nicht zur Schule. Da verunglückten die Eltern.
e) Ich trinke viel Bier. Dann kann ich gut schlafen.
f) Ich bin mit Heidi verheiratet. Ich bin sehr glücklich.
g) Theodor Fontane war ein alter Mann. Er schrieb seinen letzten Roman „Der Stechlin" im Jahre 1898.
h) Ich trinke den Wein aus. Ich verlasse das Lokal.
i) Unser Hund wedelt mit dem Schwanz. Ihm geht es gut.
j) Der Schiedsrichter pfeift das Spiel ab. Die Zuschauer verlassen das Stadion.

Übungen zum Satz: Nebensatz II

108. Verbinden Sie folgende Sätze und bilden Sie finale Nebensätze.
a) Er öffnet das Fenster. Es soll frische Luft ins Zimmer strömen.
b) Carola öffnet den Champagner. Sie feiert ihren 50. Geburtstag.
c) Die Polizei drängte die Menschen auf die Seite. Sie sollten dem Rettungswagen Platz machen.
d) Rotkäppchens Großmutter hatte große Ohren. Sie konnte damit besser hören.
e) Er stand um vier Uhr früh auf. Er wollte bis zum Mittag auf dem Berggipfel sein.
f) Ich erzähle dir diese Geschichte. Du sollst daraus eine Lehre ziehen.
g) Der Bauer hält Hühner. Er verkauft Eier.
h) Ich dusche mich mit kaltem Wasser. Davon bekomme ich einen klaren Kopf.
i) Der Schüler meldete sich eifrig. Er wollte beim Lehrer einen guten Eindruck machen.
j) Sie schmückte den Tisch mit Blumen und Kerzen. Die Gäste sollten festlich gestimmt werden.

Übungen zum Satz: Nebensatz III

109. Setzen Sie das richtige Relativpronomen (bezügliches Fürwort) ein.
a) Das Buch, — Umschlag zerrissen war, habe ich neu binden lassen.
b) Das Telefon, — ständig klingelt, habe ich abgestellt.
c) Wie teuer ist der Computer, — Sie im Angebot haben?
d) Die Tauben, — sich in den letzten Jahren stark vermehrt haben, sind eine Plage geworden.

e) Das Baby, ... vor drei Monaten geboren wurde, macht gute Fortschritte.
f) Die Demonstranten, ... durch die Stadt zogen, verhielten sich friedlich.
g) Der Minister, ... Verdienste unbestreitbar sind, trat in den Ruhestand.
h) Die Frau, ... ich geholfen hatte, war mir sehr dankbar.
i) Die Briefe, ... ich erhalten habe, kommen alle aus dem Ausland.
j) Ich feierte den Geburtstag, ... im August war, auf einer Berghütte.

110. Setzen Sie das richtige Relativpronomen (bezügliches Fürwort) (bzw. Präposition (Verhältniswort) + Relativpronomen) ein.
a) Dies ist das Haus, ... der berühmte Schauspieler wohnt.
b) Das ist eine Nachricht, ... ich mich sehr freue.
c) Der Autofahrer, ... Straßenkarte veraltet war, hatte sich verfahren.
d) London, ... der Tower steht, ist eine Weltstadt.
e) Der Fluß, ... ich zur Zeit campiere, ist ideal zum Angeln.
f) Die Lerche, ... Gesang uns erfreut, zieht im Herbst in den Süden.
g) Das ist eine Auskunft, ... ich nichts anfangen kann.
h) Haben Sie meinen Wagen, ... Getriebe kaputt war, schon repariert?
i) Die Gärtnerei, ... Geschäftszeiten sich ständig änderten, mußte schließen.
j) Das ist mein Tennispartner, ... ich den Pokal gewonnen habe.

Übungen zum Satz: Nebensatz IV

111. Bilden Sie aus den folgenden Satzpaaren Satzgefüge mit der entsprechenden Konjunktion (Bindewort).
a) Der Schüler las seinen Aufsatz nicht noch einmal durch. Er gab ihn sofort ab.
b) Er verließ die Wohnung. Er schaltete das Licht nicht aus.
c) Der Greis überquerte die Hauptstraße. In der Nähe befand sich eine Ampel.
d) Die Wunde blutete stark. Der Patient blieb ruhig.
e) Der Lehrer stellt hohe Ansprüche. Bei den Schülern ist er nicht beliebt.
f) Du mußt diesen Knopf drücken. Dann schaltet sich die Kamera ein.
g) Du hast deine Arbeit beendet. Du darfst mit deinen Freunden Fußball spielen.
h) Ich hatte Angst vor ihm. Ich suchte nach einer Ausrede.
i) Ich kann kein Blut sehen. Ich eigne mich nicht als Arzt.
j) Wer läutet an der Tür? Ich habe keine Ahnung.

k) Herr Jung ist mein neuer Nachbar. Er arbeitet bei Siemens.
l) Der Pfarrer taufte das Baby. Zur gleichen Zeit begann es zu schreien.
m) Die Mutter goß den Kaffee ungeschickt ein. Sie beschmutzte das weiße Tischtuch.
n) Er lernte beständig seine Vokabeln . Er schloß die Prüfung erfolgreich ab.
o) Tom ist Brite. In seiner Anwesenheit sprechen wir Englisch.

Übungen zum Satz: Inversion

112. Setzen Sie die fett gedruckten Satzteile an die erste Stelle des Satzes.
a) Ich reiste **1982** nach Südchina.
b) Letzte Woche hast du **mir** noch etwas anderes gesagt.
c) Sie hat voller Wut **den Brief** zerrissen.
d) Er verschwendet **immer** sein Taschengeld.
e) Unsere Kinder wollen **ständig** mit dem Hund spielen.
f) Das Finanzamt hat **ihm** neulich eine Mahnung geschickt.
g) Vor Wochen bemerkten wir schon einen merkwürdigen Geruch **im Haus.**
h) Tina hat kein Interesse **am Reiten.**
i) Der Arzt hat ihn **neulich** gründlich untersucht.
j) Die Reiseroute nach Portugal wurde **uns** sehr genau beschrieben.

Lösungen

Übungen zu den Wortarten

1. a) gewagt; gewonnen (Verb)
   b) Meister; Himmel (Nomen)
   c) neue; gründlich (Adjektiv)
   d) wer; anderen; selbst (Pronomen)
   e) heute; morgen (Adverb)

2. a) „dieser“ = kein Artikel
   b) „oder“ = kein Pronomen
   c) „mit“ = keine Konjunktion
   d) „bei“ = kein Adverb

Die Wortarten: Nomen

3. a) Petras (Genitiv), Eltern (Nominativ), Haus (Akkusativ)
   b) Gärtner (Nominativ), Beete (Akkusativ)
   c) Dennis (Nominativ), Ordner (Akkusativ), Schreiben (Akkusativ)
   d) Elke (Dativ), Buch (Akkusativ), Schwester (Dativ)

4. a) Waren (Genitiv) b) Segelschiffe (Akkusativ)
   c) Besucher (Nominativ) Ausweise (Akkusativ)
   d) Angebote (Nominativ) e) Vorräte (Nominativ)
   f) Mitglieder (Genitiv)

5. Ein Schulrat wollte bei einer Lehrprobe in einem kleinen Ort auf dem Lande einen achtjährigen Jungen in Heimat- und Sachkunde prüfen; doch der Junge stand stumm wie ein Fisch vor der Landkarte. Da zeigte ihm der Schulrat, wie leicht es sei, sich auf der Karte zurechtzufinden, und hielt ihm wegen seiner grenzenlosen Unkenntnis eine Strafpredigt.
   Als der Schulrat am nächsten Tag zu einer weiteren Lehrprobe in die nächste Ortschaft mußte, stand er vor einer Abzweigung und wußte nicht, welcher der beiden Straßen er folgen sollte. Da sah er den Jungen, den er am Vortag so gescholten hatte, des Weges kommen und bat ihn um Auskunft. Spöttisch sagte der Junge: „Gestern haben Sie noch alle Wege und Straßen auf der Landkarte gekannt, und heute wissen Sie nicht einmal den Weg nach Mühlbach.“

6. a) die (Axt) = Femininum / Singular / Nominativ
   im = in dem (Haus) = Neutrum / Singular / Dativ,
   den (Zimmermann) = Maskulinum / Singular / Akkusativ
   b) den (Finger) = Maskulinum / Singular / Akkusativ
   die (Hand) = Femininum / Singular / Akkusativ
   c) der (Vogel) = Maskulinum / Singular / Nominativ
   den (Wurm) = Maskulinum / Singular / Akkusativ
   d) dem (Kaiser) = Maskulinum / Singular / Dativ
   des Kaisers = Maskulinum / Singular / Genitiv
   e) die (Worte) = Neutrum / Plural / Nominativ
   ein (Pfeil) = Maskulinum / Singular / Nominativ
   die (Sehne) = Femininum / Singular / Akkusativ
   des (Bogens) = Maskulinum / Singular / Genitiv
   dem (Schützen) = Maskulinum / Singular / Dativ

Die Wortarten: Verb

7. Infinite Formen:
   Infinitiv = winken, erkennen, Stehen (nominalisiert), sehen
   Partizip Präsens = krächzend, flimmernd, quietschenden
   Partizip Perfekt = angekündigte, verriegelten
   Finite Formen:

	Person	*Numerus*	*Tempus*
warteten	1.	Plural	Präteritum
hielt	1.	Singular	Prät.
wollte	1.	Singular	Prät.
konnte	3.	Singular	Prät.
tönte	3.	Singular	Prät.
fährt	3.	Singular	Präsens
tauchte	3.	Singular	Prät.
wurde	3.	Singular	Prät.
kam	3.	Singular	Prät.
öffneten sich	3.	Plural	Prät.
strömten	3.	Plural	Prät.
war	3.	Singular	Prät.
wird sehen	3.	Singular	Futur

8. Transitiv: a) b) c) e) f) g) j) k)
   Intransitiv: b) c) d) h) i) l)

9. Reflexiver Gebrauch: a) d) f) h) j) k) l)
   Das Reflexivpronomen kann entweder im Dativ oder im Akkusativ stehen:
   Dativ: c) k) l)
   Akkusativ: a) b) d) f) h) j)

Die Wortarten: Adjektiv

10. a) kräftiger = Nominativ / Singular / Maskulinum
    b) unerfahrenem = Dativ / Singular / Maskulinum
    gefährliche = Nominativ / Singular / Femininum
    c) genaue = Akkusativ / Plural / Femininum
    einschlägigen = Dativ / Plural / Femininum
    d) wichtige = Akkusativ / Plural / Neutrum
    e) junge = Nominativ / Singular / Maskulinum
    schnellen = Dativ / Singular / Neutrum
    kleiner = Nominativ / Singular / Maskulinum
    f) ungelegte = Akkusativ / Plural / Neutrum

11. a) schneller, sicherer, besser = alle Komparativ
    b) zarter, sahniger, knuspriger = alle Positiv
    c) würziger = Positiv; erlesensten = Superlativ
    d) gesündere = Komparativ
    e) sichere = Positiv
    f) gemütlicher = Komparativ
    g) strahlendste = Superlativ
    h) besseren = Komparativ
    i) frischer = Positiv

12. attributive Verwendungsweise: b) c) h)
    prädikative Verwendungsweise: a) e) f)
    adverbiale Verwendungsweise: d) g)

Die Wortarten: Pronomen

13. Personalpronomen: 1, 7, 8, 10, 13, 15, 18, 24, 25, 28, 30, 31, 32, 35, 37, 42, 45, 50, 51, 53
    Possessivpronomen: 2, 6, 14, 16, 26, 39, 55
    Demonstrativpronomen: 19, 33, 34, 40, 44, 46, 49
    Interrogativpronomen: 17, 48
    Relativpronomen: 3, 9, 20, 23, 27, 47
    Reflexivpronomen: 12, 29, 36, 43, 52
    Indefinitpronomen: 4, 5, 11, 21, 22, 38, 41, 54

14. a) Jeder = Nominativ / Singular / Maskulinum
    seines = Genitiv / Singular / Maskulinum
    b) Was = Akkusativ / Singular / Neutrum
    ihr = Nominativ / Plural / —
    c) demselben = Dativ / Singular / Maskulinum
    d) Wessen = Genitiv / Singular / Maskulinum
    das = Nominativ / Singular / Neutrum

e) Denselben = Dativ / Plural / —
wir = Nominativ / Plural / —
f) der = Dativ / Singular / Femininum
ich = Nominativ / Singular / —
g) wem = Dativ / Singular / Maskulinum
ich = Nominativ / Singular / —
dieses = Akkusativ / Singular / Neutrum
h) Man = Nominativ / Singular / —
jeden = Akkusativ / Singular / Maskulinum
i) dasselbe = Akkusativ / Singular / Neutrum
j) dir = Dativ / Singular / —
keine = Akkusativ / Plural / Maskulinum
k) uns = Akkusativ / Plural / —
l) diesem = Dativ / Singular / Neutrum
niemandem = Dativ / Singular / —

15. Die Wortarten: Numerale
a) achtzehn
b) zweiundzwanzig
c) fünfundachtzig
d) vierhundert(und)einundzwanzig
e) eintausend(und)zweihundert(und)siebenunddreißig
f) zweihundert(und)siebzigtausend
g) drei Millionen siebenhundert(und)fünfzigtausend

Die Wortarten: Partikeln
16. a) droben b) sofort c) hoffentlich d) frühestens e) jedesmal
f) demzufolge g) insgeheim h) immerhin
i) leider j) ungefähr k) überallher

17. Lokale Beziehung: b) d) j) k)
Temporale Beziehung: e) h) i)
Modale Beziehung: c) f) l)
Kausale Beziehung: a) g)

18. a) der Baumgrenze b) einem Bier c) den Bäumen d) ihren Mann
e) Jahren f) dem Auto g) meines Einflußbereiches h) unseren Tisch
i) aller Voraussagen j) diesem Ordner k) dem Haus l) seinem Urlaub

19. a) Er ist nicht Engländer, sondern Schotte.
b) Sie sammelt sowohl Spieluhren als auch Porzellanfiguren.
c) Der Junge hatte viele Wünsche, aber (doch, jedoch) leider kein Geld.
d) Herr Snyder hob seinen Arm und winkte uns zu.

e) Wir suchten uns ein schattiges Plätzchen in dem Biergarten, denn wir hatten großen Durst.
f) Sollen wir im Garten grillen, oder willst du lieber in einem Restaurant essen?

20. Körperlichen Schmerz: a) i)
Bedauern, Enttäuschung: d) j)
Erstaunen, Überraschung: f) h) k)
Ekel, Abscheu: c) g) l)
Freude, Jubel: b) e)

Die Wortform: Deklination des Nomens

21.

Maskulinum	*Femininum*	*Neutrum*
Artikel	Ameise(n)	Almosen
Asbest	Au(en)	Atom(e)
Aspekt	Basis	Banjo
Aufdruck	Bilanz	Bodybuilding
Bescheid	Blesse	Chanson
Chip	Charta	Darlehen
Duft	Eskapade(n)	Depot(s)
Eurocheque	Fabel(n)	Ersuchen
Fango	Ferse(n)	Etui
Fladen	Geschwulst	Feature
Gurt(e)	Kalamität(en)	Fondue
Harnisch	Karies	Hologramm
Mandant(en)	Mechanik	Inventar
Rest(e)	Norm(en)	Kapitel
Rolladen	Sandale	Leasing
Transport(e)	Skizze(n)	Pedal
Umtausch	Werbung	Rheuma
Vertrieb	Zyste(n)	Utensil(ien)

22. a) der Erbe b) eine (die) Leiter c) einem (dem) See d) einem (dem) Marsch; die Heide e) einen hohen Gehalt f) eine japanische Kiefer g) der Leiter h) ein (der) Schild i) Heiden j) Das Bauer k) ein Bund l) Bänden m) ein höheres Gehalt n) das ganze Erbe o) der See p) der Hut q) der Mast r) ein goldfarbenes Schild s) den Kiefer t) ein rotes Band; den Mast

23. a) (die) Adern b) Atlanten c) Augen d) Autoren e) Balken f) Briefe g) Böden h) Chefinnen i) Chips j) Direktoren k) Essen l) Firmen m) Gabeln n) GmbHs o) Hotels p) Illusionen q) Kunden r) Leitern s) Nägel t) Stacheln u) Töchter v) Wälder w) Wracks x) Zeugnisse

24. a) Mit einem kleinen Kind sollte man keine zu lange Reise unternehmen.
    b) In diesem Raum steht ein Regal mit einem Buch.
    c) Der Gast schaut sich gerade ein Fotoalbum an.
    d) Das Thema des Vortrags bezieht sich auf den Umweltschutz.
    e) Das Kind braucht noch ein Paßbild für sein Visum.
    f) In einem (dem) Lexikon kann man nachlesen, daß der Wal ein Säugetier ist.
    g) Bei einer Vereinsveranstaltung ist die Mitgliedsnummer des Teilnehmers in das Anmeldeformular einzutragen.

25. a) des Gitters b) dem Herrn c) die Kameras d) der Autos
    e) dem Menschen f) die Bretter g) den Wäldern
    h) das Auge i) der Frauen j) den Gebilden k) des Bruders
    l) die Hände m) den Müttern / den Muttern (Schrauben)
    n) Herrn Direktors o) die Exporte p) der Idee

26. Anthony war als Heranwachsender ein starker Esser. Als es eines Tages Knödel zum Mittagessen gab, wettete er mit seinem Bruder Dennis, daß er mindestens zehn Knödel schaffen würde. Die Wette galt. Schön langsam begann er zu essen. Nach dem sechsten Knödel machte er eine kleine Pause und lockerte seinen Gürtel. Dann ging es weiter. Beim achten Knödel würgte es ihn schon etwas. Beim neunten schließlich standen kleine Schweißperlen auf seiner Stirn, und sein Magen begann zu rebellieren. Da blickte Anthony mit weit aufgerissenen Augen auf den übriggebliebenen Knödel und schrie: „Du gemeines Biest, wenn ich gewußt hätte, daß du übrigbleibst, hätte ich dich zuerst gegessen."
    Dennis rannen vor Lachen die Tränen aus den Augen.

27. (1) Nominativ / Singular / Femininum; (2) Dativ / Singular / Femininum; (3) Akkusativ / Singular / Neutrum; (4) Dativ / Singular / Femininum; (5) Genitiv / Singular / Maskulinum; (6) Nominativ / Singular / Maskulinum; (7) Akkusativ / Plural / Femininum; (8) Akkusativ / Plural / Femininum; (9) Akkusativ / Singular / Maskulinum; (10) Nominativ / Singular / Femininum; (11) Nominativ / Singular / Maskulinum; (12) Dativ / Singular / Neutrum; (13) Nominativ / Singular / Maskulinum; (14) Genitiv /Singular / Maskulinum; (15) Nominativ / Singular / Maskulinum; (16) Genitiv / Singular / Femininum; (17) Nominativ / Singular /Maskulinum; (18) Akkusativ / Singular / Femininum; (19) Dativ /Singular / Neutrum; (20) Dativ / Plural / Maskulinum; (21) Dativ /Singular / Maskulinum; (22) Akkusativ / Singular / Neutrum

Die Wortform: Konjugation

28.

Infinitiv	*3.P./ Sg./ Prät.*	*Partizip Perfekt*	
arbeiten	(er) arbeitete	(er hat) gearbeitet	schwach
brechen	brach	gebrochen	stark
empfangen	empfing	empfangen	stark
fragen	fragte	gefragt	schwach
genesen	genas	genesen	stark
lachen	lachte	gelacht	schwach
nennen	nannte	genannt	stark
preisen	pries	gepriesen	stark
rechnen	rechnete	gerechnet	schwach
reiten	ritt	geritten	stark
riechen	roch	gerochen	stark
rinnen	rann	geronnen	stark
sagen	sagte	gesagt	schwach
treiben	trieb	getrieben	stark
weichen	wich	gewichen	stark
zeichnen	zeichnete	gezeichnet	schwach

29. a) schweigen b) schmelzen c) flechten, verkaufen d) gleiten e) gären f) bewegen g) streiten h) quellen i) schleifen j) greifen k) dringen

30. a) kommt b) bist, zerbrichst c) sehe, seid d) empfängt e) schenkt, errätst f) wird, schläft g) spricht, kann h) geschieht i) dürft

31. ... Eine riesige Menschenmenge wartete schon stundenlang vor der Kirche auf das Traumpaar des Jahres. Genau um 12 Uhr öffnete sich das große Tor, und unter dem Jubel der Leute verließ Erwin Schnulze neben Prinzessin Krawolin die Kirche. Erwin trug einen rosa Anzug. An seinem Arm schritt Prinzessin Krawolin in ihrem fliederfarbenen Kleid die Stufen hinab. Die Menge tobte vor Begeisterung. ...

32. a) gehört, geklingelt b) umarmt c) ausprobiert d) gefaulenzt, unternommen e) angeschafft, bezahlt f) versucht, abgenommen g) vollgestopft h) übergangen i) gelitten j) geworden, untergestellt k) unterhalten

33. Es waren einmal zehn Bauern, die gingen miteinander übers Feld. Da wurden sie von einem Gewitter überrascht und flüchteten sich in einen verfallenen Tempel. Das Gewitter kam aber immer näher, und der Donner ließ die Luft ringsum erzittern. Kreisend fuhr ein Blitz fortwährend um den Tempel. Die Bauern fürchteten sich sehr und

dachten, es müsse wohl ein Sünder unter ihnen sein, den der Blitz erschlagen wolle. Sie berieten sich eine Weile und beschlossen schließlich, ihre Strohhüte vor die Tür zu hängen; wessen Hut weggeweht würde, der sei der Sünder und solle sich seinem Schicksal stellen. Kaum waren die Hüte draußen, da wurde auch schon einer weggeweht, und mitleidslos stießen die anderen den Unglücklichen vor die Tür. Als dieser aber den Tempel verlassen hatte, da hörte der Blitz zu kreisen auf und schlug krachend in den Tempel ein. Der eine, den sie verstoßen hatten, war der einzige Gerechte gewesen, um dessentwillen der Blitz das Gebäude verschont hatte. So mußten die neun ihre Hartherzigkeit mit dem Leben bezahlen.

34. a) Präsens / Präsens b) Futur I c) Präsens / Futur
d) Perfekt / Plusquamperfekt e) Futur f) Präteritum
g) Perfekt / Präsens h) Plusquamperfekt i) Futur II
j) Perfekt k) Präteritum l) Präsens

35.

	Spalte I	*Spalte II*
a)	gekonnt	können
b)	gehört	hören / gehört
c)	gedurft	dürfen
d)	gemußt	müssen
e)	gewollt	wollen
f)	gesehen	sehen/ gesehen

36. a) zukünftig b) zeitlos c) gegenwärtig d) zeitlos e) vergangen
f) zukünftig g) vergangen h) zukünftig

37. a) hat b) seid c) ist d) hat, ist e) haben f) ist g) haben
h) haben i) seid j) bist k) hat l) hat m) ist n) haben o) sind

38. a) Schalt(e) bitte den Fernsehapparat aus!
b) Seien Sie ihr nicht böse!
c) Bleibt doch sitzen!
d) Halt(e) mich auf dem Laufenden!
e) Nimm den Stift aus dem Mund!
f) Stellen Sie sich bitte hinten an!
g) Komm endlich auf die Seite!
h) Machen Sie sich um ihn keine Sorgen!
i) Sei endlich ruhig!
j) Macht es euch gemütlich!
k) Erledige das bitte noch heute!
l) Kommen Sie bitte hier entlang!

39. a) wäre, müßte b) könnte c) gäbe d) bliebe e) hätte f) verstünde g) käme h) schliefe, wollte i) könnte, beliebte j) gingen (Formen in Verbindung mit „würde" sind möglich)

40. a) ..., ich müsse meine Steuererklärung bis spätestens Ende Mai des laufenden Jahres eingereicht haben.
b) ..., die Bundesbahn nähme noch Bewerbungen von Auszubildenden an.
c) ..., wann sie denn endlich mit dem Frühjahrsputz fertig sei.
d) ..., sie seien gut angekommen und hätten sich bereits dort umgesehen.
e) ..., in der Kantine gäbe es heute als Hauptgericht nur Fisch.
f) ..., sie hätte am nächsten Tag keine Schule, weil ihr Lehrer einen Orden verliehen bekäme.
g) Ich sei das widerlichste Ekel, das ihr jemals in ihrem ganzen Leben begegnet sei (wäre), ...
h) ..., in den nächsten Tagen werde es wieder kühler. In den Bergen oberhalb 2000 Meter sinke die Temperatur auf unter 10 Grad. Mit örtlichen Schauern müsse gerechnet werden.

41. In der Nacht zum Sonntag wurde in ein alleinstehendes Haus am Rande der Stadt eingebrochen. Dabei wurden Blumenbeete zertrampelt und das Wohnzimmer verwüstet. Vom Lärm, der dabei verursacht wurde, wurden die Nachbarn geweckt. Von ihnen wurde auch die Polizei verständigt. Der Unbekannte wurde vom Klingeln des Telefons gestört und flüchtete noch bevor der Streifenwagen am Tatort ankam. Es war nichts aus dem Haus entwendet worden.

42. a) Indikativ / Präteritum b) Indikativ / Plusquamperfekt c) Konjunktiv II / Futur d) Indikativ / Perfekt e) Indikativ / Präteritum f) Indikativ / Präsens g) Konjunktiv II / Perfekt h) Indikativ / Plusquamperfekt i) Konjunktiv I / Perfekt j) Indikativ / Futur k) Konjunktiv I / Präsens

43. a) wanderten singend b) kreischenden Bremsen c) badenden Urlauber d) glühende Lavastrom e) zitternden Händen f) verließ schimpfend g) wartende Menge h) prüfenden Blick i) kam ...Eric keuchend j) untergehende Sonne, glühender Feuerball.

44. a) Sie zeigte mir die frischgestrichene Wohnung.
b) Wir waren überrascht über das unerwartete Angebot.
c) Ungläubig blickte er auf das verkohlte Papier.
d) Das war ein wirklich gelungener Salto.

e) Gehe nicht in das verlassene Haus.
f) Das sind lauter unbezahlte Rechnungen.
g) Die bemalten Eier sind für die Kinder.

45.

Verbform	*Person/ Numerus*	*Tempus*
saß	3.Person / Singular	Präteritum
sahen	3.Person / Plural	Präteritum
können	3.Person / Plural	Präsens
hindert	3.Person / Singular	Präsens
lief	3.Person / Singular	Präteritum
forderte	3.Person / Singular	Präteritum
sollte	3.Person / Singular	Präteritum
erhielt	3.Person / Singular	Präteritum
hatte sich beteiligt	3.Person / Singular	Plusquamperfekt
hatte gewonnen	3.Person / Singular	Plusquamperfekt
wird ... gefehlt haben	3.Person / Singular	Futur II
werden ...lassen	3.Person / Plural	Futur

46. a) rieb b) suchet c) bin empfangen worden d) würdest toben
e) waren überholt worden f) werden gehabt haben
g) sei geworden h) wurdet gesehen i) könnte
j) werden gewesen sein k) ist gestrichen worden l) gebt

47. a) werden b) mögen c) bergen d) preisen e) wachsen
f) denken, verlieren g) verlaufen h) durchbrechen i) verzeihen
j) verbringen k) bewegen l) bitten

48. a) sollte: Verpflichtung b) Darf: Erlaubnis
c) konnten: Möglichkeit d) kann: Fähigkeit
e) soll: Wissen nur vom Hörensagen f) möchte: Wunsch
g) müßte: Vermutung h) magst: Zugeständnis
i) könnte: Vermutung/ Möglichkeit j) will: Zweifel
k) solltest: Ermahnung/ Rat l) Kann: Erlaubnis

49. a) Zur Wahl darf man frühestens im Alter von 18 Jahren gehen.
b) Als Frau mag (möchte) ich nicht gern allein in ein Lokal gehen.
c) Sie konnte nicht rechtzeitig kommen, weil sie ihre Kinder noch vom Kindergarten abholen mußte.
d) Als Belohnung sollt ihr zehn Mark bekommen.
e) Diese Aufgabe kann kein Mensch lösen.
f) Man muß sich noch mehr um die Erhaltung der Natur kümmern.
g) Am Sonntag will er mit seiner Familie einen Ausflug machen.
h) Als Kind durfte ich im Sommer immer barfuß gehen.

i) Er mochte sich das Theater nicht mehr länger mit ansehen.

50. Transitiv: a) e) g) h) j) l)
Intransitiv: b) c) d) f) i) k)

51. a) sich b) mich c) dich d) euch e) uns f) sich g) euch h) dich
i) sich j) mir k) sich l) mich

52. Persönlicher Gebrauch: a) f) k) l)
Unpersönlicher Gebrauch: c) d) g) i)
Subjektloser Gebrauch: b) e) h) j)

53. Genitiv: b) bedürfen f) spotten j) entbehren
Dativ: c) helfen g) befehlen h) gehören k) gleichen
Akkusativ: a) werfen d) erwarten e) loben i) prüfen l) erkennen

Die Wortform: Deklination des Adjektivs

54. a) genaue, jungen, alte b) zarten, weichen, verheißungsvollen
c) warmer, weite d) dunkles, glühendes, schwerer, samtenen
e) feurige, unergründlichen, schwarzen, hilfloses,
f) stählerne, unvergeßlichen, unauslöschliche
g) sorgenvoller, schwierig, ungewöhnlichen

55.

	Kasus	*Numerus*	*Genus*
trauriger	Nominativ	Singular	Maskulinum
armselige	Nominativ	Singular	Femininum
schiefen	Dativ	Singular	Femininum
schmalen	Dativ	Plural	Neutrum
flachen	Dativ	Singular	Neutrum
rostiges	Nominativ	Singular	Neutrum
kahle	Nominativ	Singular	Maskulinum
knorrigen	Dativ	Singular	Maskulinum
alten	Dativ	Singular	Maskulinum
bleiche	Nominativ	Plural	Maskulinum
trostlosen	Dativ	Singular	Femininum
unheimliche	Nominativ	Singular	Femininum
heiseren	Dativ	Plural	Maskulinum
schwarzen	Genitiv	Plural	Maskulinum
staubigen	Dativ	Singular	Neutrum

56. a) erheblicher b) anhaltendem, größeren c) umfangreicher
d) liebe, kleinen e) langjährige, treue f) Schwarzer g) geringem
h) halben i) erhitzten, kaltes j) saftigen, frischem, grünen
k) schreckliche, menschliches l) verstärkter, nennenswerte

57. klasse, lila, oliv, prima, rosa, super, türkis

58. a) Schlimmes b) Besserem c) Negatives d) Schaulustigen e) Gröbsten f) Fremder g) Gutes h) Brauchbares i) Wesentliche j) Arbeitslosen k) Dümmeres l) Wahnsinniger

59.

attributiv	*prädikativ*	*adverbial*
gutes (Stück)	alt	schlecht
hohe (Preise)	hübsch	schwer
alte (Geldbörse)	wertvoll	schamlos
gutem (Zustand)	unverkäuflich	
goldenen (Verzierungen)		

Die Wortform: Komparation (des Adjektivs)

60. britisch, doppelt, einzig, falsch, haftbar, hiesig, ideal, irdisch, lebendig, mündliche, nackt, öffentlich, privat, total, unvergleichlich

61. a) Besser: Komparativ b) jung: Positiv c) gutes: Positiv, besseres: Komparativ, am besten: Superlativ d) reiner: Komparativ e) schöne: Positiv f) Größte: Superlativ g) näher: Komparativ h) männlicher: Positiv i) Länger, kürzer: Komparativ j) Letzte: Superlativ k) gesünderes: Komparativ l) preiswerte, billige: Positiv

62.

Positiv	*Komparativ*	*Superlativ*
alt	älter	am ältesten
arm	ärmer	am ärmsten
brav	braver	am bravsten
bunt	bunter	am buntesten
dünn	dünner	am dünnsten
eifrig	eifriger	am eifrigsten
erfreulich	erfreulicher	am erfreulichsten
flach	flacher	am flachsten
frisch	frischer	am frisch(e)sten
gesund	gesünder	am gesündesten
hübsch	hübscher	am hübschesten
klar	klarer	am klarsten
laut	lauter	am lautesten
schlecht	schlechter	am schlecht(e)sten
spannend	spannender	am spannendsten
schwach	schwächer	am schwächsten
würzig	würziger	am würzigsten

63. a) härter b) wärmer c) klüger d) schneller e) weiser f) hübscher

g) schlimmer h) heißer i) lauter j) dümmere k) stärker l) dunklere

64. a) schnellsten b) bestes c) größten d) geringste e) jüngste f) erfolgreichste g) meisten h) am schlimmsten i) erholsamste j) fleißigste k) am lautesten l) sorgfältigstem

65.

Positiv	*Komparativ*	*Superlativ*
gut	besser	am besten
hoch	höher	am höchsten
nahe	näher	am nächsten
viel	mehr	am meisten

66. a) als b) als c) wie d) wie e) als f) als g) wie h) als i) als j) als k) wie l) als m) wie n) als o) als p) wie

67. Genitiv: c) d) f) l) m)
Dativ: a) g) h) k) o)
Akkusativ: b) e) i) j) n) p)

Die Wortform: Deklination des Pronomens

68. Mein lieber Sohn,
ich gratuliere Dir von ganzem Herzen zu Deinem Geburtstag. Nun haben wir uns schon einen Monat lang nicht mehr gesehen, aber ich bin ja bald wieder bei Euch, und dann feiern wir Deinen Geburtstag ganz groß.
Grüße auch Deine Mutter und Deinen Bruder von mir.
Dein Vater

69. a) Susi hat von den Eltern einen Hund bekommen. Nun muß sie sich aber auch um ihn kümmern. Sie muß ihn jeden Tag ausführen, denn er braucht viel Auslauf.
b) Edgar hat eine kleine Schwester. Wenn seine Eltern ausgehen, muß er auf sie aufpassen. Er liest ihr dann meistens ein Märchen vor, und sie lauscht ganz gespannt seinem Vortrag.
c) Die Schüler der Klasse 5c machen einen Ausflug in den Zoo. Bei den Affen gefällt es ihnen besonders gut, und sie wollen gar nicht mehr weiter. Ihr Lehrer ist schon ganz verzweifelt. Da hat er eine Idee. Er verspricht, ihnen ein Eis zu spendieren, und schon folgen sie ihm zum nächsten Kiosk.

70. Christine hat eine Schlange, die heißt Coca. Da die Schlange nicht giftig ist, kann Christine gefahrlos mit ihr spielen. Oft nimmt sie Coca (die Schlange) sogar mit ins Bett. Die Schlange (Coca) ringelt sich dann gerne um Christines Bein und ruht dort ganz still. Am Abend muß Christine die Schlange (Coca) jedoch ins Terrarium

zurücklegen. Sie gibt ihr noch eine tote Maus, die die Schlange (Coca) in einem Stück hinunterwürgt, und wünscht ihr dann eine gute Nacht.

71. a) Seine Flügel... b) ...ihr Zelt c) Seinen Namen ... d) ... ihr Verlobter... e) Ihre Koffer... f) ...ihre Blüten g) Sein Preis...

72.		*Kasus*	*Numerus*	*Genus*
a)	solchen	Dativ	Singular	Neutrum
b)	Diese	Akkusativ	Plural	—
c)	diese	Akkusativ	Singular	Femininum
	jener	Dativ	Singular	Femininum
d)	Solche	Nominativ	Plural	—
e)	dieser	Dativ	Singular	Femininum
f)	solche	Akkusativ	Plural	—
g)	jenem	Dativ	Singular	Maskulinum
h)	dieser	Genitiv	Singular	Femininum
i)	Solches	Akkusativ	Singular	Neutrum
j)	diesen	Dativ	Plural	—

73. a) ... und deren Verlobten...
b) ... und dessen Frau ...
c) ... das Schicksal derer, die ...
d) ... und dessen Familie ...
e) ... von deren Hund ...
f) ... und dessen Regeln ...
g) ... derer von Schreckenstein .

74. a) demselben b) dasselbe c) derselbe d) dieselbe e) desselben f) denselben g) dieselbe h) denselben i) derselben j) dasselbe k) denselben

75. a) Welchen Wein haben sie sich bestellt?
b) Wieviele Teilnehmer hatte der Kurs?
c) Von wem hast du die zehn Mark geschenkt bekommen?
d) Was gibt es heute zum Mittag?
e) Was für einen Pullover schenkt er Anja zu Weihnachten?
f) Wen muß sie noch vorher anrufen?
g) Was soll eine Überraschung für euere Chefin sein?
h) Wer kennt sich am besten mit Computern aus?
i) Mit wieviel Gästen müssen wir rechnen?
j) Welches Kleid könnte ich zu seiner Party anziehen?
k) Wessen Motorrad steht in der Einfahrt?
l) Wer könnte mich nächste Woche vertreten?

m) Bei wem bestellen wir alle unsere Büroartikel?

76. a) Das Bild, das (welches) wir gestern im Schaufenster bewundert haben, ist schon verkauft.
b) Das Honorar für diesen Film, für den (welchen) ich meine ganze Freizeit geopfert habe, ist ein Witz.
c) Wir können uns das Haus, das (welches) dir so gut gefiel, leider nicht leisten.
d) Wer sind die Leute, über die (welche) ihr gerade sprecht?
e) Der Autor, dessen Buch zur Zeit die Bestsellerliste anführt, hat letztes Jahr den Nobelpreis für Literatur verliehen bekommen.
f) Kannst du mir einen hohen kirchlichen Feiertag nennen, der (welcher) mit dem Buchstaben „K" beginnt?
g) Übrigens, das sind die Leute, deren Hund immer in der Nacht so laut bellt.

77. a) einem b) sämtlicher c) jedermanns d) jedes e) niemanden f) irgendeinen g) manches h) etlichen i) irgendwelchen j) jemanden k) aller

Die Wortbildung: Wortbildungsverfahren

78.

Ableitungen	*Zusammensetzungen*	*Verkürzungen*
an-stecken	Blau-meise	Akku(mulator)
ernst-haft	Glücks-fall	Demo(nstration)
er-tön-en	herzens-gut	DM (deutsche Mark)
frau-lich	kinder-reich	Kripo (Kriminalpolizei)
hin-bringen	Mond-finsternis	Lit. (Literatur)
un-art-ig	Park-scheibe	U-Boot (Unterseeboot)
ver-arbeit-en	rund-erneuern	
zer-brech-lich	teil-nehmen	
	wasser-dicht	

79. Präfixe: be-(wundern), ent-(wickeln), mit-(fahren), Un-(mut), ver-(fehlen), zer-(springen), Zu-(fahrt)
Suffixe: (Bäcker)-ei, (dieb)-isch, (Eigen)-tum, (Frei)-heit, (frucht)-bar, (Gleich)-nis, (Jüng)-ling, (lang)-sam

80.

Nomen	*Verben*	*Adjektive*
Arbeitnehmer	heimsuchen	andersartig
Dauerkarten	hochlagern	bruchstückhaft
Feuerschutz	schwarzmalen	deckungsgleich
Gleisbereich	teilnehmen	erntefrisch
Kundenberater		hundemüde
Mauseloch		lachhaft
Nennwert		prunkvoll
Rastplatz		steuerpflichtig

Wunderheiler	vorbereitungsintensiv

81. Abkürzungen: allg., bzw., Jh., u.a., z.B.
Kurzformen: Auto, Füller, Limo, Ober, Uni,
Kurzwörter: Azubi, Biogemüse, GAU, Motel, TÜV, Ufo

Die Wortbildung: Nomina

82. Ab-bild, Ur-bild, Vor-bild
83. Präfixe: Anti-: Gegensatz, Gegenteil
Ex-: ehemalig
Mini-: besonders klein
Vize-: stellvertretend
Suffixe: -ismus: zu einer geistigen Bewegung / Denkhaltung gehörend
-ologe: Vertreter einer Wissenschaft
-eur: Handelnder oder Instrument

84. Maskulinum: -ant, -er, -ist, -ling, -or
Femininum: -anz, -ei, -ette, -euse, -heit, -in, -ität, -ung
Neutrum: -chen, -ement, -nis, -tum, -zeug

85.

Nomen	*Verben*	*Adjektive*
Briefumschlag	Brecheisen	Breitreifen
Dienstplan	Bügelbrett	Großbuchstabe
Elternhaus	Eilbote	Grünanlage
Heimtrainer	Fahrzeug	Muntermacher
Kräftespiel	Lachfalten	Weißbrot
Seeufer	Schreibtisch	
Wassertiefe		

86. Bilderrahmen, Dornenvogel, Eierbecher, Freundeskreis, Gebirgsluft, Haltegriff, Kinderzimmer, Meeresfrüchte, Menschenfreund, Psychothrilller, Schadensbegrenzung, Sonnenschein, Tageslicht, Waldesrauschen, Zeitungsmeldung

Die Wortbildung: Verben

87. ab-, an-, auf-, aus-, be-, ein-, ent-, entgegen-, mit-, nach-, ver-, vor-, zu-

88. mit festem Präfix:
bewundern, disqualifizieren, entbinden, erhalten, hinterziehen, intrigieren, mißlingen, reagieren
mit trennbarem Verbzusatz:
abnehmen, aussprechen, aufbrechen, aussteigen, beifügen, eintragen, fehlschlagen, losfahren, nachkommen, vorzeigen,

weitermachen

89. festes Präfix: b) e) h) j) k)
trennbarer Verbzusatz: a) c) d) f) g) i) l)

90. drängen, ertränken, fällen, füttern, legen, setzen

91. „-en“: verarmen, verbreiten, verdünnen, ver-/beengen, ab-/verflachen, er-/ver-härten, ermutigen, verschönen „-ern“: verbreitern, vergrößern, verkleinern, verlängern, erleichtern, erneuern, verschlechtern, verschönern

Die Wortbildung: Adjektive

92. atomar, biegsam, dankbar, glänzend, korpulent, lachhaft, logisch, massiv, passabel, pittoresk, skandalös, steinern, witzig

93. a) vorsichtig, zerbrechlich b) unersetzlich c) ruhig, pünktlich, täglichen d) bündig, wesentlichen, unnötigen, überflüssigen
e) Hoffentlich, endlich, lästige, kribbelig f) Eigentlich, verwerflich, anfänglich g) einzigartig, augenblicklich, unentbehrlich
h) fürchterlich, wichtig i) diesjährigen, frühzeitig, verbindlich

94. -abel: blamabel, diskutabel, spendabel, variabel
-ibel: disponibel, konvertibel (auch möglich: diskutierbar, konvertierbar, variierbar)

95. a-: anomal, asozial, ...
des-: desillusioniert, desinteressiert, desorganisiert, ...
dis-: disharmonisch, disqualifiziert,...
in-: inaktiv, inhuman, inkonsequent,...
non-: nonfigurativ, nonkonform, nonverbal, ...
un-: unabsichtlich, unecht, unglaubwürdig, ...

96. bildschön: schön wie ein Bild
butterweich: weich wie Butter
erbsengroß: groß wie eine Erbse
glasklar: klar wie Glas
hundemüde: müde wie ein Hund
rabenschwarz: schwarz wie ein Rabe
strohdumm: dumm wie Stroh

97.

Nomen	*Verben*	*Adjektive*
arbeitsfähig	bratfertig	altklug
blutrot	gehbehindert	dunkelgrün

friedliebend	kochfest	feingliedrig
geschäftstüchtig	lauffreudig	heißblütig
herzkrank	lernwillig	schöngeistig
kurvenreich	trinkbereit	schwarzweiß
siegessicher		
wasserdicht		

Die Wortbildung: Wortfamilie

98. Die Wortbedeutung
(nur Auswahl an möglichen Beispielen)

Nomen: Abbild, Gebilde, Minibild, Urbild, Vorbild, ...
Brustbild, Druckbild, Einzelbild, Farbbild, Fernsehbild, Gesamtbild, Gruppenbild, Leuchtbild, Musterbild, Neonbild, Röntgenbild, Schaubild, Schirmbild, Trugbild, Zerrbild, ...
Bildschirm, Bilderrahmen, Bildhauer, ...
Bildnis, Bildner, Bildchen, Bildung, ...
Jugendbildnis, Maskenbildner, Ausbildung, Schulbildung, Bildungswerk, Bebilderung, Bildhaftigkeit, Bildsamkeit, ...

Adjektive: bildhaft, bildlich, ...
vorbildlich, bildnerisch, spiegelbildlich, zerrbildhaft, ...

Verben: bilden, sich bilden, abbilden, ausbilden, sich einbilden, sich fortbilden, nachbilden, sich weiterbilden, ...
bebildern, verbildlichen, ...

Partizipien: bildend, auszubildend, allgemeinbildend, ...
blasenbildend, ...
gebildet, ausgebildet, eingebildet, ungebildet, vorgebildet, abgebildet, ...

Lösungen zu Kapitel Satz:

99. a) **Wann** besuchtet ihr Kopenhagen?
b) **Womit** werden sie fahren?
c) **Hat** er ein neues Auto **gekauft**?
d) **Steigt** ihr im Hotel „Berlin“ **ab**?
e) **Was** wirst du in den Ferien besichtigen?
f) **Wann** erwarten sie den Staatsbesuch?
g) **Darf** man die Weißwurst mit dem Messer schneiden?
h) **Wohin** wird er mit dem Fahrrad fahren?
i) **Wer** hat ihm eine Medaille verliehen?
j) **Kann** man auf die Zugspitze auch mit der Bergbahn **fahren?**

100.	a) Lies den Artikel!	Lesen Sie den Artikel!
	b) Schweig!	Schweigen Sie!
	c) Kümmer dich um das Baby!	Kümmern Sie sich um das Baby!
	d) Komm pünktlich!	Kommen Sie pünktlich!
	e) Übernimm die Diskussionsleitung!	Übernehmen Sie die Diskussionsleitung!
	f) Sing die Melodie!	Singen Sie die Melodie!
	g) Biete etwas zu trinken an!	Bieten Sie etwas zu trinken an!
	h) Schalt das Radio aus!	Schalten Sie das Radio aus!
	i) Hör zu!	Hören Sie zu!
	j) Nimm dich zusammen!	Nehmen Sie sich zusammen!

101.	a) Erkundigt euch am Informationsschalter!	Erkundigen Sie sich am Informationsschalter!
	b) Kauft einen Fahrschein!	Kaufen Sie einen Fahrschein!
	c) Schließt die Türe!	Schließen Sie die Türe!
	d) Faßt den Text zusammen!	Fassen Sie den Text zusammen!
	e) Schreibt einen Aufsatz!	Schreiben Sie einen Aufsatz!
	f) Gebt das Spielzeug zurück!	Geben Sie das Spielzeug zurück!
	g) Öffnet das Fenster!	Öffnen Sie das Fenster!
	h) Hört das Lied an!	Hören Sie das Lied an!
	i) Wechselt den Mittelstürmer aus!	Wechseln Sie den Mittelstürmer aus!
	j) Beachtet die Hinweise!	Beachten Sie die Hinweise!

102. a) Der Pudel sitzt traurig in der Ecke.
b) Wir können die Tagesschau um acht Uhr sehen.
c) Was schenkst du Helmut zum Geburtstag?
d) Er liegt seit einer Woche mit Fieber im Bett.
e) Hast du den Beitrag über unser Dorf in der Zeitung gelesen?
f) Bei dem Unfall in der vergangenen Nacht sind zwei Personen verletzt worden.
g) Wir trafen uns nachmittags bei sengender Hitze am Hafen.
h) Nicht selten brüten die Störche an Seen in der Nähe menschlicher Behausungen.
i) Die Gastgeberin hat uns dem berühmten Künstler auf der Party vorgestellt.
j) Der Mechaniker verrichtet seine Arbeit immer sehr zuverlässig.

103. a) Subjekt (s), finites Prädikat (P-Fin.), Akkusativobjekt (A), infinites Prädikat (P-infin.)
b) S, P-fin., Dativobjekt (D), Adverbiale das Mittels (Adv. des Mittels), P-infin.
c) S, P-fin., Adv. der Zeit, A, P-infin.
d) S, P-fin., Adv. der Art + Weise

e) S, P-fin., Prädkativum
f) S, P-fin., Adv. der Zeit, Adv.des Ortes
g) Adv. der Einräumung, Genitivobjekt (G), P-fin., S, P-infin.
h) Adv. des Mittels, P-fin., S, A, Adv. des Ortes
i) S, P-fin., Adv. der Zeit, Adv. des Ortes
j) S, P-fin., D, G, A

Verb + Präposition

104. a) Kann ich mich **auf** dein**e** Zusage verlassen, daß du dich **nach** d**en** Flugkosten im Reisebüro erkundigen wirst?
b) Ich bitte dich **um** ein**en** Gefallen.
c) Wie lange habe ich mich **nach** ein**em** Menschen gesehnt, der sich auch für das Theater interessiert!
d) Rechne lieber nicht **mit** ihm, denn er hält nichts von Versprechungen.
e) Christine hat jetzt keine Zeit, denn sie muß noch einige Briefe **an** ihr**e** Freunde und Verwandten schreiben und ihn**en** **für** die Geburtstagswünsche danken.
f) Ich möchte **mit** mein**em** Vater **über** dieses Thema nicht sprechen.
g) Man kann sich nicht mit d**en** Mädchen **über** dies**en** Film unter halten, weil sie stets **über** einige Szenen lachen.
h) Er sorgt sich wirklich **um** die Gesundheit seiner Frau.
i) Ich glaube, daß ich mich bei mein**em** Nachbarn noch nicht **für** **den** Lärm entschuldigt habe, den wir gestern während unseres Festes verursacht haben.
j) Ihr hättet d**ie** Bergsteiger **vor** d**en** Gefahren dieser Wanderung warnen können.
k) Bitte achte **auf** d**ie** Katze, wenn wir im Urlaub sind.
l) Unsere kleine Tochter fürchtet sich **vor** d**em** großen Hund in der Nachbarschaft.
m) Unsere Fußballmannschaft ist am vergangenen Samstag **bei** d**em** Tabellenführer schwer unter die Räder geraten.
n) Seine Freundin bewirbt sich seit Wochen **um** ein**e** gut**e** Stelle bei einer Optikerfirma, aber es muß wohl etwas **mit** ihr**em** Abschlußzeugnis zu tun haben, daß bisher jede Firma **auf** ihr**e** Bewerbung verzichtet hat.
o) Es hängt **von** sein**em** Bewerbungsgespräch ab, ob die Bank ihn nimmt.
p) Hör doch endlich **mit** dies**er** Nörgelei auf! Warum mußt du dich immer **über** jed**e** Kleinigkeit beschweren?
q) Ich zweifle sehr **an** sein**en** Fähigkeiten.
r) Sie ist ein sehr feines Mädchen. Ich glaube, ich habe mich anfangs in **ihr** geirrt.

s) Es tut mir leid, aber ich kann **auf** Ihr**e** Mitarbeit nicht verzichten!
t) Wir haben **mit** dies**er** Sache überhaupt nichts zu tun.
u) Ich halte nichts **von** dein**em** Vorschlag, **an** ein**em** Chinesischkurs teilzunehmen.
v) Der König herrscht seit 30 Jahren **über** die kleine Insel.
w) Ich muß mich immer wieder **über** sein**e** Unverfrorenheit wundern.
x) Ihre Freunde gehören **zu** d**er** bekannten Jazzgruppe „Highlight".
y) Wir raten dir **zu** ein**em** neuen Bausparvertrag.

Der Satz: Attribut

105. a) Keine der Bananen ist frisch.
b) In welche der Hosen hast du die Schlüssel gesteckt?
c) /
d) Mehrere der Fußballspieler warfen ihre Trikots in die Zuschauermengen.
e) Keines der Kaninchen wurde bei dem Großfeuer verletzt.
f) Viele der Kandidaten wußten die richtige Antwort.
g) /
h) Sie haben einige der berühmten Museen besucht.
i) Welche der Mädchen wurde Schönheitskönigin?
j) /

106. a) ..., der berühmte österreichische Komponist, ...
b) ..., dem berühmten österreichischen Komponisten, ...
c) ..., des berühmten österreichischen Komponisten, ...
d) ..., den berühmten österreichischen Komponisten, ...
e) ..., den Nobelpreisträger für Literatur, ...
f) ..., des spanischen Malers, ...
g) ..., meinem Vetter, ...
h) ..., einen bekannten Schlagzeuger, ...
i) ..., einen Oldtimer, ...
j) ..., unserem Landtagsabgeordneten, ...

Der Satz: Nebensatz I

107. a) Nachdem die Teilnehmer das Seminar besucht hatten, fuhren sie wieder nach Hause.
b) Bevor der Redner mit seinem Vortrag begann, prüfte er das Mikrofon.
c) Während Helmut sich auf das Examen vorbereitet, kümmert sich seine Frau um den Haushalt.
d) Die Eltern verunglückten, als die Kinder noch nicht zur Schule gingen.

e) Wenn ich viel Bier trinke, kann ich gut schlafen.
f) Seitdem ich mit Heidi verheiratet bin, bin ich sehr glücklich.
g) Als Theodor Fontane seinen letzten Roman „Der Stechlin" im Jahre 1898 schrieb, war er ein alter Mann.
h) Nachdem ich den Wein ausgetrunken habe, verlasse ich das Lokal.
(oder: Bevor ich das Lokal verlasse, trinke ich den Wein aus.)
i) Wenn unser Hund mit dem Schwanz wedelt, geht es ihm gut.
j) Nachdem der Schiedsrichter das Spiel abgepfiffen hat, verlassen die Zuschauer das Stadion.

Der Satz: Nebensatz II

108. a) Er öffnet das Fenster, **damit** frische Luft ins Zimmer strömt.
b) Carola öffnet den Champagner, **um** ihren 50. Geburtstag **zu** feiern.
c) Die Polizei drängte die Menschen auf die Seite, **damit** sie dem Rettungswagen Platz machten.
d) Rotkäppchens Großmutter hatte große Ohren, **damit** sie besser hören konnte.
e) Er stand um vier Uhr früh auf, **um** bis zum Mittag auf dem Berggipfel zu sein.
f) Ich erzähle dir diese Geschichte, **damit** du eine Lehre daraus ziehst.
g) Der Bauer hält Hühner, **um** Eier **zu** verkaufen.
h) Ich dusche mich mit kaltem Wasser, **um** einen klaren Kopf davon **zu** bekommen.
i) Der Schüler meldete sich eifrig, **um** beim Lehrer einen guten Eindruck **zu** machen.
j) Sie schmückte den Tisch mit Blumen und Kerzen, **damit** die Gäste festlich gestimmt werden.

Der Satz: Nebensatz III

109. 1. dessen
2. das
3. den
4. die
5. das
6. die
7. dessen
8. der
9. die
10. der

110. a) in dem
b) über die (worüber)
c) dessen
d) wo
e) an dem
f) deren
g) mit der
h) dessen
i) deren
j) mit dem

Der Satz: Nebensatz IV

111\. a) Anstatt daß er seinen Aufsatz noch einmal durchlas, gab ihn der Schüler sofort ab.
b) Er verließ die Wohnung, ohne daß er das Licht ausschaltete. (oder: ... ohne das Licht auszuschalten.)
c) Der Greis überquerte die Hauptstraße, obwohl sich in der Nähe eine Ampel befand.
d) Obwohl die Wunde stark blutete, blieb der Patient ruhig.
e) Weil der Lehrer hohe Ansprüche stellt, ist er bei den Schülern nicht beliebt.
f) Wenn du diesen Knopf drückst, schaltet sich die Kamera ein.
g) Sofern du deine Arbeit beendet hast, darfst du mit deinen Freunden Fußball spielen.
h) Da ich Angst vor ihm hatte, suchte ich nach einer Ausrede.
i) Da ich kein Blut sehen kann, eigne ich mich nicht als Arzt.
j) Ich habe keine Ahnung, wer an meiner Tür läutet.
k) Herr Jung, der bei Siemens arbeitet, ist mein neuer Nachbar.
l) Während der Pfarrer das Baby taufte, begann es zu schreien.
m)Die Mutter goß den Kaffee ungeschickt ein, so daß sie das weiße Tischtuch beschmutzte.
n) Dadurch daß er seine Vokabeln beständig lernte, schloß er die Prüfung erfolgreich ab.
o) Weil Tom Brite ist, sprechen wir in seiner Anwesenheit Englisch.

Register